STEFAN ZWEIG

L'ami blessé

DU MÊME AUTEUR

Les Heures volées, *roman*. Mercure de France, 1981.
Argentina, *roman*. Mercure de France, 1984.
Romain Gary, *biographie*. Mercure de France, 1987. (Grand Prix de la biographie de l'Académie française.)
Les Yeux noirs ou les Vies extraordinaires des sœurs Heredia, *biographie*. J.-Cl. Lattès, 1990.
Malika, *roman*. Mercure de France, 1992. (Prix Interallié.)
Gala, *biographie*. Flammarion, 1995.
Le Manuscrit de Port-Ébène, *roman*. Grasset, 1998 (Prix Renaudot.)
Berthe Morisot. Le secret de la femme en noir, *biographie*. Grasset, 2000. (Bourse Goncourt de la biographie.)
Il n'y a qu'un amour, *biographie*. Grasset, 2003.
La Ville d'hiver, *roman*. Grasset, 2005.
Camille et Paul. La passion Claudel, *biographie*. Grasset, 2006.
Clara Malraux. « *Nous avons été deux* », *biographie*. Grasset, 2009.

DOMINIQUE BONA

STEFAN ZWEIG

L'ami blessé

BERNARD GRASSET
PARIS

ISBN 978-2-246-77251-4

*Tous droits de traduction, de reproduction et d'adaptation
réservés pour tous pays.*

© Plon, 1996.
© Éditions Grasset & Fasquelle, 2010, pour la présente édition.

à Pierre Conte

Le mystère Zweig

Il y a un mystère Zweig.

Comment cet écrivain des années trente, grand bourgeois à l'allure élégante et compassée, aux raffinements d'esthète, qui aurait dû en toute logique demeurer comme le prototype d'une époque révolue, a-t-il survécu à son temps, au point de séduire aujourd'hui des lecteurs de plus en plus jeunes ? Loin de connaître le sort de ses amis et contemporains, Jules Romains, Martin du Gard ou Arthur Schnitzler qui furent pourtant célèbres eux aussi, jadis, et de les rejoindre sur les étagères poussiéreuses des bibliothèques, il continue de captiver un public qui garde pour lui seul un engouement intact.

Comment cet écrivain, choyé par les élites et qui avait établi un dialogue à travers l'Europe avec les grands intellectuels dont il recherchait la compagnie choisie et le fervent échange, comment cet homme de lettres épris de culture et de valeurs classiques – qui ne sont plus tellement en cours aujourd'hui – peut-il figurer encore dans les listes des meilleures ventes ?

Discret jusqu'à paraître lointain, sinon hautain, comme s'il descendait des nuages, avec ses mœurs de Vieille Europe, ce Viennois épris jusqu'à en mourir de son Autriche natale, avec laquelle il entretenait des rapports d'amour-haine, n'a employé aucune recette, aucun artifice pour atteindre cette vogue, cette popularité surprenantes. Il n'a jamais eu qu'une arme littéraire : la vérité.

Européen convaincu et militant, citoyen du monde dans une époque figée sur des frontières, marquée par des oriflammes, il était tolérant, pacifiste et avait horreur des engagements. Quand presque tous les écrivains du XXe siècle se sont prononcés en faveur d'une politique, de droite ou de gauche, il s'est maintenu ailleurs, dans un détachement qui a pu passer pour de l'indifférence ou pire encore, pour une forme de désertion. Le choix du désengagement était pourtant de sa part un acte de vrai courage. Il se gardait surtout, comme d'une peste, du fanatisme. Cette attitude, si haute et si sereine, peu conforme à la conception moderne, camusienne ou sartrienne, d'une littérature engagée et partisane, devrait nous le rendre sinon étranger, pour le moins étrange. Se maintenant hors d'atteinte, libre de sa pensée, de ses actes et répugnant au jugement commun, plus d'un contemporain – même Joseph Roth qui fut son ami – lui a reproché ce refus de prendre parti, de signer la moindre pétition ou un manifeste. Quitte à être incompris, il se voulait fidèle au principe d'Erasme, qu'il avait érigé en modèle. *Homo pro se.* Ce n'est pas un message que l'on entend souvent : être un homme pour soi seul.

Cet homme sensible, qui partageait sincèrement, au plus profond de lui, les malheurs du monde, gardait toujours sa réserve et même dans l'intimité, ne se départit jamais de cette pudeur poussée à l'extrême : une attitude distante, qui préservait sans doute son jardin secret. C'est l'homme le plus silencieux, le plus réservé, mais par là le plus mystérieux aussi que les lecteurs d'aujourd'hui continuent de lire, attirés comme par un puissant aimant par tout nouvel inédit, surgi parfois d'une mallette ou d'un fond de tiroir. S'ils le suivent ainsi de livre en livre, indifférents au contexte de sa vie, aux écueils de son caractère façonné par la *Mitteleuropa*, ne serait-ce pas parce qu'ils sont fascinés par une voix particulière ? Une voix douce et fervente, qui leur raconte de belles histoires tristes, aux couleurs d'éternité tragique.

Cette voix, c'est d'abord une écriture sobre, élégante et fluide, qui a l'air de couler de source.

On peut y ajouter, du moins en France, la qualité de traductions dues à des traducteurs incomparables, parmi lesquels – il mérite le plus bel hommage – Alzir Hella. Mais il en eut d'autres, de grand talent, de Guilbeaux à Bournac, qui surent rendre la fluidité des textes au point de faire oublier au lecteur français qu'il ne lit pas Zweig dans sa langue originale.

S'il écrit simplement, sans fioritures ni complications, ce Viennois qui a pour maîtres Verlaine ou Verhaeren ne s'attarde pas à des descriptions harassantes, à des portraits ou à des analyses qui lasseraient. Il écrit vite et efficace, au rythme d'une action soutenue qui court jusqu'à son dénouement. La concision, la rapidité sont des vertus qui plaisent aujourd'hui, où plus personne n'a le temps de rien, ni celui de tourner les pages de romans monumentaux comme *Guerre et Paix* que Zweig avait rêvé, avec le sourire, de réduire en quelques pages à son « essence filtrée » – cette « essence filtrée » qui est sa véritable empreinte. Sa signature d'écrivain.

Pour autant – et c'est là un de ses autres mystères –, sa prose n'en est pas du tout asséchée ou appauvrie. C'est même le contraire. Un lyrisme contenu, latent, anime tout ce qu'il écrit, caresse et illumine ses phrases, sans les alourdir ni les rendre trop littéraires. Jamais ce lyrisme subtil ne nuit à l'efficacité du récit ; il en soutient au contraire la charpente, alimente d'un feu secret les passages les plus dépouillés. C'est ce lyrisme qu'on aime chez Zweig, lyrisme jugulé et pudique, dont on devine la passion sous-jacente.

Il nous conduit dans le dédale des amours perdues et coupables, des sentiments confus, des émotions inavouables, des regrets, des remords, des peines égarées, comme dans un monde qui serait l'exacte réplique du nôtre, de l'autre côté d'un miroir sans tain. Tout est trouble et opaque, douloureux et subtil, passé au tamis de cette prose claire, qui paraît par le plus grand contraste si tranquille et sereine au regard de ce qu'elle met en scène.

Des femmes adultères, coupables surtout d'être mal aimées. Des enfants qui, très tôt, perçoivent la souffrance des mères. Des jeunes hommes appelés par un destin tragique, qui perdent toute chance de jouer les bonnes cartes ou de jeter les dés pour se sauver. Zweig ne propose que des cas désespérés qu'un dénouement parfois heureux ne parvient pas à amender. S'il y a un parti pris chez lui, c'est la noirceur. Tout est gouffre dans cette œuvre, presque entièrement vouée à la nuit – décor favori de cet écrivain des ombres et des fantômes qui excelle dans les évocations du soir. Qui ne se souvient de la nuit sans étoiles d'Amok, où la fumée du tabac hollandais s'envole au-dessus de la mer et des confidences chuchotées des protagonistes, vers un ciel d'encre ? Ou de la nuit du joueur, plus opaque encore au sortir du casino ? Ou de la nuit de la femme adultère, avec sa voilette noire, comme si elle ne suffisait pas à cacher sa honte et sa peur ? La nuit de Stefan Zweig compte pour beaucoup dans la fascination qu'il exerce sur ses lecteurs. Elle captive ; elle retient ; elle enserre aussi comme un étau ce qui demeure la clef de ses nouvelles – ce secret qui brûle à l'en croire en chacun, en chacune de nous.

Le secret, épicentre de son univers, résume sans doute son projet qui est d'éclairer de la manière la plus délicate, mais aussi la plus subversive, le cœur humain.

Qu'importe le contexte historique ? Il n'y en a pas chez Zweig. Les nouvelles pourraient, à quelques détails près (une voilette, une ombrelle, un gibus, une calèche...) se dérouler à n'importe quelle époque et évidemment aujourd'hui. Elles n'ont pas besoin d'être éclairées par les événements extérieurs ou par le tableau d'une société. Elles sont universelles : valables en tous temps, en tous lieux. Détachées de l'Histoire, perceptible seulement par son poids de menaces, elles visent l'humain. Tout simplement. Nul n'a mieux que Zweig raconté les drames qui surviennent dans une vie, ni percé à jour les tabous qui peuvent la dévaster. Les femmes, ses héroïnes préférées, y sont aimées, exaltées mais aussi complètement mises à nu – on pourrait dire décryptées, selon le principe freudien, jusque dans ces voluptés qu'elles n'osent même pas s'avouer à elles-mêmes.

Sous le ciel noir de son œuvre, dans la lumière crépusculaire de ses nouvelles, de ses essais et de ses biographies, il est probable que notre époque, tourmentée et douloureuse, trouve aussi une correspondance inattendue. L'univers de Zweig serait-il au diapason de nos peurs, de nos angoisses contemporaines ? Ne nous renvoie-t-il pas, avec ses êtres consumés et pantelants, un écho au diapason de notre pessimisme ? Il y a une désespérance, une morbidité chez Zweig qui peuvent paraître s'accorder aux violences et aux déchirements des générations de l'après-guerre, et même du lointain après-guerre. Une désespérance, une morbidité qui peuvent expliquer la force d'attraction qu'elles exercent notamment sur les adolescents. Ces fumées délétères de l'œuvre, qui sont peut-être son drame le plus envoûtant, continuent d'agir comme un poison mortel.

Mais l'œuvre – et c'est son prodige – contient son contre-poison. Cet étrange pouvoir de consolation, si familier à ses lecteurs, au sein des récits les plus sombres : comme une pâle lueur à l'aube. L'espoir d'un possible matin. Après sa plongée dans les abîmes, le lecteur retrouve l'espoir ou la diffuse promesse d'un espoir. Zweig n'abandonne jamais son lecteur dans la nuit. Il y a trop de pitié, trop de bonté chez cet écrivain qui a porté aux sommets – et c'est sans doute aussi un de ses principaux attraits – l'art de la commisération.

On vivait bien, on menait une vie facile et insouciante dans cette vieille ville de Vienne[1]...

I
L'illusion du bonheur

---

1. Les phrases en exergue de chacune des six premières parties sont de Stefan Zweig, extraites du *Monde d'hier. Souvenirs d'un Européen*, Belfond, 1982.

Un jeune homme viennois

C'est un jeune homme svelte, aux yeux de velours noir, aux manières feutrées, au sourire d'exquise courtoisie. Il a dix-neuf ans en 1900. Il fume cigarette sur cigarette, se lève et se couche tard, ne pratique aucun sport et, lorsqu'il ne joue pas aux échecs ou au billard, passe sa vie à lire ou à discuter. On le voit beaucoup dans les cafés.

Fils d'un industriel qui a fait fortune dans le textile en Bohême, il peut s'offrir le luxe de ne pas songer à travailler. Tandis que son frère aîné, Alfred, vingt et un ans, se prépare à succéder à leur père à la tête de l'entreprise familiale, il est libre d'envisager un avenir sans carrière. A l'aube de ce XXe siècle qu'il aborde d'un cœur enthousiaste, il a tout le temps devant lui, pour étudier, pour rêver, pour écrire – et jouir à sa manière d'une existence libre et heureuse. A la fois dorée et bohème.

Etudiant en philosophie à l'université de Vienne, où il n'est pas des plus assidus, il s'exprime dans la langue des Lumières avec la même élégance qui transparaît dans ses costumes et dans ses manières. Depuis 1784, l'allemand est la langue officielle – et le ciment – de l'Autriche, jadis partie du Saint Empire romain germanique et dont le drapeau jaune porte l'aigle noire des Habsbourg. Mais il n'est qu'une des langues de ce pays aussi éclaté qu'un puzzle, où le serbe, le croate, le magyar, le yiddish, le tchèque et quelques autres idiomes apportent leurs couleurs. Par tradition monarchique, catholique et romain, l'Etat autrichien, véritable conglomérat de races et de cultures, évoque un arbre qui aurait été greffé de branches issues de sèves différentes. Le nom de famille du jeune homme, Zweig, signifie « petite branche » ou « rameau ».

A la frontière où l'Europe hésite entre l'Orient et l'Occident, l'autorité des Habsbourg maintient une unité, prodige ou tour de force, parmi les multiples nationalités, souvent antagonistes, qui cohabitent sur son territoire – les Serbes, les Slovaques, les Tchèques, les Slovènes, les Ruthènes, les Hongrois, les Juifs, et les Allemands. Cette mosaïque de peuples donne à l'Autriche sa particularité : la variété fait partie du décor. Dans les rues de sa capitale, on peut non seulement entendre parler toutes sortes de langues, mais voir des gens dans les costumes de toutes les provinces, les femmes en *dirndle*[1], avec un chapeau à plume de faisan, sous une capeline ou sous un voile musulman, les hommes en pantalon court du Tyrol, en caftan, en frac ou portant sur l'épaule, à la militaire, la séduisante cape des officiers hongrois... Vienne est un monde chatoyant. Le jeune homme aime cette fantaisie qui imprègne l'air de la capitale. Il a grandi dans son atmosphère cosmopolite, hétérogène. Elle l'a profondément marqué.

Descendant de Juifs de Moravie par son père, de Juifs d'Allemagne par sa mère, Stefan Zweig appartient à l'une de ces nombreuses minorités qui constituent l'empire. Sur deux millions d'habitants à Vienne en ce début de siècle, moins de deux cent mille sont juifs. Citoyen autrichien à part entière – en 1849, date de leur émancipation, tous les Juifs de l'empire ont acquis l'égalité civique et politique –, il n'a connu aucun *shtetl*, aucun ghetto. Sa famille a voulu réussir son intégration et tenu à lui donner une éducation

---

1. Costume traditionnel autrichien, pour les femmes.

laïque. A l'exemple de ses parents, il ne parle pas l'hébreu, ne fréquente pas la synagogue, ne cultive pas ses racines... et n'aime pas s'entendre rappeler qu'il est juif. Tandis que dans la Judengasse, des hommes en papillotes, portant yarmulke et caftan, récemment arrivés des provinces orientales, vivent en communauté et parlent yiddish, comme ses plus lointains ancêtres, lui-même, occidentalisé à l'extrême, comme nombre de Juifs autrichiens, se veut Viennois d'abord, Viennois avant tout. Membre d'une minorité que François-Joseph nomme affectueusement son *Staatsvolk*, son peuple d'Etat, parce que de toutes, c'est celle qui a su le mieux s'intégrer, il se réjouit d'être autrichien.

Car il a de la chance, croit-il. Sa bonne étoile l'a fait naître dans une ère de paix et de prospérité. Il habite les beaux quartiers : 14 Schottenring, puis 17 Rathausstrasse, il n'a connu enfant que l'atmosphère cossue des appartements de ses parents, situés dans les immeubles majestueux, au style impérial, du Ring. L'Autriche-Hongrie est pour les Zweig et les Brettauer – la famille de sa mère – un pays où l'avenir semble assuré. Ils y vivent en confiance. Dans une Europe qui, pas très loin à l'est, pratique une barbarie d'un autre âge, ghettos, pogroms et chasses aux Juifs, Vienne leur a garanti l'égalité des droits, la sécurité et la liberté, cadeaux inestimables. Alors que de Kazan, de Toula, de Kabrga, de Novgorod, du Caucase et de Roumanie, de Pologne, déferlent vers les frontières orientales de l'empire des Juifs errants, martyrs, affamés, misérables, les Juifs d'Autriche, émancipés depuis cinquante ans à peine, forment à Vienne une élite brillante et influente à laquelle le jeune homme peut être fier d'appartenir. Ils sont le cœur de la bourgeoisie libérale, influente et prospère.

D'abord artisans, banquiers et commerçants, puis devenus, à la deuxième génération, avocats, médecins, professeurs ou journalistes, ils exercent au début du siècle un tiers des professions libérales[1], représentent plus de la moitié des médecins et des avocats, et les trois quarts des journalistes. Leur rôle dans la société viennoise est capital. Il leur vaut en retour rancœurs et inimitiés. Car si la capitale autrichienne a l'habitude des minorités et se fonde même sur leurs diversités, l'ascension récente et spectaculaire de l'une d'elles a réveillé dans la population une sourde et très ancienne hostilité. On jalouse et on craint ses progrès, on la soupçonne d'avoir l'esprit de domination. Le spectre d'un règne juif hante les consciences de la Belle Epoque. Même Nietzsche en arrive à reconnaître, dans *Par-delà le bien et le mal*, que « les Juifs, s'ils le voulaient, [...], pourraient avoir dès maintenant la prépondérance et littéralement la mainmise sur l'Europe entière ». Zweig, jeune homme, le sait : il n'est pas facile d'être juif, en 1900, sur les bords du Danube où les jeunes lois de François-Joseph n'ont pas aboli de vieilles et tenaces préventions. Dans la ville qui l'a vu naître, l'antisémitisme, aussi, fait partie du décor.

Certes, ce ne sont ni ségrégations ni violences physiques. De simples « taquineries occasionnelles », dit pudiquement le jeune homme, des brimades, quelques insultes, et puis cette expression qui circule dans les rues, en dialecte viennois, *Saujude !*, sale Juif, un mot qui n'a pas cours, heureusement, dans les cercles qu'il fréquente. Il ne l'a jamais entendu prononcer contre lui. Près de quarante ans plus tard, il se souviendra avec beaucoup de nostalgie que personne, alors, ne lui a jamais « suscité le moindre embarras ou témoigné du mépris, parce qu'[il était] juif ». A l'université, il a tous les droits, sauf – curieux exemple des mentalités – celui de se battre en duel. Ce privilège est

---

1. Steven Beller, *Vienne et les Juifs, 1867-1938*, Nathan, 1991.

réservé, par un usage ancien qui a force de loi, aux seuls étudiants chrétiens. Leur honneur leur interdit de croiser l'épée avec quiconque ne le serait pas.

L'antisémitisme traditionnel des Viennois vient de se trouver le plus redoutable des porte-parole : la ville a élu, en 1897, un maire clairement, fougueusement antijuif. Le nouveau bourgmestre, le docteur Karl Lueger, leader du parti chrétien-social, issu de la petite bourgeoisie catholique et se battant pour elle, sera jusqu'à sa mort, en 1910, aussi populaire que François-Joseph. Acclamé comme un monarque dans tous ses déplacements, le beau Karl – *der schöne Karl* – ainsi que ses électeurs l'appellent, sait déchaîner les foules en jetant l'anathème sur ceux qui dans ses discours partagent avec les Hongrois le rôle de boucs émissaires. Dans la pratique, il sait se montrer conciliant, se vante d'avoir des amis juifs et ne prétend pas menacer la paix dont ils jouissent en Autriche. Mais sous la bonhomie apparente, l'antisémitisme imprègne de fait la vie quotidienne. Sensible sur la place publique, au parlement, à l'école, à l'université, dans les clubs – en particulier les clubs de jeunesse dont quelques-uns se veulent *judenrein* (purs de Juifs) – et, à travers les organes de presse violemment polémistes contre ceux qu'ils nomment « l'Ennemi », il se fait sentir dans toutes les classes de la société, de l'aristocratie à la classe ouvrière, en passant par les artisans et les boutiquiers, ses plus fervents adeptes. Il n'épargne, hors Vienne, aucune province. En Autriche, quiconque n'est pas juif est, à des degrés divers, de manière plus ou moins dissimulée, farouche ou agressive, un antisémite, déclaré ou en puissance. Ainsi malgré les lois, et malgré l'empereur qui prétend être le moins antisémite de tous les Autrichiens, aucun Juif, par la force de la tradition, n'a-t-il jamais eu accès aux plus hauts postes de l'administration, de la diplomatie, de l'enseignement ou de l'armée, domaines réservés aux catholiques de pure souche ou, parfois, à des convertis. Les exceptions, rarissimes, confirment la règle officieuse de l'exclusion. François-Joseph se félicite de compter dans sa Reichswehr, sur les doigts de la main, quelques officiers de cette religion. A l'université, les jeunes gens juifs représentent un tiers des étudiants, pourcentage considérable par rapport à la population juive. Les premières années ne leur posent aucun autre problème que celui de ne pas pouvoir se battre en duel. S'ils travaillent, ils obtiendront leurs diplômes, sans rencontrer d'injustice particulière. Toutefois les barrages se révéleront par la suite insurmontables, s'ils briguent les postes les plus prestigieux. En effet, le titre de professeur titulaire, *Professor ordentlich*, encore appelé *ordinarius*, est traditionnellement, sans qu'aucune loi le stipule, réservé aux catholiques. Sans un certificat de baptême, les plus haut diplômés resteront à jamais des professeurs non titulaires, *ausordentlich*, ou *extraordinarius*, étiquette qui a beaucoup moins de prix.

Ces obstacles, le jeune homme n'entend pas s'attarder à les considérer. A peine les voit-il, à l'arrière-plan du tableau, dessiner quelques ombres qui n'inquiètent pas même ses rêves. Il n'a pas peur de l'antisémitisme, le considère comme le revers de la médaille, l'autre face de la chance qui l'a fait naître ici dans la plus délicieuse, la plus artistique, la plus nonchalante des métropoles. Il sait qu'en dépit des discours et des rancunes, la vieille maxime viennoise « Vivre et laisser vivre » finit toujours par l'emporter, créant un climat de liberté, et même de tolérance. Il y a un bonheur particulier à vivre ici, parmi des gens dans l'ensemble paisibles et aimables, de surcroît amateurs d'art, de musique, de théâtre et de bonne chère. Il faut dire que Stefan Zweig n'avoue aucune ambition, ne veut pas faire carrière, et se moque de rester *ad vitam aeternam* un *Professor ausordentlich*. Ce qu'il aime, ce sont les promenades dans Vienne, les longs après-midi au café, à jouer aux échecs ou au billard avec des amis aussi insouciants que lui, les soirées au théâtre, à l'opéra et au concert, et puis lire la nuit, en fumant dans son lit jusqu'à l'aube, en rêvant des romans qu'il va écrire. Il parlera un jour du « don de jouir, le plus sain des superflus que nous donne la vie ». Selon lui, un don typiquement viennois.

Ce jeune Autrichien, aux manières réservées, qui s'exprime encore en rougissant, avec une timidité d'adolescent, a une vocation aussi solide et tenace que d'autres pour le barreau, la presse ou la médecine : il sera un jour écrivain. C'est le seul avenir qu'il imagine pour lui-même. Or, dans ce domaine qui le passionne, la littérature, il n'y a pas d'exclusion, sous l'effet du fanatisme. Chacun est libre d'exercer sa plume comme il l'entend, et s'il y a de l'*ordinarius* ou de l'*extraordinarius* dans l'air, chacun ne le doit qu'à son inspiration ou à son talent. Faire le vœu d'être écrivain, c'est vouloir être avant tout un homme libre, dans cette Autriche de la Belle Epoque qui, malgré le poids de ses traditions et son esprit de caste, lui laisse la bride sur le cou, et lui ouvre toutes grandes les portes. « Vivre et laisser vivre »... Vienne, croit-il, ne lui déniera jamais ce droit.

Dans sa vocation d'écrivain, Goethe et Schiller ont joué le plus grand rôle. S'il rêve d'écrire, c'est dans cet allemand très pur, très classique, qui lui donne un sentiment de pérennité et de transcendance, celui-là seul qui a permis à l'Autriche d'abolir les différences ethniques ou raciales et d'unir les citoyens.

Pour Stefan Zweig, être viennois est à la fois une chance et un programme. Une chance, parce qu'en comparaison des orages et des tempêtes qui, plus à l'est, empoisonnent le climat de l'Europe, c'est un ciel paisible qui s'offre à lui. Et un programme, parce qu'il est né là au confluent de toutes les cultures, entre Orient et Occident, sur une terre de grands brassages. « Le génie de Vienne est proprement musical, dira-t-il plus tard, en se rappelant sa jeunesse. Il a toujours été d'harmoniser en soi tous les contrastes ; qui vivait et travaillait là se sentait libéré de toute étroitesse. » Etre juif ne saurait être pour lui qu'une limite, une définition trop étroite. Parler allemand élargit l'espace, enrichit une identité qui cherche à dépasser ses origines, à s'affranchir des premiers liens. Etre autrichien a cet avantage de lui permettre de côtoyer les plus divers, les plus étonnants folklores et d'éprouver jusqu'au vertige les vertus de la différence et de l'échange. Mais être viennois, c'est plus encore. C'est vivre au cœur même du brouhaha, dans la diversité la moins banale et la plus quotidienne, parmi des citadins qui, quels que soient leurs préjugés de classe, se montrent exceptionnellement et dans leur quasi-unanimité sensibles aux arts : au théâtre et à la musique, à l'opéra, à la littérature. Ce qu'il préfère au monde est aussi à Vienne l'objet du culte de chacun.

Les Viennois ont été bercés dès l'enfance par les sonates et les concertos de Mozart, de Haydn, de Gluck, de Beethoven, et connaissent par cœur, pour les avoir entendu chanter ou réciter mille fois, des tirades entières de pièces ou d'opéras. L'actualité culturelle, infiniment riche et variée, déchaîne les passions. Au café ou en famille, autour d'une table couverte des traditionnels gâteaux au chocolat et des tasses de café à la crème fouettée, on débat des heures sur les mérites d'un acteur, d'un musicien, d'une cantatrice, de la présence sublime sur les planches de Joseph Kainz ou de Charlotte Wolter. Les Viennois tiennent les grands musiciens, les chanteurs d'opéra, les comédiens, les tragédiens, et aussi les écrivains, tous les artistes, pourvu qu'ils aient du talent, pour des dieux vivants. Ils les vénèrent, les idolâtrent. Nulle part comme à Vienne, il n'y a dans le monde, pas même à Paris ou à Milan, un tel consensus de la population. La vendeuse et le grand bourgeois, l'aristocrate et le cocher de fiacre, l'intellectuel et le marmiton, qui vivent dans des strates séparées, rigoureusement hermétiques, trouvent un accord inattendu dans cette passion commune à tous. « On n'était pas un vrai Viennois, dira Zweig, sans cet amour de la culture. » Amoureux d'une lumière et d'une atmosphère, confiant dans la bonne étoile de Vienne, croyant en ses promesses de le laisser vivre libre et en paix, le jeune homme aspire à toujours plus d'ouverture, à toujours plus de dialogue. C'est sa manière à lui d'être profondément viennois. Croit-on, parce qu'il parle et écrit l'allemand, qu'il ne connaît depuis l'enfance qu'un seul univers, des *Nibelungen* à la musique de Brahms ? A la maison, il s'exprime aussi en italien avec sa mère qui est née à Ancône et y a encore des parents. Son père parle un excellent anglais et lui-même est parfaitement capable de lire Shakespeare dans le texte. La culture de sa famille est imprégnée du cosmopolitisme inscrit dans son histoire et dont elle a su inculquer l'esprit à ses fils. Stefan Zweig qui, outre l'anglais et l'italien, a étudié le grec et le latin, ressent un goût particulier pour le français : il le parle et l'écrit couramment. Il déclare aimer Voltaire et Racine, autant que Goethe et Schiller. Par son éducation et de toutes ses fibres, l'Europe pour lui n'a pas de frontières, l'Europe des Lumières, où Vienne brille d'un éclat joyeux. « Nulle part, écrira-t-il, il n'était plus facile d'être un Européen. »

Bien plus que s'assimiler au paysage, et se fondre dans le creuset de sa ville pour devenir un jour un écrivain autrichien, peut-être même un grand écrivain autrichien, il rêve de faire reculer toujours plus loin les limites, d'ouvrir les horizons. Le jeune homme au regard caressant et grave, dévoreur de livres et amateur de billard, qui rougit lorsqu'il parle et ne s'endort jamais qu'à l'aube, a une personnalité généreuse et confiante. Il croit plus que tout à l'amitié, et ce qui vaut entre les êtres devrait valoir aussi, pense-t-il, entre les peuples. Si l'Autriche-Hongrie lui a donné, dit-il, le « goût du supranational », si elle a fait de lui, en lui montrant l'exemple du brassage, un cosmopolite épris de conciliation, il a toujours, d'instinct, cherché le dialogue et l'ouverture. Depuis qu'il est enfant, est-ce parce qu'il est né dans une famille qui a beaucoup voyagé et qui compte des ramifications dans d'autres pays d'Europe, il aime le mouvement, la variété, le dépaysement. Son seul cauchemar, quand il s'endort au petit matin, serait de se réveiller en prison, dans une cellule sans fenêtres, et d'avoir à vivre dans un monde barricadé.

Le cercle de famille

Son père, Moritz Zweig, né en 1845, fils de Hermann et de Nanette Zweig, est un homme corpulent, de haute taille, à l'épaisse barbe poivre et sel, et dont le regard aux prunelles sombres, bienveillant et doux, se cache derrière des lunettes cerclées de fer. Avec une dignité et un calme que rien ne saurait troubler, il impose à ses fils le plus grand respect. Toujours vêtu de noir ou d'anthracite, il porte des cols cassés, des habits de cérémonie à queue de pie et quand il sort, un haut-de-forme. C'est un homme important, à l'allure lente, l'image même du patriarche. Il a trente-cinq ans de plus que Stefan, mais parce qu'il cultive un style solennel et grave, il paraît beaucoup plus que son âge, ce qui maintient entre ses fils et lui une distance irréductible. Et ni Alfred ni Stefan ne se risqueraient à contester l'autorité du chef de famille.

Ida, leur mère, née Brettauer en 1854, hausse sa petite taille avec des escarpins à talons et des chignons en pyramide qui dressent sur sa tête une montagne de boucles brunes. Elle est dodue et très féminine, avec d'adorables mains potelées et blanches. Illuminant un visage aux traits fins, ses yeux pétillent. Dentelles et rubans, soie et velours, éventail précieux qu'elle tient au doigt : la toilette, très raffinée, respecte les règles de la bonne bourgeoisie de l'époque – pudeur du décolleté et de la parure. Mais Stefan se souviendra toute sa vie du bruit de taffetas de la robe glissant sur les parquets, lui annonçant l'entrée soudaine de sa mère dans sa chambre, et le nuage de son parfum.

Moritz Zweig est riche à millions. Né à Vienne où les affaires de Hermann Zweig, déjà florissantes, comme marchand en produits manufacturés, principalement en textiles, l'avaient conduit à implanter sa famille, il eut l'idée – et aussi l'audace – de passer du négoce à la fabrication et créa, vers 1875, en Bohême du Nord, à Ober-Rosenthal, près de Reichenberg (aujourd'hui Liberec), au pied des monts Krkonoše, une tisseranderie qui connut une rapide expansion. Fondée avec des capitaux modestes, reposant sur la force motrice des eaux, dans une région où les rivières sont abondantes, la petite fabrique devint vite une entreprise importante, à l'échelle industrielle. Elle a son siège à Vienne, 13 Esslinggasse. Moritz Zweig a introduit d'Angleterre les nouveaux métiers à tisser mécaniques et les machines à filer révolutionnaires qui lui ont permis d'abaisser le coût de production et de mettre sur le marché des textiles à prix compétitifs. Sous son allure compassée, le patriarche est un homme des temps nouveaux, curieux de tous les progrès, et capable de s'adapter aux changements. Cet homme d'affaires, intelligent et opportuniste, est aussi un gestionnaire rigoureux.

« *Safety first* », la sécurité d'abord, aime-t-il à dire, en anglais, dans la langue des grands banquiers. Les fonds amassés grâce à son travail et son esprit d'entreprise, il les place avec prudence à la banque Rothschild où il s'est, depuis ses débuts, appliqué à épargner la plus grande part de ses bénéfices et à faire fructifier ses économies. C'est avec des placements qu'on appellera plus tard « de père de famille », obligations d'Etat principalement ou valeurs industrielles, qu'il fonde bientôt une véritable fortune. Lorsque Stefan, interrogé à l'école sur le métier de son père, écrit *Fabrikant* – et c'est là en effet son métier – le mot ne rend qu'un faible écho de sa situation, des plus enviables et prospères. A cinquante-cinq ans, Moritz Zweig est un grand bourgeois, dont la fortune récente aurait pu s'accompagner d'arrogance. Mais c'est aussi le plus discret des hommes et cette discrétion, qu'il a tenu à inculquer à ses fils, fait partie des principes de son éducation.

« Même quand il fut devenu millionnaire, écrira son fils, mon père n'a jamais fumé un havane. » Moritz Zweig voyage toujours en seconde classe, n'enrichit pas son tailleur, ne fera installer que tardivement « les commodités » dans l'appartement, et fume des virginies démocratiques – les mêmes, il est vrai, que ceux qu'affectionne l'empereur ! Les Zweig, en 1900, jouissent d'un agréable train de vie et tiennent le rang qui est le leur, dans la bourgeoisie de Vienne.

S'ils habitent le Ring, c'est pour mieux marquer leur position dans la société viennoise : l'adresse confirme la réussite familiale. Vienne est en effet la plus cloisonnée des capitales européennes : les gens y sont répartis selon leur groupe social. Ainsi le cœur de la ville, autour de la Hofburg (la Cour), est-il le privilège des aristocrates, qu'ils soient autrichiens, polonais, tchèques ou hongrois, ils y ont leurs palais depuis le Moyen Age. Tout autour, la petite noblesse, les hauts fonctionnaires, les grands bourgeois, les artisans et les commerçants se répartissent selon les arrondissements – les diplomates occupent le troisième, la petite bourgeoisie les arrondissements du centre, du second au neuvième, tandis que l'industrie, la banque et le grand commerce préfèrent, comme c'est le cas des Zweig, s'amalgamer dans le voisinage du Ring. Les quartiers extérieurs abritent les familles d'ouvriers, tout juste avant les forêts et les prairies où coule le Danube. *Die Donau* – *Dunaj* en tchèque et en slovaque, *Dunav* en serbe et en bulgare, *Dunărea* en hongrois, *Dunarea* en roumain – ne traverse pas

Vienne mais la contourne, la néglige ou la caresse, avant de s'éloigner vers Budapest.

Les parents de Stefan habitent un de ces immeubles néogothiques, construit par un architecte allemand, avec un lourd portail, des frontons à la grecque et des cariatides, qui chantent la gloire de la nouvelle élite industrielle. Ils ont quitté peu après sa naissance, en 1895, leur domicile du Schottenring (le Ring des Ecossais, du nom d'une église proche), qu'ils trouvaient trop petit avec leurs deux enfants, pour un appartement plus vaste et plus confortable, situé dans la rue de l'Hôtel-de-Ville (Rathaus-Strasse), derrière le haut monument à la tour surmontée d'un chevalier de cuivre. A deux pas, un parc étend sa verdure comme une promesse de campagne, à quelques kilomètres en deçà des faubourgs. Le quartier est à la fois huppé et très aéré. Outre l'hôtel de ville, les deux monuments les plus proches sont le Burgtheater – le plus célèbre des théâtres de Vienne – et l'université – cette autre cité dans la ville, construite dans le même style militaire et grandiose. Le Ring, avec ses avenues tirées au cordeau, bordées d'arbres disposés en ordre symétrique et d'immeubles imposants, est un des quartiers de Vienne où l'influence germanique est éclatante.

Loin du centre où se trouvait le ghetto juif au Moyen Age, loin de la Leopoldstadt dans le deuxième arrondissement, où les Juifs les plus pauvres demeurent fidèles à leurs coutumes ancestrales, les Zweig ont acquis un style de vie moderne et grand bourgeois. Moritz Zweig, qui parle anglais et français, joue du piano, est comme tout Viennois, amateur de musique et d'opéra, doit son éducation à la volonté d'assimilation de ses parents. Hermann et Nanette Zweig, qui posent avantageusement sur les photos de famille en frac et robe du soir, furent les premiers à conquérir cet air incomparable viennois si policé, si raffiné. Il faut remonter à l'arrière-grand-père paternel de Stefan pour trouver trace de ces ancêtres moraves, paysans en yarmulke et caftan, soumis au mépris des Slaves, qui cultivaient la terre du côté d'Ostrava, et dont leur arrière-petit-fils n'aura rien pu connaître.

Du côté d'Ida, l'assimilation est plus ancienne encore, et plus diverse. Les Brettauer sont les ancêtres prestigieux de Stefan : sa mère s'enorgueillit d'appartenir depuis plusieurs générations à une famille de banquiers. Elle a le sentiment d'être bien née – mieux en tout cas que Moritz, avec lequel elle forme cependant, selon leur fils, un couple harmonieux et sans nuages. Mais elle a conscience de sa supériorité sociale et ne perd jamais une occasion de rappeler qu'elle est une Brettauer avant tout. Lorsqu'elle veut adresser un compliment à l'un de ses fils, elle lui dit : « Tu es un vrai Brettauer », ce qui est pour elle une sorte de sommet. Socialement, la banque apparaît en effet comme une activité plus noble que le commerce, si florissant soit-il ; elle constitue une aristocratie.

Originairement établie à Hohenems, petite ville allemande à la frontière suisse, la famille de la mère a acquis un caractère tout autre que les Zweig, avec ses racines en Moravie. Dispersée dans le monde, elle offre à Stefan des oncles, des tantes et une multitude de cousins Brettauer à Paris et à Londres, à New York et en Italie où son propre grand-père a fait ses débuts, à Ancône, avant de venir s'établir à Vienne. Si son père incarne à ses yeux d'enfant la ténacité et le labeur, s'il est l'ancre qui tient solidement le bateau, la mère avec ses robes de taffetas, sa pointe d'accent italien et ses cousinages aux quatre coins du monde, apporte le rêve, et avec lui toutes les incertitudes et tous les désirs. Il y a grâce à elle un peu de fantaisie, et presque du vague à l'âme, dans le décor solidement charpenté des Zweig. Encore cette fantaisie n'est-elle qu'impalpable et diffuse, et n'a-t-elle aucune influence concrète sur l'organisation des jours, où préside cette notion essentielle, ce mot clé de la famille : l'ordre. Peut-être faudrait-il l'écrire avec une majuscule !

Du père, Stefan aura hérité – c'est lui-même qui le souligne – le goût d'une discrétion qui va jusqu'à l'effacement, et s'accompagne d'une austérité naturelle. Il raconte par exemple que Moritz Zweig ne se permit jamais d'aller s'asseoir à une table du café Sacher où sa condition de *Fabrikant* aurait été, selon lui, gênante au milieu des archiducs, comtes et barons, clientèle habituelle du célèbre établissement de Vienne. Stefan aura toute sa vie la même pudeur. Comme son père, il sera le plus discret des hommes et gardera toute sa vie, jusque dans sa célébrité internationale, un style modeste et doux. Même quand le temps sera venu de la publicité et de l'autopromotion il ne recherchera pas les projecteurs. Il sera fidèle à l'image pleine de réserve et de dignité de son père. Fidèle aussi à son orgueil. Moritz Zweig, dans une époque imbue de privilèges, d'honneurs, de récompenses, de palmes de toutes sortes, ne se compromet jamais à quémander quelque faveur que ce soit. Plus encore, il méprise les vanités sociales et se vante de n'avoir jamais rien demandé à un fonctionnaire ou à un ministre, qu'il n'ait pu obtenir de lui-même, par ses seuls mérites ou son travail. Cette exigence, cette rigueur, cette volonté de vouloir être soi d'abord, soi pour soi-même, devant soi-même, il va les enseigner à son fils. Ou les lui transmettre, simplement, par la voie de l'exemple. « De n'avoir jamais rien demandé, écrit son fils, de ne s'être jamais engagé dans la voie des requêtes et des remerciements, il en concevait une secrète fierté, qui lui était plus chère que tous les signes extérieurs de la distinction. » L'orgueil et le goût d'une liberté personnelle : ce sont les cadeaux du père à son plus jeune fils.

Si l'aîné, solide et calme, voire un peu rude, ressemble physiquement à Moritz, Stefan est le portrait de sa mère, en plus mince et plus longiligne. Il a ses traits fins, son sourire et ses yeux noirs, qui pétillent. Il a sa vivacité, sa gaieté et ses sautes d'humeur. Autant

Alfred est d'un caractère égal, comme Moritz, autant Stefan se montre enclin aux crises de colère et aux accès de mélancolie. Il peut être tour à tour excité ou abattu, « neurasthénique » comme disent les médecins appelés à analyser son cas. Sensible, comme sa mère, à un nuage qui passe ou à la couleur du ciel, il est nerveux et imprévisible, né un 28 novembre, sous le signe du Sagittaire. Le signe du Feu de l'hiver.

Confié à des nourrices, comme tous les enfants de la bourgeoisie d'alors, confiné dans la nursery puis dans sa chambre, à distance respectueuse de la vie mondaine que mènent ses parents, il souffre d'être un enfant. L'autorité l'oppresse. Même si c'est une loi bienveillante et généreuse, ordonnée pour son bien, qui organise ses journées. Le premier souci des Zweig, très tôt, a été d'offrir à leurs fils la meilleure éducation qui soit. Dès qu'ils ont eu l'âge d'apprendre, des répétiteurs ont fait leur entrée à la maison pour y relayer les gouvernantes. Ils ont été chargés de leur enseigner les langues vivantes, qu'on n'apprend pas alors à l'école : le français, l'anglais et l'italien. La famille qui tient à cet esprit d'ouverture considère la culture comme un trésor, et veille avec vigilance à ce qui est transmis comme un véritable héritage. Le bien le plus précieux, le savoir.

Dès qu'ils ont eu dix ans, Alfred et Stefan, qui se suivent à deux ans d'intervalle, sont entrés au lycée. Le Maximilian Gymnasium (aujourd'hui le Wasagymnasium) est, dans la neuvième circonscription de Vienne, l'établissement que leurs parents ont choisi parmi les onze excellents lycées de la ville, pour leur conférer une solide culture classique. Il est aussi un des lycées viennois où la participation juive est la plus importante (quarante pour cent[1]). Les lourds horaires du lycée sont venus s'ajouter à un emploi du temps déjà chargé.

---

1. Steven Beller, *op. cit.*

C'est ainsi qu'enfants, à un âge et dans une génération qui ne contestent pas l'autorité des adultes, Alfred et Stefan ont eu à respecter des rites immuables et sévères, et subi d'innombrables interdits. Le but de l'éducation n'était pas de faire des adultes heureux, mais des hommes aguerris, formés au travail, et ambitionnant de réussir.

La mère, image à la fois tendre et distante, n'a pas nourri ses nouveau-nés au sein et assez peu pratiqué les câlins. Très préoccupée de sa vie sociale, de ses thés ou de ses dîners, de ses innombrables rendez-vous avec la couturière, ses relations ou ses amies, elle n'a accordé que peu de temps à ses fils. Sauf pour les grandes fêtes familiales, Alfred et Stefan ont, jusqu'à un âge avancé, pris leurs repas à part des adultes, ils ont, comme des milliers d'autres bambins nés à la fin du siècle dernier, mené leur vie d'enfants à l'écart des parents, sous leur tutelle mais sans encombrer le paysage de leurs jeux ou de leurs tourbillons. Ils ont été, dans l'ensemble, dociles et sages, et n'ont que rarement exprimé une quelconque rébellion. Leur mère aimait affubler ses fils des costumes marin qui étaient alors d'usage dans leur milieu. Stefan – le moins apprivoisable des deux – poussait des hurlements pendant les poses d'essayage, et détestait chez sa mère cette manière des les traiter en poupées. Le costume marin restera le symbole du gentil petit garçon sage et bien élevé, du petit garçon modèle qu'il a été malgré lui, tout en nourrissant en secret de furieux désirs de liberté.

Il y a eu peu de douceur dans cette existence d'enfant gâté qui n'a jamais manqué de rien, si ce n'est de la première tendresse et de la première consolation d'amour – frustrations qu'il décrira si bien plus tard, dans le miroir de ses nouvelles où l'enfance tient une grande place. Il a dû apprendre très tôt à ne pas montrer ses faiblesses, à cacher ses chagrins, à réprimer ses élans. Les dialogues parents-enfants n'avaient pas encore cours, et de même que la société était découpée en strates qui cohabitaient sans jamais se mêler, les adultes régnaient sur un monde où les enfants n'étaient pas admis. Leur seul droit était d'obéir. Le soir, un froid baiser sur le front suivait le délicieux frisson qu'avaient fait naître dans l'imagination de Stefan le glissement de la robe de soie maternelle et les effluves de son parfum. L'enfant sensible et inquiet, qui avait tellement besoin d'amour, détestait sa dépendance. Pour lui, l'enfance fut une prison. Il a longtemps rêvé d'avoir des ailes pour s'envoler de sa cage dorée.

C'est en pensant à cette période de sa vie, à la fois protégée et inquiète, qu'à l'âge de cinquante-sept ans, se souvenant de ses premiers tourments, il écrira ce poème, qui ouvre le recueil de *Brûlant secret* :

O enfance, étroite prison !
Que de fois j'ai pleuré derrière tes barreaux
En voyant passer, tout pailleté d'azur et d'or,
L'oiseau inconnu de mes rêves !

O nuits d'impatience...

Les désarrois de l'élève Zweig

Au Maximilian Gymnasium, qu'il décrit comme un bagne, ni premier ni dernier, élève moyen et morose, il a surtout attendu que le temps passe et lui donne enfin la liberté promise. Les jours s'y succédaient dans l'atmosphère étouffante, malodorante, de classes où ne pénétrait qu'à peine, à travers des stores qui empêchaient les enfants de regarder au-dehors, la lumière filtrée des automnes et des hivers de Vienne. Aucun événement remarquable n'a jamais secoué cet enfer de la monotonie, où il subit des cours interminables et endura, résigné, des leçons ennuyeuses, dispensées en chaire, par des professeurs sévères, fermés à tout dialogue. Il n'a pas retenu un seul nom, pas un seul visage. L'univers terne et pesant de l'école fut pour lui, comme pour la plupart de ses condisciples, victimes du même carcan, pareil à une geôle, dira-t-il.

Comme dans tous les autres bons lycées de Vienne : le Schotten, le Sperl, le Josephs ou l'Akademisches-Gymnasium, on y enseignait surtout les langues mortes, le latin à raison de huit heures par semaine et le grec à raison de cinq. On y enseignait l'histoire ancienne, ainsi que les mathématiques et les sciences naturelles, la géométrie et la physique, enfin la religion – selon le culte de chacun. La seule langue vivante que les élèves avaient à perfectionner était l'allemand, à travers l'étude des grands auteurs. L'enseignement était fondé sur la mémoire, l'apprentissage par cœur d'innombrables leçons et théorèmes, poésies et définitions, dates et tables, constituant l'essentiel d'un travail, dans l'ensemble, à en croire le souvenir de Zweig, éreintant et fastidieux.

L'éducation insipide qu'il reçut au lycée l'a révolté. Il détesta le ton altier de ses maîtres, leur manière d'assener le savoir au lieu de le faire aimer. L'école, au temps des Habsbourg, avait un projet clair : imposer l'ordre existant comme le plus parfait qui soit, et la parole du maître – qui relayait celle du père – comme à jamais infaillible. Elle visait non à développer la personnalité, à l'épanouir et l'enrichir, mais à la dompter. Elle voulait canaliser des forces, discipliner des énergies, mater toute expression d'ordre personnel, toute pensée libre. Son enseignement reposait sur un régime d'oppression. Le jeune homme en fut blessé à jamais, et nourrit pour toujours contre toute espèce d'autorité, tout discours docte visant à imposer sa loi, une méfiance tenace. Il ne conçut aucune estime pour ses professeurs de lycée, et ne voulut jamais en rien leur ressembler. Qu'il n'ait gardé souvenir d'aucun d'entre eux, ni de leurs noms, ni de leurs visages, est un signe de sa profonde indifférence. Cette absence totale de souvenirs d'école – lui qui aura un tel culte de la nostalgie ! – découle de sa volonté de préserver sa liberté, de se ranger du despotisme. Au fond de lui, la révolte est profonde, même si elle se manifeste dans le silence et le secret, dans la promesse qu'il se fait à lui-même de n'être jamais de ceux qui deviennent des maîtres et entendent infliger leurs commandements au monde.

Un écart de conduite, une action menée ou une parole prise sans permission, étaient alors sévèrement punis. Chacun devait s'employer dans la classe à accepter la morale et les idées qui y étaient professées, et à ressembler au modèle idéal. Le titre de *Musterschüler* (élève modèle) récompensait les meilleurs. L'originalité était condamnée par avance. Et toute rébellion impossible, l'élève étant soumis à une discipline de fer. Zweig grandit comme nombre de ses congénères, dans la hantise de l'échec. Ce n'est pas un hasard si, dans *L'Interprétation des rêves,* qu'il publie en 1900 à Vienne, le docteur Freud, lui-même ancien élève du Schottengymnasium, accorde une grande place aux névroses qui reposent sur des cauchemars d'examen, et aux syndromes de l'échec scolaire.

Le pire des châtiments, pour Zweig, comme pour tous les adolescents de la bourgeoisie de Vienne, élevés avec le souci obsessionnel de leur avenir, eût été de se voir exclu du lycée, d'être renvoyé au premier métier de ses père et grand-père, à l'humiliation d'un métier manuel. Car le prestige du savoir, capital dans une société qui honore la culture sous toutes ses formes, l'est plus encore dans les familles juives qui y voient le plus sûr moyen d'illustrer et de parfaire leur récente implantation. Elle ne leur apparaît pas seulement comme un instrument de stratégie sociale, une manière de franchir encore des barrières et de constituer une élite, elle reflète le penchant ancestral d'un peuple pour ce qui est d'ordre intellectuel et spirituel, entretient un rapport avec le verbe et l'écrit. Zweig l'expliquera un jour, dans le contexte de haine et de violences que sera devenue l'époque : « On admet généralement que le but propre de la vie du Juif est de s'enrichir. Rien de plus faux. La richesse n'est pour lui qu'un degré intermédiaire, un moyen d'atteindre le but véritable et nullement une fin en soi. La volonté propre du Juif, son idéal immanent est de s'élever spirituellement, d'atteindre à un niveau culturel supérieur. » Un mot allemand résume bien ce but véritable que les siens veulent atteindre, *der Geist* – à la fois l'intelligence et le savoir, l'intuition et la connaissance, l'esprit, dans toute sa complexité, immanence et transcendance, diraient ses professeurs de philosophie. Pour Moritz Zweig, qui a assuré sa succession en la personne de son fils aîné, c'est un bonheur et une fierté immenses de penser que Stefan sera un jour docteur à l'université. A Vienne, *Doktor, Advokat* sont des titres valant leur pesant d'or. Dans un univers qui ne croit qu'aux titres et aux honneurs, ils confèrent à qui les porte sinon une vraie noblesse, au moins une dignité et une aura. Sa famille n'attend rien de Stefan que ce diplôme de fin d'études, dont l'éclat rejaillira sur elle. C'est pourquoi il travaille, sacrifiant à l'ambition que place en lui son père, malgré l'ennui et même le dégoût que lui inspire l'école – ce « moulin à discipline » auquel il gardera une rancune tenace. « Le seul moment heureux que je doive à l'école, écrira-t-il, ce fut le jour où je laissai retomber pour toujours sa porte derrière moi. »

Il n'a été excellent en aucune matière. Sauf en allemand, où il a reçu des félicitations, il ne s'est distingué en rien. Mais, submergé de devoirs et de leçons, parfois abruti de travail et furieux d'avoir à apprendre ce qui, selon lui, ne valait pas la peine, il réussit à passer sans mal d'une classe à l'autre, et accomplit son parcours scolaire sans perdre une année. Ce qui comptait pour lui, c'était de se débarrasser de cette corvée de l'école, d'empocher son baccalauréat, qu'en Autriche on appelle la *Matura,* et de s'inscrire enfin à l'université, où s'ouvrent pour tout bachelier des temps nouveaux. L'ennui, il l'a combattu avec les livres – non les livres de classe, si semblables à ses maîtres – mais les romans qu'il achète avec l'argent de poche que lui donnent ses parents. Tout jeune déjà, il se ruine en livres, qu'il dévore jusqu'à une heure avancée de la nuit, se réveillant péniblement à l'appel de la bonne, et se tirant du lit à la dernière minute, ce qui lui valut d'aller presque tous les jours au lycée en courant, sans même avoir pris son petit déjeuner, « une tartine à la main ». A l'université au moins, il n'a plus à respecter les horaires odieux qu'on lui imposait à l'école, et s'il se couche toujours tard, il lui arrive souvent de sauter les cours du matin, pour lire encore, tranquillement, bien au chaud, jusque vers midi, sans risquer une réprimande. Il aime suivre son rythme naturel, qui est de décaler ses journées vers le soir.

L'école – et les leçons particulières qu'ajoutaient ses parents à l'emploi du temps scolaire – lui a laissé peu de loisirs, mais il en a savouré chaque instant comme un privilège. En dehors de ses lectures nocturnes, la vraie vie commençait hors les murs du lycée, dans les rues de Vienne, dans ses cafés, dans ses théâtres et dans ses librairies. Dès l'âge de treize ou quatorze ans, avec quelques camarades partageant le même penchant pour rôder, bavarder et lire, mais dont il n'a consigné aucun nom, aucune silhouette, il vagabonde à Vienne à la recherche d'aventure. Sa première rencontre importante n'est pas avec une femme ou une « créature » comme on dit alors, il se préoccupera plus tard des femmes. La première rencontre importante, due au hasard de ses balades, c'est… Brahms, qui passait par là, et que Zweig, malgré sa timidité, a abordé sans hésiter. Le grand musicien allemand, Viennois d'adoption, est une des idoles de la ville et Zweig a obtenu très facilement un autographe, qui sera le début d'une grande collection.

Brahms le fait courir, le moindre concert, la moindre pièce de théâtre attisent sa curiosité, il connaît par cœur les programmes lyriques et musicaux, la liste des pièces que donnent le Burg ou le Hof ou quelque autre des dix ou vingt théâtres de Vienne. Partageant avec ses camarades son argent de poche pour s'acheter des livres et des journaux, non seulement autrichiens mais français et anglais, qui relatent la vie culturelle, il est à l'affût de tout événement comme de toute sensation artistique. La musique, le théâtre et la littérature sont pour le jeune homme, si triste et morose en classe, une passion, presque une fièvre.

Il a de la chance : il n'aime pas le sport, qui aurait pu tout autant dévorer son temps libre, et l'empêcher de lire, lire et lire. Au lycée, trois tours du préau en marche rapide étaient jugés suffisants pour établir chez les garçons un esprit sain dans un corps sain… Ses parents, qui

n'entendaient rien négliger pour parfaire l'éducation de
leurs deux fils, leur ont fait prendre des cours de danse
et de patinage : à Vienne, un jeune homme bien élevé
doit savoir danser dans les bals et sur la glace. Mais Stefan sécha les cours, et transforma en livres les sommes
que ses parents lui donnaient pour aller valser. Résultat :
à dix-neuf ans, il ne sait pas nager, il n'est jamais monté
sur une bicyclette, ne pratique ni le tennis, ni aucun jeu
de balle, ni même la course, sauf quand il est en retard
pour ses cours. Bien que son époque commence à s'intéresser au sport et vante ses bienfaits physiques, il appartient à une génération qui s'est très bien portée de
n'avoir jamais pratiqué aucun exercice, de n'avoir
jamais dispersé une énergie précieuse. Aussi Stefan
Zweig est-il un jeune homme très mince mais peu musclé, pâlot, et dont les longues mains blanches ne savent
que feuilleter un livre ou tenir un porte-plume.

Avec ses amis du lycée, il a découvert la vie de café
à la pré-adolescence. Moins aérée qu'une sortie à bicyclette dans la campagne autour de Vienne, moins efficace pour les muscles qu'une séance de gymnastique,
renfermée, enfumée, rythmée par les innombrables
cafés ou chocolats crémeux qu'il y consomme, c'est la
vie qu'il préfère. Le Beethoven, le Rathaus ou le Reyl,
sont leurs lieux de rendez-vous, les adolescents s'y
rendent comme à un club. Tradition viennoise par
excellence, il ne leur est jamais interdit d'y choisir une
table et de s'y installer, à côté de jeunes gens plus âgés
ou de messieurs. C'est peut-être le seul endroit de
Vienne où les générations se mélangent. On y compte
quelques femmes en chapeau. Stefan s'y plaît, il se
sent tranquille, détendu, libre, dans cette atmosphère
conviviale, où chacun peut fumer, rêver, boire, discuter ou lire, sans que personne vienne l'importuner. Il
joue aussi aux échecs – un jeu qui le fascine et qu'il
pratiquera toute sa vie –, lit de A à Z les journaux
viennois, *Le Mercure de France,* le *Burlington Magazine* ou la *Neue Rundschau,* exposés sur une table ou

pendus à une patère de bois. Très jeune, les rubriques culturelles des revues n'ont pas de secrets pour lui, il connaît par cœur le nom des critiques, et celui des nouveaux poètes, acteurs ou musiciens. Pour se décontracter les muscles, après tant d'heures passées assis sur les banquettes de cuir ou de velours de son « club », il lui arrive de jouer une partie de billard, le seul exercice qu'il s'autorise, dans l'arrière-salle non moins enfumée et sombre.

S'il a détesté le lycée, sa discipline et ses maîtres fastidieux, il est comme un poisson dans l'eau à l'université où le nombre réduit des cours et la liberté d'y assister ou non, le fait de pouvoir étudier ce qui seul l'intéresse, l'ont définitivement séduit. Mais c'est aux cafés qu'il a été le plus heureux à Vienne, là où la vraie vie a commencé. A dix-neuf ans, il les fréquente plus que les amphithéâtres. La coutume est si profondément ancrée dans les mentalités, de voir les hommes de tous âges et de toutes conditions s'attarder dans ces établissements, qu'il n'en tire aucun sentiment de culpabilité. Ses amis étudiants font comme lui. Autour d'une même table, dans la fumée des innombrables cigarettes et des breuvages chauds, leur cercle de dilettantes, passionnément épris de littérature et de poésie, échange des impressions de lecture et de premiers essais personnels.

Le 12 juillet 1900, date capitale pour Zweig, il passe son baccalauréat. En morale, la première des matières requises, il obtient la mention *entsprechend*, l'équivalent de bien. En religion et en latin *befriedigend,* ou satisfaisant, c'est-à-dire moyen – à l'époque, les appréciations remplacent les notes chiffrées. En grec, en mathématiques, en sciences naturelles et en philosophie, son niveau a été jugé à peine *genügend,* ou suffisant, disons passable. C'est en allemand, ainsi qu'en physique et en histoire-géographie, qu'il s'est particulièrement distingué, les examinateurs l'ont gratifié d'un superbe *lobenswert* – digne de louanges. Son diplôme le situe un peu au-dessus de la moyenne, en deçà des tout meilleurs éléments, des *vollkommen entsprechend, ausdauernd* ou *sehr gut,* étiquettes que les professeurs réservent aux premiers de la classe. Zweig aura été bon élève, ni plus ni moins.

Ce qui importe, c'est, grâce à ce diplôme de fin d'études, d'être enfin délivré du bagne de l'enfance. En refermant derrière lui la porte du Maximilian Gymnasium, la *Matura* en ouvre une autre sur des horizons moins confinés et moins oppressants. Ce moment tant attendu est, pour Zweig, une seconde naissance. Signe de cette soudaine fracture, il quitte l'appartement de ses parents – et les splendeurs militaires du Ring – pour emménager dans une chambre d'étudiant, au cœur de la Josephstadt, le huitième arrondissement. Il y emporte tous ses livres, sa mère lui a donné quelques meubles Biedermeier et des tapis. Il habite au 2 Buchfeldgasse, comme s'il avait choisi exprès sa toute première adresse : *das Buch* c'est, en allemand, le livre, et *das Feld* le champ... S'il a choisi de s'inscrire en philosophie, où il n'est pas particulièrement doué et a le moins brillé à l'examen final, au lieu de s'inscrire en allemand ou en histoire, c'est qu'elle est la moins contraignante des voies universitaires : sur les trois années, seule la dernière est sanctionnée par un examen. Les cours et les séminaires étant facultatifs, les deux premières années, à condition de savoir mettre à profit la troisième, peuvent être consacrées à rêver, voyager, sortir le soir ou écrire... Il a choisi les études qui offrent le plus de loisirs et le plus de vacances, sans l'intention de perdre son temps. Ce qu'il veut, c'est vivre enfin sa vie, sans vigiles. A dix-neuf ans, le plus jeune fils des Zweig, tandis que l'aîné, déjà attelé à la profession de son père, sera « fabricant », peut se lancer dans la bohème et profiter enfin de sa jeunesse.

Même si à Vienne, il n'est pas facile d'avoir vingt ans.

Un vieil empereur, un vieil empire

Le monde où Zweig grandit, qu'il dépeindra à la fin de sa vie comme une Atlantide engloutie, avec la plus poignante des nostalgies, était un monde solide et sûr, sans perspectives d'innovation ou d'évolution. C'était, en 1900, comme il l'écrit lui-même avec son sens aigu des formules, « l'âge d'or de la sécurité ». « Tout dans notre monarchie autrichienne, vieille de près d'un millénaire, semblait fondé sur la durée, et l'Etat lui-même paraissait le suprême garant de cette pérennité. » La couronne, qui est la valeur monétaire de l'empire, circule en belles pièces d'or et paraît immuable, à l'image d'une monarchie et d'une société où rien ne change, rien ne vacille, où tout est force et traditions. On y croit éternelles la constitution de l'Etat, les institutions et la famille. Les parents croient pouvoir garantir à leurs enfants, mais encore à leurs petits-enfants et à leurs arrière-petits-enfants, par des testaments rédigés et tamponnés en bonne et due forme, véritables garants d'un avenir réglé d'avance, la fortune dont ils ont hérité ou, comme Moritz Zweig, qu'ils ont fondée eux-mêmes avec énergie et confiance. Dans ce monde d'hier, chacun est sûr du lendemain. Tranquillité, pérennité semblent être les mots clés du pays. Qui aurait pu croire qu'un univers aussi solidement amarré allait bientôt dériver, affronter les tempêtes et couler à pic, comme le continent de la légende ?

Celui qui incarne, en 1900, cette pérennité du royaume, tellement ancrée au cœur des Autrichiens, est l'empereur François-Joseph. Monté sur le trône en 1848, à l'âge de dix-huit ans, il règne depuis cinquante-deux ans et régnera plus de seize ans encore. Homme à l'allure militaire, sec et discipliné, il a connu les pires déboires, politiques et familiaux, mais il a le génie de traverser les orages imperturbable et droit comme un i. S'il a perdu la Lombardie en 1859, Venise en 1866, et s'il n'a pu mettre un frein à l'essor irréversible de la Prusse, s'il a perdu son fils, l'archiduc Rodolphe, qui s'est suicidé en 1889 à Mayerling, et sa femme, l'impératrice Elisabeth – Sissi –, assassinée à Genève en 1898, s'il a connu bien des défaites militaires et diplomatiques et bien des catastrophes d'ordre privé, il demeure contre vents et tempêtes « Sa Majesté apostolique, notre très gracieux Empereur et Seigneur » *(Seine apostolische Majestät, unser allergnädigster Kaiser und Herr)*, le symbole même de ce monde d'hier que chacun croit éternel. Un portrait de François-Joseph orne les salles de classe et de café, les foyers des théâtres, les magasins, les échoppes et chaque famille a le sien. Avec sa barbe blanche, ses favoris en côtelette de mouton que tous les bourgeois de Vienne ont adoptés pour eux-mêmes, avec son uniforme de cérémonie, il rassure et il rassemble. Autour de sa personne, comme autour de la reine Victoria en Angleterre, s'opère un consensus national.

Disposant d'un droit de veto sur toutes les lois, il a accepté les revendications du régime constitutionnel en 1860 et 1867, mais n'autorisera le suffrage universel qu'en 1907. Il a la mainmise sur toutes les affaires publiques et privées du royaume, et rien n'échappe à son autorité. Il règne en monarque absolu, choisissant ses ministres et influençant les décisions des notables, selon une devise en latin qui décrit sa manière et gouverne le pays : *quieta non movere* – surtout ne rien changer. Tout est pour le mieux dans le meilleur des mondes... Immobilisme et sérénité. En Autriche, la moindre esquisse d'un changement passe pour révolutionnaire et, à l'exception de quelques intellectuels, chacun craint comme la peste l'idée même d'une petite secousse. La sagesse est de savoir accepter son sort, croit-on, dans le cadre qui lui a été assigné par la naissance, et dans les limites d'une liberté que veulent bien lui accorder la loi et les usages. Toute tentative pour élargir ses droits dans la légalité suppose le déploiement d'une énergie surhumaine, tant est puissante et rigide l'armature politique et sociale de l'Autriche, ce vieil Etat qui se veut immuable, imperméable à la nouveauté, au modernisme.

L'empereur n'aime pas le progrès. Toute innovation technique trouve en lui un ennemi et, sans l'influence de Sissi, la Hofburg serait restée le dernier bastion de Vienne à se protéger contre l'électricité, contre le téléphone, ou contre... « les commodités ». Hostile à ce qui est neuf et susceptible d'apporter un changement dans une vie qu'il aime toujours pareille *in saecula saeculorum,* François-Joseph se méfie du train et des autos et croit à l'avenir du cheval ! Il est l'exemple même de la rigidité et du *statu quo,* fondements de son empire. Au sommet de la pyramide hyper-hiérarchisée de ses concitoyens, l'empereur, ce chef suprême, qui s'épuise huit à dix heures par jour à parapher des documents innombrables et à donner des audiences, a quelque ressemblance avec un automate. Il est comme pris dans la glace des préjugés et des traditions qui gèlent le monde d'hier, et font de lui un royaume *hibernatus,* où il n'est pas facile d'avoir vingt ans.

En Autriche, la vieillesse fait partie des institutions. Elle apparaît comme une qualité maîtresse, dans cet âge d'or de la sécurité qui n'a de respect que pour le solide et ce qui a fait ses preuves. Les vertus de la jeunesse, l'enthousiasme et l'audace, la confiance en soi et la curiosité pour les nouveautés, paraissent suspectes et dangereuses. Le monarque, mais aussi ses ministres, ses ambassadeurs, ses généraux, ses dignitaires, ses émissaires et presque tous les notables ont une barbe blanche. Dès qu'un homme occupe un poste important à Vienne, c'est qu'il est d'un âge mûr et par là même respectable. La société boude les moins de quarante ans. Pour faire sérieux, et compétent, les jeunes gens, si brillants soient-ils, doivent se grimer en vieillards, se laisser pousser la barbe, porter une redingote sombre, une canne et un lorgnon, adopter un air grave et compassé, une lenteur digne de leurs pères et grands-pères, qui leur donneront seuls droit au respect dans leur profession. Un médecin, un avocat, un professeur sont, par définition, des gens d'un âge certain, qui ont de l'expérience et dont on attend qu'ils en imposent non seulement par leur savoir mais par la solennité, la componction de leur style. « Le temps et l'âge avaient une autre mesure, explique Zweig. Les cheveux gris étaient encore un signe de la dignité et un homme "posé" évitait soigneusement les gestes et la pétulance de la jeunesse comme étant inconvenants. Même dans ma plus tendre enfance, alors que mon père n'avait pas quarante ans, je ne me souviens pas de l'avoir vu monter ou descendre en courant un escalier... » La patience, la première des vertus de la vieillesse, est un impératif à Vienne, où les lourdeurs et les lenteurs de la bureaucratie, bastion du pouvoir suprême, soumettent les citoyens aux pires épreuves de l'attente. La moindre démarche administrative demande des heures, des jours et des semaines, des années de persévérance, rien ne presse, disent les fonctionnaires, on peut toujours attendre... Et comme il semble à un jeune homme que le temps n'en finit pas de passer, l'extrême urgence à vivre ne trouve guère à s'exprimer, se heurte à un matelas de vieilles habitudes, à un ordre rigide depuis des lustres. Avec la patience, l'autre attribut de la vieillesse, non moins indispensable pour qui veut faire son chemin dans la communauté des adultes, est l'embonpoint... Tout homme important, donc bien nourri, se doit d'être corpulent, sinon gras, et revêtu des insignes distinctifs du bourgeois, l'habit, la cravate et le gibus. Stefan, qui est un jeune homme maigre et impatient, se souviendra de la bedaine de son père, de ses oncles et de ses professeurs, qui était au temps de sa jeunesse le privilège de la réussite et de l'âge. En fait, à la Belle Epoque, l'avenir se dérobe aux jeunes gens et appartient aux vieillards.

À Vienne, où des génies précoces, Mozart et Schubert, ont connu la gloire, même les artistes sont ou paraissent vieux, sous le règne de François-Joseph. Par-dessus leurs gilets de velours, les poètes reconnus ont des barbes grises – Wilbrandt, Ebers, Felix Dahn, Paul Heyse, Lenbach –, les favoris de la Belle Epoque ressemblent à des excellences ou à des conseillers de cour. Ce ne sont pas eux qui font rêver la génération de Zweig. Elle leur préfère les artistes qui ont vingt ans, comme eux, ou dont la jeunesse est encore intacte, dans la fougue et dans la ferveur. Lorsque Gustav Mahler, le prestigieux compositeur et chef d'orchestre, a été nommé en 1898, à moins de quarante ans, directeur de l'Opéra impérial, un murmure d'inquiétude parcourut Vienne, qui en débat encore : était-il raisonnable et sûr de confier à un si jeune homme (trente-huit ans quand même !) la première institution artistique de l'empire ?

À l'école comme à la maison, dans les administrations et à tous les niveaux de l'Etat, le dialogue entre les générations, entre le fils et le père, comme entre l'élève et le professeur, le maître et le disciple, le chef et les employés ou l'empereur et ses sujets, passe mal. Aux questions les plus simples, pendant ces années qui lui ont paru ne jamais devoir finir, Stefan Zweig s'est entendu répondre par un impérial et sectaire : « Tu comprendras plus tard. » Il a mal supporté cette absence de communication, et haï ce fossé qui l'a tenu prisonnier de son âge. D'instinct, ayant horreur des brimades, ne souffrant pas de limite à son désir de liberté, il sera du côté de la jeunesse. Contre cet idéal qui prévalait en Autriche, où un vieil empereur, pareil à une relique, renvoyait à chacun le reflet d'un monde très ancien, figé dans ses habitudes, il s'est nourri d'impatience. Dans la société ultra-conventionnelle et policée qui est la sienne, sans faire d'éclat, il est un de ces rares individus qui par réaction, se bâtissent d'emblée une légende personnelle, bien décidés à la vivre.

Stefan Zweig a eu très tôt la révélation que la liberté lui viendrait d'ailleurs, d'un univers parallèle où, contrairement à celui où il vit, nul ne subit de contraintes, où l'âge n'est plus un handicap. Il s'y sent heureux, léger. C'est l'univers des poètes et des écrivains, l'univers des livres et du théâtre. Sensations, émotions, aventures : tout ce dont la vie bourgeoise est avare, l'art en est prodigue.

Tel un voyage perpétuel, il lui apporte la lumière et le grand air dont son époque, l'empire et sa famille l'ont obstinément privé. Il met à lire et à rêver, à écouter de la musique ou à réciter des poèmes, un enthousiasme fiévreux, qui ressemble à un premier amour. « Notre ferveur était sans bornes », écrit-il, évoquant sa bande de lycéens, amateurs de livres, d'opéras, de théâtre – de tout ce qui illumine la vie. « Qui se produisait en public comme acteur ou chef d'orchestre, qui avait publié un livre ou écrit dans les journaux était une étoile dans notre firmament. » La réalité, pour Stefan Zweig, sera toujours plus belle et plus vivante dans la vision que les artistes en donnent. Aussi aspire-t-il très tôt avec quelques camarades complices qui partagent sa passion, à en faire le cœur battant de son existence. Eternellement jeune et sans cesse en mouvement, sans cesse en découverte, au contraire du vieux monde autrichien, si lourd à ses vingt ans.

Des poètes pour idoles

Tandis que la valse et l'opérette sont les distractions favorites des Viennois, leur part de frivolité, de sentimentalité, dans une existence où pénètre rarement la fantaisie, tandis que les mélodies de Johann Strauss fils (mort en 1899) sont leur part de bonheur, et qu'ils se régalent des couplets mièvres de *La Chauve-Souris* ou du *Baron tzigane,* tandis que Franz Lehar leur prépare les rythmes non moins légers de *La Veuve joyeuse,* Stefan Zweig va applaudir le premier concert de musique atonale d'Arnold Schönberg, un compositeur qui n'a encore qu'une vingtaine d'années. Il ne goûte pas vraiment la vogue des opérettes... Ce qui l'attire au théâtre ou à l'opéra, dans un livre ou dans un concert, c'est un mélange de nouveauté et d'exigence. Il aime être étonné, choqué même, être arraché à la banalité quotidienne, arraché à lui-même, entraîné plus haut, plus loin.

Ses idoles ont l'âge d'Arnold Schönberg, et sont inconnues du grand public. Le premier poète qui brille dans son firmament étoilé est un jeune Autrichien de Prague, étudiant en philosophie à l'université de Munich, qui a commencé d'écrire et de publier à l'âge de dix-sept ans, et dont il a déniché les premiers vers dans des revues à tirage limité, en fouinant dans les librairies ou sur la table surchargée d'imprimés du Reyl Café ou du Beethoven. Il ne l'a encore jamais rencontré. Ce poète s'appelle Rainer Maria Rilke, son aîné de six ans à peine.

Ce fils d'un officier de carrière, en rupture de ban, vit quelque part entre l'Allemagne, la France et l'Italie, d'où parviennent au petit club des amis de Zweig, comme un écho à des aventures intenses qu'ils ne peuvent qu'imaginer, des poèmes d'une pureté, d'une jeunesse qui les fascinent. En 1899, découvrant *Mir zur Freier* (Pour ma joie), ils s'emballent pour Rilke. Zweig peut réciter par cœur, ébloui, de longs passages crépusculaires, où l'on voit un poète se promener entre terre et lune, dans un paysage merveilleux, à la recherche d'une clé, ou peut-être de Dieu. Le jour, la nuit, les arbres et les saisons, les fleurs, les jeunes filles, les étoiles et les réverbères dansent autour de lui, en communion avec le monde, avec la vie. Rilke lui révèle qu'on peut être profond et grave, à vingt ans, et qu'une barbe blanche n'apporte rien au poète, quand il a la nostalgie et la savante maîtrise d'un Rainer Maria Rilke.

Le second qui éclaire sa route de tout l'éclat de sa jeunesse et dont il connaît et admire pareillement les vers, est un enfant prodige. Issu de la même classe sociale que lui, cette bourgeoisie juive viennoise qui a donné le jour à tant d'artistes, fils d'un inspecteur de banque, il a comme Rilke passé les vingt-cinq ans en 1900, mais sa gloire est ancienne. Hugo von Hofmannstahl est un autre Keats, un autre Rimbaud. Ses poésies et ses plus beaux « drames lyriques » ainsi qu'il les nomme sans excès de modestie – *Hier, La Mort du Titien, Le Fou et la Mort* –, il les a composés alors qu'il était encore au lycée et publiés sous le pseudonyme de Loris, pour ne pas enfreindre la sacro-sainte règle qui interdit à un lycéen autrichien de compromettre le nom des siens en publiant son patronyme dans un journal ou sur un opuscule... Zweig a découvert Hofmannstahl dans *Feuilles pour l'art,* une revue allemande à laquelle il s'est très tôt abonné, parce qu'elle était une tribune pour tous les jeunes poètes qui veulent en finir avec le classicisme, le romantisme et le naturalisme, ces écoles vieillies, et trouver un souffle neuf pour leur génération. Le directeur de la revue, Stefan George, poète lui-même, auteur d'*Hymnes,* de *Pèlerinages* et d'*Algabal,* y exprime une vision aristocratique de l'art pour l'art. Il y tonne contre la société bismarckienne, militariste et matérialiste, glorifie Novalis et Hölderlin parce qu'il croit en la mission des poètes, en leur rôle de prophètes, pacificateurs, réconciliateurs. A qui veut bien le lire, dans ces *Feuilles* qui volent de Berlin à Vienne, passent par Prague et Budapest, au rythme de publications inégales, fantaisistes mais toujours véhémentes et toujours étonnantes, George annonce un renouveau spirituel.

Pour Stefan Zweig, confiné dans son monde viennois, tout ce qu'écrit Hofmannstahl et qu'il dévore avec passion est « comme un cristal éclairé du dedans, sombre et ardent à la fois ». Il a reçu de plein fouet le choc de ses vers. D'une telle perfection, d'une telle « infaillibilité dans la maîtrise de la langue allemande », écrira-t-il, que « nous n'en avions jamais entendu d'aucun poète vivant, nous les avions à peine jugés possible depuis Goethe ». Or ce poète extraordinaire, ce génie, capable de l'emporter vers le monde idéal, a lui aussi à peu près son âge. En 1897, il avait seize ans, Zweig a assisté à une conférence de son idole – dont il connaît déjà par cœur plusieurs poèmes – au Club scientifique de Vienne. Une vingtaine de personnes, guère plus dans son souvenir, étaient venues entendre ce jeune garçon imberbe, dont la voix qui a mal mué dégage un désagréable sifflement de fausset, parler sur l'art et les artistes, sur la vie et sur le monde. D'abord avec gaucherie, puis de mieux en mieux jusqu'à atteindre cette perfection tellement étonnante qui est la griffe de Hofmannstahl, le poète disait des choses violentes et ténébreuses, d'une intelligence, d'une profondeur qui ont laissé planer sur la salle, quand il a eu fini, un long silence et ont marqué

Zweig au fer rouge. Hofmannstahl, agile et jaillissante idole, surgie dans le monde ennuyeux de son adolescence, l'a encouragé à s'élancer à son tour, « sombre et ardent » comme lui, pour atteindre d'un coup d'aile la terre tant promise, l'autre vie... Plus encore que Rilke, Hofmannstahl a été pour Zweig un extraordinaire ferment d'énergie. Il l'a aidé à croire en un possible avenir. Il a soulevé la trappe. « Voici qu'il avait réussi à surmonter l'espace et son étroitesse, écrira-t-il, sa ville et sa famille, par cet essor dans l'illimité. »

Au temps glorieux de la valse et de l'opérette, existe à Vienne un cercle de poètes, dramaturges, romanciers et journalistes, qu'on appelle Jeune Vienne (*Jung-Wien*). Comment Zweig aurait-il résisté à l'appel de ce groupe, qui revendique la jeunesse, en fait sa bannière, quand seuls les dinosaures croient gouverner le monde et ordonner l'avenir ? Ce cercle – on l'appelle *Kreis* en allemand – se réunit au Café Central, depuis que le Griendsteidl, son premier quartier général, a été démoli. Ses ténors sont des écrivains d'une quarantaine d'années, qui ont su reconnaître le génie de Hofmannstahl et l'ont accueilli parmi eux. Autour d'une même table où se pressent toutes sortes de personnalités diverses, dans une épaisse fumée de tabac, on reconnaît Hermann Bahr, grand, noir, dans un costume noir, avec un style d'imprécateur, qui exerce sur l'assemblée une aura un peu inquiétante. Mélange lunatique de certitudes et de flou, il est capable de changer de cap en une nuit, ou d'une tasse de café à l'autre. Il a écrit des poèmes, rédige d'innombrables chroniques pour d'innombrables revues, mais sa passion est le théâtre. A la fois critique et auteur, ses pièces les plus connues sont *Franzl* et *Le Concert*. A ses côtés, plus discret mais pas plus paisible, se tient un séducteur. Il est aussi médecin, mais la médecine ne l'accapare guère. L'œil vif, le geste caressant, quand ses innombrables aventures féminines lui laissent un peu de temps, Arthur Schnitzler écrit – c'est son activité principale, la passion de sa jeunesse et de sa vie. Il a toujours écrit, depuis qu'il a l'âge de se servir d'une plume. En 1900, il est l'écrivain le plus célèbre du cercle, ce qui le gêne un peu. Sa popularité lui vaut de passer auprès de ceux qui ne sont pas ses amis pour un auteur à la mode. Au théâtre, il a déjà fait scandale. Sa peinture acide des sentiments et des mœurs contemporains fait grincer des dents les conformistes, les bien-pensants. *Anatole, Liebelei,* et *Au perroquet vert (Zum grünen Kakadu)* lui ont valu quelques volées de bois vert, de la part de la critique traditionnelle. Les Jeune-Vienne exultent quand ils peuvent secouer le cocotier. Ils sont fiers de Schnitzler, qui s'est vu déchoir de son poste de médecin militaire, à la suite d'une chronique où il portait un regard moqueur sur l'armée impériale et royale, ce bastion de traditions surannées.

Il y a parmi eux quelques figures étonnantes : Peter Altenberg, de son vrai nom Richard Engländer, une sorte de poète clochard, sans domicile fixe, qui erre d'une salle de café à l'autre, en fripes, et écrit dans l'ivresse des éclairs de vie qu'il a perçus, des morceaux pathétiques d'existences qui semblent brisées en mille morceaux de verre. Ou Richard Beer-Hofmann, surtout connu pour ses mises en scène d'auteurs d'avant-garde, mais qui écrit aussi des pièces de théâtre et des poèmes. Et dont la faconde contribue à l'atmosphère houleuse, chaleureuse et polémique du cercle.

Stefan Zweig n'a pas encore osé se présenter au Café Central. Il rêve de rompre sa solitude et de se faire connaître. Pénétrer dans le cercle est une initiation, mais demande des introductions ou des lettres de noblesse. On a reçu Hofmannstahl – en culottes courtes ! –, parce qu'on l'admirait, qu'on le jugeait digne, le plus digne même, de s'asseoir à la table ronde des poètes. Zweig devra faire ses preuves.

Il écrit dans la fièvre. En 1900, à son actif, déjà trois ou quatre cents poèmes peut-être, c'est le chiffre qu'il avance. Il écrit le jour, au lieu d'aller à ses cours de philo, et la nuit, au lieu de dormir. Il écrit partout, chez lui et au café – de préférence au Beethoven –, et il a gardé longtemps un cahier de maths du lycée parce qu'il était, entre les lignes d'algèbre, griffonné de vers, de rimes, de strophes, de jeux sonores et d'allitérations. En 1898, Karl Emil Franzos, encore un poète, a publié le premier poème du jeune homme, *Rosenknospen* (Boutons de rose), dans la revue au titre prometteur qu'il dirige, *Die Zukunft* (L'Avenir). D'autres poèmes seront publiés, avant que Zweig atteigne ses vingt ans, dans des cahiers d'avant-garde, viennois ou berlinois, comme *Die Gesellschaft*. Au total, cent cinquante ou deux cents auront été imprimés, dès 1900, épars ici ou là, au hasard des publications. Leur jeune auteur, encore influencé par le symbolisme de Rilke et de Hofmannstahl, déclare que pour lui, « l'encre d'imprimerie a le parfum suave des roses de Chiraz ». Mais son succès précoce, quoique encore confidentiel, ne lui tourne pas la tête. Stefan Zweig demeure fragile, incertain de ses dons. Il n'aime pas ce qu'il écrit.

« Je suis convaincu de n'avoir, dans le meilleur des cas, qu'un petit talent... sans aucune originalité et toujours influencé par mes lectures », écrit-il à Karl Emil Franzos, le 3 juillet 1900 – avant les résultats du bac. Orgueilleux, très exigeant, il place si haut son idéal poétique qu'il lui semble n'avoir ni la force ni les capacités de l'atteindre. Il n'espère pas égaler jamais Rilke ni surtout Hofmannstahl, dont les dons l'éblouissent, et qu'il place, avec vénération, au firmament. Lui se juge très inférieur à ces génies. Lorsqu'en février 1901, paraîtra en librairie, à Berlin, édité par Schuster et Loeffler, et dédié à ses parents, son premier recueil, *Les Cordes d'argent (Silberne Saiten)*, il n'y a mis que cinquante de ses poèmes, sévèrement sélectionnés. Il n'en autorisera jamais la réimpression, et l'exclura plus tard de ses œuvres complètes, laissant sa première œuvre s'effacer, comme on gomme une erreur de jeunesse.

Ecrire est cependant essentiel : pour Zweig, c'est une libération, son oxygène. Une tentative pour se trouver et s'affirmer. Il ne connaît pas de plus grand plaisir, de source comparable de bonheur ou de bonne humeur. Il s'en trouve si bien qu'il n'y renoncera jamais, en dépit de ses doutes, et de cette modestie profonde qui accompagne sa main, et l'accompagnera jusqu'à la fin. Au contraire de beaucoup de poètes, imbus de leur génie et de leur personne, Narcisses amoureux de leur image et de leur moindre écrit, Zweig est un artiste dont l'humilité est sincère, et qui évite de s'admirer lui-même. Selon le mot de Gorki, il ne « se préfère pas ». Capable de rester ouvert aux autres et d'admirer leur talent, il sera le moins égocentrique des écrivains. Il aura toujours horreur de se regarder dans la glace, comme il aura toujours horreur de s'enfermer en soi.

Comment, si modeste lui-même, peut-il aimer Rilke, et surtout Hofmannstahl, tous les deux les plus narcissiques de tous les poètes, au point d'être capables d'inventer une vraie métaphysique, et une vraie poétique de Soi ? En fait, ce qu'il aime par-dessus tout, dans ces génies littéraires, éblouissants et précoces, au-delà de leur maîtrise de la langue allemande, et de leur puissance, au-delà de leur folle inspiration, au-delà de tous leurs dons lyriques ou poétiques, qui lui paraissent inégalables, c'est le soleil qui, grâce à eux, se lève sur le monde... et lui donne envie d'écrire et de vivre à la fois. Les deux activités, même s'il ignore encore vers quel avenir le mène le lien qui soude l'une à l'autre, sont à ses yeux indissolublement mêlées.

Les jeunes filles sucrées

Avec les femmes, moins précoce qu'en littérature, Zweig est beaucoup plus timide, beaucoup plus réservé. L'époque, il est vrai, n'aide pas à s'affranchir. Les jeunes filles, pareilles à des extraterrestres, paraissent inaccessibles, par excès de surveillance, surprotégées. Il les voit comme des plantes exotiques cultivées dans une maison de verre. Elles ne connaissent rien de la vie, rien de la nature, rougissent quand on les regarde et baissent aussitôt les yeux. Jamais seules, escortées par leur mère ou un chaperon, il ne les fréquente que de loin, apprécie leur beauté, leur pureté, mais ne cherche pas à les conquérir. S'il gardera toute sa vie la nostalgie des jeunes filles en fleurs de Vienne « qui étaient plus jeunes filles que les jeunes filles d'aujourd'hui et moins femmes », comme un des trésors que le monde d'hier a emportés avec lui, il préfère les femmes. Et dans les romans qu'il dévore, il fantasme sur ce qui pour un jeune homme libre de tout engagement, représente « l'idéal de l'amour » : une union, sans risques d'engagement, avec une femme mariée.

Pudique autant qu'on puisse l'être, il n'a, bien sûr, laissé aucun souvenir de celle qui l'aura initié. De ses flirts, des sœurs ou des mères de ses amis, de ses cousines et de ses tantes, de ses gouvernantes ou des servantes de la maison, aucune figure féminine précise ne se détache de tout ce qu'il veut bien confier. A peine entend-on passer dans son enfance le glissement des robes de soie de sa mère. Il n'y a dans *Le Monde d'hier*, de l'adolescence à la maturité, aucun portrait de femme. Si Zweig raconte éloquemment ses premiers essais poétiques, rien ne vient évoquer ses premiers essais amoureux. *Le Monde d'hier* abonde en images et en scènes vivantes, brosse un tableau général de la vie sexuelle et amoureuse avant guerre, et de la morale si peu propice selon Zweig aux élans amoureux, mais il ne s'engage pas lui-même, parle presque en sociologue. On ne le sent vaguement s'immiscer dans le tableau d'époque que lorsqu'il se souvient des prostituées, qui étaient une véritable armée à Vienne dans sa jeunesse. Sur tous les trottoirs de la ville, les filles déambulaient et il était alors très facile, très banal, raconte-t-il, de louer une chambre pour une heure ou deux, afin d'y cacher une aventure avec une belle de jour ou de nuit. Il esquisse aussi, d'une plume distraite et comme à la parade, sans rien livrer de personnel, ce qu'était une visite dans une maison close, velours rouge, musique de piano-bar, accessoires de cuir et bas de soie. Mais il ne dit pas s'il y a été lui-même, ou s'il a seulement rêvé ce qu'il racontera plus tard, si bien, dans ses nouvelles : les abîmes du sexe.

Il est encore virginal en 1900, et ces *Boutons de rose*, premier poème d'une chasteté absolue, sont dénués de la moindre perversité.

Il est probable – mais rien n'est sûr – qu'il aura découvert l'amour dans les bras d'une de ces créatures délicieuses que les Autrichiens appelaient des *süsse Mädel*, des filles sucrées, et qui étaient les initiatrices des jeunes Viennois. Blanchisseuses, fleuristes, lingères, marchandes de bonbons ou servantes de brasserie, libres des chaperons qui veillent sur la vertu des jeunes filles de bonne famille, et souvent à la recherche d'un peu d'argent autant que de tendresse, elles ont été – s'il faut en croire les romanciers de la Belle Epoque – une aubaine pour les enfants de la bourgeoisie. Arthur Schnitzler les peint d'une plume voluptueuse, en reconnaissance des services rendus, dans *Une jeunesse viennoise* et *Vienne au crépuscule* ; elles passent en ombres légères et séduisantes dans ses romans comme dans son théâtre. Zweig lui-même, si prude quand il s'agit de lui – il sera infiniment plus érotique dans ses nouvelles –, trouve des accents émus quand il parle de ces filles anonymes, de leurs corps blancs et souples, qui se donnaient si généreusement, comblaient la gourmandise et effaçaient les frustrations. Avec le recul des années, il ne se souviendra d'aucune en particulier, mais ébauchera la plus jolie évocation de cet *Eros matutinus*, l'Eros du matin, qui est un chapitre de ses Mémoires et un aveu très drôle, quoique voilé, de ses premières maladresses.

Il gardera rancune au monde de sa jeunesse d'avoir mis tant de tabous sur sa route, d'avoir inhibé son instinct et freiné ses élans. Il détestera l'hypocrisie bourgeoise qui consiste à faire en se cachant, derrière un paravent de dignité, tout ce que les conventions interdisent, mais il n'en sera jamais vraiment débarrassé. Il célébrera dans ses livres la force des pulsions, entre-temps aura connu Freud et compris l'importance de s'affranchir des chaînes – celles du sexe comme celles de l'éducation ou de la famille. Il reconnaîtra pour l'avoir expérimenté que « le frisson que donnent le défendu et le refusé augmente secrètement la volupté » et il fera du secret lui-même le cœur de plusieurs de ses drames. Stefan Zweig est un être secret – dissimulé si l'on préfère – qui, tout en rêvant de libération, aura probablement refoulé en lui selon un terme de son ami Freud, un bon nombre de désirs, qu'il n'ose s'avouer.

Gaucherie en poésie, gaucherie en amour, ce n'est pas un personnage de bronze qui s'avance sur le devant de la scène, à Vienne en 1900, mais un jeune homme incertain et troublé, privé de confiance en soi. Il croit en sa vocation mais pas en son étoile, possède en lui des trésors d'amour et d'imagination, mais souffre d'inhibitions et de complexes. Comme poète, il a peur de ne pas se montrer à la hauteur qu'il s'est fixée. « Je ne me vois aucun avenir dans la littérature », écrit-il à Karl Emil Franzos, devenu son confident et qui sera son premier protecteur. Il doute de ses moyens, doute de sa force. En amour, il aura éprouvé autant d'anxiété, avant de s'élancer ; là aussi le même manque de confiance le ronge. S'il a honte – c'est lui qui emploie le mot – d'affronter la comparaison avec ses prestigieux modèles, si, regardant vers Goethe et Hofmannstahl, il reconnaît avec tristesse qu'il lui manque l'« intuition magique » des grands créateurs, il est pareillement inquiet dans tous les domaines. Il ignore ce qu'il appelle la « sécurité intérieure ». Comme tous les gens anxieux, il brûle d'être rassuré.

Ce fond de tristesse, il ne le montre que rarement. Il est enfoui en lui, d'où remonte parfois, dans un regard, dans un sourire, dans une parole, un peu de mélancolie. Mais le jeune homme ne fait pas étalage de soi. Conséquence d'une éducation parfaite, il y a dans ses manières un peu de ce flegme britannique, acmé de la civilisation. Mais c'est un flegme à l'autrichienne, non pas sec mais velouté, enrobé de cette douceur qui fait partie du paysage de Vienne. La sensibilité du jeune homme n'est pas totalement refoulée, elle n'est que maîtrisée, affleure dans tout ce qu'il écrit, dans tout ce qu'il ébauche. Son éducation n'a pas éteint le feu qui brûle en lui et qui brûlera jusqu'à la fin. Zweig est un être enthousiaste et passionné, non pas noué et fermé sur lui-même comme les névrosés que soignera le docteur Freud, mais vif, ardent, et plein d'élans.

On résout ses conflits dans l'action. Zweig se jette dans la vie avec la violence des grands timides, se montre capable de toutes les audaces, provoque les occasions. A vingt ans, il pourrait macérer dans ses doutes, continuer de s'interroger sur ses capacités, il préfère avancer. S'il est modeste au fond, il est aussi ambitieux. C'est chez lui une manière de vivre : en homme pressé, qui très tôt s'est fixé un but, il ne laisse pas ses handicaps l'entraver ni même le ralentir. Obstiné et courageux, on pourrait le définir comme un complexé actif.

A vingt ans, puisque les jeunes filles se dérobent, il évolue dans une société virile qu'il s'est choisie et qui partage ses goûts. Il a beaucoup d'amis. Il connaîtra bientôt tout le monde à Vienne, dans le milieu des écrivains et des artistes. Tout en gardant une certaine distance, qui est sa marge de manœuvre, il est agréable en société, curieux, bavard, s'intéresse sincèrement aux autres ; plutôt gai, il ne se montre jamais agressif ni de mauvaise humeur. Réservé, il n'est pas sauvage, cultive la compagnie et se montre convivial et chaleureux dans les cénacles et les cafés où il se plaît à vivre. Il fait son régal du bruit des conversations, des anecdotes que chacun y apporte, et saisit au premier coup d'œil l'originalité ou l'intensité d'un personnage. Dès que l'un d'eux l'intéresse, il cherche à le connaître, lui parle ou lui écrit, engage un dialogue. Il a besoin d'échange autant que de réflexion. A vingt ans, et ce sera vrai à quarante et vrai encore à soixante, Zweig, si incertain de lui-même, envahi de doutes et d'anxiété, aime par-dessus tout l'amitié, et aime éperdument admirer. Ses succès viendront de là, de ce pouvoir à s'enthousiasmer.

Première nouvelle

Il n'écrit pas seulement des poèmes, il écrit aussi, dès ses débuts, de courts récits en prose, des nouvelles, qui seront ses chefs-d'œuvre. Il a moins de chance qu'avec *Les Cordes d'argent* et en garde d'innombrables, que les éditeurs ont refusées, dans ses tiroirs. Pourtant en 1900 – l'année de toutes ses naissances – l'une d'elles voit le jour.

Elle s'appelle *Im Schnee* (Dans la neige). Elle raconte en une dizaine de pages l'histoire d'une communauté juive qui doit fuir le ghetto de son village. Une horde de flagellants approche et menace de l'exterminer. Ces flagellants, qui doivent leur nom à leur penchant morbide pour l'autoflagellation, sont, au Moyen Age, des fanatiques qui massacrent et torturent, et dont les Juifs sont les victimes préférées. L'écho de leurs violences les précède au village, jusque dans la synagogue en prière. Zweig décrit le peuple juif « marqué du sceau éternel de la faiblesse et de la servitude » que le flot des siècles n'a pu effacer. Il décrit sa peur et aussi sa fierté, sa dignité devant la mort, et sa résignation désespérée devant la loi de Dieu.

C'est Son peuple, et même s'il a situé au XIVe siècle ce bref et effrayant récit, on sent bien qu'il crie du fond du cœur avec le cavalier juif, annonciateur du péril, auquel il prête ces paroles : « J'aurais pu fuir, mais quelque chose m'a poussé malgré moi à prendre ma place, auprès de mon peuple, parmi ceux qui tombaient sous les coups. »

Les Juifs, hommes et femmes, enfants, vieillards, s'enfuient ensemble dans la tempête de neige qui va bientôt ensevelir la route et paralyser leur marche, transformer en blocs de glace leurs silhouettes en haillons. Ils meurent tous, blottis les uns contre les autres, Josué – le cavalier – tient sa fiancée dans ses bras.

Ce qu'il y a d'extraordinaire dans ce tableau de neige et de sang, écrit comme un hommage aux pauvres Juifs errants « qui jamais n'ont connu les beaux jours », c'est la concision du texte et c'est son émotion. Que Zweig, à l'aube de sa vie d'écrivain, consacre sa première nouvelle au peuple avec lequel il a pris ses distances, se voulant autrichien d'abord, débarrassé de tout signe ethnique particulier, prend, avec le recul de l'Histoire, un sens poignant. *Dans la neige* paraît en 1901 dans *Die Welt,* un journal viennois sioniste, fondé par Theodor Herzl et que dirige Martin Buber, jeune écrivain, petit-fils d'un savant talmudiste, qui étudie comme lui la philosophie à l'université de Vienne. Passionné par les récits et les légendes de la tradition orale juive, comme ceux du rabbi Nachmann, attentif à tout ce qui prend racine dans un passé millénaire toujours vivant, Buber, qui n'est pas encore le grand exégète et penseur juif qu'il deviendra, a été séduit par cette nouvelle, qui ressemble à s'y méprendre à un conte ancien et dont l'auteur est un jeune homme presque exactement de son âge. Buber fera paraître à nouveau *Dans la neige,* l'année suivante, dans le *Jüdischer Almanach,* qu'il a fondé peu de temps auparavant avec quelques amis, à Berlin.

Puis la nouvelle disparaîtra, comme *Les Cordes d'argent*. Elle ne figurera dans aucun des recueils de ses œuvres complètes, réunies par ses soins. Pourquoi ? En soi, la nouvelle n'a rien à envier à celles qui suivront, aucune maladresse ne signale un auteur débutant. Et si elle est très courte, elle n'en est pas moins dramatique pour autant, rassemblant à la perfection comme toutes celles qu'il écrira par la suite les éléments et les protagonistes d'une véritable tragédie. Toutes les suivantes, des chefs-d'œuvre du genre, seront de la même lignée : brèves et percutantes. Alors, pourquoi l'avoir reniée ? Il semble – son attitude ultérieure le prouvera – qu'il n'ait pas voulu apparaître trop clairement lié à la cause sioniste, et que la publication dans *Die Welt* puis dans le *Jüdischer Almanach* ait été à ses yeux un pis-aller, une sorte de repêchage, la *Deutsche Dichtung* (la Poésie allemande) qu'il aurait préférée, comme revue généraliste et d'avant-garde, lui ayant refusé *Im Schnee*.

Est-ce la honte d'être juif ? La volonté de dissimuler ses racines ? Cela paraît peu probable : *Im Schnee* est là pour témoigner de sa fidélité, pour dire à la fois son attachement et son admiration envers ce peuple persécuté sur lequel, quand il meurt – c'est ainsi que le récit s'achève –, le printemps se lève. Mais parue dans une revue sioniste, cette nouvelle facilement étiquetable risque de l'enfermer dans un monde étroit comme un ghetto. Dès ses vingt ans, son attitude ne changera pas. Même quand, les temps devenus difficiles, l'appartenance à un groupe aurait pu lui simplifier la vie, il fuit comme la peste tout embrigadement. Il n'aime pas se lier à quelque cause que ce soit, serait-ce la plus digne.

Il reniera *Im Schnee*. Mais ce petit texte juvénile et triste est une pierre blanche, comme un flocon de neige, sur le parcours de l'écrivain : tout au début de sa carrière, il marque un temps d'arrêt, et avec une étrange intuition, annonce la tragédie à venir. « La tempête claironne continuellement à leurs oreilles ces mots : c'est ici que tu dois mourir – mourir. » Le premier texte en prose publié a pour vrai sujet, à travers une péripétie du peuple juif, tellement malmené par l'Histoire, la prédestination au malheur. Le jeune Zweig, si enthousiaste, si viennois, la porte au plus profond de lui.

Herzl, le roi de Sion

Une série de succès s'abat sur lui comme la foudre... D'abord *Les Cordes d'argent* : la presse, quasi soudain unanime, célèbre la naissance d'un poète et, à Berlin comme à Vienne, les critiques littéraires les plus fameux, des écrivains d'envergure applaudissent à ces vers dont lui est si mécontent. De la *Norddeutsche Allgemeine* à la *Revue allemande* en passant par le *Neues Wiener Tageblatt* et une bonne trentaine de journaux et de revues, petits et grands, il n'est question que de sa « virtuosité », de sa « singularité », de la « beauté » de ses poèmes. La *Neue Freie Presse* – la NFP –, que lisent quotidiennement ses parents, trouve des accents lyriques pour louer ses « touches de couleur légères, non d'or clinquant mais au doux éclat argenté ». De Berlin, Richard Dehmel et Detlev von Liliencron, les deux poètes à l'aura de maudits, dont le prestige est immense dans la jeunesse allemande, lui adressent personnellement leurs félicitations. Surtout, en réponse à l'envoi de son recueil dédicacé, Rainer Maria Rilke lui écrit et lui fait l'honneur et le bonheur d'un tiré à part d'une de ses œuvres – qui franchira un jour dans l'une de ses malles, la porte de l'exil.

Il est comblé. Une critique acerbe dans le *Berliner Tageblatt* met à peine une ombre au tableau. La réputation du jeune homme est acquise. Elle lui donne le courage d'être ambitieux. Un après-midi de l'hiver 1901, il se présente devant l'immeuble monumental qui abrite la rédaction du plus important, du plus célèbre, du plus prestigieux des journaux de Vienne, l'équivalent du *Times* anglais ou du *Temps* en France, l'organe de la bourgeoisie libérale, si stable et si respectable, la *Neue Freie Presse*. Stefan Zweig vient proposer – suprême audace – rien moins qu'un feuilleton pour ce qu'on appelle le rez-de-chaussée du journal, qui est l'emplacement le plus lu, en bas de la première page. Le feuilleton appartient à la tradition de la presse, et c'est au début du siècle un genre très apprécié : seuls des écrivains reconnus, des autorités, y apposent leur signature et, comme l'écrira Zweig plus tard, « qui était imprimé en première page avait, pour les Viennois, son nom gravé dans le marbre ». Ce feuilleton, « l'oracle de mes pères et l'asile des têtes couronnées par une septuple onction », précise-t-il, était alors le domaine réservé de Theodor Herzl, qui choisissait lui-même les textes dignes de figurer au rez-de-chaussée. Il reçoit le jeune Zweig (vingt ans) sans mot d'introduction, au début de l'année 1901, sur la foi de ce premier recueil qu'il a publié.

Herzl est un homme encore jeune, dont l'allure en impose. Très intimidant, selon Zweig. Avec une longue barbe noire à reflets bleus et des yeux fiévreux, un port de tête royal et un formidable sens du théâtre dans chacun de ses gestes, une belle voix qui sait peser chaque mot, c'est un journaliste prestigieux dont les chroniques littéraires et politiques lui ont valu, depuis plusieurs années déjà, la considération des Viennois. C'est aussi un auteur dramatique à succès et ses pièces, preuve qu'il a la cote, ont été souvent jouées au Burgtheater. En 1900, il a présenté *I love you*, une comédie légère en un acte. Mais ce personnage de la comédie mondaine est aussi un prophète de l'Ancien Testament... Il a reçu la Lumière et marche sur une route mystérieusement éclairée d'En Haut.

Envoyé à Paris, comme correspondant de son journal, pour assister à la dégradation du capitaine Dreyfus, il a été ébranlé dans sa dignité d'homme. Juif lui-même, né à Pest en Hongrie, convaincu des racines profondes de l'antisémitisme en Europe, il s'est senti appelé à sauver la diaspora. Une nuit de 1895, entre Pâques et Pentecôte, il a « vu » Israël. Et il se bat désormais pour imposer son rêve. Il vient d'écrire *L'Etat juif. Recherche d'une solution moderne à la question juive*, véritable brûlot qui gêne ses amis et soulève une tempête de réactions violentes et indignées. Au sein du mouvement sioniste existant, Herzl apporte une idée neuve : il veut rassembler les Juifs du monde entier, et créer pour eux un Etat où ils puissent vivre, unis et en paix, *der Judenstaat*. « A contre-courant de l'histoire, écrit André Chouraqui dans sa biographie de Herzl[1], il invente de toutes pièces les organes d'un peuple nouveau. » A l'époque où Zweig le rencontre, il est en pleine bataille. Il prêche l'exode. Son travail au journal est son gagne-pain mais sa mission est ailleurs. Herzl écrit des centaines de lettres, prononce des centaines de discours, organise des congrès, rencontre des chefs d'Etat et des banquiers, des hommes politiques et les habitants des ghettos. Il use sa santé dans une lutte quotidienne contre sa famille et ses amis, qui ne partagent pas son sacerdoce, contre l'hostilité et l'indifférence. Le projet de Theodor Herzl paraît absurde et fou : surtout à Vienne où les Juifs jouissent, croient-ils, d'une paix solide appelée à durer toujours. Le rêve des Juifs de l'empire austro-hongrois, loin de partir en Palestine, est de s'assimiler. Ce n'est pas l'exode mais le mariage de raison et d'amour avec leur patrie autrichienne. Un

---

1. André Chouraqui, *Theodor Herzl, inventeur de l'Etat d'Israël*, Seuil, 1973.

abîme sépare la vision de Herzl de la réalité qui semble plaider contre lui.

Alors qu'il donnerait sa vie pour sa foi – et il la donnera en vérité quelques années plus tard –, les gens rient. Herzl passe pour un illuminé. C'est à Vienne qu'on rit le plus fort, et en particulier parmi ces Juifs dont il voudrait le salut et qu'il appelle en vain à l'aide : à la *NFP*, il irrite de plus en plus Moritz Benedikt, le directeur du journal, qui rêve de le mettre au placard. Les Rothschild lui ferment leurs portes, tous les grands bourgeois du Ring haussent les épaules, et c'est Karl Kraus, l'esprit le plus satirique de sa génération, qui lui a trouvé son surnom – chacun, en 1900, l'appelle le « roi de Sion »... Quand il rencontre Herzl la première fois, Stefan Zweig ignore, comme les trois quarts de ses contemporains, la pureté de sa vocation et l'ampleur future de son message, moqué, critiqué, haï. Sans doute la publication de sa nouvelle, *Dans la neige*, dans une revue juive, a-t-elle influencé Herzl, mais Zweig ne s'en souvient pas...

Ce n'est nullement le sioniste que le jeune débutant rencontre ce jour-là, mais le grand journaliste. Un homme à la fois célèbre et controversé, brillant et torturé, le moins mesquin, le plus généreux des hommes. Sa mission, si obsédante soit-elle, ne l'enferme pas. Il saura accorder au jeune homme naïf, si heureux d'être viennois, et à mille lieues d'une judaïté sioniste, venu frapper à sa porte, toute son attention de découvreur de talents. Il lit devant lui, calmement, la nouvelle qu'il lui a apportée, d'un bout à l'autre, tandis que Zweig contemple son profil, sa barbe, et s'en veut déjà de trouver juste la caricature de Kraus, « Sa Majesté de Sion »... Il y a tant de noblesse dans le personnage de Herzl.

Zweig ne sera jamais un compagnon de route de l'homme qui a tant besoin de jeunes lieutenants pour s'engager dans la bataille. Il ne sera jamais sioniste. Et ce n'est qu'à la mort de Herzl, trois ans plus tard, qu'il comprendra à quel point cet homme, incompris et solitaire, aura été profondément aimé et quelle gratitude nourrissent à son égard les foules humiliées des ghettos. Par un après-midi de juillet 1904, à Vienne, il verra un immense cortège anonyme, formé de Juifs accourus de toutes les provinces de l'Europe, se former derrière son cercueil, prier et pleurer pour le prophète des temps nouveaux. C'est au moment de mourir lui-même, peut-être en sachant que Theodor Herzl n'était pas si illuminé, si fou qu'on le disait dans sa jeunesse, qu'il rendra à son tour hommage au roi de Sion, admirant a posteriori « la somme de passions et d'espérances qu'un homme isolé avait répandue de par le monde, par la puissance de sa pensée ». Herzl, vaincu mais triomphant, lui apparaîtra un héros.

Mais en 1901, au moment où le directeur du feuilleton accepte son premier texte et lui annonce qu'il sera publié dans sa prestigieuse rubrique, il est bien loin de ces perspectives et tout ce qui change alors sa vie ne concerne égoïstement que lui. En faisant une entrée retentissante dans la *Neue Freie Presse*, où se disputent les signatures des plus grands écrivains, d'Anatole France à Gerhardt Hauptmann, de George Bernard Shaw à Hugo von Hofmannstahl – le seul à avoir jusqu'ici réussi à y imposer sa jeunesse –, il se voit, à vingt ans, hissé au niveau des sommités.

Ses parents en sont les premiers surpris et impressionnés. « Si j'avais écrit les plus beaux poèmes de Keats, de Hölderlin ou de Shelley, cela n'aurait pas produit une telle révolution dans mon entourage », dira-t-il avec un peu d'ironie. Sa famille, si fière de le voir entrer à l'université, l'était beaucoup moins de ses projets littéraires et tenait ses premiers essais pour des griffonnages. Devant les lauriers que vient de lui décerner son journal fétiche, elle s'incline : puisque

Stefan sait si bien s'imposer à l'élite, elle lui laissera mener son existence à sa guise et, puisque la *NFP* l'encourage, peut-être sera-t-il écrivain. Tout semble, en effet, réussir à cet enfant gâté, le succès et la chance lui sont très tôt familiers.

Si timide et si anxieux soit-il, comment ne croirait-il pas que la vie, commencée sous de pareils auspices, lui sourira toujours ?

Le sentiment du provisoire dominait
mystérieusement ma vie.

II

Inquiétudes et rêves d'un jeune homme

Brève bohème berlinoise

Le démon de la curiosité ronge Stefan Zweig. Il veut tout voir et tout connaître, loin de se contenter de ce qu'il a, il a besoin de chercher ailleurs, dans des sphères nouvelles, un sens à ce qu'il fait, à ce qu'il est vraiment.

Loin de se laisser griser par les éloges, il flaire un piège et décide de couper le cordon ombilical avec Vienne. C'est un des traits constants de son caractère : Zweig n'est jamais fat, jamais comblé, les lauriers de la société seront toujours peu de chose en comparaison de son ambition, qui se joue sur un plan exclusivement individuel, son jardin secret, dont il possède seul les clés. Réussir à tirer de soi le meilleur, il le comprend très tôt, est le seul pari qui l'intéresse, et le seul but qu'il se donne dans la vie. Les gens qu'il admire, ceux avec qui il se liera et sur lesquels il écrira des livres, ne sont pas des gagneurs au sens où la société l'entend, mais souvent des perdants – du moins en apparence –, des gens que leur siècle n'a pas compris, dont il n'a su récompenser le talent, mais qui ont été fidèles à leur première passion, fidèles à eux-mêmes, sans aucune concession aux médailles, aux titres, aux honneurs. Pour Zweig, seule vaut la qualité intrinsèque et profonde d'un être. Tout le reste – succès compris – n'est que poudre aux yeux.

Décrochant de Vienne à peine la renommée venue, il jette au feu un manuscrit qu'il juge médiocre et se retrouve à Berlin, première étape d'un long départ.

Pourquoi Berlin ? La capitale de l'empire prussien, ville plutôt laide, plutôt froide, avec ses gros immeubles de style militaire et ses avenues boueuses du bord de la Spree, manque d'élégance et apparaît au jeune homme aux antipodes de la voluptueuse et délicate Vienne, mais elle est en plein essor économique et culturel. Elle a l'incomparable mérite de rassembler les poètes et les écrivains de l'avant-garde en langue allemande. Liliencron et Dehmel, Jacobowski et d'autres encore la parent de leur prestige. Pour un étudiant autrichien, il est d'usage de poursuivre à Berlin des études commencées à Vienne et nombre d'amis de Zweig – Martin Buber notamment – suivent le même chemin. Mais ce qui attire Stefan à Berlin n'est pas l'université, c'est la vie, enfin affranchie des habitudes et du confort viennois : « Le véritable sens de mon escapade, dira-t-il, était d'échapper à l'atmosphère de sécurité bourgeoise et de vivre complètement détaché et livré à moi-même. » Non en rejeton exemplaire d'un milieu favorisé, mais en individu libre et curieux de tout.

Ce séjour lui sera salutaire. Il lui permet de découvrir un autre monde, d'autres gens. A Vienne, il n'a fréquenté que des amis convenables : la société y est policée, raffinée, bourgeoise, même parmi les poètes. A Berlin, dans les cafés de la Nollendorfplatz, où tous se retrouvent et qui vont lui tenir lieu d'académie, il fait connaissance avec la vie, dans tout son éclectisme. Les poètes maudits de Berlin et la faune qui les entoure sont le premier échantillon de véritable humanité qu'il rencontre. Il découvre la pauvreté, qu'il n'avait jamais vue, et s'initie à la vie de bohème.

A Berlin, les poètes dont aucun n'a l'élégance d'un Beer-Hofmann ou d'un Schnitzler, portent du linge sale, des costumes sans classe et des manteaux élimés. Leur gourou, au premier étage du Nollendorf-Casino, est une sorte d'homme des bois exilé dans la ville, qui écrit ses poèmes dans les tramways, d'une maigreur famélique : il s'appelle Peter Hille et garde ses manuscrits froissés dans les poches de sa vieille redingote. A quelque soixante-dix ans, Hille est l'image même de l'artiste qui s'est consacré aux mots et à leur musique, il aime lire pendant des heures et à haute voix des morceaux épars de son œuvre. Autour de lui, les poètes s'appellent les *Kommenden*, les Hommes de demain. Ils forment un groupe disparate, associé à des architectes, des étudiants, des journalistes, à de belles filles blondes et à toutes sortes d'âmes perdues à la recherche d'une âme sœur. La poésie leur sert d'abri et d'alibi. Il y a là des homosexuels des deux bords, de vrais et de faux poètes, des naïfs et des snobs. Beaucoup de Russes, filles et garçons, des Scandinaves, des Bavarois, des Juifs, des Westphaliens et, toutes nationalités et tendances confondues, nombre d'alcooliques et de morphinomanes irrécupérables. Pour Zweig, c'est le zoo ! Des photos rescapées de la tourmente et de l'exil témoigneront un jour du mystère de ces vacances berlinoises : notre héros qui demeure très élégant, très viennois dans l'allure – il le restera toute sa vie – pose avec de jeunes amis. S'est-il vraiment encanaillé ? C'est peu probable. Le regard qu'il porte sur cette société exotique, à deux pas de Vienne, est celui d'un témoin, voyeur plus qu'acteur, qui rédige sa chronique. Mais Berlin lui ouvre les yeux. Lève le voile sur une part d'aventures. Et déclenche en lui un processus qui ne s'arrêtera qu'à sa mort : toute sa vie, qui sera bourgeoise et surprotégée, il ne s'intéressera qu'à ce qu'il n'apparaît pas être lui-même, les hommes en danger.

Un pressentiment, nourri aux zones les plus obscures de sa conscience, l'obsède ; il sent peser sur lui il ne sait quelle menace. Il souffre et se tourmente. Quelque chose de vague, d'indéfini, obscurcit les moments heureux. Il parlera souvent du « poids qui l'oppresse ». Cette indéfinissable inquiétude le rend sensible aux êtres qui vivent sur le fil de la vie, sous une épée de Damoclès plus ou moins visible ou imminente.

A Berlin, grâce à des étudiants russes et scandinaves, il découvre deux artistes qui lui sont inconnus : Dostoïevski d'abord, dont un ami lui traduit à haute voix *Les Frères Karamazov*, roman que l'Allemagne ignore encore et qui lui ouvre une porte sur l'abîme, et Munch, le peintre norvégien, dont une amie suédoise lui fait connaître les admirables et inquiétantes toiles, *Le Cri* (1895), *L'Angoisse* ou, en cette année 1901, *Nuits blanches*. Très loin des fadeurs sucrées, fleuries, de ses premiers poèmes, que la critique bourgeoise encensait, Zweig plonge dans un univers de violence et de peur, de débauche, de danger, de misère. Il se sait trop enraciné dans son monde viennois de la sécurité pour éprouver les cauchemars et les rêves de ces artistes maudits, mais il les admire et les aime, attiré irrésistiblement par leur message. Ce qui l'intéresse, ce qui le fait vibrer instinctivement, en dehors de toute conscience de classe ou d'éducation, c'est cette humanité profonde et terrifiante, qui le torture lui aussi, dans le cocon de sa vie d'étudiant prolongé.

Conséquence de son séjour berlinois, il renonce à son œuvre personnelle et, conscient des progrès à accomplir, convaincu de son infériorité artistique, il décide de se vouer à la traduction des grands poètes inconnus en Allemagne qui portent ce message qu'il a tant de peine à clarifier en lui. Il se met à traduire Verlaine, Baudelaire, et Yeats. Modeste intermédiaire, il s'inflige ce devoir de discrétion et d'effacement, pour échapper au succès facile et mieux saisir l'essentiel. Il se répétera souvent cette devise, qui date de son apprentissage berlinois : « Voir beaucoup, beaucoup apprendre, et seulement ensuite débuter vraiment. »

A Berlin, un jeune peintre juif, Ephraïm Moshe Lilien, avec lequel il s'est lié d'amitié au Nollendorf-Casino, dessine à son intention un *ex-libris* qu'il emportera en souvenir. C'est un éphèbe au corps nu et blanc, silhouette élancée et souple, vue de profil, cheveux longs, qui ouvre les bras à un champ de blé où des épis, d'une forme étonnamment phallique, jaillissent au pied d'un château d'ombre. On peut trouver à ce dessin d'une plume légère, presque musicale, que Zweig gardera pour sceau de sa bibliothèque sa vie durant, un sens évidemment érotique. On peut lui donner aussi une interprétation symbolique, Ephraïm Moshe Lilien ayant étrangement, par la force de l'amitié, saisi son sujet : Zweig en jeune éphèbe, amoureux de la vie, et curieux du monde, s'avance au premier plan au soleil, naïf et pur, mais sous la menace d'une ombre. Encore lointaine, elle semble fondre, inéluctable, par-delà les blés, sur son destin.

Citoyen du monde entier

La bohème n'est pas la vocation de Stefan Zweig. Il cherche encore le chemin de sa liberté. Pressé d'en finir avec ses études, qui n'auront été pour lui qu'un « bachotage assommant », il rentre à Vienne pour passer sa thèse sur Hippolyte Taine – printemps 1904 –, obtenir le titre prestigieux dont rêvaient pour lui ses parents – le voici *Herr Doktor*, docteur en philosophie –, régler quelques affaires et s'assurer d'un pied-à-terre. Il installe bientôt en face du Schönborner Park, dans le huitième arrondissement, un petit appartement, 8 Kochgasse, qu'il meuble d'un lit, d'un bureau et de chaises et des non moins indispensables compagnons de sa vie, les livres (innombrables), les tableaux et les manuscrits des grands auteurs qu'il collectionne. Puis il fait ses bagages et, comme il n'a pas besoin de travailler – il sera toute sa vie rentier –, il part en voyage.

Silhouette familière de toutes les gares de l'Europe, amoureux des chemins de fer, il ne tient pas en place. En 1902, en Belgique, il visite Bruxelles, Bruges, Ostende et Blankenberghe et accomplit son premier voyage à Paris. En 1903, il est en Italie, à l'île bretonne de Bréhat et encore à Paris ; en 1904 et 1905 à nouveau en France, à Paris, sur la Côte d'Azur, en Espagne, en Algérie, au sud du Tyrol, à Florence ; en 1906, à Paris puis à Londres. Ici et ailleurs, il ne se sent bien qu'en transit, à l'hôtel ou dans un meublé, entre deux valises – jamais plus –, ne jamais s'encombrer de bagages. Nulle part, il ne s'installe : Stefan Zweig va et vient à la manière d'un nomade. Il bouge, ne craignant qu'une chose, se fixer. Le mot est pour lui synonyme de se fossiliser.

A l'origine de ce mouvement incessant, deux éléments. Habité par le démon de la curiosité, Zweig veut voir, apprendre et rencontrer, jamais satisfait de ce qu'il connaît, de ce qui lui est familier, il porte en lui la soif des découvertes. Ouvrir et découvrir sont les moteurs de sa personnalité, dans son insatiable quête du monde, des autres et de soi. Le second élément est cette part obscure d'inquiétude qui le ronge en permanence et qu'il tente de fuir aux quatre coins du globe. Comme s'il était possible, en partant, de suspendre ses souffrances, de les distraire de leur cause ingouvernable. Dans son journal, il se plaint de cette « inquiétude intérieure déjà intolérable » qui ne le laisse jamais en paix et justifie son goût incessant des départs. Zweig voyage autant pour connaître et apprendre que pour se fuir lui-même, dans le mirage des changements d'horizons.

En Europe, à vingt ans, il est allé partout mais il continuera inlassablement, toujours curieux et toujours émerveillé, de sillonner d'est en ouest et du nord au sud ce continent qui est pour lui sa vraie patrie. Il ne se contente pas d'une fois. Il aime venir et découvrir, mais plus encore revenir et approfondir. Dans le kaléidoscope des paysages européens, il a très tôt ses préférences : Paris est la ville qu'il chérit, ce « Paris à l'âme ailée et qui vous donnait des ailes, ce Paris de ma jeunesse », ainsi qu'il l'écrit joliment. La première fois qu'il y est venu, encore étudiant, il s'est assis à la place qu'occupait Verlaine au bistrot où il consommait l'absinthe : il a visité le café Vachette avant Versailles et le Louvre. Son voyage était un pèlerinage auprès du poète français, le plus grand dans son cœur. Comme il ne se contente pas de passer en jeune homme pressé, mais aime prendre ses habitudes et se fondre dans l'atmosphère d'une ville, il loue des chambres dans les quartiers qui le font rêver et correspondent à ses goûts d'esthète. Il loge sur les jardins du Palais-Royal ou tout près du Luxembourg, puis rive droite, plus au calme, rue Victor-Massé. Il passe ses après-midi à marcher dans les quartiers à la manière dont Aragon décrira un jour son paysan de Paris. Il s'enchante de tout, apprécie la liberté qui est dans l'air de la ville, hante les quais de la Seine à la recherche d'éditions rares ou d'autographes inédits. Il flâne et quand il est fatigué, il jette l'ancre à la Bibliothèque nationale, un des endroits où on sait bientôt le trouver.

Ce Viennois, grandi sur les bords du Danube, et dont tous les livres se passeront dans les brouillards et le frimas de son Autriche natale ou de sa voisine allemande, a le culte du soleil. Le climat du Midi est celui qu'il préfère et il choisit souvent ses étapes en fonction de la couleur du ciel. S'il vient à Paris toujours avec bonheur, il le dit clairement : il déteste Londres à cause du crachin et de « ce ciel sombre qui me serre le cœur comme un anneau de plomb ». Enfermé dans une pension de famille de Kensington Gardens Square, cloîtré au British Museum, il ne réussira pas à s'intégrer à la vie londonienne et ne sera séduit qu'au-dehors, à Oxford puis par les splendeurs de l'Ecosse qui lui font oublier son malaise et sa mélancolie. Sensible aux douceurs du printemps, il choisit les saisons les plus exquises, au Portugal comme en Italie. Sans aucun chauvinisme, il se dit plus heureux au sud qu'au nord : frileux, Stefan Zweig cherche la chaleur, rêveur et angoissé, la clarté qui se dérobe. S'il n'était pas si contradictoire au fond de lui-même, il est probable qu'il habiterait le Sud – comme Lawrence Durrell la Grèce ou Pierre Louÿs l'Espagne ou l'Algérie. Mais quand son corps prend tant de plaisir au soleil et aux vents d'été, son imaginaire a besoin de la pluie, de la brume, de la grisaille et des tempêtes qu'il fuit dans la vie, mais qui n'en forment pas moins le décor incontournable de son univers d'artiste. Le pays de son enfance demeurera celui de tous ses livres.

Sa vie intérieure l'enracine plus qu'il ne le croit. Il voudrait s'affranchir des limites de son état civil, se donner d'autres ancrages, mais quelque chose en lui reste indéfectiblement viennois.

Il ne sillonne pas seulement l'Europe. Dès 1907, il agrandit encore l'espace de ses échappées. De Prague à la Sardaigne, et de Berlin à Rome ou à la Corse, le continent ne lui paraît plus assez grand. Il entend s'initier au monde entier. Comme il a tout le temps devant lui, il consacre des mois entiers à ses voyages. Il visite les Indes, puis l'Amérique. De novembre 1908 à avril 1909, il est à Ceylan, à Madras, à Agra, à Calcutta, à Bénarès, à Rangoon, dans l'Iraouaddy et jusqu'en Indochine. 1911 le trouve dans le Nouveau Monde, il visite l'est des Etats-Unis, New York, Philadelphie, il séjourne aux Antilles, à Cuba, à la Jamaïque et à Porto Rico, puis remonte vers le Canada où il passe plusieurs semaines avant de redescendre au Panama où le canal est en construction. « Le monde entier est ma patrie. Je sens que je ne pourrais pas mourir sans avoir connu toute la terre », écrit-il en 1909 à Ellen Kay, une amie suédoise.

La curiosité est son point fort. Mais nulle part il ne se sent mieux qu'en Europe, et ni l'Inde ni l'Amérique ne le convaincront jamais d'habiter ailleurs que ce continent qui est le sien, où il a puisé ses racines. De sa soutenance de thèse à la Première Guerre mondiale, de 1904 à 1914, il appellera ces dix années de sa jeunesse ses *Wanderjahre*, ses années d'errance. Mais, tout en revenant là où il est vraiment lui-même, un Européen, il continuera toujours de nomadiser d'un continent à l'autre et restera, toute sa vie, l'homme insatiable de voir et de connaître.

Ses voyages ne l'empêchent pas d'écrire. Se consacrant à traduire les auteurs qu'il admire et qui lui semblent tellement plus grands, plus importants que lui, dès 1902, il s'est attaqué à Verlaine. Une préface de quinze pages précède l'édition chez Schuster und Loeffler et sera publiée séparément, en monographie : Paul Verlaine est sa première et lumineuse tentative, une sorte de baptême de l'air, sur le chemin de la biographie. S'il a, quant à lui, renoncé aux poèmes, Zweig n'a pas renoncé à la prose. Il rédige quatre nouvelles qu'il publie en 1904 sous le titre L'Amour d'Erika Ewald. La dernière, Die Wunder des Lebens (Les Merveilles de la vie), reflète l'état de son cœur : il y a en Zweig une puissance d'émerveillement qui ne demande qu'à s'assouvir. L'enthousiasme est sa première vertu. Jamais blasé ni morose, en perpétuel état d'étonnement, toujours prêt à admirer, il se dépense sans compter pour faire partager ses passions. Il n'écrira jamais contre, mais toujours pour. Son sens critique le porte à la louange. Verlaine, à ses yeux l'un des plus grands poètes français, est injustement méconnu dans les pays allemands ? Zweig se porte à son secours, traduit son œuvre, présente sa vie, se bat pour défendre son nom et ses livres. Il agira souvent ainsi. Nombre d'auteurs, qui seraient restés dans l'ombre, lui seront redevables de la lumière qu'il portera sur eux, n'hésitant pas à sacrifier le temps que réclame son œuvre personnelle.

Zweig aime dans la vie les valeurs positives. Du clan des constructeurs, il luttera de toute son énergie d'intellectuel contre les forces du néant. Ce qu'il y a de meilleur en lui, et ce qui rassure tellement quand on lit ses livres, c'est cette prédominance du positif, cet enthousiasme, cette fidélité à laquelle la mort ne changera rien : s'oublier soi-même pour admirer et pour aimer. Selon lui, la vie est une affaire d'éclairage, il faut savoir choisir ses lumières. « Tous les buts, écrit-il dans Les Merveilles de la vie, perdus jusqu'alors dans les ténèbres, réapparaissent dans l'avenir, au terme de chemins lumineux. »

L'esprit de ses voyages, qu'anime le démon de la curiosité, n'est pas la conquête – la possession du monde, fût-ce intellectuellement, ne l'intéresse pas –, mais la volonté d'ouverture, le besoin de se comparer et de s'enrichir en se frottant à d'autres cultures. Paysages et monuments l'attirent moins que les êtres. Et parmi eux, ce sont les hommes et les femmes d'exception qu'il rêve de connaître. Il y a en lui, très fort, le sentiment de l'élite : seuls les êtres exceptionnels valent le déplacement et forcent l'admiration. « On ne peut comprendre les caractères les plus secrets, les plus profonds d'une ville, écrira-t-il, qu'à travers l'élite de leurs êtres humains. »

Stefan Zweig, quand il voyage, est un touriste original : il ne suit pas les itinéraires classiques, passe son temps entre flâneries et bibliothèques, à rechercher les gens passionnants. Ses *Wanderjahre* se comprennent et s'éclairent à la lumière des phares qui les jalonnent. En Allemagne, en Belgique et en France, en Suède, en Italie, il y a toujours un homme ou une femme dignes de l'enthousiasmer. Très jeune, il croit en l'émulation, en l'amitié, et aux échanges fraternels. Il y croira jusqu'au cœur de la guerre, quand la haine sera devenue le moteur de la planète.

Caillou-qui-bique

Dans son tour d'Europe, le premier auteur qu'il rencontre et qui le marque à vie est un poète truculent et tendre, méconnu du grand public français ou allemand. Belge, d'origine flamande, il vit à la campagne, non loin de Bruxelles, dans une maison de paysan au lieu dit Caillou-qui-bique. Il s'appelle Emile Verhaeren. Né en 1855, quand Zweig le rencontre, en 1902 – il est venu spécialement le voir à Bruxelles –, c'est un homme corpulent, avec des cheveux « couleur de rouille » et des yeux « couleur de mer », qui s'avance vers lui, la main tendue, et souriant. Pour Zweig qui associe l'art à l'image élégante et citadine des poètes viennois qu'il fréquente, la rencontre est une bouffée d'air. Comme un courant d'oxygène qui s'engouffre dans un univers clos où il sent qu'il étouffe, le personnage avec son goût de la vie et de la bonne chère, sa force et son pittoresque – à Caillou-qui-bique, il vit en sabots et veste de paysan –, lui donne un vrai coup de fouet.

Il admire ses poèmes, *Les Flamandes* et *Les Moines*, *Les Villes tentaculaires* et *Les Villages illusoires*. Il les a lus en français, la langue que s'est choisie ce Flamand, dans les revues confidentielles auxquelles il est abonné depuis le lycée, et il a l'intention de les traduire en allemand et d'en faire la réclame, par des articles et des conférences, comme pour Verlaine. Parce qu'il croit en l'amitié par-delà les frontières, parce qu'il croit au partage et à l'échange, il est capable, pour faire aimer la littérature qu'il aime, de déployer une énergie de missionnaire. Avec Verhaeren, la tâche sera à la fois facile et rude. Le personnage est le plus sympathique, le plus cordial des hommes : autour de lui qui a horreur de la solitude, et qui forme avec son épouse, Marthe, un tandem indestructible, gravite une compagnie diverse et cosmopolite que Zweig apprendra à connaître et qui l'adopte aussitôt : le clan des amis de Verhaeren. Très vite, au rythme des voyages qui le conduisent tous les ans, pendant plus de dix ans, auprès du poète qui le reçoit comme un disciple, il noue des liens profonds, durables, avec Léon Bazalgette – poète français, traducteur émérite de Walt Whitman –, avec Ellen Kay – l'écrivain suédoise, militante des droits de l'enfant et de la femme –, avec Johan Bojer – poète norvégien, autodidacte et vagabond des mers –, avec Franz Masereel – peintre et graveur belge, illustrateur des œuvres de Verhaeren –, qui sont les enfants du maître, lequel n'en a pas eu avec Marthe, et comme lui ses hôtes itinérants. La famille, très européenne, on le voit, communie dans la poésie. Les échanges se fondent sur l'enthousiasme et le même amour pour Verhaeren. « Car vivre c'est prendre et donner avec liesse », a écrit l'auteur des *Rythmes souverains.*

Si l'atmosphère captive Zweig, elle lui ménage bien des sacrifices. Pendant plus de deux ans, négligeant tout autre projet, il va se consacrer à l'œuvre du Maître – c'est le nom qu'il lui donne –, traduire au prix de difficultés multiples les poèmes mais aussi trois drames en vers, dont *Le Cloître*, que le jeu des sonorités et la musique des mots rendent redoutables à tout interprète fidèle et rigoureux et poète lui-même. En mettant son talent au service de Verhaeren, ainsi qu'il l'écrira, il pense – est-ce téméraire ? – accomplir un devoir, qui est de communiquer son enthousiasme.

La personnalité de Verhaeren justifie à ses yeux le sacrifice : l'homme vaut autant que l'œuvre, il est riche d'une force de vie et d'une tendresse hors du commun. Zweig appellera le temps passé près de lui, à l'entendre parler et rire, de ce rire aussi éclatant et contagieux que paraissent sombres ses rêves, et violentes ses tristesses, « les années d'apprentissage du cœur ». Verhaeren n'est pas seulement poète, c'est un homme de chair et de sang, peut-être le premier que le jeune homme, confit en intellectualité, rencontre. Ce que Verhaeren lui fait découvrir, par lui-même autant que par son œuvre, ce sont les « forces tumultueuses » de la vie. Il lui enseigne le premier de tous les arts, qui est de jouir des heures simples qui sont données à chacun. « Aimer le sort jusqu'en ses rages », a-t-il dit dans *La Joie*. Pour un cérébral comme Stefan Zweig, ce message, à la fois primaire et essentiel, est une révolution. Il l'incite à quitter le monde délétère de ses rêves pour entrer de plain-pied, à cœur joie, dans la vie. La vraie, celle qu'il décrit si bien dans ses vers, avec ses odeurs fortes, son goût âpre, ses jouissances et son épaisseur.

L'auteur des *Flambeaux noirs* est un poète du Nord. Il chante les brumes et les nuages, la pluie, la neige, le vent glacé qui souffle sur la campagne flamande, au bord de l'Escaut. Il trouve un écho à sa nature profonde dans les couleurs de son petit pays, miroir de ses rêves et de son âpre désir de bonheur. Il se plaît dans les villes grises qui, réfractaires au regard d'un Méditerranéen, trouvent à ses yeux jusque dans leurs plus rudes perspectives une grâce et un charme qu'il sait comprendre. Il y a en lui, comme dans ses poèmes à la fois simples et savamment bâtis, un mélange d'ardeur et de tristesse, de force et d'extrême fragilité, qui rend le poète attachant à ses amis. Verhaeren est, comme homme et comme artiste, une sorte de colosse déchiré entre deux appels qui s'affrontent en lui : d'un côté, des visions pessimistes qu'il appelle ses « flambeaux noirs » ont failli avoir raison de sa raison – il les a peintes dans *Les Soirs* et dans *Les Débâcles* –, de l'autre, il porte, inaltérable, une joie de vivre, qu'il veut enseigner à qui l'ignore, à qui elle ne s'est pas encore révélée. La poésie est un moyen de communiquer un message, la beauté n'est pas un but en soi. Exerçant sur les gens un réel pouvoir, elle peut changer le cours de la vie.

Zweig, avec son énergie juvénile et son besoin d'amour, saisit aussitôt la chance : il y a là un poète qui a non seulement beaucoup à lui apprendre mais beaucoup à lui donner. Verhaeren est un esprit généreux. Il n'habite pas sa tour d'ivoire. La maison du Caillou-qui-bique, ouverte aux quatre vents et à tous les amis qui passent, est un havre. La paix et l'hospitalité y règnent. Pas d'esthétisme, pas d'égoïsme. Une atmosphère simple et bonhomme, amicale, familiale. Loin des académies et des cafés littéraires, Verhaeren, avec ses moustaches à la gauloise et ses gros sabots, incarne un type d'homme que Zweig ne verra pas souvent : un paysan artiste, ou un artiste paysan, qui écrit sur une table de bois grossier, couverte d'une couverture, trempe sa plume dans un encrier à deux sous et garde son papier dans une vieille boîte à cigares. Pas de plume en or, ni de bureau Empire. Pas de chichis littéraires non plus. Le poète court la campagne, rêve sur la plate-forme des omnibus, a un sacré coup de fourchette et se mêle au peuple des villes dont il partage les souffrances et les rudesses. La vie, simple, vraie, palpite dans son œuvre, avec chair et muscles, cœur et ventre, à des années-lumière de la décadence viennoise. Zweig comprend auprès de Verhaeren qu'un artiste se doit d'avoir vécu.

Traduisant tous ces vers magnifiques, ahanant sur le rythme et le vocabulaire, la syntaxe et le chant, il s'imprègne d'un monde qu'il ne connaît pas, ouvre son cœur à la nature qu'enserraient jusqu'alors pour lui les allées bien peignées du Prater et le parc de Schoenbrunn, apprend la géographie dans les paysages indomptables de Verhaeren. Il apprivoise aussi les gens, tout aussi sauvages et indomptables, avec leurs brutalités et leurs douceurs, leurs désirs, leurs instincts, ventre et rêve confondus comme toujours chez Verhaeren. Et sans doute se découvre-t-il peu à peu, et cherche-t-il à se libérer, au contact de ce personnage généreux et naïf qui sait mieux que personne s'abandonner aux forces qui sont en lui.

Il publiera en 1910 une biographie du poète[1], que le Mercure de France éditera la même année, dans une traduction en français de Paul Morisse et Henri Chevert. Ce sera sa seconde tentative biographique. Encore très littéraire, sans anecdotes, elle est plus un essai sur l'œuvre qu'un récit de la vie ou un portrait de l'homme. Mais malgré sa timidité ou sa crainte de paraître indiscret, on sent bien son enthousiasme, et combien il doit à l'univers de l'auteur. Verhaeren lui aura beaucoup appris. Il admire son « modernisme », sa manière incomparable de s'intéresser au monde contemporain qui vibre autour de lui, aux gens et aux villes, aux paysages et aux hommes. Rien d'abstrait n'entrave le cours de cette œuvre tumultueuse et sombre comme le fleuve près duquel elle a vu le jour.

Stefan Zweig n'imitera jamais Verhaeren. Par son éducation et son tempérament, il est – et restera – son contraire. Un homme sophistiqué, subtil, autant que Verhaeren est simple. Réservé, refoulé même, quand Verhaeren est un torrent qui laisse venir et déborder le flux de ses passions, de ses désirs. Zweig est un intellectuel : il réfléchit, compare, analyse. Même s'il a une intuition, une sensibilité immenses, c'est l'intellect qui parle en lui, cherche à ordonner, juguler sinon calmer ses forces de vie. A l'opposé, Verhaeren est un sensuel : tout en lui est question de sensations et d'émotions, la parole est donnée au plus profond,

---

1. *Emil Verhaeren, eine Biographie*, Insel Verlag, 1910.

au plus dangereux aussi, au royaume des flambeaux noirs. Zweig est un passionné qui se bride.

La rencontre le marque profondément. Il ne sera plus le jeune Viennois étriqué qu'il était avant de le connaître, encore trop noué, que son éducation et sa réserve naturelle conduisaient à un esthétisme de velours. Il demeure courtois, raffiné, pudique, mais au fond il a changé, l'amitié – il le sait – lui a élargi le cœur. L'admiration sans bornes pour Emile Verhaeren lui a apporté une autre dimension, plus humaine, plus empathique. Ce que Zweig a appris de meilleur au contact du grand poète belge, c'est à laisser parler cette sensibilité dont on dirait qu'il a honte, et qui sera l'un des traits les plus forts et les plus attirants de sa personnalité.

La guerre de Troie aura-t-elle lieu ?

Les dix premières années du siècle, le monde est joyeux autour de Stefan Zweig. La paix règne depuis quarante ans et semble une institution : on la croit éternelle. Les sciences et les techniques, en pleine explosion, apportent dans la vie matérielle des améliorations considérables, du moins chez les classes privilégiées. De l'automobile à la salle de bains dont l'usage se répand, en passant par la disparition du corset féminin et le développement du sport, le confort et le progrès sont les maîtres mots de l'époque, si belle, en effet, pour tous ceux qui, comme Zweig, ont les moyens d'en profiter. L'Europe traverse une période enchantée, ses explorateurs, ses savants, ses médecins, ses techniciens apportent des lumières qui laissent a36
ugurer un splendide avenir. Casimir Funk découvre la vitamine (1912), André Debierne et Marie Curie isolent le radium (1910), le Norvégien Roald Amundsen atteint le pôle Sud (1911), Louis Blériot traverse la Manche en avion, de Douvres à Calais, en trente-sept minutes (1909)... Ces événements sont vécus avec la même joie, suivis et commentés avec la même admiration dans les pays européens. La France et l'Allemagne, l'Angleterre et la Belgique et leurs voisins proches communient dans l'esprit de progrès. « Elle était merveilleuse, cette vague tonique de force qui, de toutes les côtes de l'Europe, battait contre nos poitrines. » La vieille Europe semble sourire à

l'homme. Un climat d'optimisme règne sur le nouveau siècle, tandis que Stefan Zweig traduit ce recueil de Verhaeren dont le titre reflète l'humeur de la décennie, *Les Hymnes à la vie*.

« Jamais je n'ai cru davantage en l'avenir que dans ce temps où nous pensions apercevoir les rougeurs d'une nouvelle aurore, écrira-t-il en regardant vers sa jeunesse. C'était déjà en réalité la lueur de l'incendie qui allait embraser le monde. »

Jamais Stefan Zweig n'a autant goûté la vie. Il participe de l'élan général de son époque. Il est libre et peut jouir chaque jour de ce sentiment formidable de n'appartenir qu'à lui seul. Il va et vient d'un pays à l'autre, affranchi de tout lien, de toute contingence. Il a de l'argent, sans avoir besoin de travailler, voyage à sa guise, vit à l'hôtel, dîne au restaurant, écrit à ses heures, et passe tout le temps qu'il souhaite avec les amis selon son cœur. Il n'a pas de soucis, du moins apparents, il est aimé, fêté, sollicité. Les journaux et les revues se disputent ses articles et il commence à se répandre en conférences, qu'un public lettré recherche et applaudit. Il peut tout aussi à loisir être seul, disparaître, se réfugier dans le silence et l'écriture, consacrer à ses travaux et ses rêves l'énergie joyeuse de ses trente ans.

Toujours tiré à quatre épingles, d'une élégance impeccablement Vieille Autriche, il a gagné en carrure et en prestance, et son sourire brille – discrètement – sous sa fine moustache. Il est moins maigre, mais non moins fiévreux. Une hâte à dévorer la vie le ronge. Il ne tient pas en place, demeure rarement plus de deux ou trois mois dans une même ville. Il veut non seulement tout connaître, tout voir, mais aussi s'oublier, se fuir dans le mouvement, courir, bouger pour ne pas s'appesantir, éviter l'introspection ou l'auto-analyse que le calme suscite, craignant de laisser remonter l'inquiétude, tout le noir qu'il sent en lui. Il a peur des miroirs.

Avec les femmes, il évite de s'attacher. Il a des liaisons passagères. Elles embellissent son existence, lui procurent des moments sensuels et doux, et les voluptés qu'il recherche. C'est leurs corps qu'il aime avant tout. Il choisit de préférence des jeunes filles aux mœurs légères, que les règles bourgeoises ne tiennent pas prisonnières de leurs mères ou de leurs chaperons, des cousettes, des lingères, des modistes, comme cette Marcelle qui l'attache à Paris. Le sexe allège sa part de tortures, mais ne le libère pas de son inquiétude fondamentale, il l'apaise seulement. Au journal qu'il se met à rédiger, à partir de 1912, il confie à la date du 29 septembre – il est à Vienne – son impuissance à vivre en paix. Dans sa fièvre d'exister, les femmes sont d'exquises – et inutiles – infirmières, incapables de calmer son être agité et douloureux. A propos de « cette inquiétude intérieure déjà intolérable » qui l'habite : « J'essaie de l'apaiser l'après-midi en amenant chez moi deux amies dont les beaux corps me réjouissent [...] je les renvoie à six heures, reste chez moi, dors pour calmer le poids qui m'oppresse [...], puis reviennent la fatigue et le sommeil. »

Il n'attend pas la femme de sa vie, cherche dans toutes les femmes qu'il prend dans ses bras l'apaisement, non la complicité.

Son ambition est un meilleur exutoire que l'amour à son malaise, et le stimule bien davantage. Pour dominer ses démons, il a besoin de se fixer des défis. Dégrisé par la poésie – il a rencontré tellement plus doué que lui –, il se lance dans le théâtre. L'écriture, le seul miroir dont il n'a pas peur, lui renvoie une image de lui-même en contrepoint des *Hymnes à la vie* et du climat charmeur du début de siècle. Joyeux en apparence, Stefan Zweig ne l'est pas en vérité. A preuve, ce drame en vers qu'il compose, l'été 1905 ou 1906, tristissime : *Thersite*. La gaieté de Zweig n'est jamais qu'un habit d'apparat, l'homme est infiniment mélancolique et fragile. Comme si au fond de lui battait le cœur d'une époque, légère et frivole au premier regard, mais qui marche inconsciemment vers sa propre tragédie, il se croit libre, heureux, alors qu'il est déjà prisonnier d'un destin.

Thersite – Tersites, en allemand – est, selon l'auteur, « le Grec le plus laid et le plus méchant de la guerre de Troie... le plus méchant parce que le plus laid ». Sa vie sombre et repoussante lui inspire des réflexions sur la morale et le bonheur : seules les grandes souffrances amendent l'âme selon Zweig, le bonheur l'endurcit. Tandis qu'il se passionne pour Thersite, Achille, le héros lumineux et impitoyable, le laisse de marbre. Il a trouvé en Thersite le premier héros de sa mythologie, et désormais les personnages de ses livres, pièces de théâtre, biographies ou nouvelles, lui ressembleront. Tous jusqu'à Erasme et Marie Stuart, en passant par Jérémie et par le Kekesfalva de *La Pitié dangereuse*, seront des vaincus, des humiliés de la vie. C'est de leur côté qu'il se range, à rebours du destin brillant et pur des vainqueurs. Ces anti-héros zweiguiens, forts de leur fragilité et capables de dépasser en conscience les préjugés contemporains, il les a choisis et il les aime parce qu'il retrouve en eux ses blessures à peine conscientes, ses faiblesses et ses peurs. Il admirera toujours ces perdants qui savent assumer leurs souffrances et portent sur la vie un regard sceptique. En pleine Belle Epoque, conquérante et jouisseuse, c'est à Thersite, non à Hector ou à Achille, qu'il confie d'incarner sur scène ses idées, sa sensibilité et son message. Laid, lâche et bavard, ce guerrier étolien que tout le monde déteste et qu'Achille tuera d'un coup de poing, exprime son agressivité et ses doutes sur le champ de bataille, où il est au contraire des surhommes, simplement, pathétiquement humain.

Autour de Zweig, l'Europe en chantonnant, en festoyant, en s'admirant elle-même, sème le trouble et les désordres. En trompeuse harmonie, les nations qui s'extasient sur l'exploit de Louis Blériot ou les progrès de la science, entretiennent des rivalités barbares. Les colonies sont un enjeu de prix et l'Occident menace à plusieurs reprises de s'enflammer pour des territoires où s'affronte le commun esprit de conquête. Le nationalisme ouvre la voie à l'impérialisme. Les Krupp en Allemagne et les Schneider du Creusot lancent la course aux armements, les Balkans servent de terrain d'essai aux nations rivales. Et les nuages s'amoncellent au-dessus d'une Europe en paix depuis trop longtemps. Achille est au cœur de l'Histoire : les vertus guerrières, conquérantes, despotiques, cherchent à se faire entendre et l'emporteront bientôt sur le détachement et la sagesse coléreuse et triste de Thersite. Dans l'esprit de Zweig, il ne s'agit que d'un pressentiment obscur qui lui alourdit l'âme, l'empêche de savourer les moments exquis de son existence préservée et douce. *Süss* comme on dit à Vienne, sucrée comme une tranche de gâteau viennois.

Il ne voit pas les événements venir, ne discerne pas les dangers qui menacent cette trop belle époque, mais au fond de lui il sent monter la peur.

Bizarrement – est-ce un signe des dieux ? – sa pièce joue de malchance. Alors qu'il l'a adressée à différents théâtres allemands, *Thersite* est choisi – suprême honneur – par le Théâtre royal de Berlin pour être joué avec, dans le rôle d'Achille, le plus illustre des acteurs allemands, Adalbert Matkovski. Zweig est enchanté, mais au début des répétitions, et sur le point de conférer la gloire au jeune auteur dramatique, Matkovski prend froid, sa grippe se complique d'un mauvais virus, et il meurt, à l'été 1908. La pièce est repêchée quelques mois plus tard par le Burgtheater de Vienne, où règne l'idole de ses compatriotes et de sa famille, l'immense, le légendaire Josef Kainz. Kainz, à la voix d'or, s'entiche de Thersite, qu'il veut interpréter en personne, laissant Achille à un comparse, il a parfaitement compris la portée du message. Il a convaincu la Duse de lui donner la réplique, dans le rôle de Teleia. Devant cependant partir en tournée en province et à l'étranger, il fixe à Zweig rendez-vous un mois plus tard, lui demandant même de rédiger une pièce en un acte qui lui permettrait d'illustrer une fois de plus seul en scène, son génie théâtral. Zweig s'exécute, écrit *Le Comédien métamorphosé* et attend avec impatience le retour de l'acteur, qui tient en main les clés de son avenir. Qui a eu une pièce jouée par Kainz, à Vienne, est sûr d'être célèbre, du jour au lendemain. Au soir du rendez-vous, l'année 1910, il se rend à l'hôtel Sacher où réside Josef Kainz. Le majordome lui exprime son regret de ne pouvoir l'introduire : le maître est malade, il lui faudra revenir. L'état de Kainz s'aggrave, bientôt un cancer se déclare, c'est à l'hôpital que Zweig rendra visite, tout juste avant qu'il ne meure, à celui qui voulait incarner Thersite. Et qui, après Matkovski, est frappé, à cinquante-deux ans, par le même destin funèbre. Comme si la pièce portait malheur.

Rendu superstitieux, Zweig s'éloigne insensiblement du théâtre. « J'ai appris depuis à ne me point réjouir d'une représentation avant que le rideau ne soit réellement levé », dira-t-il, refusant cependant de dramatiser ce qu'il juge comme une coïncidence. *Thersite* restera dans ses tiroirs. Zweig reviendra au théâtre avec succès à l'aube d'une autre guerre. Le même pressentiment et la même malchance s'attacheront à sa pièce et à son principal interprète. Comme si l'auteur, inconscient de la réalité politique, mais vecteur des foudres prochaines, voyait venir la catastrophe et participait malgré lui à la montée des périls. La fatalité s'attache à ses pas.

Il y a dans *Thersite* cette phrase de mauvais augure, solennellement écrite en pentamètres ïambiques (le petit frère allemand de notre alexandrin), que prononce Nestor à l'intention d'Ulysse :

Tous nos actes
Ne sont que les ombres des destins éternels,
Et contre leurs arrêts toute résistance est vaine[1].

---

1. Traduit pour la première fois en français par Brigitte Vergne-Cain et Gérard Rudent, qui ont préfacé, établi et annoté l'édition en deux volumes des œuvres de Stefan Zweig de la Pochothèque (Le Livre de Poche), 1995.

Le mage français

Un second mage entre en scène. Il sera pour Zweig le maître à penser des années futures et marquera sa vie de son sceau. Ce sage qui va éclairer sa route et lui montrer la voie est un Français, de quinze ans son aîné. A quarante-cinq ans passés, c'est presque un inconnu. Il s'appelle Romain Rolland. Il habite une mansarde à Montparnasse, vit pauvrement de sa plume et se nourrit surtout de musique et d'idées. Normalien, agrégé d'histoire, spécialiste de musique ancienne, auteur d'une thèse sur l'*Histoire de l'Opéra en Europe avant Lulli et Scarlatti*, wagnérien dans l'âme, ami d'André Suarès – mais qui connaît l'écrivain Suarès ? – et de Charles Péguy, il a écrit plusieurs drames en vers, et quand Zweig le rencontre pour la première fois en 1911, une *Vie de Beethoven*, une *Vie de Michel-Ange* et une *Vie de Tolstoï*, preuves que sa culture ignore le nationalisme littéraire. Il est également romancier, auteur d'un *Jean-Christophe*, dont le feuilleton en dix volumes se déroule au fil des publications des *Cahiers de la Quinzaine* (la revue de Péguy), de *L'Aube* au *Buisson ardent*.

Zweig découvre Rolland par hasard, en 1910, en Italie, alors qu'il feuillette un de ces *Cahiers de la Quinzaine* qui traîne sur la table d'un salon florentin. Saisi par le style de cet auteur inconnu et par l'ampleur des idées qu'il expose, il n'entend pas son hôtesse arriver – une amie russe, qui était en retard – et n'a plus envie de parler de quoi que ce soit d'autre que de cet écrivain qui l'a séduit, en qui il a reconnu au premier coup d'œil une « conscience ». Mais quelle est sa vie ? Peut-on le connaître, le rencontrer ? Ni Verhaeren, ni les amis français, poètes ou romanciers qui gravitent autour du maître, ne peuvent renseigner Zweig. Il lui écrit donc, après s'être renseigné à la Bibliothèque nationale et avoir lu tous ses livres parus. En guise de carte de visite, il lui adresse *Les Cordes d'argent* et lui propose, s'il le veut bien, d'introduire son œuvre, comme il l'a fait pour celle de Verhaeren, auprès du public allemand. « C'est pas une curiosité superficielle, lui écrit-il dans un français hésitant, de Vienne, le 12 février 1911, mais aussi un peu une visite des affaires[1]. » Rolland accepte de s'en remettre à lui et suivra ses conseils qui aboutiront, après plusieurs années de démarches et d'efforts de Stefan Zweig, à l'édition en allemand de *Jean-Christophe*, traduit par Erna et Otto Grautoff, aux éditions Rütten et Loening.

Romain Rolland ne pouvait qu'intéresser Zweig : d'abord parce qu'il est, dans tout ce qu'il écrit, ouvertement pan-européen. Cette position est trop rare pour que Zweig, qui croit en l'amitié et aux échanges entre nations, ne la salue pas. *Jean-Christophe* est pour lui une révélation : il le définit comme « le premier roman consciemment européen, le premier appel à la fraternité ». Habité d'une vision généreuse qui se fonde sur l'amour, l'écrivain français rêve comme lui-même d'une fraternité entre les deux ennemis héréditaires, sur lesquels il veut bâtir l'avenir, la France et l'Allemagne. L'idée ne court pas les rues. Tandis que les discours de Déroulède trouvent chaque jour en France une audience enthousiaste, on compte peu d'auteurs qui aient écrit autant et aussi bien, avec

---

[1]. Les citations des lettres de Zweig à Rolland sont extraites des *Briefe 1897-1914*, Fischer Verlag, 1995.

considération et tendresse, sur leurs voisins. Né dans une province on ne peut plus française, à Clamecy, dans l'Yonne, chez les Bourguignons, Rolland, par sa sensibilité, son romantisme, se sent attiré vers l'autre côté du Rhin, ses légendes, ses mystères et ses lumières.

Jean-Christophe, sorte de frère jumeau de l'auteur, habite une province rhénane, l'Allemagne est au cœur du roman-fleuve. Or, l'Allemagne de Romain Rolland est celle qu'aime Zweig, l'Allemagne des *Nibelungen*, de Goethe et de Beethoven, du romantisme et des Lumières. Pour Rolland, pour Jean-Christophe, l'art n'a pas d'autre fin que celle d'unir les hommes : toute littérature digne de ce nom, toute musique, est réconciliatrice. Elles ouvrent les cœurs, aèrent les intelligences, rassemblent et pacifient. Comment Zweig, avec ses sentiments cosmopolites et son idéal de paix universelle, n'aurait-il pas voulu rencontrer ce troubadour de l'Europe, dont les livres portent, miraculeusement exprimé, ce qu'il espère depuis longtemps ?

Sa première visite à Rolland, chez lui, près du boulevard du Montparnasse, en février 1911, marque le commencement d'une amitié. Ce sera le premier d'une longue suite de tête-à-tête, parfois élargis à d'autres interlocuteurs, à Verhaeren ou à Rilke, qui prendront l'habitude de déjeuner avec eux, au restaurant du Bœuf à la Mode, quand ils sont à Paris et qui, tandis que Rolland remonte dans sa mansarde, poursuivent volontiers leurs conversations avec Zweig, déambulant rive gauche. Mais la plupart du temps, Zweig verra Rolland seul à seul, en disciple d'abord, puis très vite en ami.

Tandis que Zweig est encore un jeune homme, Rolland, pourtant dans la force de l'âge, a l'allure d'un vieillard. Maigre et d'aspect souffreteux, le dos voûté, le teint blême, il vit seul, comme un vieil étudiant, au cinquième étage, dans une chambre encombrée de livres, où Zweig remarque aussitôt un masque mortuaire de Beethoven et un portrait de Richard Strauss. Un plaid sur les genoux, car il a toujours froid, assis à une table de travail surchargée de papiers et de volumes, il ne s'en détache que pour aller à son piano. C'est un interprète de talent, au toucher d'une « douceur inoubliable », qui sait communier avec les grands musiciens qu'il préfère, Wagner – qu'il a bien connu – ou Beethoven. Ascète par tempérament, il ne sort que rarement de son antre, ne fume pas, ne boit pas, mange peu, et consacre son énergie, comme un ermite à la prière, à lire, à penser, à écrire. Il y a en Rolland quelque ressemblance avec un religieux. Son austérité le fait apparaître à Zweig comme le contrepoint de Verhaeren. La nature, les bêtes, la campagne et la ville, les hommes et les femmes même, avec lesquels est si familier l'auteur des *Flamandes*, Rolland les connaît surtout par la littérature, c'est un artiste d'intérieur, qui ne s'intéresse qu'aux âmes. « J'appelle héros seuls ceux qui furent grands par le cœur », a-t-il écrit dans *Beethoven*.

La sensibilité est immense chez cet être enfermé, en apparence replié sur lui-même, et frileux à l'excès. Elle déborde au piano, quand il joue, et dans tout ce qu'il écrit, d'une plume frémissante et passionnée. Aucun domaine n'échappe à son appétit de comprendre et d'aimer. Cet intellectuel, au physique flétri avant l'âge, est un sensuel, dont le regard bleu frappe par son intensité, sonde les visiteurs, perce au jour les secrets, scrute les vérités avant de se réfugier, derrière les paupières rougies par le travail, dans un rêve où nul ne peut l'accompagner. Ce solitaire, qui a choisi de vivre en reclus, communie par la force de son esprit généreux et intuitif avec ses contemporains. Informé des moindres événements, il lit un nombre incroyable de journaux, toutes les revues qui paraissent et se veut en symbiose permanente avec le monde. L'Europe est selon lui sa vraie patrie – l'expression était déjà écrite dans le cœur de Zweig. La chambre de Rolland, tellement exiguë, est un laboratoire et le savant qui l'occupe, d'apparence faible et craintive, doué d'une puissance de travail insoupçonnée, se montre un observateur hors pair, capable de saisir les vibrations et les variations d'un monde avec lequel il est en communion, notant les moindres indices d'orages et les espoirs d'éclaircies. Zweig l'a compris aussitôt.

Le 2 avril, sortant de chez Rolland, il note dans son journal : « Il y a dans cette pièce quelque chose de monacal mais on sent, à la foule des lettres, des journaux, que le monde entier afflue ici en un centre ouvert à tout. »

« Cher monsieur », se disent-ils d'abord, puis très vite « cher ami » et Zweig, qui marque ainsi son respect : « cher maître et ami ». Les deux hommes échangent des idées, des livres, Zweig évoque sa passion des manuscrits et des autographes – il en possède de Beethoven, capables d'étoffer encore, s'il était possible, les connaissances de Romain Rolland –, ils parlent ensemble de l'Allemagne et de la France, et de leurs héros selon la définition de Rolland. Zweig s'interroge sur la manière dont cet interlocuteur chaleureux et brillant, à l'éducation tellement française, en est venu à aimer l'Allemagne : la musique, lui dit Rolland, lui a montré le chemin. « Grâce à la musique, il s'est senti partout chez lui », rapporte Zweig, « elle l'a rapproché de l'Allemagne puis de Goethe, qu'il prend en main presque chaque jour[1] ». Si Zweig admire le français que parle et écrit Rolland, « limpide, sans aucune affectation », il aime par-dessus tout son esprit d'ouverture qui est selon lui la marque de la vraie culture. « Prodigieuse, note-t-il dans son journal, à la date du 10 mars 1913, la diversité de cet homme, sa curiosité passionnée. »

---

1. *Journal 1912-1940*, Belfond, 1986, p. 52.

Au cours de leurs conversations, Rolland expose ses projets et l'ensemble de sa pensée. Stefan Zweig est à la fois fasciné et heureux. Personne encore ne lui avait tenu le discours de l'Europe. L'intuition de sa jeunesse trouve en Rolland son prophète sinon son théoricien. Car le message simple que Romain Rolland ne cesse de répéter, avec une infinie patience et une force morale qu'aucun doute n'entame, c'est que l'avenir de la paix est dans l'avenir de l'Europe, et en particulier dans la réconciliation franco-allemande, dans ce qu'il appelle « l'entente », ce mot clé du futur.

Rêve d'intellectuel, divagation ubuesque, poème à l'usage des esprits fumeux, la thèse fait hausser les épaules aux contemporains. Les peuples eux-mêmes, grandis dans l'ignorance et l'affrontement réciproques, ne sont pas mûrs pour la comprendre. Seuls d'autres rêveurs peuvent imaginer l'avenir sous les couleurs de l'amitié. Bravant les tabous du temps, le nationalisme revanchard et les mentalités étriquées, défendant l'indéfendable, comment cette thèse ne paraîtrait-elle pas scandaleuse à la plupart des gens ?

Zweig, dès 1911, considère comme un guide cet homme qui transcende les frontières, aime les différences, et dont la vision, claire et sûre d'elle, le confirme dans son secret désir de douceur et de conciliation. Le jour approche où ils marcheront ensemble du même pas, sur le même côté de la route, incompris, à rebours de la masse. « Je me sens proche de lui comme je le suis rarement de quelqu'un », écrit Zweig pour lui-même. « Nous nous séparons avec une véritable chaleur et j'ai de la peine à dissimuler mon émotion », se souvient-il à la date du 16 avril 1913. La littérature et la politique, l'art et la philosophie, sont autant de liens qui fondent leur complicité. Ils abordent tous les sujets et s'ils ne sont pas d'accord, échangent leurs points de vue, discutent avec passion. L'un et l'autre sont des esprits ouverts et tolérants, curieux du monde, assoiffés de connaissances. Les moins sectaires des intellectuels, ils cherchent la voie juste et se cherchent eux-mêmes, ne se ferment pas sur ce qu'ils savent, demeurent en mouvement et en question. Zweig inventera un jour l'adjectif « érasmien », *erasmisch*, d'après Erasme, pour définir ce type d'homme ou de femme qui refuse de se mettre au service d'une seule idée, de se rendre prisonnier d'une théorie, d'un parti ou d'un emblème, et demeure inébranlablement fidèle à son cœur.

Il y a chez Zweig comme chez Rolland, malgré les différences de caractère et d'allure, une même inquiétude fondamentale et un même besoin d'amour. Chacun perçoit chez l'autre un écho fraternel à l'angoisse d'être et de vivre. Zweig remarque le « côté féminin » de Romain Rolland, son « impressionnabilité excessive ». « Il vous parle comme une femme sensuelle qui a peur de se trahir, peur de se donner, dit-il[1]. » Lui-même, si l'on s'en tient à ces archétypes du masculin et du féminin, hargne et douceur, force et fragilité, action – imagination, ou puissance – émotivité, n'est-il pas tout aussi féminin, sensible et impressionnable, intuitif et passionné ? Ce sont deux artistes plus imaginatifs que cartésiens. « Il n'y a pas de force plus créatrice que l'amour », écrit Zweig à Romain Rolland, le 26 avril 1911. La phrase aurait pu servir d'exergue à *Jean-Christophe*.

Verhaeren, dans ses chansons mélancoliques, disait à Zweig d'aimer la vie comme elle est, la nature et les hommes comme ils sont. Rolland l'entraîne dans un dialogue passionné, qui veut se hisser au-dessus des choses et des êtres, rendre meilleurs le monde et nos semblables. Quand ils sont ensemble, il y a de l'utopie dans l'air, deux intelligences font un même rêve. Aux yeux de Zweig, ils sont « des amis littéraires, représentant des

---

1. *Journal, op. cit.*, p. 57.

idées communes dans des pays différents, actifs pour le même élan de la vie et la même conception de l'homme. » (Lettre du 24 décembre 1912[1].)

Quand ils sont séparés, ils s'écrivent. En français, Zweig est le plus prolixe. Rolland, convaincu que « la parole amoindrit, affaiblit la communication », met plus de réserve dans ses élans. Mais la distance ne freine pas leur dialogue, n'entrave pas leur confiance. Quand ils se saluent « dans la même conception de l'homme », la formule n'est pas de politesse, elle souligne leur commune différence dans un monde qui ne croit plus qu'à la guerre, où les discours de haine résonnent de plus en plus haut. Elle grave leur fraternité, agneaux parmi les loups. Leurs lettres sont à la fois amicales et doctes : chacun a toujours quelque chose à apprendre à l'autre, un événement à lui signaler ou à lui commenter, dans le sens d'un progrès, d'une marche vers la lumière. Tandis que se multiplient les menaces d'orages à l'horizon des nations, ils travaillent jour après jour à une œuvre dont l'ambition les dépasse et dont ils sont les artisans patients et dévoués : à travers eux, par eux, sceller l'amitié des peuples français et allemand.

Le rêve de Jean-Christophe qui est aussi celui de Zweig, ce rêve atypique et fou, verra-t-il le jour ?

---

[1]. La correspondance des deux hommes, de 1910 à 1940 – 277 lettres de Rolland à Zweig à la B.N. à Paris, 520 lettres de Zweig à Rolland à la Jewish National University Library de Jérusalem – est encore presque entièrement inédite à ce jour.

Les amis de la paix

Dans le bruit des canons que l'on forge et des fusils que l'on arme, dans le flux des discours nationalistes qui prônent la force et la victoire, l'esprit de conquête et de domination, ils ne sont pas seuls à défendre un idéal de paix, de part et d'autre des frontières. D'autres hommes et d'autres femmes, minorité fragile, protestent contre l'engrenage de la haine et cherchent à maintenir une brèche quand les portes se ferment une à une et que les murs se dressent d'une nation à l'autre. Certains de ces hommes et de ces femmes sont des amis de Zweig ; tous lui sont fraternellement unis, par le même esprit de tolérance et d'union. Tous sont des humanistes – le mot amorce son déclin – ou, pour reprendre Zweig, des érasmiens. Ils disent non au consensus et non à la violence.

A tout seigneur tout honneur : c'est à une femme que revient en Autriche la primeur de la parole de paix. Bertha von Suttner, que Zweig appellera la Cassandre de l'avant-guerre, parce qu'elle ne cessait d'annoncer aux contemporains incrédules l'imminence de la catastrophe, et dont les funestes prédictions ne s'interrompront qu'à sa mort, en 1914, huit jours exactement avant le coup de revolver fatal de Sarajevo, Bertha von Suttner a fait résonner la première sur l'empire endormi une sonnette d'alarme. En 1885, son livre, *Waffennieder !* (A bas les armes !) affiche son programme. Il faut démilitariser l'Europe, la guerre fait le malheur des nations.

Cette baronne au verbe haut et au fier blason, née comtesse Kinski (son père était un chambellan de l'empereur) et qui, en avance de plus d'une génération sur son temps, aurait l'âge d'être la mère de Zweig, est l'amie d'Alfred Nobel qu'elle a converti à sa foi et qu'elle a amené à créer son célèbre prix de la Paix. Elle-même prix Nobel en 1905 ne jouit, à près de soixante-dix ans, que d'une faible notoriété. Du moins, le grand public l'ignore. Ainsi que l'écrit Stefan Zweig, qui ne manque pas de lui souhaiter ses anniversaires et lui adresse en hommage chacun de ses livres, « on la regardait avec un sourire condescendant ». Personne, sinon de rares amis, ne la prend au sérieux. Elle exagère et voit tout en noir, comme la pythie. Obsédée par l'idée de prévenir un conflit mondial dont elle annonce depuis un quart de siècle l'inéluctabilité, elle n'a cessé de s'opposer au malheur qu'elle voit se dessiner dans le ciel. Et elle crée seule, au milieu des sarcasmes, un journal qu'elle appelle *Friedenswarte*, ou Poste de garde pour la paix, où elle demande à des écrivains, à des intellectuels, à des professeurs, à qui veut s'exprimer sur le sujet, de dire son horreur de la guerre. Elle passe son temps en tournées de conférences et comme Theodor Herzl l'avait fait pour une autre cause, non moins tragique et non moins brocardée, elle se bat sans relâche, contre les moulins à vent, disent ses adversaires. Lesquels, eux, se préparent à broyer les os de la jeunesse européenne. La bonté, l'énergie extraordinaire de Bertha von Suttner resteront sans effet.

Du côté allemand, des voix s'élèvent aussi. Hermann Hesse – trente-cinq ans en 1912 –, Wurtembergeois, issu d'une famille de missionnaires protestants en rupture avec les siens, s'est établi en Suisse, près de Bâle. Il habite une ferme avec sa femme, au bord du lac de Constance. Zweig a lu et apprécié ses premiers vers, ainsi que son premier roman, *Peter Camenzind*, protestation contre l'autorité aveugle et opprimante, celle des parents, des maîtres et des tyrans. Ses grands livres sont encore à venir et Hesse ne jouit de quelque prestige, à vrai dire modeste, qu'auprès d'une élite de fins connaisseurs mais, avant *Siddharta* et *Le Loup des steppes*, avant *Narcisse et Goldmund* ou *Le Jeu des perles de verre*, Zweig a reconnu en cet exilé de la première heure un contemporain capital. Il correspond avec lui depuis 1903 et l'a rencontré en 1905, sur les bords du lac de Constance. Véritable conseiller littéraire de Zweig, Hermann Hesse donne ses avis au jeune homme, camarade de plume, qui le tient en haute estime. « *Lieber Herr Hesse* – cher monsieur Hesse –, lui écrit Zweig dès le 1er novembre 1903, aussi cérémonieusement qu'à Rolland plus tard, vous êtes aujourd'hui *einer der Ersten in Deutschland, ein Junger und Grosser* – un des premiers en Allemagne, à la fois jeune et grand[1]. »

Physique d'aristocrate, maigre et le crâne rasé, d'allure raide et presque militaire, Hesse est pourtant tout le contraire, un sage, un doux. L'homme a su échapper aux contraintes de l'état civil, aux conventions, aux préjugés, tant familiaux que nationaux. Prenant ses distances avec son époque, il invite ses contemporains à la contestation. *Peter Camenzind* contient les ferments de sa révolte et trouve déjà parmi les rares adolescents qui l'ont découvert un public à sa mesure, rebelle et rêveur à la fois. Après un voyage aux Indes en 1911, Hesse évolue vers une philosophie inspirée de l'hindouisme, qui prône la liberté de l'individu, la résistance à la contrainte et aux violences, physiques ou morales. Elle sera le fondement de ses livres futurs. Cette exigence de liberté, Zweig l'a sans attendre reconnue comme le signe d'un esprit irréductible, digne de figurer dans son panthéon personnel. Il aime l'écriture inspirée,

---

1. *Briefe 1897-1914*, *op. cit.*

poétique et tourmentée de Hesse, et son style de vie : depuis la Suisse, désormais son pays d'adoption, cet Allemand qui aurait pu devenir théologien et qui est un parfait autodidacte, adresse au monde, qui ne lit pas ses messages, des appels à la tolérance et à l'amour. Il n'est traduit en aucune langue étrangère et ses livres se vendent à un petit millier d'exemplaires.

Autre érasmien, autre figure d'exception et une des références de Zweig dans le climat belliqueux de l'avant-guerre : Heinrich Mann, un des grands romanciers de l'ère de Guillaume II, ne cesse de critiquer férocement le régime. Né à Lübeck en 1871, résidant à Munich, Heinrich Mann a écrit en 1905 *Professor Unrat*, que Josef von Sternberg portera à l'écran en 1930, sous le titre de *L'Ange bleu*, avec Marlène Dietrich dans le rôle de Lola Fröhlich, et quelques autres romans comme *La Petite Ville*, qui lui valent d'être célèbre en Allemagne. Il est alors infiniment plus connu que son propre frère, Thomas, dont la gloire un jour l'éclipsera. Ses livres ont un ton satirique, soulignent avec une étrange force poétique les failles de la société bourgeoise, ses injustices et ses cruautés. Mann, avec un incontestable talent de plume, cultive la polémique. *Professor Unrat*[1] décrit des personnages pris dans l'engrenage, incapables de penser ou d'agir librement, prisonniers des rôles que l'existence leur a assignés, incapables de s'en dégager. Le vieux professeur, les étudiants, la prostituée, le directeur de théâtre, chacun ressemble à une marionnette dont une main de fer tire les fils. *Unrat* signifie « déchet, ordure » en allemand. Les élèves du vieux professeur le narguent en criant « Unrat ! Unrat ! » à travers tout le collège et, la nuit, dans les bas-fonds de la ville où ils ont élu leur quartier général. La société,

---

1. Publié dans la collection Cahiers rouges, Grasset.

qui est toute hypocrisie, finit par « se décharger sur lui du poids de son propre vice », écrit l'auteur. Etouffant sous l'étau, elle ne se délivre qu'en trouvant des boucs émissaires.

A peu près à la même époque que *L'Ange bleu*, Heinrich Mann a écrit un pamphlet, *Zwischen den Rassen* (Entre les races), qui éclaire à la fois sa personnalité et le conflit qui est selon lui la source du malaise général qui sévit en son temps, celui du germanisme et de la latinité. Mann, dont la mère, née da Silva, est brésilienne, souffre de ne pouvoir concilier en lui les deux tendances antinomiques sur lesquelles se fondent, en se déchirant, sa propre histoire comme celle de sa famille. L'Europe lui apparaît partagée douloureusement, comme il l'est lui-même par ce double héritage.

Résolument démocrate dans un empire autoritariste, amateur passionné de décadences, lecteur de D'Annunzio et de Maupassant, ce peintre de la bourgeoisie et des instincts qui peuvent à tout moment bouleverser un être, lui faire perdre norme et raison, jette sur son époque un regard impitoyable. Dans une prose fascinante qui joue à la fois du réalisme et du mystère, de la logique et de la séduction, il s'essaie au réalisme social, admire Emile Zola, et avec beaucoup de courage et de talent, navigue lui aussi à contre-courant. Pour Zweig, il n'est ni un ami ni un maître, mais compte parmi ces gens « actifs pour le même élan de la vie et la même conception de l'homme », qui sont tous à des degrés divers ses frères spirituels.

Zweig aura toujours moins de complicité avec Thomas Mann, le frère cadet de Heinrich Mann. Thomas Mann se tient encore à l'écart du microcosme littéraire, replié sur lui-même et sa famille, vivant à Munich dans un isolement farouche. Zweig ne le connaîtra personnellement que beaucoup plus tard, la tragédie advenue. Avant 1914, l'auteur des *Buddenbrooks*, roman paru en 1901, habite les nuages. Indifférent aux agitations nationales, au réalisme social comme à la montée des périls, il écrit des livres d'une splendeur mélancolique. Obsédé par le déclin, il occulte l'avenir. Dans *La Mort à Venise* et *Tonio Kröger*, l'artiste, enfermé dans ses rêves, solitaire et malheureux, incompris, ne trouve pas la paix en lui-même, vit déraciné et divisé, désespéré. Comment croirait-il en une cause, politique, idéologique ou philosophique, quand le sens même de la vie lui échappe et qu'il est occupé à le poursuivre en écrivant ? Un revirement brutal, aussi choquant qu'imprévisible, fera de Thomas Mann – pour un temps entre parenthèses – un chantre de la guerre, de la patrie allemande et de Guillaume II, mais avant que ne tonnent les canons, il est encore, ce jeune frère d'un brillant et virulent écrivain social-démocrate, un romancier des décadences bourgeoises. Ses livres posent pourtant la question fondamentale qui aurait pu le rapprocher de Zweig : quel rôle est dévolu à l'artiste dans une société où la haine est une valeur plus prometteuse que la conciliation ?

Côté français, Jean Jaurès parle le plus fort pour la paix. Le grand orateur socialiste, député du Tarn, déploie une magnifique ardeur au service de l'Internationale, cette entente qui doit réunir idéalement, par-delà les frontières, les travailleurs de tous les pays d'Europe, qui doivent marcher vers l'avenir main dans la main. Zweig, qu'une génération sépare de Jaurès, admire le personnage et croit en son message. Mais voulant se garder de tout engagement politique, il n'aura pas l'occasion de l'approcher ni de l'entendre. Aux programmes, aux manifestes, aux enrôlements, il préfère des déclarations littéraires, les rêves de Romain Rolland. Ou ceux d'autres écrivains, ses amis, qui pensent comme lui. Parmi eux, d'abord, Jules Romains. Un professeur de philosophie, normalien, auteur de poèmes, de pièces de théâtre et de romans, dont le dernier paru, en 1913, s'intitule *Les*

Copains. Né en 1885 en pays de Loire, il est un des animateurs de l'Abbaye, une sorte de club où se côtoient et discutent, dans une atmosphère enfumée et fumeuse, des socialistes révolutionnaires, des poètes, des savants et quelques artistes qui se disent « futuristes ». Romains, que tout le monde appelle Louis et parfois Farigoule, car son nom de plume est un pseudonyme, est aussitôt sympathique à Zweig qui a fait sa connaissance en 1909. Verhaeren, toujours propice aux amitiés, l'avait incité à le rencontrer. La sympathie, réciproque, débouche sur un lien qui sera solide et fidèle, des deux côtés. Romains présente à Zweig quelques bons « copains » écrivains, notamment Georges Duhamel, auteur entre autres de *L'Homme en tête* et Charles Vildrac, auteur d'un *Livre d'amour*. Et Zweig, qui vient en France plusieurs fois par an, ne manque pas une occasion de voir ces nouveaux amis, d'entretenir ces liens qui se moquent des passeports et des douanes, et autorisent de beaux échanges.

En exil à Paris, il y a d'autres poètes et d'autres romanciers étrangers, dont Zweig apprécie le talent et la compagnie et qui partagent sa vision généreuse et pacifique du monde. Au premier rang, Rainer Maria Rilke, l'ami et le compatriote, austro-hongrois, parisien d'adoption, mais également italien de cœur et russe dans l'âme, incarne le mieux cet Européen idéal qui résume en lui les antagonismes, et puise dans ses diverses patries, comme autant de provinces, ce qu'il y a de meilleur. Zweig ne cessera jamais de se référer à Rilke comme au poète dont les racines plongent au cœur de l'histoire humaine, dans le *melting-pot* de l'Europe, et dont l'œuvre est le plus pur exemple d'une alchimie réussie.

A côté de Rilke, quoique dans un exil plus douloureux et moins rayonnant, Zweig est fasciné par James Joyce, l'Irlandais de nulle part. En 1911, *Gens de Dublin*, son premier livre, un recueil de nouvelles, est brûlé dans sa ville natale, comme aux temps de l'Inquisition. L'auteur, à figure de maudit, erre désormais en Europe, de Paris à Trieste et de Trieste à Zurich, cherchant un havre où écrire ses romans en liberté. Le lieu n'est, semble-t-il, pas facile à trouver. L'un des hommes les plus cosmopolites de ce début de siècle, Joyce, exilé malgré lui, parle toutes sortes de langues, le français, l'italien, l'allemand, l'anglais bien sûr, et même le norvégien. Par esprit d'ouverture, il a refusé de prendre le parti de la petite république d'Irlande et de se cantonner au gaélique. Il déteste autant – comme Erasme – l'enfermement que l'embrigadement. Il dira un jour à Zweig, plein d'admiration pour cet écrivain méconnu, qu'il juge rétréci le fait de penser et d'écrire en anglais, et qu'il est dans son œuvre en quête d'« une langue qui serait au-dessus de toutes les langues, une langue que toutes serviraient ». Il achève d'écrire *Dedalus* en Autriche, en 1913, et illustre tristement dans une vie semée d'obstacles la difficulté immense qu'un individu peut rencontrer, quand il essaie de penser hors des normes et des castes. L'érasmien, ce type d'homme idéal, qui réclame le droit à la paix et la liberté de penser, est à l'image de cet artiste incompris, voué à la solitude et aux quolibets.

Dostoïevski

En 1913, Zweig entame un *Dostoïevski*. Le portrait de l'écrivain russe le plus tourmenté, le plus douloureux est aussi une réflexion sur l'art et la mission d'écrire. Dostoïevski, pourquoi pas Tolstoï ? Toute la démarche intellectuelle de Zweig se lit dans ce premier choix. Hanté par la phrase célèbre de Goethe, « Homme, quand comprendras-tu que ne pas aboutir fait ta grandeur ? », qu'il place en exergue du livre et qui sera le nerf conducteur de toutes ses biographies futures, il vient de comprendre que ce qui l'intéresse dans une vie d'homme, ce qui l'émeut et lui importe, c'est l'inachèvement. La souffrance d'un individu, ses doutes et ses peurs, ses tentations et ses faiblesses plaident en sa faveur. Il n'y aura jamais dans son œuvre de héros en majesté. Tous ses personnages, de Marie Stuart à Erasme en passant par Marie-Antoinette, Fouché, Balzac, ou Nietzsche sont des vaincus, des offensés, dont l'échec même fait la grandeur. Telle se définit la vision du monde de Zweig. Seul est homme, dans le plein sens du mot, qui a éprouvé des blessures et ressenti l'humiliation. Le « gagneur », ce monolithe, n'a pas sa place dans un monde où l'échec est plus révélateur que la victoire, plus propice à l'épanouissement d'un cœur. Même Magellan, dont il écrira plus tard la biographie, fut en son temps renié par le Portugal, spolié par l'Espagne, frustré de sa course autour du monde, un perdant. Si la postérité a su reconnaître son génie, vivant il ne connut que luttes et obstacles, privations, oubli. Il est mort, sans savoir que des hommes lui voueraient une reconnaissance éternelle et que le détroit qu'il découvrit porterait son nom. Mais – cela seul compte aux yeux de Zweig, fils de Goethe, poète du destin tragique des grands hommes – Magellan est mort fidèle à lui-même, à ses idées et à ses rêves.

La biographie de Dostoïevski n'est pas un récit factuel, chronologique, mais une analyse perspicace et profonde : une descente aux abîmes, dans l'enfer d'un créateur. « Dostoïevski n'est rien si on ne le revit pas en soi-même », écrit Zweig. Chaque vie offre un exemple, une invitation à comprendre pour mieux aimer. Cet essai n'est pas d'ordre objectif, universitaire et froid. C'est une démarche de sympathie, puissamment émotive et subjective qui pousse le lecteur ébloui sur la piste de *L'Idiot* et des *Frères Karamazov*, de *Crime et Châtiment*, des *Souvenirs de la maison des morts*, tous ces romans admirables qu'il voit plongés « dans un crépuscule mystique ». « Quelle longue descente, écrit Zweig, quel labyrinthe il nous faut parcourir pour scruter jusqu'en son tréfonds le cœur de ce géant : cette œuvre unique, puissante et immense, lointaine et effrayante, est de plus en plus mystérieuse au fur et à mesure que nous tentons de pénétrer dans sa profondeur. » Avec un talent qui semble s'épanouir au contact du génie russe, comme si la rencontre avec Dostoïevski lui communiquait une ardeur et une ampleur nouvelles, Stefan Zweig écrit l'un de ses plus beaux livres. Et l'un des portraits les plus vivants, les plus sensibles de Fedor Mikhaïlovitch. Cent cinquante pages, où pas un paragraphe n'accuse une chute de rythme, où les phrases vibrent dans une musique à la fois inspirée et triste, éclairent l'univers qui fut celui du romancier, moins la Russie, le bagne ou l'exil, que l'imaginaire, le monde intérieur et secret du créateur de *L'Idiot*. La simplicité du portrait n'est pas son but. Zweig cherche la fidélité à l'œuvre, et poursuit Dostoïevski dans les méandres de sa personnalité, ses contradictions et ses mystères. A travers lui, il cherche un sens à la souffrance, un sens à la vie. Il travaillera pendant toute la Première Guerre mondiale, qui y met une ombre de plus, à ce livre qui propose une interrogation sur la destinée de tous.

Pour Dostoïevski, écrit Stefan Zweig, il n'y a pas d'enfer. « L'auteur ne connaît que le purgatoire. Il sait que l'homme à l'âme ardente qui erre est plus près de l'homme vrai que les êtres orgueilleux, corrects et froids, dont le cœur est figé dans la légalité bourgeoise. Les êtres vrais ont souffert, ils ont le respect de la souffrance et atteignent par là l'ultime secret du monde. Celui qui souffre est notre frère par la pitié. »

A l'aube du conflit mondial qu'il pressent, Zweig trouve un modèle dans ce martyr russe qui lui montre la voie royale : seule « la connaissance fraternelle », ce qu'il nomme « le chant orphique des âmes », peut sauver un homme et l'aider à vivre. Dostoïevski éclaire sa route, en lui disant d'« aimer davantage la vie que le sens de la vie », formule ultime, inoubliable, que Zweig voudrait adopter pour lui-même, mais qu'il aura, par excès d'intellectualisme, grand mal à appliquer. Le contraste est criant, en 1913, quand Zweig rédige son essai, entre le romancier russe qui a enduré tant de maux et le jeune écrivain autrichien, vierge d'épreuves, naïf et enthousiaste, mais qui pressent de tous ses nerfs les souffrances morales qu'il va bientôt affronter, et se prépare, en cherchant aide auprès de héros selon son cœur, à regarder en face un avenir qui prend la couleur de la nuit.

« La vie, quelle qu'elle soit, est belle », disait Goethe. La guerre va mettre à bas comme un château de cartes ce message olympien. Le bonheur de vivre à Vienne, à Paris, à Munich, à Bruxelles, dans la bourgeoisie cultivée et jouisseuse, ne sera bientôt plus qu'une nostalgie. Et le monde des ténèbres et de la peur que décrit Dostoïevski va s'abattre sur l'Europe, en une étrange ressemblance avec le chaos dostoïevskien. Comment, dès lors, continuer d'« aimer la vie » ? « Certes, expliquera Zweig dans *Le Monde d'hier* pour les générations futures, nous pensions parfois à la guerre ainsi qu'il arrive de penser à la mort, comme à une chose possible mais encore très lointaine. [...] Nous étions trop jeunes et trop heureux. »

> En disant NON à mon époque, j'ai trouvé le OUI que je m'adressais à moi-même.

III
Rester libre dans la guerre

Une femme pour la vie

Une jeune femme à la beauté sombre, au nom aristocratique, entre dans sa vie par une porte dérobée. Il ne l'attendait pas. Jusqu'à trente ans, Stefan Zweig n'a connu que des aventures, des « épisodes » ainsi qu'il les nomme avec une pointe d'ironie dans son journal. « Rentré ce soir avec un épisode. » Il n'a pas de liaison, pas d'amie régulière. Ce qu'il recherche, c'est le plaisir, brutal et éphémère, que lui procurent des étreintes sans lendemain. Quand il a envie d'une femme, il sort et ramène chez lui une inconnue, qu'il a levée dans la rue, dans une boîte ou au cinéma, sans grand effort. Son physique, son élégance, et ce qu'on pourrait appeler un certain rayonnement érotique de sa personne, une manière de s'approcher, de regarder, de sourire, disent clairement son intention, il trouve pour faire l'amour des partenaires de hasard. Son domestique, Joseph, a l'habitude à Vienne de ses rentrées nocturnes et de ses grasses matinées. Il sait qu'on ne dérange pas Monsieur quand il est avec une dame. L'érotisme est, à côté du travail, des lectures et de l'amitié, le jardin secret de Zweig.

Ephémère et secret sont pour lui les deux qualités indispensables d'un « épisode » réussi. Il a choisi de ne pas s'attacher. En amour aussi, sa philosophie lui prône le non-engagement. La passion lui paraît dangereuse et maléfique, coupable de ravager un individu. Il ne décrit qu'elle dans ses livres, mais s'en tient prudemment à l'écart. Etrangement, il se méfie du cœur. A la manière de don Juan, il est le moins sentimental des séducteurs. Le sentiment lui paraît un frein au plaisir. Jusqu'à un âge avancé, il ne recherche pas la compagnie des femmes sinon, il l'écrit lui-même – pour assouvir ses désirs. Ainsi le 12 septembre 1912 : « le soir, refoulé tous mes projets de travail dans une aimable demoiselle de Brno, trente minutes seulement, mais ce fut assez pour calmer mon imagination ». Ou bien le 15 octobre, « je rentre à la maison en compagnie d'un épisode », ou encore quelques jours plus tard, « le soir, brève avent. », il écrit le mot aventure en abrégé, avec désinvolture, soulignant des adjectifs *ardent* ou *fougueux*, le caractère particulièrement réussi de l'exercice. Exemple : « avent., pleine de ferveur Kärtnerstrasse », la rue des prostituées à Vienne. Le sexe est, en amour, tout ce qu'il connaît jusqu'alors. « Je frémis de ma propre virtuosité », déclare-t-il, moins modeste dans ce domaine que dans les autres.

Sa rencontre avec Friderike Maria von Winternitz le prend au dépourvu. Cette jeune femme aux yeux noirs, mûre et sérieuse, lui suggère autre chose que le désir sexuel. De la trouver « touchante, très touchante », il s'étonne lui-même. Il prend le temps de la connaître, lui écrit, l'invite à dîner et, si avare pourtant de préliminaires, si avare des heures qu'il consacre à son cher travail, il accepte, avant de coucher avec elle (décembre 1912), de marivauder plusieurs semaines.

Fille du directeur de la succursale viennoise de la North British Fire Insurance Company, épouse d'un haut fonctionnaire dans l'administration civile, lui-même fils d'un conseiller au ministère des Affaires étrangères, ancienne élève du vénérable institut Luithlen – une des bonnes écoles privées de Vienne –, où elle a étudié les littératures allemande et française, elle a tout à la fois de l'éducation, de la culture et ce vernis social si policé qui plaît tellement à Vienne. Mais

– c'est sans doute aussi ce qui l'attire –, c'est une femme indépendante qui ne ressemble en rien aux jeunes filles farouches qu'on destine alors aux hommes à marier. Elle est même pour son époque, dans son milieu, étonnamment émancipée. Séparée de son mari, Felix von Winternitz, qu'elle a épousé très jeune et qui s'est révélé insignifiant, velléitaire et paresseux, elle garde d'excellentes relations avec lui. Quant à son beau-père qu'elle appelle gentiment le Vieux Monsieur, il est son conseiller pour toutes ses affaires, conjugales ou extra-conjugales. Catholique, quoique de père juif (elle est née Burger), elle a une grande liberté d'esprit et ne semble pas culpabilisée d'avoir coupé les liens sacro-saints du mariage. Bien que l'Autriche, Etat catholique par excellence, y soit hostile et interdise les remariages, elle songe à divorcer. En attendant, elle élève seule ses deux filles, Alix et Suse, diminutifs d'Alix-Elisabeth et de Susanne-Bénédicte, nées respectivement en 1907 et 1910. Elle « gagne son pain », c'est son expression favorite, en rédigeant des articles et des feuilletons pour les journaux. Fière de sa liberté reconquise, droite, un peu raide sous ses grands chapeaux, elle regarde la vie, les gens, avec franchise. Elle n'est femme ni de compromis ni de secrets.

Elle a, après ses filles, une passion : elle écrit des romans sentimentaux, d'un style qu'on peut trouver mièvre, mais qui ne manquent pas de charme. Le premier, publié chez Fischer, s'intitule – tout un programme ! – *Traum-Menschen* (Hommes de rêve). Cette femme franche et rigoureuse au cœur insatisfait nourrit la conception la plus noble de l'amour : elle le place au firmament des valeurs.

Pour Zweig, elle éprouve un véritable coup de foudre. La scène se passe, l'été 1908, chez Stelzer, une taverne de la banlieue viennoise où un groupe d'écrivains et de poètes a organisé, comme souvent dans cette ville de fêtes, une petite soirée, autour du *Heuriger*, le vin blanc nouveau. Un de ses amis lui présente Stefan Zweig mais lorsqu'elle l'entend réciter, dans un allemand mélodieux, des vers de Verhaeren qu'il a lui-même traduits, elle est conquise pour la vie. Il répond à son idéal du prince charmant : élégant et plein de talent, de surcroît écrivain. Quel homme, cette romancière en herbe pourrait-elle préférer ? Elle n'oubliera pas cette première rencontre. Le hasard le remet sur sa route, deux ans plus tard, l'été 1912. Son mari et elle dînent dans les jardins du Riedhof avec quelques amis, dont l'un vient précisément de lui offrir les *Hymnes à la vie* de Verhaeren, traduits par son cher écrivain. A une table voisine dîne Stefan Zweig. Elle y voit un signe du destin. Elle lui écrit le lendemain pour lui dire, à mots découverts, tout ce qu'elle ressent.

Se souvenait-il lui de Friderike Maria von Winternitz ? Rien n'est moins sûr. Le coup de foudre n'aura pas été réciproque. Mais la lettre, en revanche, l'intéresse et même au-delà. Elle provoque sa curiosité, excite son désir d'aventure, et choque à l'évidence, ce qui n'est pas pour lui déplaire, son code des conventions. Il y voit une expérience à faire, il est émoustillé. Tenté, bientôt séduit, et l'objet de mille attentions, il se verra pris au piège de la belle inconnue. Car c'est elle qui des deux a voulu l'autre, et pris les devants de son désir. Plutôt moderne dans un monde qui voue la femme à l'obéissance, à l'effacement et à la discrétion, elle s'excuse de commettre une inconvenance, mais la commet quand même, car des deux c'est elle qui sait clairement ce qu'elle souhaite. « Je n'y vois pas scandale », lui écrit-elle dans sa toute première lettre[1], le

---

1. Les lettres de Friderike et Stefan Zweig (1912-1942) ont été publiées dans *L'Amour inquiet*, Editions des femmes, en 1987. Titre original : *Unrast der Liebe*, Scherz Verlag, Berne et Munich, 1951.

25 juillet 1912, plaçant sous l'augure de la littérature, « mon univers le plus cher », leur rencontre au Riedhof. Mais elle ne révèle pas encore son identité. Elle attend d'abord de savoir quelle sera sa réaction : sera-t-il agacé ou amusé par son audace ? Dans la seconde lettre, enchantée d'avoir obtenu une réponse par retour du courrier, elle l'invite à lui téléphoner au bureau de poste – « j'aimerais entendre votre voix » – et, laissant tomber l'anonymat, elle signe cette fois de son nom de femme, précisant en post-scriptum : « Vous voulez certainement savoir si mon nom est précédé de Madame : oui. »

Les lettres circulent tout l'été, entre Vienne et Mannigfallmühle, un coin de campagne aux environs de la capitale où Friderike passe des vacances avec ses filles. La plus jeune, Suse, a de graves ennuis de santé, à deux ans elle a failli mourir, et sa mère prend soin de sa convalescence dans un air plus vivifiant. Ce n'est que fin septembre que les deux épistoliers se voient dans l'intimité, à Döbling, banlieue où Friderike vit seule, du moins sans Felix von Winternitz, dans une petite maison avec ses fillettes. Zweig arrive avec un exemplaire de *Première expérience*, sa dernière nouvelle imprimée. Mi-novembre, elle lui rend visite dans sa garçonnière, Kochgasse. Et ils fêtent ensemble à Lübeck où elle est l'envoyée spéciale du *Hamburger Fremdenblatt*, le succès de *La Maison au bord de la mer*, la seconde des pièces de théâtre de Stefan Zweig. C'est Friderike qui en a écrit la critique, élogieuse, cela va sans dire. « Vous accumulez tant de bonheur dans mon cœur », lui dit-elle dans leur correspondance, « je retiens mon souffle afin de ne pas être pour vous plus que vous ne le désirez. Mais c'est ce qu'aimerait être du plus profond de son âme, de toute sa personne, Friderike Maria von W. » Le 6 décembre, un court billet de Friderike traduit une nouvelle étape dans leurs relations : elle et lui se tutoient, ils sont liés désormais, et elle signe, amoureusement, Fri Maria. Bientôt elle sera Fri, lui Steffi.

Fri a trouvé en Zweig l'homme de sa vie, parce qu'elle place les artistes au pinacle et qu'il lui ouvre des perspectives conformes à ses aspirations. Zweig découvre auprès d'elle ce qu'il n'a jamais encore éprouvé auprès d'aucune femme, une tendre, quoique relative, complicité. Il lui adresse non seulement ses livres mais ceux de Rolland ou de Verhaeren, dans l'attente à la fois amusée et heureuse de ses commentaires. Son opinion ne lui est jamais indifférente. Avec beaucoup d'intuition, elle sait mettre un bémol à ses commentaires et ne s'aventure pas à prodiguer des conseils. C'est qu'elle admire éperdument son talent, et considère en retour ses propres œuvres avec une immense modestie. Il aime qu'elle écrive, encourage ses efforts, convaincu qu'il ne saurait y avoir entre eux de rivalité littéraire. Elle s'efface, d'instinct, devant lui. Il ne peut que se sentir grandi dans son regard. Elle l'idolâtre, « j'écris, lui dit-elle, à qui incarne l'Amour, le Bien et le Vrai ».

« Je crois en l'Amour éternel comme je crois en Dieu, dans le Christ, en Beethoven, en Rembrandt et en toi. »

Dès les premiers jours s'installe entre eux un rapport de forces inégal qui ira s'accentuant avec les années. Il est le dieu, elle est sa prêtresse. Il est le maître, elle sera la servante. Il vit, comme on règne ; elle, se met humblement à sa disposition et à son service. Elle s'excuse même d'avoir d'autres passions comme son travail : « J'ai le sentiment que si tel était ton désir, je pourrais me taire totalement », lui écrit-elle en février 1913. Elle est, dès l'aube de leur liaison, prête à tous les sacrifices, animée de ce feu de la passion dont Zweig prend pour lui-même si grand garde.

Ce sentiment d'être le centre du monde et de trouver dans une femme tant d'attention, d'admiration, de dévouement a su cependant l'émouvoir. Puis l'attacher. Friderike l'apprivoise par la douceur, par la patience. Elle lui apporte son équilibre et sa sérénité. Comme elle affronte seule les difficultés de sa vie et ne se plaint jamais de rien, elle lui paraît légère à ses côtés. C'est pour lui essentiel. Elle assume toutes ses responsabilités, ne demande jamais son aide, ne le sollicite ni pour ses livres ni pour ses enfants. Ainsi qu'elle le lui avoue un jour, « je n'ose empiéter sur toi ». Son amour réclame bien peu en échange : « Tu ne dois pas te sentir lié le moins du monde par moi, ni même entravé dans ta liberté de mouvements quand quelque chose est bon pour toi. » Loin de l'accaparer, elle ne cherche qu'à l'accompagner, dans l'ombre.

Il aime qu'elle soit déjà mère. Et que ses enfants engagent un autre que lui. Muschi, ainsi que ses filles appellent leur mère, le rassure, le calme. Elle a ces talents maternels que sont la bonté et l'esprit de sacrifice. Il puisera en elle, dans ses fréquents moments de doute, dans ses crises morales, la force qui lui manque. Fri sera pour l'éternel inquiet, un roc. L'indéracinable repère et la consolatrice de tous ses maux. Il l'appelle « l'Agneau », parce qu'elle est douce et soumise. Rarement « mon agneau », parce qu'il se méfie du possessif. Mais il est sans doute des deux le plus fragile. Elle se montre infiniment plus énergique et plus équilibrée, plus sereine aussi. Pour la jeune femme à la beauté sombre dont la silhouette délicate l'a séduit, il incarne l'« homme de rêve ». Mais il sera aussi un autre enfant à porter.

L'Éros caché de Zweig

En parallèle à sa liaison avec Friderike von Winternitz, Zweig ne renonce pas – et ne renoncera jamais – aux « épisodes ». Ils n'ont pas laissé d'état civil, aussi le biographe en est-il réduit à relever des prostituées, des cousettes, des lingères et des étudiantes parmi cette compagnie légère si parfaitement analysée. Dans son journal, il note rarement même un prénom. Seule se distingue une dénommée Marcelle, qu'il a connue à Paris, sur les boulevards et qui a été quelque temps avec lui en ménage. L'aventure dure quelques mois, avant qu'il ne s'en détourne.

Marcelle est une jolie couturière, mariée, et comme Friderike, malheureuse en amour. Nous ne connaîtrons ni son nom de famille, ni l'adresse du magasin où elle travaille, nous ne saurons pas si elle était brune ou blonde ni si elle avait les yeux lilas ou noisette. Il raconte qu'elle vient passer la nuit, assez souvent, dans sa chambre à l'hôtel Beaujolais, où il a pris l'habitude de descendre, parce que la fenêtre ouvre sur les jardins du Palais-Royal. Elle est pour lui, avant tout, un corps. Particulièrement doux et caressant, et doué pour l'amour. Elle lui procure, de son propre aveu, des sensations inédites et magnifiques. « Elle est insatiable, écrit-il dans son journal le 11 mars 1913. Je remporte de pleins triomphes de véritable extase. » Le portrait d'un Stefan Zweig pur esprit n'est qu'une fausse piste : toujours la sensualité vient tourmenter et captiver le personnage. Elle est au cœur de sa vie, comme de l'œuvre. Eclatante dans l'aventure avec Marcelle, plus souvent discrète ou carrément dissimulée, elle habite chacun des recueils de nouvelles comme chacune des biographies, même les plus intellectuelles.

« Je suis ravi par sa fougue qui accroît agréablement la mienne, dit-il de cette nouvelle amie. Le soir, avec Marcelle, je me repose de tout intellectualisme dans le jeu violent des corps, jusqu'à épuisement. »

Mieux que Friderike, cette Parisienne enjouée et rieuse correspond à ce que Zweig cherche d'abord dans une femme : une récréation et un repos. Il a une manière très méthodique, presque systématique, de pratiquer l'amour, qui le décontracte et résout ses angoisses, au moins temporairement. Il s'entend très bien avec Marcelle. Non seulement dans les étreintes, mais aussi le reste du temps. Ce temps si précieux et qu'il n'accorde qu'avec parcimonie à ses compagnes de plaisir. Quand il écrit et qu'elle dort près de lui, ou bien qu'elle lit, sans parler, sans soupirer, comme un petit animal docile, il éprouve un curieux sentiment de paix. Il s'étonne de supporter si bien sa présence, presque de la rechercher. « Sa gentillesse et son bon sens, écrit-il, à preuve que Marcelle n'est pas qu'un joli corps, me la rendent chaque jour plus chère. » L'affection de Marcelle le touche sans l'irriter. Sa simplicité le fascine. Pour Zweig, l'âme de la femme, liée aux éléments, aux enfants, à la nature, semble couler de source, tandis que la sienne, aux antipodes, est nouée de contradictions, de peurs et d'hésitations. Il aime que la femme soit limpide. Même Friderike, qui est assez bas-bleu, et émaille ses lettres de citations de poètes ou de tragiques grecs, reste à ses yeux avant tout une bonne pâte. Pour lui, un fossé sépare les sexes. Même s'ils aspirent à se rejoindre, l'univers de l'homme est à des années-lumière de la femme. « Les femmes, dit-il, ont le pouvoir de tout comprendre, de se faire tout expliquer clairement, la question est de savoir si cela peut durer, si cette compréhension ne va pas se brouiller et s'obscurcir très vite. » Il aimerait, comme Friderike et Marcelle, mais il s'en sait incapable, avoir le cœur simple.

Le 29 mars 1913, tout en courtisant Friderike et se laissant courtiser par elle, il accepte de faire un enfant à Marcelle. C'est la seule fois de sa vie qu'il accédera à ce désir d'une femme, et la seule fois qu'il baissera la garde et fera confiance, quoique brièvement, à l'avenir. « Ce fut un des moments profonds de mon existence, cette volonté consciente d'avoir un enfant, cette luminosité de son corps, de tout son être, comme émanant de l'extase du sacrifice, cette ivresse onirique de l'imagination. » On voit que l'« épisode », cette fois, ne le laisse pas indifférent. Il engage « tout son être », bouscule ses défenses et sa méfiance, au point de l'entraîner à d'imprudentes promesses. Mais, au matin, dit-il, il retrouve « tout son sang-froid ». La paternité, Zweig l'a volontairement éludée : il ne veut d'aucune chaîne, d'aucune responsabilité et ne tient pas particulièrement à donner la vie. Marcelle, le lui a-t-il demandé ou l'a-t-il laissé faire, avortera.

Il n'en reste pas moins quelque temps attendri par sa jolie personne, mais on sent bien d'après les confidences du journal que les liens se défont. Sans doute faut-il y voir l'influence de Friderike, qu'il a mise au courant de cette liaison et de son goût des « épisodes ». Elle n'exige pas de sa part une fidélité absolue. Elle ne lui demande rien que de choisir, pour une fois, entre Marcelle et elle. Elle fermera les yeux sur tout le reste. Zweig, en témoignage de son attachement, renonce, non sans mélancolie, à sa petite Française, qui s'effacera avec le sourire et sans lui en vouloir, en mai 1914. Mais c'est le seul sacrifice qu'il lui consentira jamais. Après avoir longtemps préféré le caractère provisoire de ses liaisons, il est décidé à entamer une nouvelle existence, plus stable et plus bourgeoise. Friderike l'aidera, il le sent bien, à lutter contre ses démons. « Elle a le don de me tranquilliser », dit-il. En l'apaisant, tout en respectant sa chère liberté, elle présente pour une femme beaucoup de qualités !

Fin 1913, malgré le contexte catholique de l'Autriche, elle divorce de Felix von Winternitz. Il lui laisse son nom. Comme elle n'a pas le droit de se remarier et que le concubinage ne fait pas partie de son monde, elle s'établit seule, avec Alix et Suse, dans un modeste pavillon de banlieue, à Baden, dont l'atmosphère provinciale et le climat propice aux poumons de sa fille cadette la retiennent loin de Vienne. Zweig lui rend visite, passe la nuit, s'installe quelques jours, avant de repartir vers d'autres destinations. Bien qu'ils se considèrent liés, ils mènent chacun leur vie. Tandis qu'elle s'occupe de la maison et des enfants, écrit des livres et des articles et surtout se préoccupe de Steffi, qui règne sur son univers féminin, lui poursuit son œuvre... et ne se prive pas d'aventures parallèles. Il a pour Friderike un amour de raison. Il apprécie son dévouement, sa tendresse, mais n'éprouve pour elle nulle passion. « J'aimerais qu'elle se débarrasse de sa sensualité, écrit-il, qui perturbe chez elle la pure sensation que j'ai de son admirable univers. »

Toute sa vie, Zweig verra une frontière entre l'amour et l'érotisme. L'amour, c'est la fidélité de Friderike, compagne rassurante et bienveillante près de laquelle il trouve réconfort et optimisme. L'érotisme, c'était Marcelle, ce sont les rencontres secrètes, vouées à un destin éphémère. L'œuvre, plus souple et plus généreuse, intégrera dans des récits magnifiques les deux tendances qui s'affrontent en lui sans se résoudre. Des personnages, comme dans *Amok* ou la *Lettre d'une inconnue*, dans bien d'autres nouvelles encore, illustrent son idéal de réconciliation. Sexe et tendresse cohabitent parfois dans un être, Eros avec Héra. Mais pour lui-même, son idéal de femme ne variera pas : c'est bien la servante-maîtresse, ombre familière et discrète qui l'incarne, chargée le jour des soucis quotidiens, la nuit offrant son corps, sans rien demander en échange de ses offrandes qu'une caresse parfois, comme un bon chien. Friderike n'aura qu'un seul rôle à jouer : « Je crois en toi mais n'exige rien de toi », lui a-t-elle promis.

Quand elle sera lasse, devenue moins docile, après des années de bons et loyaux services, il la remplacera. Dans un livre-portrait[1] que Friderike écrira après leur séparation et qui reste un chaleureux hommage à l'homme comme à l'écrivain, elle apporte cette précision critique sur leur vie intime : « il professait l'unité du couple, même s'il ne put ou ne voulut jamais franchir le fossé qui sépare l'homme de la femme ». Seul compte pour Zweig, dans cette relation difficile entre les deux sexes, ce qui peut servir une œuvre. Egoïsme d'artiste ou d'intellectuel ? La femme ne saurait être un obstacle au travail d'écrire.

« Les heures passées à tes côtés tandis que ta plume courait comme le vent sur les feuilles, lui écrit Friderike en juin 1914, je les oublierai aussi peu que j'oublierai nos nuits. »

---

1. *Stefan Zweig,* Wie ich ihn erlebte, Neuer Verlag, 1947.

L'Europe en guerre

A Baden, près de Friderike, tandis qu'il s'accorde une promenade entre deux pages de son *Dostoïevski*, un voisin vigneron fait remarquer que l'été 1914 s'annonce exceptionnel. Il fait beau, très chaud, le soleil brille dans un ciel d'azur. Dans sa vie aussi c'est l'embellie. Zweig travaille avec facilité, il a beaucoup d'amis, il est libre et cependant aimé, Friderike lui apporte une part de bonheur. Elle-même, plongée dans l'écriture d'un nouveau roman, entre Stefan et ses filles, se dit « heureuse jusqu'au bout des ongles ». Aussi le coup de revolver de Sarajevo du 28 juin, dans un climat si tranquille et joyeux, n'inquiète-t-il pas outre mesure les studieux estivants. L'assassinat de l'héritier du trône, François-Ferdinand, neveu de François-Joseph, et de son épouse, en Bosnie-Herzégovine, n'afflige en rien les Autrichiens qui n'aimaient guère le couple impérial, à la morgue glaciale et aux idées figées. Tandis que la mort de l'archiduc Rodolphe, fils de l'empereur, à Mayerling avait soulevé l'indignation et la tristesse dans l'empire, celle de François-Ferdinand et de Sophie Chotek laisse tout le monde à peu près indifférent. « Deux heures après, on ne pouvait plus observer aucun signe de deuil véritable, écrira Zweig. Les gens bavardaient et riaient, tard le soir la musique se remit à jouer dans les salles. » Il y en eut même pour se réjouir de voir disparaître ce prétendant impopulaire, au profit du jeune archiduc Charles, infiniment plus aimé. Personne en Autriche ne pressent les conséquences politiques de cet assassinat. « Qu'est-ce-que cet archiduc mort dans son sarcophage avait à faire avec ma vie ? »

Zweig ne diffère pas son voyage prévu comme chaque été pour la Belgique. Il séjourne à Ostende et dans la petite station balnéaire du Coq, en attendant de se rendre début août chez Verhaeren à Caillou-qui-bique. Friderike est, avec ses filles, depuis la mi-juin en cure à Tobelbad, près de Graz. La menace d'une mobilisation générale surprend l'un et l'autre en vacances, dans l'insouciance estivale. A Friderike, qui lui écrit qu'elle est « morte de peur tout à coup. Aime-moi », Stefan Zweig pour une fois, adresse des paroles rassurantes et l'invite au sang-froid. Tandis qu'il profite du soleil sur la plage, et discute le soir avec le peintre James Ensor et avec Crommelynck, un ami poète, auxquels il professe à l'inaccoutumée un trop bel optimisme, la tension monte en Europe, depuis la frontière de l'Autriche. Peu à peu, au rythme des nouvelles alarmantes, il voit les gens déserter les plages et rentrer chez eux. Des déclarations nationalistes, entendues ici ou là, permettent déjà de cerner des clans. Il y a au Coq ceux qui parlent français et ceux qui parlent allemand : avant que la guerre n'éclate, « le français, dira Zweig, la langue que nous avons pratiquée par goût et par amour, prend tout à coup une sonorité hostile ». Le 23 juillet, l'ultimatum de l'Autriche à la Serbie, suivi de la rupture des relations diplomatiques, ne permet plus de nourrir de doutes, quand le 28 juillet, l'empereur déclare la guerre à ce petit pays, entraînant par un jeu d'accords signés depuis dix ans tout l'engrenage d'un vaste conflit. Le 30 juillet, la Russie se range du côté de la Serbie. En France, le 31, au Café du Croissant, à Paris, Jean Jaurès est assassiné, le jour même où Zweig, enfin conscient du péril, monte dans le dernier train pour Vienne. En route, des convois chargés de soldats, de canons et de munitions prouvent qu'il ne rêve pas, et que le moment tant redouté mais que personne n'attendait, est hélas arrivé. Le 1er août, l'Allemagne déclare la guerre à la Russie, le 3 août à la France, le 4 elle viole la neutralité belge et pénètre en force jusqu'aux frontières françaises, acculant l'Angleterre à entrer à son tour dans le conflit européen. Zweig épouvanté voit se réaliser sous ses yeux la situation que lui décrivait si bien, tandis qu'il l'écoutait avec un sourire incrédule, Bertha von Suttner.

Il reprend peu à peu ses esprits pour se livrer à son démon familier, fort répandu par les temps qui courent, l'inquiétude. Son premier réflexe est conditionné par son éducation, par sa culture, et le pousse à se déclarer contre ses idées les plus profondes, pacifistes et fraternelles. C'est une réaction de survie patriotique qu'il éprouve d'abord. En bon Autrichien, lecteur de Goethe et de Schiller, selon une logique inculquée dès son plus jeune âge, le voici pro-allemand. « Mon angoisse pour l'Allemagne est indicible, confie-t-il à son journal, à la date du 5 août. L'Autriche, nos biens, le danger que je cours comptent bien peu à côté. » Il fait des vœux pour que l'Allemagne sorte victorieuse de sa campagne et se réjouit des premières batailles qu'elle remporte. Il sent que son avenir, comme celui de l'Autriche, est entre les mains de la Prusse, cette ancienne rivale. « Dieu protège l'Allemagne ! », ne cesse-t-il de se dire. L'Autriche, son propre pays, lui inspire peu confiance. Il la sent incapable de prendre son sort en main, et déplore dans son journal l'incapacité militaire de ses dirigeants et la mollesse de tempérament de ses compatriotes. A Vienne, écrit-il, désolé et dégoûté, « les femmes se promènent en robes claires, minaudent, rient, personne ne voit plus loin que le bout de son nez, chacun ne vit que pour l'instant. » Le lendemain, exaspéré, il se répète : « Seule chose insupportable : les femmes en robes blanches, enjouées, lascives, refusant de comprendre quoi que ce soit à l'extrême gravité du moment – viennoises, eh oui, jusqu'au bout des ongles. » Et le surlendemain, désabusé, « rien, dit-il, ne peut refréner la soif de jouissance des Viennois ». Le 15 août, comparant ses compatriotes aux Allemands, méthodiques, disciplinés et lancés dans un implacable assaut : « Quand donc ce peuple frivole apprendra-t-il à être sérieux ? »

Les revers des Alliés ne lui arrachent aucune larme. Il suit avec satisfaction la progression des troupes de Guillaume II sur le front de l'Ouest. Pour la France, la Belgique et l'Angleterre, qui étaient ses patries d'adoption, il a des mots très durs. Ses amis sont maintenant dans le camp des ennemis. Il parle de l'entêtement et de l'arrogance des Français, coupables d'envenimer le conflit par chauvinisme, stigmatise le sens du commerce, la cupidité des Anglais, qui voient dans la guerre une source de profits. « La France se bat pour sa vanité et l'Angleterre pour son porte-monnaie », résume-t-il non sans perfidie à l'intention de son éditeur à Leipzig. Pour la première et la seule fois de sa vie, il réagit en partisan. La responsabilité des événements incombe aux autres – lui est du côté de ses compatriotes. Même le bombardement de la cathédrale de Reims, le 24 septembre, laisse l'homme de culture, amoureux des vestiges du passé, à peu près indifférent. Il ira jusqu'à soupçonner une manœuvre des Alliés qui auraient voulu contraindre les Allemands à cet acte de barbarie, afin de les discréditer.

Du côté oriental, il est beaucoup plus inquiet. A Lemberg, une bataille met aux prises les Russes et les troupes de François-Joseph. On parle déjà de 70 000 morts autrichiens. Tandis que Friderike s'engage comme infirmière dans l'un des nombreux hôpitaux montés à la hâte à Baden et, membre de l'Union des femmes autrichiennes, participe activement, par un soutien civil, à l'effort de guerre, Stefan Zweig s'engage à la Croix Jaune et Noire, une organisation de la municipalité de Vienne qui vient en aide aux démunis. La situation de la capitale, dont les habitants, si frivoles selon Zweig, n'ont renoncé ni à l'opéra, ni aux concerts, ni au théâtre, commence à se détériorer, la nourriture manque, l'argent perd de sa valeur, la misère fait son apparition. Lui-même à trente-deux ans, affecté aux Landstürmer, un corps de vétérans, déclaré inapte au service armé par un premier conseil de révision, est en disponibilité pour un autre emploi. Il a mis de côté tout travail personnel, sous la pression des événements, rien d'autre ne lui paraît important que le sort militaire de l'Autriche. Comme il n'a rien à faire, il souffre d'être à l'écart, les femmes le regardent d'un mauvais œil quand il passe, alors qu'il a l'âge de porter l'uniforme. Autour de lui, tous les amis sont partis ou sont sur le départ : Felix von Winternitz, son propre frère, Alfred Zweig, sont enrôlés, et même les poètes affûtent leurs armes. Hugo von Hofmannstahl, le phare de son adolescence, se déclare avec fougue patriote et Franz Werfel, son cadet de dix ans, dont il encourage les débuts, l'auteur de *L'Ami du monde (Der Weltfreund)*, se prépare à rejoindre son unité de combat. Les idées nationales contre lesquelles Zweig nourrissait de la méfiance se répandent dans les cercles les plus rebelles au culte du drapeau. Pris dans l'élan, il abandonne provisoirement Dostoïevski pour écrire dans la *Neue Freie Presse* de longs articles patriotiques. « Un mot sur l'Allemagne », « Le monde sans sommeil » et « L'Autriche et le peuple allemand » expliquent en août 1914 à ses lecteurs qu'il existe une fraternité d'armes entre l'Autriche et l'Allemagne, et que la langue seule est la vraie patrie. Ces réflexions illustrent sa conception germanophone du monde, professent une foi dans l'universalité de l'esprit allemand qu'il définit de manière littéraire et romantique comme un esprit d'ouverture, préoccupé des Lumières.

Enfin, le 12 novembre 1914, déclaré apte au service
– « le souhait de maman est exaucé », écrit-il à Friderike –, il est affecté à la Stiftskaserne de Vienne, aux
archives de guerre. Le 1er décembre, il revêt pour la
première fois l'uniforme autrichien. « Sentiment
étrange malgré tout ! On se sent un peu ridicule avec
ce sabre, quand on n'a pas à s'en servir. » Son travail
visant à la propagande – un comble pour un pacifiste
– consiste à rédiger en partie le journal des armées,
Das Donauland (Le Pays du Danube), et à écrire le
texte des citations et des remises de décorations, ainsi
que les lettres aux familles pour annoncer la mort
d'un soldat. Mais la plupart du temps – il doit rester
dans les bureaux jusqu'à dix heures par jour – il est
pris dans la routine, abêti par la bureaucratie que la
guerre a encore, si cela était possible, aggravée. Le
20 novembre, dans son journal, il se plaint que le service soit typiquement autrichien : « Il vous grignote
toute la journée sans que l'on fasse quoi que ce soit. »
Du rôle qui lui est assigné, il dira qu'il fut « monotone, absurde et frustrant ». Et de l'état d'esprit autrichien, en général, qu'il est une « perte de temps érigée
en système. »

Peu à peu, les semaines passant, les morts se comptent par villages entiers, les fleurs sont tombées des
baïonnettes, Zweig prend la vraie mesure de la
guerre. Prenant conscience des tendances contradictoires qui déchirent son cœur, son attachement à la
culture allemande et son aspiration à une vision généreuse, plus vaste de l'univers, il abandonne le sentiment belliqueux, nationaliste qui l'enfiévrait aux
premiers jours, et prend, autant qu'il peut, du recul
sinon encore de la hauteur vis-à-vis des forces engagées. En novembre et décembre 1914, il souffre d'être
partagé entre des élans contraires. A la veille de Noël,
il écrira : « Je ne suis que perpétuel conflit, toujours
ennemi de moi-même. » Il y faudra toute l'influence
apaisante de Friderike, qui ne cesse de le presser de

reprendre son œuvre, de se remettre à son *Dostoïevski* et peut-être à cette pièce de théâtre dont la guerre lui a suggéré l'idée, *Jérémie*. Il faudra aussi les exemples que d'autres écrivains français ou allemands suggèrent par-delà les frontières, pour qu'il comprenne enfin quelle est sa vraie mission et sa place dans un monde en folie.

Côté allemand, si Hermann Hesse appelle, dès 1914, les poètes du monde entier à se désolidariser du conflit, si Heinrich Mann, la même année, comme un camouflet à Guillaume II, ose publier un livre sur Emile Zola, les discours de paix sont l'exception. La plupart des auteurs, poètes, philosophes ou romanciers, affichent avec fougue leur nationalisme. Hauptmann et Dehmel eux-mêmes font rimer *Krieg und Sieg* (gloire et victoire). Le poète Ernst Lissauer, que connaît bien Zweig, car il vient de tomber fou amoureux de Friderike – il proposera même l'année suivante de l'épouser – rédige un *Chant de guerre contre l'Angleterre*, qui sera bientôt presque aussi populaire dans les territoires de langue allemande qu'en France *Au clair de la lune*. Zweig, pour expliquer cet hymne absurde à la haine, dira que Lissauer était « le plus prussianisé des Juifs que je connaisse : comme beaucoup de Juifs dont les familles sont entrées tard dans la culture germanique, il croyait en l'Allemagne » – encore plus que lui-même –, « plus que le plus croyant des Allemands ».

De part et d'autre des frontières, les écrivains servent leur patrie en chantant la gloire d'un peuple, « au lieu de défendre, ainsi que l'écrira Zweig, revenu à ses principes, ce qu'il y a en lui d'universellement humain ». Force lui est de constater que, dans les milieux intellectuels eux-mêmes, les frontières ont rétréci le monde. Dès les premiers jours du conflit, Thomas Mann, romancier des subtilités du cœur, a entonné un hymne d'hyperboliques louanges à sa patrie. Publiées en 1914, ses *Pensées de guerre* contiennent des déclarations bellicistes qui choquent aujourd'hui de la part de l'auteur de *La Mort à Venise*, amateur de décadence et esprit de finesse. Il y soutient la cause impériale en des accents lyriques, d'une incroyable ferveur, pour défendre non seulement la beauté des armées, des drapeaux, des oriflammes, mais celle des champs de batailles, que la rage de vaincre transforme pourtant en charniers. Egaré dans les hourras cocardiers, il faudra à Thomas Mann un long et douloureux parcours, un ouvrage *sur Frédéric II et la grande coalition*, portrait du souverain de Prusse, puis les *Considérations d'un apolitique*, pour revenir à plus de modération et à la vraie couleur de son cœur. Mais dans le consensus de l'époque, son attitude est la norme. Son parti pris violent en faveur de sa patrie ne crée la consternation qu'auprès d'un minuscule nombre de pacifistes isolés. Stefan Zweig, en tout cas, n'est jamais allé aussi loin que lui dans le patriotisme. Dans ses déclarations les plus cocardières, qui n'auront duré qu'une saison, il reste très mesuré.

Côté belge, le choc lui viendra de Verhaeren. Le maître, l'auteur vénéré, l'ami, réfugié en Angleterre, publie, traduits en anglais dans *The Observer*, des vers pleins de haine et d'esprit de vengeance, qui seront insérés plus tard dans deux recueils successifs, *La Belgique sanglante* et *Les Ailes rouges de la guerre*. Verhaeren y pleure non seulement les morts, ses compatriotes, mais condamne les atrocités que les Allemands ont commises et voue leur peuple et ses amis, sans exception, aux gémonies. « Sur les villes et les campagnes, dit un de ses poèmes, S'avançait la féroce et pesante Allemagne. » Ailleurs, a-t-il hélas écrit,

> *C'est là ton crime immense, Allemagne*
> *D'avoir tué atrocement*
> *L'idée*

Que se faisait pendant la paix
En notre temps
L'homme de l'homme.

Dans un article pour *Le Temps*, il ira jusqu'à renier ses amitiés avec des citoyens allemands, fussent-ils les meilleurs d'entre eux. Il ne se reconnaît plus avec eux aucun lien, aucune fidélité. Le temps est bien loin – en 1912 – où, applaudi par la foule, il donnait à Hambourg, en signe d'amitié fraternelle, l'accolade à Richard Dehmel. Plus loin encore le temps où – au printemps 1914 – il dédicaçait à Zweig son recueil *Les Flammes hautes* : « A ceux qui aiment l'avenir. » Aujourd'hui qu'il n'y a plus d'autre avenir que la guerre, Verhaeren se détourne de celui qui fut si dévoué à son œuvre et à sa personne. Comment Zweig ne serait-il pas meurtri par ces poèmes ? Bafoué dans son amitié, trahi dans son admiration, il se plaint à Romain Rolland. « Etre haï, personnellement, pour une race, est un destin que mon sang juif m'a appris à supporter avec le sourire depuis des années. » Il n'en voudra cependant pas éternellement à Verhaeren. Dès la découverte de *La Belgique sanglante*, il cherchera des excuses au poète belge, et finira par trouver dans d'autres textes des phrases consolatrices qui lui permettront de se réconcilier moralement avec lui, par-delà une séparation définitive, puisqu'il ne le reverra plus, jusqu'à sa mort accidentelle, broyé par un train, en 1916. Zweig enverra un télégramme de condoléances à sa veuve, avec son affection fidèle. Il n'est pas plus homme de rancune que de haine.

Lui-même, auteur d'une lettre intitulée « A mes amis de l'étranger », publiée en septembre 1914 dans le *Berliner Tageblatt*, ne croyait-il pas venu le temps des adieux ? N'a-t-il pas alors écrit, dans un réflexe nationaliste, que la haine est « porteuse de victoire et de force héroïque », et, bien qu'il ne l'éprouvât qu'à un degré faible, n'avouait-il pas qu'il ne cherchait pas à en éteindre les prémices dans son cœur ? En toute sincérité, il a cru voir un infranchissable fossé entre ses amis d'hier, français, belges et anglais, et ses ennemis d'aujourd'hui. « Respectez mon silence, les priait-il, comme je respecte le vôtre. » Mais le silence était la seule arme qu'il souhaitait employer. La déclaration était à mettre au compte de son désespoir, et de ce qu'un savant russe, prix Nobel avant guerre, appelle « un réflexe conditionné », dicté par le contexte. L'Histoire, en ce début de guerre, est névrotiquement patriote.

C'est de Romain Rolland que viendra la lumière. Réfugié en Suisse, d'où il fait entendre clairement son hostilité au conflit et, ainsi qu'il l'écrit, sa « haine de la haine », il publie un pamphlet qui est un appel international à la paix et porte en titre ce credo qui met volontairement son auteur hors la loi de sa patrie parmi les objecteurs de conscience : *Au-dessus de la mêlée*. Zweig lit l'ouvrage à Vienne, dédicacé de la main de Romain Rolland – la censure de François-Joseph, par un de ces miracles que Zweig imputera aux maladresses de la bureaucratie, ne l'a pas empêché de lui parvenir. « Je suis plus fidèle que vous à notre Europe, cher Stefan Zweig, lui écrit Rolland en français, et je ne dis adieu à aucun de nos amis. » De cette lettre qui accompagne le précieux volume, Zweig dira qu'elle fut un des grands instants de bonheur de sa vie, « comme une colombe blanche, sortie de l'arche de la bestialité hurlante ».

La reprise de la correspondance entre les deux hommes permettra à Zweig de discerner dans le chaos ambiant sa ligne de conduite, pour demeurer fidèle à ce qu'il veut être, envers et contre tout : lui aussi, un homme de paix. Ce qui donne du poids à sa résolution, la rend d'autant plus admirable, c'est qu'elle est le résultat d'un combat intérieur poursuivi contre son état civil, son éducation, son milieu et la plupart de ses amis – un combat contre l'asservissement et l'aveuglement où le citoyen peut conduire l'homme. « Je me sens aujourd'hui étrangement exclu », confie-t-il à son journal, car qui peut alors le comprendre ? « Plus je réfléchis, moins je me sens porté à une adhésion sincère et loyale, même vis-à-vis de l'héroïsme, qui recouvre quelque chose de servile. Le culte de l'empereur, par exemple, m'est insupportable, ainsi que l'adhésion aux princes et le manque terrible d'esprit démocratique... » L'engagement enthousiaste des poètes de langue allemande qu'il admire le plus, comme Hugo von Hofmannstahl côté autrichien, Richard Dehmel côté allemand, lui devient une blessure. Au terme d'un douloureux effort, il finira par se réconcilier avec son idéal de jeunesse, ce rêve d'universalité qui va l'amener à condamner la guerre. Parce qu'elle est fratricide.

Le monde comme un cercueil

« Je sais maintenant combien je la hais, écrit-il de la guerre, en janvier 1915. Aujourd'hui il faut se replier sur soi. » A Genève, Romain Rolland qui songeait à organiser une Internationale des écrivains pour défendre la paix, et appeler les peuples à un retour à la raison, a échoué. Il est trop tôt pour que les intellectuels se mobilisent, la plupart, patriotes, sont hostiles au pacifisme, qu'ils taxent de « défaitisme », et en lequel ils voient le pire ennemi de leur nation. Seules la longueur du conflit et ses atrocités en amèneront quelques-uns à penser autrement, à savoir que le défaitisme peut être un combat juste et loyal au service du genre humain. En Autriche, le caporal Stefan Zweig ne peut, comme un Anglais qui a toute liberté de le faire, se déclarer *consciencious objector* (objecteur de conscience). La loi le jugerait criminel. S'il porte l'uniforme, et remplit ses fonctions de soldat, il doit supporter en silence le discours de la guerre. La lecture des journaux officiels, des dépêches et des analyses militaro-politiques, lui est devenue insupportable, tandis que son rôle au ministère, dans le service de propagande, entraîne chez lui, à l'en croire, un début de schizophrénie. La plupart des conversations avec son entourage sont autant d'épreuves, pour lui qui ne partage plus l'ivresse des premières heures, quand la guerre paraissait plus qu'un devoir : une aventure extraordinaire. Il ne trouve à parler qu'avec Arthur Schnitzler, qui le reçoit parfois chez lui.

Ensemble, ils se réfugient dans ce qui n'a plus cours à Vienne : les discussions littéraires. Rainer Maria Rilke a fait une apparition surprenante aux Kriegsarchiv, vêtu d'un uniforme dans lequel il semble un fantôme, amaigri et triste à faire peur. Il séjournait en Allemagne en 1914 et se ronge les sangs en songeant à sa bibliothèque qu'il a abandonnée à Paris et qui lui a été confisquée, ainsi qu'à un certain nombre de manuscrits qu'il croit perdus[1]. Il déteste la guerre, parce qu'elle est sale et laide, dira-t-il à Zweig, et qu'il ne comprend rien à son langage ni à ses traditions. Le poète, renvoyé à l'arrière, paraît en danger de mort, son âme est si atteinte que Zweig lui-même, pourtant si malheureux, qui lutte chaque jour contre les signes évidents de dépression nerveuse – *nervous breakdown,* dit-il élégamment –, se préoccupe de son sort et, grâce à un échange fructueux de lettres, essaie malgré son propre malaise de réconforter son ami. La plupart de ses livres seront sauvés et, grâce à un examen médical de complaisance, Rilke sera définitivement réformé.

De France, deux joies lui parviennent en cette année 1915. Henri Barbusse publie *Le Feu,* un roman qui décrit les horreurs du front, pareil à un incendie et à un laminoir, les corps déchiquetés, mutilés, calcinés, le froid, la faim, la misère, la souffrance au fond des tranchées. Zweig, bouleversé, écrit sans hésiter un article pour la *NFP,* qui le publiera. La presse viennoise, de tradition libérale, ne censure pas son texte, qui, à travers la description atroce de la vie des soldats, plaide sans ambiguïté en faveur de la paix. Pour les combattants, il n'y a pas de différences, pas de degrés dans la torture, selon Barbusse et Zweig : la

---

[1]. La plupart lui seront, en effet, confisqués et mis aux enchères. Il ne pourra les récupérer que grâce à l'intervention amicale de Rolland, de Gide et de Vildrac.

souffrance est la même de part et d'autre des tranchées. Quant à son ami Jules Romains, l'auteur des *Copains*, il vient de faire paraître un long poème, intitulé *Europe*. Le mot lui-même a quelque chose d'irréel : parler de l'Europe en 1915, c'est évoquer un paradis perdu.

La guerre ne vaut rien, ne vaudra jamais rien pour l'homme. Ce lieu commun qui scandalise les patriotes fait son chemin en Zweig. Il l'amène à prendre ses distances avec l'Allemagne et à revendiquer pour lui-même, au sein d'une culture de langue germanique, son originalité d'Autrichien : « L'Allemagne et l'Autriche ont des âmes tout à fait différentes, écrit-il. Nous ne sommes pas aussi avides de conquêtes... » L'idéal prussien, tel qu'il le découvre après un an de guerre, se fonde sur une volonté de puissance qui lui est non seulement étrangère mais qu'il condamne, au nom de l'universalité. Plongé dans une solitude pathétique, ne pouvant se confier à personne sinon de loin en loin – mais elle n'est qu'une femme ! – à Friderike, et, en termes choisis, à demi étouffés, à cause de la censure, à son ami Romain Rolland, Zweig se tourne vers son seul recours, les livres. Dostoïevski l'engageait hier à réfléchir à travers son propre exemple à l'isolement de l'artiste. Aussi est-ce d'une plume émue et fraternelle qu'il revient à lui pour tenter de partager, d'éprouver de l'intérieur, le parcours angoissant de ce héros, le plus malheureux des hommes. Il achèvera le livre pendant la guerre. Puis un autre personnage prend la relève pour l'aider à comprendre la folie du monde et l'aider lui-même à vivre. Dès le début de 1915, il songe à un prophète de l'Ancien Testament, version biblique de Bertha von Suttner, qui annonça à Jérusalem incrédule, en pleine paix, l'imminence de sa destruction et ne fut cru par personne. Châtié, torturé, condamné à mort puis gracié, sa prophétie se vérifia puisque ainsi qu'il l'avait annoncé, Jérusalem fut détruite en 587 avant J.-C.

Dès juin 1915, Zweig a conçu et écrit le plan d'une pièce de théâtre qui portera le nom de *Jérémie*, et lui permettra, par un retour aux sources, de tracer un parallèle entre jadis et aujourd'hui, comme entre les fous et les sages, lesquels ne sont jamais ceux que l'on croit.

Dans sa pièce, Jérémie sera crucifié. Car il est un Christ, méprisé, haï pour ses paroles de vérité. Un pessimisme extrême enveloppe l'œuvre, reflet de la vie de Zweig en ces années d'opposition silencieuse et de solitude. Le thème sur lequel il travaillera pendant plus d'une année, en parallèle avec *Dostoïevski*, est moins le pacifisme que le défaitisme. Rolland d'ailleurs le lui reprochera. Zweig, réfléchissant à ce qui fait la grandeur de ce personnage biblique, remarque que sa supériorité morale tient à ce qu'il est un vaincu. « Toujours j'étais tenté de montrer l'endurcissement que toute forme de puissance produit dans un homme, le raidissement de l'âme que la victoire provoque dans des peuples entiers, et de lui opposer le pouvoir de la défaite qui remue douloureusement, qui laboure les âmes en les fécondant. » A l'heure où la plupart s'encouragent en se répétant : « Vaincre ou périr ! », il choisit son camp, qui n'est pas celui du plus fort, mais celui de qui entend penser en toute liberté, selon les principes humanistes que son époque a reniés. Succomber sous la violence peut mener à Dieu : il fait sien ce message de Jérémie, laïcisé, adapté au contexte de l'intellectuel moderne aux prises avec des autorités et un sens de l'Histoire qu'il conteste. En même temps, comme aux pires moments à venir de sa vie, il renoue avec ses origines et, se raccrochant à la tradition séculaire des siens, se souvient qu'il est juif. Le judaïsme, remonté à la surface de sa conscience, le confirme dans la sagesse de son personnage, puisqu'il sait pareillement défendre les vertus des vaincus. « N'était-ce pas lui, mon peuple, écrira-t-il dans ses

Mémoires, qui avait sans cesse été vaincu par tous les autres peuples, et qui pourtant leur survivait, grâce à une force mystérieuse – cette force, précisément, qui transformait la défaite par la volonté tenace d'y résister ? » Zweig écrit son drame en revivant l'une des pires épreuves du peuple juif, semblable à la tragédie d'aujourd'hui.

Promu adjudant au même mois de juin 1915 – « Je ressens cela, comme une ironie » –, l'armée l'envoie sur le front polonais. Il doit établir un rapport sur la situation matérielle des troupes, et a reçu pour mission de récupérer – tâche des plus minutieuses, et des plus attrayantes pour un collectionneur ! – les placards et les tracts de la propagande russe. Le voyage dans la guerre se chargera de le détourner de cette aimable distraction. Parti le 14 juillet de la gare du Nord de Vienne, parvenu le 15 à Auschwitz, où embarque un groupe de soldats allemands, il va passer une dizaine de jours en Galicie, la patrie de l'écrivain Joseph Roth qui sera plus tard son ami. La guerre n'a été pour lui jusqu'alors qu'une abstraction. Il en a conçu les atrocités dans son cœur, par l'imagination. Son tour de la province orientale de l'empire, à la frontière polonaise, qui l'amène de Cracovie à Budapest, en passant successivement par Tarnow, Debica, Jaroslav, Przemysl, Sambor, Boryslav et Sryj, avant de finir par les Carpates, lui fait découvrir tout ce qu'il ignorait – la laideur, la tristesse, la souffrance physique, la mort. D'un train militaire à l'autre, en traversant les campagnes meurtries par le feu dont parle Barbusse, les villes dévastées, les villages en ruine ou en cendres, il ne sait plus où porter son regard. Sa pitié est immense. Pour la première fois de sa vie, il ne peut plus écrire – sinon dans son journal un bref compte rendu. L'horreur le submerge avec la réalité physique de la souffrance. Tout en mesurant à quel point dans cette guerre, il est un privilégié. Dans un train sanitaire, tout un jour et toute une nuit, il aide un jeune lieutenant, blessé au ventre, à mourir.

Dehors, la terre aussi est mutilée, les obus l'ont labourée comme autant de blessures. Dans le train, les hommes agonisent. Zweig leur abandonne sa portion de pain et s'enfuit. Il déborde de rancœur envers les dirigeants politiques, responsables de tant d'injustices, capables de mener des hommes comme des bestiaux à l'abattoir. Les champs de bataille ne sont rien d'autre qu'une immense boucherie, dit-il. Son retour à Vienne est celui d'un homme à la paix et à la civilisation, au cocon des idées et des livres. Le voyage, accompli en uniforme de sous-officier, lui a été une occasion continue de se révolter. Ses rêves poétiques et fraternels, brutalement mis à l'épreuve, en sortent confortés. Il a vu la vérité. Il le sait désormais, en a eu la preuve, toute guerre est un crime.

En Galicie, une autre découverte l'attendait. Le Juif intégré, assimilé, prince autrichien de la tolérance, a pénétré à Tarnow dans un ghetto : il n'avait jamais vu pareille cité dans la cité, pareille prison ni pareille misère. Dans le journal, son commentaire est lapidaire : « Chaque cabane est aussi noire qu'un cercueil », écrit-il le 16 juillet. L'image lui restera gravée au cœur. Le sujet juif de sa pièce le ramène à une réflexion plus vaste, non moins douloureuse mais sereine. Il se défend d'être sioniste et tient à souligner à l'intention des futurs directeurs de théâtre, qui pourraient accepter de la produire, l'universalité de son propos : Jérémie est un exemple d'homme lucide et sage, livré sans résistance à une horde de fanatiques. Les victoires de l'armée autrichienne dans les Carpates lui apportent moins de consolation que les paroles du prophète, même si ces dernières ont le goût amer d'un éternel reproche : « L'heure est proche où les vivants envieront les morts, fait-il dire à Jérémie, où ceux qui veillent envieront ceux qui se taisent. Oh, comme j'ai déjà le désir du silence, comme je brûle d'être le frère des morts ! Arrière, laissez-moi, je me joins à vous pour être délivré du monde, et qu'Israël soit délivré de moi ! »

> *Torture de toute vie*, y est-il dit encore,
> *torture de toutes paroles,*
> *Bénie soit l'ombre et béni soit le tombeau.*

Chaque jour qui passe ancre les peuples dans la guerre, augmentant son pessimisme et son repli sur soi. En octobre 1914, l'entrée en guerre de la Turquie du côté allemand puis celle de l'Italie, en mai 1915, du côté franco-anglais, ont encore élargi le front des combats, le feu s'étend tel un brasier incontrôlable, dont il sent la puissance et constate les ravages. Son seul espoir est d'observer qu'autour de lui, en Autriche, la lassitude devient un sentiment partagé. Les gens sont fatigués des privations et de l'horreur. Nul ne peut plus ignorer les massacres – « nous nous saignons en hommes », écrit Zweig –, chaque famille est en deuil, chaque quartier, chaque village compte ses morts, et les survivants qui reviennent du front, mutilés ou couverts de blessures, hantent les rues comme autant de cauchemars. « Nul ne demande plus : Si nous sommes vainqueurs, qu'allons-nous en retirer ? mais uniquement : A quand la paix ? » De savoir qu'il n'est plus aussi seul, que d'autres hommes, d'autres femmes partagent son désarroi et espèrent comme lui, quelle qu'en soit l'issue, en une solution prochaine, Zweig retrouve un peu d'humour. La guerre ? « Elle s'enlise dans l'interminable, écrit-il à l'automne. Un vrai roman allemand qui n'en finit pas. »

Le 20 novembre 1915, il reçoit par la poste – la censure autrichienne se relâcherait-elle ? – un recueil que lui envoie, de France, le poète Pierre Jean Jouve. Il est intitulé *Vous êtes des hommes*, et dédicacé « à Stefan Zweig, fraternellement ». Il en pleure de joie.

Jérémie, le prophète sacrifié

Il quitte Vienne début 1916 pour s'installer à Kalksburg, une banlieue proche de Rodau, connue pour son collège de jésuites, plus propice à ses désirs d'isolement. « Je veux m'occuper de mon seul univers, a-t-il décidé, l'autre, l'extérieur, me devient chaque jour plus incompréhensible. » Friderike y a découvert dans un grand jardin, derrière un mur, deux pavillons jumeaux, que sépare un bouquet d'arbres. Elle s'installe dans l'un d'eux avec ses enfants, la nurse et la cuisinière, tandis que Zweig – avec Joseph, son valet – prend ses quartiers dans l'autre. Il peut s'y réfugier avec ses livres et poursuivre, en dehors de son assommant et révoltant travail aux archives, son œuvre d'écrivain. Il a désormais conscience de servir une cause qui vaut tous les sacrifices, « la réconciliation future de l'Europe ». L'actualité apportant chaque jour son lot de mauvaises nouvelles, il va se battre pour un avenir qu'il espère proche, le retour à la paix des nations fratricides. C'est à cela qu'il veut s'employer, à cette tâche démesurée, qui est pour lui au premier rang des urgences. Elle lui paraît infiniment plus utile et courageuse que cette bravoure héroïque, dictée par le sens du devoir, qui consiste à « enfoncer une baïonnette dans l'estomac d'un paysan russe ». Il l'explique à sa compagne, qui approuve son choix : il se sent appelé à cette mission réconciliatrice. Loin de l'en distraire et pour ne pas empiéter sur le précieux temps que Zweig consacre à défendre

« ce qu'il y a dans l'homme d'universellement humain », tour à tour infirmière et mère de famille, Friderike écrit un roman, nostalgique d'un monde que la douceur a déserté, *Vögelchen* (Petits oiseaux).

L'intensité de la guerre, avec son compte rendu de batailles, victoires et défaites enchaînées, inextricables et aussi meurtrières les unes que les autres, apparaît de plus en plus absurde à qui se tient « au-dessus de la mêlée ». Une seule chose est sûre, écrit Zweig dès le mois de février 1916 : « Tous les Etats européens seront les vaincus, l'Amérique et le Japon les vainqueurs. » Sa lucidité politique augmente à mesure que l'horizon s'assombrit, et que les gens y perdent leur discernement. Ne voulant rien entendre des arguments qui prônent la supériorité de l'un ou l'autre camp, il est convaincu que le débat est vain et l'issue fatale, que l'Europe tout entière sortira de la guerre physiquement et moralement réduite à un champ de ruines. « Nous ne récolterons pas la moisson du sang versé », écrit-il. Aussi s'attache-t-il à fixer son regard sur le travail de quelques artisans isolés qui ont entrepris, dans le mépris général, de poser les fondements de la reconstruction future.

A Kalksburg, son isolement est grand, seules les lettres de Romain Rolland viennent le réconforter. Il fuit tout échange, sûr de n'être pas compris. Rainer Maria Rilke, débarrassé de l'uniforme, et rétif à toute discussion politique, apporte sa présence, légère et comme fantomatique, au cercle étroit de la famille. Etendu sur une chaise longue, il préfère songer aux poèmes qu'il veut écrire, à leur musique et à leur composition. Ses conversations éthérées et élégantes, qui jamais ne font référence à la guerre, reposent Zweig, qui éprouve la plus grande admiration pour le poète, et ne peut se défendre, lorsqu'il parle, du sentiment d'une nostalgie cruelle pour ce qui fut si beau, longtemps, autour de lui, ce monde de douceur, d'amitié, de passions littéraires, dont Rilke est l'unique et pathétique survivant. « Il souffre beaucoup de la guerre, peut-être plus que nous tous. »

Zweig suit de près les événements, même s'il se défend d'y prendre part moralement. Attentif avant tout aux progrès de la paix dans le cœur des gens, il note dans son journal, son plus fidèle interlocuteur, que la situation militaire et politique est devenue « tellement insensée et ridicule » que ses compatriotes finissent par regretter « la situation antérieure qui laissait présager une fin plus rapide ». En termes choisis, il veut dire que tout – y compris la défaite de l'Autriche – serait préférable à la poursuite cruelle des combats. Tandis que les Russes prennent Erzurum aux Turcs, le front stagne, au prix de massacres inouïs, en Pologne et en Galicie. Le chaos est si grand de part et d'autre qu'il est impossible de vérifier, au rythme ininterrompu des offensives et des contre-offensives, qui avance, qui recule. Les hommes se battent pour de dérisoires pouces de territoires. « Le moral est effrayant. On pressent qu'on n'en finira jamais, aucune victoire ne peut convaincre que la fin est proche, au contraire, chacune d'elles déchaîne une nouvelle colère chez l'adversaire. » Les Autrichiens prennent-ils Scutari, sur le front italien ? « Personne ne s'en réjouit, constate Zweig, parce que cela multiplie les étapes. »

Ce qu'il ignore, c'est que des dirigeants autrichiens, dissidents dans l'âme, ont le désir d'amener l'empereur à se désolidariser de Guillaume II, dont l'esprit belliqueux les a conduits trop loin, et à signer une paix séparée. Partisans de la Vieille Autriche, ils veulent défendre leur vision d'un empire fondé sur la conciliation des peuples et le respect de leurs différences, qu'ils jugent menacée par le pangermanisme, sa soif insatiable de puissance. Ils veulent surtout échapper à l'*Anschluss*, à l'annexion par l'Allemagne, dont le spectre flotte au-dessus de leurs têtes. Le mot est dans l'air, depuis bien avant la guerre, mais il a pris du poids et certains hommes politiques plus lucides que la plupart mais évidemment minoritaires, ne cessent de mettre en garde l'Europe, des deux côtés à la fois, contre le danger d'abandonner une Autriche, affaiblie ou jugulée, aux mains de la Grande Allemagne. Ils plaident pour garder son authenticité, sa liberté, sa force à cet Etat catholique, véritable tampon entre l'Ouest et l'Est, et qui a jusqu'ici permis aux provinces éclatées et rivales de la *Mitteleuropa* de cohabiter sans guerres civiles. C'est à Salzbourg que se déploient, en faveur d'une signature de paix séparée avec les Alliés, des manœuvres contraires à la volonté de guerre de François-Joseph, tenu, dit-il, par la parole qu'il a donnée à Guillaume II. Heinrich Lammasch, juriste de réputation internationale, président du tribunal de La Haye, et Ignace Seipel, un prêtre appelé à exercer un rôle politique essentiel, y travaillent en secret. Ils n'ont pas seulement convaincu des Autrichiens, à Salzbourg et à Vienne, ils ont pris des contacts avec les dirigeants alliés, notamment Clemenceau, pour faire entendre leur opinion et souligner la valeur stabilisatrice, en Europe, d'une Autriche garante d'équilibre entre le monde germanique et le monde slave.

Zweig aura l'occasion de rencontrer Lammasch l'année suivante et de rendre hommage à son intelligence, il le saluera comme un grand stratège. Si son pays avait suivi le plan de Lammasch de rompre avec l'Allemagne avant qu'il ne fût trop tard, et de démarquer la politique autrichienne de celle des conquérants germaniques, il aurait peut-être pu être sauvé, « et avec lui, l'Europe », écrit Zweig. L'Histoire se chargera de prouver que la disparition du vieil empire des Habsbourg entraînera les plus grands désordres à l'Est. Hongrois et Tchèques, mais aussi Slovènes, Slovaques, Ruthènes et Polonais, ont déjà pris prétexte du conflit mondial pour faire valoir leurs nationalités. De plus en plus fragile, menacée par les Alliés qui veulent sa défaite, mais aussi, de manière plus sournoise, par les Allemands qui rêvent depuis longtemps d'annexer ses territoires aux leurs, elle est rongée de l'intérieur par ses propres provinces, ambitieuses et rebelles, qui veulent conquérir leur liberté. Aussi Lammasch et Seipel prêchent-ils un plan d'urgence : l'avenir de l'Autriche sera l'avenir de l'Europe. C'est sur ce thème qu'ils essaient de mobiliser les uns et les autres : la paix la plus rapide, à n'importe quel prix, pourvu qu'elle sauvegarde l'intégrité de l'empire autrichien.

L'idée n'aboutira pas, « par faiblesse ou par impéritie », dira Zweig, les autorités en place, des deux côtés, feront échouer le projet. L'Autriche continue la guerre et s'affaiblit chaque jour davantage. Lorsque François-Joseph s'éteint, le 21 novembre 1916, à l'âge de quatre-vingt-six ans, elle devient orpheline. Le père de la patrie est mort, qui régnait depuis soixante-huit ans. Mais elle se remet aussi à espérer : car le vieil empereur, qui avait signé la déclaration de guerre, était son partisan le plus obstiné. Charles Ier, son successeur au trône (le fils d'Othon de Habsbourg et son petit-neveu), pourrait par sa jeunesse – il n'a pas trente ans – reconsidérer la situation, dont François-Joseph a toujours nié la gravité et la dégradation. Il pourrait signer cette paix dont rêvent en secret de plus en plus d'Autrichiens. Mais l'engrenage est trop puissant, l'Allemagne veille, et l'empire boira la coupe jusqu'à la lie.

Le seul recours possible pour Zweig, face à l'absurdité – c'est ainsi qu'il voit désormais la guerre –, se trouve en lui-même, dans le travail personnel qu'il accomplit. Il n'a jamais autant écrit qu'à Kalksburg en cette année 1916. Et tous ses textes ont un rapport avec le contexte historique. Il rédige d'abord un long article pour une revue suisse, *Le Carmel*, qui lui a demandé sa participation pour le numéro du printemps. Adoptant un style lyrique qui convient à son désespoir et à son sentiment de solitude, c'est un plaidoyer pour l'Europe, bien sûr : « La tour de Babel ». « La nouvelle tour de Babel, le grand monument à l'unité spirituelle de l'Europe est en ruine, ses artisans sont dispersés... Mais si nous travaillons, chacun à sa place, avec l'ancienne ardeur, la tour s'élèvera à nouveau, et les nations se rejoindront à son sommet. » Puis il écrit d'une traite une nouvelle, *La Légende de la troisième colombe,* qui raconte l'histoire d'une colombe, la troisième que Noé envoya hors de l'arche, et qui fut condamnée à voler sans repos jusqu'à la fin de la tempête. Elle paraîtra à Vienne, l'année suivante. La censure n'a sanctionné ni l'un ni l'autre texte, et Zweig en dépit des idées qu'il exprime, à contre-courant de la politique impériale et du devoir patriotique, n'est pas inquiété. Etonnante image de ce soldat en uniforme, le sabre au ceinturon, qui, rentré chez lui tous les soirs, rédige des pamphlets contre la guerre et des appels à la paix ! Son drame, tout intérieur, est affaire d'âme. Il réside dans la contradiction entre sa vérité et ses obligations, entre ce qu'il croit et ce qu'il doit. La vie lui est sans cesse une occasion de déchirure.

L'été 1916, Zweig achève *Jérémie* sur cette réplique d'un Chaldéen, face au soleil qui se lève sur Jérusalem : « On ne peut pas vaincre l'invisible ! On peut tuer les hommes mais pas le dieu qui est en eux. On peut soumettre un peuple, mais non pas son esprit. » Pessimiste pour lui-même, il s'élève à un message d'espoir et, alors qu'il n'a écrit que pour fuir le monde et ses absurdes engagements, alors qu'il se croyait seul, infiniment seul, sa pièce, qu'il fait imprimer, connaît un grand succès. Avec ses neuf tableaux, ses douze personnages principaux, sa kyrielle de figurants, son chœur, il la dit « injouable », il la destinait à quelques *happy few*, lecteurs avides comme lui d'humaine et consolante littérature. Mais ce qu'il ne soupçonnait pas se produit et le réjouit comme une fête : son livre se vend à vingt mille exemplaires, en quelques jours, à Vienne ! Il n'était donc pas seul ! On aime Jérémie, ce pacificateur, cet annonciateur des orages, ce grand conseiller des peuples en péril. On a compris son message, on a peut-être comme Baruch, le jeune homme, disciple de Jérémie, partagé ses affres, ses dilemmes, sa tristesse. Et espéré comme lui que le soleil un jour se lèverait sur l'Autriche en deuil. Affectueusement dédiée à Friderike, près de laquelle il a trouvé douceur et compréhension, la pièce lui portera bonheur. Une fois n'est pas coutume, le théâtre avec lequel il a funestement commencé sa carrière et qu'il ne poursuivra guère par la suite, lui est propice, et lui permet de s'évader du vieil empire en armes.

Le directeur du Stadttheater de Zurich, le théâtre municipal, lui écrit, enthousiaste, qu'il veut porter *Jérémie* à la scène le plus vite possible, afin d'illustrer les forces de la paix. Il l'invite à venir le rencontrer en Suisse, à Zurich précisément, car il souhaite effectuer ici ou là dans la pièce, s'il est d'accord, à des fins uniquement scéniques, quelques coupures. Zweig, ébahi, et sûr qu'à Vienne, on lui refusera l'autorisation de se rendre en pays neutre, se présente au culot, devant son supérieur hiérarchique aux archives de guerre – un certain colonel Veltze – pour lui faire part de cette invitation. C'est à l'automne 1917. L'Autriche a perdu bien des batailles et bien des illusions. Que Zweig remplisse donc son devoir, lui répond le colonel Veltze ; qu'il se rende en Suisse, et fasse entendre au monde, hors de ce pays qui s'apprête à mourir, l'écho de ceux qui espèrent en sa survie. Qu'il fasse comprendre que tous ses compatriotes ne sont pas hostiles à la fin des combats. Veltze est-il un des nostalgiques de la paix de Lammasch ? Ou bien la guerre aurait-elle enfin pris un tournant décisif, se demande Zweig, pour que des officiers n'aient plus peur des prophètes ni de leurs bannières aux colombes blanches ? Quoi qu'il en soit, le colonel l'exempte de service pour deux mois et le charge, en digne représentant du service de presse du ministère des Affaires étrangères, de faire une tournée de conférences à Zurich, Berne, Bâle et Lucerne.

 Voici donc Zweig en permission. Cela fait plus de trois ans – un record dans sa vie – qu'il n'a pas quitté l'Autriche. Friderike von Winternitz, sa compagne et son amie, à laquelle il vient d'offrir un exemplaire de *Jérémie*, relié en maroquin rouge, avec ces mots : « En préambule, reconnaissant, j'écris ton nom », pourra l'accompagner. L'Union des femmes autrichiennes l'envoie en tant que déléguée pour qu'elle prononce elle aussi des conférences en Suisse sur l'aide qu'il conviendrait d'apporter aux réfugiés polonais. Ils passent ensemble la frontière par le train d'Innsbruck, à Buchs – « on se croirait au temps des diligences », écrit Zweig, désolé par la lenteur du convoi –, le 13 novembre 1917.

Un pacifiste à Zurich

A deux pas de Vienne en guerre, un autre monde l'accueille au sortir de la gare de Zurich. A peine ses valises déposées à l'hôtel de l'Epée, un correspondant de la *Neue Freie Presse* vient le chercher pour lui faire visiter la ville. Il se rend aussitôt à l'exposition des Impressionnistes, puis au café Odéon, où Lénine avait sa table et où palabrent autour d'une tasse de vrai café, des intellectuels dissidents et des révolutionnaires. « Zurich est un tourbillon », écrit-il, comblé de replonger dans une atmosphère dont il avait perdu le goût. Le soir le verra au théâtre, et les jours suivants au café, puis chez les uns et les autres en passant par une boutique de livres anciens, une bibliothèque, un cercle de lecture. Il réapprend la vie.

A Zurich, il connaît tout le monde. Les écrivains autrichiens, comme Albert Ehrenstein, l'auteur du poème *Aux frères assassinés*, qui fut son collègue aux archives de guerre, ou Alfred Hermann Fried, prix Nobel avant guerre ; les Suisses de langue allemande, Paul Ilg, Robert Faesi ou Carl Spitteler, un autre prix Nobel, et les Allemands qui forment la colonie la plus nombreuse en exil, Frank Wedekind, l'auteur de *Lulu*, dont il assiste ce premier soir à la représentation d'une nouvelle pièce, Fritz von Unruh qui se remet péniblement des graves blessures essuyées à Verdun et prépare l'édition de son journal de guerre, Oskar Fried, Hermann Kaeser-Kesser, Ludwig Rudiner, ou Leonhard Frank, qui lit à Zweig des passages de son manuscrit, *L'homme est bon*. Il passe des heures à discuter avec eux, lui l'amateur de silence et de repliement. Comme s'il se défaisait de toutes ses années d'incompréhension et de misère morale. Mais il éprouve un trouble à se griser de mots, conscient de leur peu de poids sur la tragédie toute proche, autour de la Suisse – ce « clocher de l'Europe vers lequel monte une mer de sang », ainsi qu'il l'appelle, le cœur serré. « Ni le chocolat ni les bottes en cuir ne m'empêcheront de sentir ce pays comme une épreuve. » La prodigalité suisse, nourritures terrestres et spirituelles, ne suffit pas à le rasséréner. Agacé par le fanatisme politique et l'esprit de propagande de la plupart des « inflexibles du café Odéon », il ne trouve aucun ami parmi les intellectuels de Zurich, hormis peut-être Fritz von Unruh, l'auteur du *Sacrifice*, récit de la sinistre bataille de Verdun, qui est le seul à penser comme lui que « la vie est l'essentiel, le bien unique et suprême, et que l'unique et suprême péché contre l'esprit est d'y attenter ». A force de refuser de parler politique et de réclamer la neutralité de l'art, il se fera même nombre d'adversaires au sein de la communauté bolchevique. Il n'est pas venu en Suisse pour s'y dessécher en réunions de café. Aussi, en quête de pureté et d'approfondissement, le 23 novembre il part pour Berne y rencontrer celui qu'il n'a cessé d'admirer et qui, avec Romain Rolland, lui a été un phare dans la nuit : son compatriote et ami allemand, Hermann Hesse.

Dans la vieille ferme qu'il habite à une heure de la ville, « deux minutes suffisent pour que nous nous retrouvions ». Ils ont une longue conversation comme s'ils n'avaient jamais cessé de se voir, et tombent d'accord sur tous les sujets. Sur la guerre et l'engagement politique en particulier, sur leurs amis, sur l'attitude des écrivains face aux événements, sur l'art contemporain – Hesse, pour se consoler du néant, s'est mis à la peinture et offre à Zweig une aquarelle.

Ils tombent d'accord même sur leurs silences, et quand ils ne parlent pas, leurs rêves se rejoignent. Hesse a beau s'exprimer en allemand avec l'accent suisse, pour Zweig, c'est le premier instant de communion fraternelle depuis 1914.

Le lendemain, son pèlerinage le conduit à Villeneuve, au bord du lac Léman, où vit Romain Rolland. Il descend à l'hôtel Byron, du nom de ce grand poète de l'Europe, et ne se fait pas annoncer, il veut revoir Rolland par hasard, comme dans un élan naturel. Rolland, surpris – « Je suis à vous maintenant », lui dit-il –, lui consacre plusieurs après-midi et soirées. Le dialogue est plus long à renouer qu'avec Hesse, il y a entre les deux hommes une retenue, sinon une gêne. Est-ce la prudence que leur dicte la présence de témoins autour d'eux, ils sont l'un et l'autre ennemis par le sang, et selon la règle en Suisse, ils n'ont pas le droit de se rencontrer. Mais peu à peu l'amitié reprend le dessus et Zweig, reconnaissant, retrouve la chaleur, la force de celui qui lui a, par l'exemple, prouvé qu'on pouvait se tenir avec honneur au-dessus de la mêlée.

Au-dehors, un paysage sublime, « le lac et la nuit, le reflet des lumières des hôtels de luxe, la blancheur des neiges éternelles au clair de lune, le silence et les étoiles » donnent le vertige à Zweig. Est-ce donc si difficile à l'homme d'être heureux ? Trop de beauté, trop de paix, après ce qu'il vient de vivre et au regard de tous les crimes qui se perpètrent chaque jour, en contrepoint de la conversation spiritualiste de Romain Rolland, lui donnent le sentiment d'habiter une autre planète. La conscience des crimes qui ont lieu dans le monde le tourmente. Il ne tient pas en place, n'a de cesse de parler aux uns, de rencontrer les autres, de travailler, à sa manière, à une dynamique de la paix. Seule la présence de Romain Rolland l'apaise et lui rend pour un temps quelque sérénité.

Je me sens toujours libéré, écrit-il, après une

conversation avec lui. Je partage son opinion selon laquelle l'important n'est pas l'héroïsme, la révolution, mais uniquement de préserver sa lucidité et son unité intérieures, d'être en accord avec sa conscience, de s'affranchir de toutes les tendances et de tous les préjugés du temps et des peuples. Et je crois avec lui que ce n'est pas la force extérieure mais celle, intérieure, de l'ultime résistance. »

A Genève, « qui a gardé une touche de rusticité », il ne connaît pas moins de monde qu'à Zurich. Il y retrouve l'architecte belge Henry Van der Velde qui fut, à l'époque où les frontières n'étaient pas des lignes infranchissables, directeur des Arts décoratifs de Weimar, et son compatriote, le Flamand Franz Masereel, qu'il a connu chez Verhaeren et dont il peut mesurer aujourd'hui l'amitié fidèle. Masereel a déserté, sa maison en Belgique a été détruite – « Ce ne sont pas les Prussiens, dit-il à Zweig, c'est la guerre... » – et il s'est réfugié ici, où il travaille à une série de dessins au fusain. Zweig profite de son séjour à Genève pour renouer des liens avec la colonie française en exil. Il voit souvent Henri Guilbeaux, son premier traducteur, qui va bientôt défrayer la chronique dans une affaire d'espionnage, et fréquente Pierre Jean Jouve – « notre accord est parfait », dira-t-il –, heureux de parler à nouveau français et de ne plus être interdit d'amitié à cause d'un drapeau. Au mois de décembre, la revue *Demain*, dont s'occupe Guilbeaux, publiera un très beau texte de Zweig qui, sous un titre sans équivoque, « A mes amis français », appelle à la réconciliation.

La Suisse, en 1917, est une tour de Babel. Presque toutes les nationalités d'Europe y sont représentées ; dans les rues de Berne, de Genève, de Zurich, de Lucerne ou de Bâle où Zweig se rend à plusieurs reprises, on entend parler toutes les langues, allemand et français mais aussi anglais, hongrois, turc ou flamand. Zweig, qui poursuit sa route vers Davos, aura l'occasion de s'entretenir avec Andreas Latzko, qui est germano-hongrois, avec Rosika Schwimmer, présidente du mouvement féministe hongrois et pacifiste convaincue, avec l'écrivain balte Bruno Götz, avec l'Alsacien Ivan Goll puis, de retour à Zurich, il aura l'occasion de revoir James Joyce, à ses yeux le personnage le plus fantasque et le plus inattendu : en Suisse, l'auteur des *Gens de Dublin* ne voit personne, « il vit en troglodyte » ; durant les quatorze ans qu'il a passés à Trieste (alors autrichienne), il se vante de n'être pas allé une fois à Fiume, à Zagreb ni à Vienne, ce qui stupéfie Zweig, tellement curieux de nature. Les auteurs qui représentent le mieux le drame d'appartenir à une double culture, l'attachent plus encore. Il s'intéresse beaucoup à Annette Kolb, la romancière et essayiste de langue allemande, qui a fait scandale à Dresde en janvier 1915, en prononçant une conférence où elle se réclamait de sa double origine, un père munichois et une mère française. Elle a publié avec courage *Treize lettres d'une Franco-Allemande*, en 1916. Il devient l'ami de René Schickele, le fondateur de la revue zurichoise, *Die Weissen Blätter* (Les Feuilles blanches), qui réussit ce prodige d'être à la fois citoyen français (né en Alsace) et écrivain allemand – auteur d'un cycle romanesque qui s'intitule *Das Erbe am Rhein* (L'Héritage sur le Rhin).

Pris dans un tourbillon, Zweig voit plus de gens qu'il ne le voudrait et se plaint de perdre « un temps fou en conversations ». Mais il a conscience de s'adonner enfin efficacement à l'œuvre de paix qu'il s'est fixée pour mission, et ses responsabilités le déchargent de sa mauvaise conscience. En Suisse, il est enfin entré dans l'action au service d'une cause qui l'engage totalement. C'est pour permettre la divulgation du message de Romain Rolland, qu'il a entrepris lui-même la traduction en allemand de sa déclaration, *Aux peuples assassinés*, mais aussi de son roman, *Clérambault* et de sa pièce *Le temps viendra*, travail considérable, qui est une œuvre en soi, et qu'il mènera avec un total dévouement. La générosité comme l'esprit de sacrifice sont des vertus zweiguiennes.

S'il vit la plume vissée à la main, d'un article à un feuilleton, à la rédaction d'une conférence, à une traduction, tout ce que Zweig entreprend n'a qu'un but : prêcher désormais la paix. Après plusieurs entretiens, il finit par s'entendre avec Alfred Reucker, le directeur des théâtres de Zurich, qui programme la première de *Jérémie* pour le 27 février 1918. Deux mois plus tôt, grâce à une heureuse intervention de Friderike qu'il a dépêchée en messagère à Vienne, auprès du ministère de la Guerre et de la *Neue Freie Presse*, il a réussi par une faveur spéciale à se faire libérer du service et à rester en Suisse, chargé de mission en quelque sorte, pour y fournir au journal viennois un article par mois. Le climat en Autriche, sous la pression de quelques hommes politiques et de la lassitude générale, a profondément changé. Propices à une conclusion rapide de la paix, les nouvelles autorités favorisent tout discours capable d'améliorer auprès des Alliés l'image de l'empire et de faire comprendre la différence d'esprit et de culture avec l'Allemagne. Zweig, qui a reçu l'aval des Affaires étrangères, restera en Suisse sans déserter, avec la bénédiction de l'Autriche, pourrait-on dire, jusqu'en 1919 : il ne rentrera dans son pays qu'après la signature du traité de Saint-Germain qui, deux mois après le traité de Versailles avec l'Allemagne, règle séparément le sort de l'Autriche-Hongrie.

Devenu l'une des grandes personnalités de l'exil, Zweig consacre presque tout son temps à prononcer des conférences, à écrire des articles, à rendre des visites ou à en recevoir, et mène aussi, en parallèle à son travail, et pour la première fois, un semblant de vie conjugale. Il s'est installé à Zurich à l'hôtel Schwerdt où vécurent Casanova et Goethe mais, tourmenté par l'afflux de visiteurs et la masse des obligations sociales, il s'est très vite réfugié à Rüschlikon, sur les hauteurs de la ville. Il loge avec Friderike à l'hôtel Belvoir où Hesse, Rolland et Masereel, ses amis les plus sûrs, seront à tour de rôle ses invités. Les fillettes, que sa compagne a pu ramener avec elle, sont en pension à Weesen d'abord, dans la montagne, puis à Zurich, dans une famille, elles feront un bref séjour à Nyon sur le lac Léman – Zweig a insisté pour qu'elles apprennent le français. En vérité, elles ne sont guère gênantes mais, dès que l'une d'elles s'agite ou fait un peu de bruit, Zweig le note dans son journal, il est exaspéré. Friderike est obligée de les éloigner, d'autant que la vie d'hôtel avec sa promiscuité rend plus tendues les relations, et plus difficile la vie de famille. Consciente d'entraver la liberté et le travail de son compagnon, Friderike s'éloigne quand elle le peut, sous le prétexte de ses conférences ou pour retrouver ses enfants, et le laisser à lui-même. Dans une de ses lettres – elle est alors à Nyon –, il la remercie de lui ménager « de petites séparations ».

En Suisse, dans les limites de ce pays minuscule qui est une fourmilière d'hommes et d'idées, Zweig redevient un nomade. Il ne reste jamais longtemps à l'hôtel Belvoir, sillonne la Suisse comme jadis l'Europe, passant d'un canton à l'autre avec une frénésie dont il a été privé trop longtemps. Il ne se pose que pour achever un manuscrit. Entre deux trains, entre deux valises, il a besoin du mouvement et du changement pour vivre. Déployant son énergie pour soutenir ce qu'il appelle « le grand combat pour la grande paix, chacun à sa manière, mais en fin de compte chacun pour l'autre », il prend des accents d'apôtre pour convaincre les foules, fût-ce à l'échelle suisse du vrai sens de la paix.

En mars 1918, le traité de Brest-Litovsk lève les dernières incertitudes : l'Allemagne règle le sort futur de l'Autriche en proclamant l'Anschluss. La Russie, où la Révolution s'est déclarée, se retire de la guerre, libérant heureusement le front autrichien. L'empire, menacé d'un côté d'éclatement par la volonté de scission de ses provinces slaves, de l'autre d'annexion, n'en réclame que plus vivement la paix, mais « l'Allemagne s'entête dans les hostilités », rendant toute issue impossible. L'été 1918, quelques mois après la polémique qu'a déjà suscitée *Jérémie*, qui parle ouvertement en faveur des vaincus, Zweig publie un article qui s'intitule « Hommage au défaitisme ». Il y condamne le patriotisme et la volonté héroïque, défend le défaitisme, position extrême de l'humanisme en temps de guerre, contre les accusations de lâcheté ou d'égoïsme qui lui sont portées. Pour que l'éloge soit encore plus clair et vigoureux, il a choisi la revue *Friedenswarte* (Poste de garde pour la paix), qui mène depuis l'aube du siècle un combat en faveur du drapeau blanc. Pour Zweig, l'homme vaincu est plus homme que l'homme vainqueur. Une défaite, librement assumée, est plus belle que la rage de vaincre. « Nous sommes des amis du renoncement », a-t-il écrit.

L'article ne lui vaut pas que des louanges. Même Romain Rolland, agacé par ce « pseudo-bouddhisme », note sa réprobation dans son journal : « Je dis à la force qui nous écrase : Vous ne vaincrez pas l'esprit, mais l'esprit vous vaincra. ». L'« Hommage au défaitisme » de Zweig trouve cependant un curieux écho en Autriche. Le 17 septembre, Vienne fait une offre de paix à l'Entente, qui la lui refuse. Dès lors, et jusqu'au terme de la débâcle, Zweig va vivre en plein accord avec son pays. Alors qu'il se voulait indifférent à l'issue des combats, maintenant que l'Autriche accepte sa défaite, chaque étape le tourmente, chaque bataille lui paraît être la dernière que sa patrie aura à supporter. L'année 1918 est lourde de menaces et de bouleversements, tant à l'intérieur qu'à l'extérieur des frontières. Les hommes continuent de mourir. Zweig craint les conséquences du dénouement qu'il espère et analyse, plein d'inquiétude, les manœuvres de ceux qui veulent effacer son pays de la carte. Il redoute plus que tout la voix « braillarde » des pangermanistes : « Si la partie germanique de l'Autriche était intégrée à l'empire allemand et s'isolait des autres Etats, écrit-il le 3 novembre, date à laquelle l'Autriche demande l'armistice, les conséquences en seraient incalculables, elle serait coupée de toute ressource, Vienne avec la masse absurde de ses deux millions et demi d'habitants, serait excentrée aux confins de l'empire comme une tête d'hydrocéphale, et puis l'appauvrissement inexorable, le déclin sans retour. » Trieste prise par les Italiens, le feu roulant des nouvelles le soumet à un sentiment de « confusion nerveuse ». Il guette le journal, en proie aux pires angoisses. Jamais à aucun moment, il ne s'est senti si totalement autrichien. L'armistice conclu le laissera pessimiste, désabusé, hanté par le cauchemar de l'injustice. La paix qu'on impose à l'Autriche est à ses yeux ignominieuse. Il n'écrit plus pendant des mois, ne songe qu'à rentrer à la maison, du moins ce qu'il en reste, dans un pays qui ne se ressemble plus. Charles Ier a abdiqué, la république est proclamée, le vieil empire a explosé, cédant la place à cet Etat hydrocéphale qui lui inspire, lésé, saigné à blanc, le plus profond sentiment de pitié. « La guerre s'est vengée de ceux qui l'ont voulue... L'univers tombe en ruine. » A l'heure de la défaite, il rallie sans hésiter ce camp des vaincus dont il se revendique. Pour lui, les lendemains sont sûrs : « Vision des bouleversements à venir où la haine des classes, des couches sociales, envahira le monde de sa masse gigantesque. »

Le train qui le ramène avec Friderike, Alix et Suse, de Zurich à Salzbourg, à la fin du mois de mars 1919, croise celui qui emporte l'empereur avec l'impératrice Zita et leur famille vers l'exil. Zweig, qui ne regrette pas la monarchie, mais demeure nostalgique du monde d'hier, rentre en Autriche amer et fatigué, à bout dit-il, avec un sentiment de mauvais augure que Jérémie n'aurait pas approuvé : « On ne peut pas vaincre l'invisible ! » L'exhortation du Chaldéen sur les ruines de Jérusalem semble n'avoir aucun écho dans son cœur, au moment de passer la frontière. Après tant d'années perdues, dira-t-il, il se raccroche à un nouveau courage. « Il est trop tard pour les regrets, il faut travailler davantage. »

> T'appartient-elle vraiment, appartient-elle au plus essentiel de ton être, cette existence privilégiée, tout assurée en soi ?

IV
La gloire douloureuse

La maison enchantée de Salzbourg

Le voici enfin chez lui. Après des années d'agitation, d'inquiétude et de guerre, il a trouvé son havre : une vieille petite ville autrichienne, où naquit Mozart, à la frontière allemande. Construite sur une antique cité romaine, résidence d'archevêques-soldats, détruite au XIIe siècle par des partisans de Frédéric Barberousse, et depuis tranquille et morne, Salzbourg, avec ses belles maisons du bord de la Salzach, ses innombrables églises, ses ruelles médiévales et sa cathédrale au dôme vert, est un refuge en dehors du monde, semblant dormir au creux des montagnes qui l'enserrent comme un écrin, le Gaisberg et l'Untersberg. Zweig rêvait de la paix pour le monde : il va la découvrir pour lui-même et les siens dans cette marche de l'ex-empire, que fréquentent de rares amateurs d'air pur et de paysages.

Il y a choisi sa maison. Elle l'a séduit au premier coup d'œil. Elle a les proportions d'un petit palais, et quoique dans un piètre état, sa couleur jaune, qu'on appelle en Autriche le jaune de Schoenbrunn ou jaune impérial, lui rappelle irrésistiblement la patine des belles villas de Toscane – seul rapprochement qu'elle puisse inspirer avec l'Italie. Car le soleil manque à Salzbourg, comme la gaieté et la chatoyance naturelles aux paysages du Midi. La maison est construite sur un site farouche et isolé, au milieu de bois sombres où la lumière ne pénètre jamais qu'à contre-jour. Elle domine la ville et le fleuve sur sa rive droite, et possède une vue plongeante sur les toits de zinc et sur le dôme vert, comme sur les eaux couleur de plomb de la Salzach. Son domaine est le Kapuzinerberg, le mont des Capucins, partagé avec la communauté des moines qui au XVIe siècle lui a donné son nom. Les capucins sont les seuls voisins de Zweig, leur cloître et leur église semblent veiller sur sa maison. Pour y accéder, le chemin est rude, inaccessible aux automobiles, et monte à pic. Depuis le XVIIe siècle, cent marches de pierre, qu'un archevêque a fait ajouter au site pour en rendre l'ascension moins pénible, n'enlèvent rien à l'effort d'y grimper. La nuit, les capucins plantent des lanternes le long de la route pour guider les pèlerins.

La tristesse romantique, naturelle au Kapuzinerberg, est encore exacerbée par un détail historique qui s'accorde assez bien avec la robe de bure des moines et leur idéal austère : un chemin de croix mène de la vallée au cloître. Six chapelles, construites au XVIIIe siècle, abritent la Passion du Christ et c'est d'une vision de souffrance à une autre, dans le spectacle de statues de bois baroques et suppliciées, qu'on se hisse lentement jusque chez Zweig. Le jardin ouvre directement sous le calvaire, où Jésus expire entre les deux larrons, pleuré par la Vierge.

Au-delà, sur le Kapuzinerberg, la nature pleure aussi : les chênes quatre fois centenaires gémissent sous le fœhn, et ploient l'hiver sous la neige, tandis que le promeneur continue de grimper jusqu'au sommet où un château fort à demi en ruine ajoute à la désolation. Des renards, des sangliers, des écureuils et des dizaines d'espèces d'oiseaux peuplent les bois où Zweig a élu domicile, se vouant comme un capucin à la solitude et la méditation. Quand il ouvre la grille du parc, il lui faut encore parcourir quelques mètres d'un sentier escarpé et sinueux, avant d'atteindre la porte de la maison jaune. En se retournant sur le seuil, il a toute la ville à ses pieds.

Salzbourg n'a pas encore son festival et les foules de visiteurs n'envahissent pas ses hôtels en août, transformant la villégiature en rendez-vous du grand monde européen. Elle somnole toute l'année, repliée sur elle-même, selon le rythme ancien des fêtes religieuses et sous la protection des innombrables saints catholiques. A Zweig, elle assure le calme, dans un décor qui, juste après la Grande Guerre, est au diapason de son cœur mélancolique. Si cette villégiature, belle endormie au creux de ses montagnes, apparaît d'abord comme une impasse ou un cul-de-sac, elle se révèle être un tremplin pour l'Europe. A deux heures et demie de chemin de fer de Munich, pour l'époque, à cinq heures de Vienne, à dix heures de Zurich ou de Venise, et à vingt heures de Paris, sa position sur la carte en fait un point de départ idéal et sa gare, aux yeux d'un voyageur impénitent qui craint surtout l'enfermement, est le garant de sa liberté. Zweig ne peut concevoir de refuge que s'il est ouvert sur tous les lointains.

Ancien pavillon de chasse d'un archevêque au XVIIe siècle, adossée aux murailles de la forteresse, la maison lui a plu pour son site farouche et stratégique, son calme inviolable qu'il pourra cependant à tout moment interrompre grâce aux services du chemin de fer. L'ayant découverte au cours d'une promenade, à l'automne 1916, tandis qu'en permission, il avait donné rendez-vous à Friderike à Salzbourg, il l'a achetée, sans avoir bien sûr le loisir de l'aménager, en août 1917, à un industriel nommé Josef Kranz qui n'y habita lui-même jamais, et qui la tenait de la veuve d'un colonel. Elle possède sa généalogie. On l'appelait encore, quand Zweig la visita, le *Paschinger Schlossel*, le château Paschinger, du nom de son premier propriétaire. Entourée d'un vieux mur couvert de lierre, plantée sur le plus haut plateau d'un jardin en terrasses à l'état sauvage, sa situation dominante et isolée lui donne bel et bien l'allure d'une demeure seigneuriale.

Friderike l'appelle « le petit château enchanté ». Une tour en bois – aujourd'hui disparue – qui se trouvait prise entre les deux corps du bâtiment accentue cette impression. Un escalier à vis permet d'y accéder et de monter la garde : le regard porte sur toute la région, jusqu'à la frontière bavaroise et à un petit village nommé Berchtesgaden.

Lorsqu'ils quittent la Suisse, Stefan Zweig et Friderike von Winternitz ne retournent pas à Vienne. Zweig aspire au calme souverain : la divergence de ses opinions pacifistes avec la majorité de ses concitoyens et nombre d'intellectuels viennois lui rend pénible l'idée d'un retour immédiat dans la capitale, il fuit les débats, tout embryon d'affrontement met du sel sur ses blessures, après des mois de batailles à se battre pour convaincre et ramener le monde à la raison, il a besoin de solitude et de silence. C'est à Salzbourg qu'il veut retrouver l'Autriche, où une maison l'attend. Il faudra plus de deux ans à Friderike pour la rendre habitable. Ils y débarquent, épuisés par un long voyage dans un train bondé où l'odeur d'iodoforme rappelle encore les souffrances des soldats qui y furent entassés. La maison prend l'eau, qui coule directement du toit en partie effondré, dans le grand salon vide. L'humidité ronge les murs. Il n'y a pas de salle de bains, les « commodités » sont les bois alentour, et tous les poêles, encrassés ou fêlés, sont à revoir. S'il pleut dans le salon, il ne fait pas chaud dans les chambres qu'éclaire le soleil pâle d'un timide printemps. L'atmosphère est glaciale. Tout aussi inhospitalière que l'Autriche, en pleine pénurie et dont l'histoire s'écrit maintenant dans le froid et la faim. Le pain, au goût de colle et de poix, est presque la seule nourriture, le café une décoction d'orge, la bière une eau jaune, le chocolat du sable coloré, et les pommes de terre de Salzbourg ont gelé. Le beurre, le lait, les œufs sont des denrées précieuses. Il n'y a plus de viande ; dans les bois autour de chez eux, des enfants chassent les écureuils et les oiseaux pour les faire rôtir. La ruine de la maison Autriche est totale, et la misère des gens infinie. Zweig, le cœur serré, évite de descendre en ville, il préfère encore l'inconfort de son château au toit crevé au spectacle déprimant des Salzbourgeois à la mine terreuse, maigres et en haillons, certains dans de vieux uniformes – le seul vêtement qu'ils possèdent –, errant à la recherche d'un peu de nourriture, serrant dans leurs poches quelques billets imprimés à la hâte par la nouvelle république et qui, d'un jour à l'autre, se déprécient de moitié, puis ne valent plus rien. Une inflation galopante ruine tous ceux qui n'ont pas comme lui eu la prudence ou l'opportunité de convertir leurs vieilles couronnes en francs suisses ou en dollars américains. Comme toujours jusqu'ici, privilégié et malheureux de l'être, devant la honte du malheur des autres, en plein désarroi, il fuit. Quelques jours à peine après son arrivée, sous le choc de ses retrouvailles avec son pays qu'il ne reconnaît plus et qu'il continue d'aimer par-delà les catastrophes, il repart pour Vienne. Peut-être trouvera-t-il là-bas un reste de son Autriche d'autrefois ? Ses parents l'y attendent, son frère aîné. Il abandonne Friderike à son sort et, après lui avoir posté une lettre d'explications, sous le prétexte d'affaires qui ne sauraient attendre, il saute dans le premier train. Il faut croire qu'il avait prévu son départ, puisqu'il avait laissé deux malles en consigne à la gare ! A Friderike de tout ranger, de mettre de l'ordre dans la maison de Salzbourg, tandis qu'il part en éclaireur, voir de plus loin la situation !

Pendant deux ans, pour Friderike, l'installation ressemble à un parcours du combattant. Mais ces deux premiers mois du printemps 1919, seule dans une ville inconnue, avec ses enfants et une jeune fille pour l'aider, resteront dans son souvenir comme une pierre noire. Au bout du calvaire bien réel des cent marches et du sentier escarpé et sinueux, plongée très tôt dans la nuit, la maison est sinistre autant que délabrée. Zweig lui a laissé de l'argent, en la priant de ne pas économiser – « Que les petites mangent à leur faim, c'est la seule chose qui compte », lui a-t-il écrit, du train, le 29 mars –, mais les hommes qui pourraient effectuer les premiers travaux sont épuisés, ils n'ont pas la force de monter « là-haut ». Si les artisans manquent à l'appel, la pénurie de matériaux rend toute réparation compliquée sinon impossible. Pour survivre à Salzbourg, Friderike doit consentir à bien des sacrifices : il fait froid et il pleut autour d'elle, presque autant dans la chambre où elle s'est repliée avec ses fillettes que dans les bois qui ont envahi le jardin. Mais elle tient bon, l'idée de faire plaisir à Stefan lui donne du courage. Elle commence par régler les problèmes administratifs : avec un avocat, elle réussit à obtenir du Land une promesse de permis de séjour, indispensable à qui, venant de Vienne ou de quelque autre endroit dans l'Autriche éclatée, veut résider ailleurs que dans sa circonscription d'origine, comme ici à Salzbourg. Elle obtient aussi de rester seule occupante de la bâtisse dont Zweig est propriétaire et qui, en raison de la pénurie de logements, est menacée de réquisition pour abriter plusieurs familles. A l'exception d'une femme et de ses deux enfants, qui y demeurent quelque temps et avec lesquels les rapports sont tendus, voire hostiles – la femme, qui habitait l'endroit pendant la guerre, déserté par ses propriétaires, se déclare chez elle –, elle parvient à récupérer la maison. Et à y mettre de l'ordre, selon le vœu impératif de Stefan : « Seul importe de trouver un <u>ordre</u> (le mot est souligné dans sa lettre), le premier venu, il est indifférent qu'il soit un peu meilleur ou un plus mauvais. Le principal, c'est que ce soit un <u>ordre</u>. » En un mois, elle accomplit des prodiges et, donnant l'exemple, elle s'empare d'une pioche, d'une pelle, et tandis qu'un homme répare le toit puis les poêles, installe un semblant de cuisine, des toilettes, enfin une baignoire, elle défriche le jardin. Son succès final a lieu le jour où des déménageurs, d'une maigreur de pulmonaires, affamés et en guenilles, apportent enfin les meubles que la famille Zweig lui envoie de Vienne, comme en cadeau de noces : lits, bureau, tables et chaises, coffres anciens, tapis, tableaux, commodes Biedermeier, et, on l'aura deviné, caisses et malles de livres. Friderike met toutes choses en place puis télégraphie à Steffi : il peut enfin venir, la maison est prête.

En fait, c'est elle qui a droit à une récompense, Stefan Zweig l'appelle à Vienne, il veut la présenter à ses parents. Laissant les enfants à la nurse, elle part, à la mi-avril, le rejoindre et passer près de lui un séjour bref comme une lune de miel. Moritz Zweig qui, à soixante-dix ans, selon son fils, a beaucoup vieilli, et Ida qui, au-delà des convenances bourgeoises dans lesquelles elle a élevé ses deux fils, se révèle être une mère compréhensive et tendre, l'accueillent à bras ouverts. « Mis devant le fait accompli », ainsi qu'ils l'ont écrit à Zweig dès le mois de janvier, en réponse à une lettre où il leur annonçait sa liaison avec une femme divorcée et son intention d'habiter avec elle Salzbourg au lieu de Vienne, ils lui ont aussitôt donné leur bénédiction. « Notre vœu le plus cher : avoir une fille, est enfin exaucé, lui écrit sa mère, et c'est en tant que telle que nous saluons l'élue de ton cœur. » Elle a signé sa lettre : « Ta maman qui t'aime de tout son cœur. » La rencontre avec Friderike, si elle avait encore quelques inquiétudes, la rassure. Elle trouve la jeune femme intelligente et délicate, mais surtout se félicite de la sollicitude qu'elle la voit manifester à son « bien-aimé Stefan ». La mère reconnaît une mère dans la future épouse. Consciente de la fragilité de son fils, elle est heureuse qu'il ait trouvé une femme à la mesure de son extrême sensibilité, capable de le rassurer et de le soutenir. Friderike sera dans la vie de Stefan un facteur d'équilibre, elle l'en remercie :

« Chère madame Friderike, lui dit-elle, Stefan exige d'être traité avec d'infinies précautions, vous êtes assez perspicace pour vous en être aperçue. Il a bon cœur, et l'esprit noble. Ces dernières années lui ont, comme à tout le monde, porté des coups plus ou moins rudes, lui ont fait perdre son équilibre. Mais il est hors de doute que le calme et le confort d'une existence réglée le lui feront recouvrer. »

Friderike le sait, il n'est pour elle aucune autre voie si elle veut conserver près d'elle Stefan Zweig, il lui faudra faire preuve de dévouement, déployer des trésors d'énergie et de tendresse pour créer autour de lui un cadre qui le rassure, un asile de paix. Ce sera sa mission pour la vie. Dès les débuts de leur union, le partage est clair : à Friderike les soucis matériels, pour que soit préservée la sérénité de l'homme, cette sérénité qu'il a tant de mal à atteindre et qui commande son travail intellectuel. Compagne dévouée et modeste, qui a fait taire ses ambitions personnelles, elle veille même quand il est loin. « Reste aussi calme que possible », lui écrit-elle au mois de juin, tandis qu'elle se bat sans le lui dire avec de rudes problèmes matériels et qu'il se plaint d'être, à Vienne, dans les affres de la vie littéraire, en proie à mille inquiétudes au sujet de la répétition de *Jérémie*, sur le point d'être joué. « Ne gaspille pas tes forces en luttant contre des fantômes inutiles. » L'écrivain avec lequel elle a choisi de vivre affronte chaque instant douloureusement et exige d'elle, comme un enfant capricieux et égoïste, protection, maternage, en même temps que liberté. Il a besoin d'elle, et de se passer d'elle. Le centre du monde, c'est clair, ne sera jamais pour lui le foyer, mais, au cœur de son œuvre, un espace secret qu'il garde farouchement accessible à lui seul. Dans cette perspective qui ne souffrira jamais d'exception, la maison de Salzbourg est la première épreuve du couple. S'y établit un rapport de forces définitif : Zweig viendra à sa guise écrire et méditer, entre deux voyages. Il habitera sa chambre et la bibliothèque. Friderike régnera en coulisses, de sa chambre dans l'autre aile qu'elle partage avec ses filles. Faire le silence, protéger la paix, quand Stefan Zweig travaille, elle y veillera de tout son amour. Sans guère de compensations à ce sacrifice, que la fierté de porter son nom.

La défaite de l'Autriche, si cruelle soit-elle, a fait sauter quelques tabous, et le divorce en fait partie. Une nouvelle loi, dont il est débattu, permettra désormais aux hommes ou femmes divorcés de se remarier. En décembre 1919, après plusieurs mois de démarches administratives, une dispense est accordée au couple Zweig-Winternitz. Le mariage est célébré avec une discrétion exemplaire à l'hôtel de ville de Vienne, en présence de la seule mère de Zweig et des témoins qui sont Victor Fleischer pour Zweig et, pour Friderike, Felix Braun, l'auteur de *Tantalos* et d'*Agnes Altkirchner*, qui a des allures de dandy et exactement la même moustache que Zweig. La mariée, qui a donné sa procuration à son témoin, est restée à Salzbourg. La cérémonie est rapide, marquée par un éclat de rire de Felix Braun quand l'officier, au moment de légaliser l'union, souhaite de nombreux enfants aux jeunes époux. Un simple coup de téléphone de Stefan et de sa mère apprend à Friderike, le soir même, qu'elle est enfin mariée. Le lendemain, 30 janvier 1920, elle lui écrit non sans humour – ce n'est pas sa qualité maîtresse – pour lui demander comment il a passé sa nuit de noces... « Je ne ressens aucun changement. C'est parce que tu m'as déshabituée de tout sentimentalisme. » Elle profite de son absence pour ranger son courrier, en particulier les nombreuses lettres d'amour qu'il a reçues et entassées en vrac avant guerre, elle a épousé don Juan, dit-elle en souriant, sans autre commentaire. Comme résignée par avance à ce que sera sa vie de sacrifices, elle conclut sa lettre de noces qu'elle signe *Moumou* (Maman) en lui disant gentiment : « Si peu que je veuille te disputer à ta mère, je serais heureuse de t'avoir ici. » Ici, c'est-à-dire à Salzbourg, dans ce qui aurait dû être la maison du couple et qui restera, presque dénuée d'empreinte féminine, sans traces de son propre goût comme de sa présence, la maison de Zweig.

Avec sa vue merveilleuse sur la ville et les eaux de la Salzach, avec son silence et son charme ancien, la maison de Stefan Zweig à Salzbourg, comme la villa d'Axel Munthe à Capri, bâtie sur un promontoire, à l'écart de la foule, assez vaste pour constituer un monde, sans luxe et sans confort mais avec son imposante bibliothèque, n'est pas un nid d'amour ou une demeure bourgeoise, mais un refuge d'écrivain. Elle garde de ses origines une allure austère et un parfum de mystère qui, par une sorte d'alchimie, correspondent bien à l'homme et à son œuvre. Il en sera souvent absent. Quand il écrit au secret de ses murs, regardant, à travers l'épais feuillage, miroiter au loin les reflets de la Salzach, il est en paix avec lui-même. Elle lui donnera ses rares moments de bonheur. Malgré les plants de groseilles, malgré les arbres fruitiers que Friderike plantera tout autour pour l'égayer, malgré les chrysanthèmes qui, grâce à elle, ensoleilleront le jardin à l'automne d'un éclat de pourpre et d'or, sous l'ombre des bois qui voilent sa lumière, elle conservera sa tristesse, dans le cadre infiniment mélancolique du Kapuzinerberg.

Au service des vies illustres

Tandis que nombre d'écrivains, hantés par la tuerie, racontent leur guerre personnelle dans des romans qui sont autant de morceaux de chair et de mort, tandis que paraissent *Orages d'acier* d'Ernst Jünger, *A l'ouest rien de nouveau* d'Erich Maria Remarque ou *Le Cas du sergent Grischka* de son homonyme Arnold Zweig, et côté français, *Les Croix de bois* de Roland Dorgelès et *La Boue* de Maurice Genevoix, Zweig se démarque en publiant *Trois Maîtres*, un essai qui regroupe les portraits de trois écrivains majeurs. Un Russe, un Français et un Anglais. Il a choisi ses maîtres dans le camp ennemi et n'a pas pris la peine d'ajouter, ainsi que l'exigerait son origine, un auteur allemand ou autrichien. Il entend démontrer une nouvelle fois qu'aucune culture ne saurait être enfermée dans ses frontières génériques, propriété farouche de la nation ou de la langue qui la portent. Par-delà les rancunes et les préjugés que nourrit un pays, il entraîne les lecteurs qui voudront bien le suivre à la recherche d'une vérité, plus durable et fructueuse que le patriotisme, serait-il littéraire.

Le triptyque s'ouvre sur son *Dostoïevski*, qu'il a écrit dans la tourmente, puisant du courage dans cette vie infiniment plus triste et douloureuse que la sienne, dont il admire plus que tout l'achèvement dans une œuvre. Dostoïevski est le modèle de l'écrivain qui a construit un monde à l'échelle d'un univers intérieur, avec ses rêves, ses peurs et sa folie. Le plus russe de tous les Russes, il a créé des situations, des personnages universels dont la force dépasse celle des héros ordinaires. Le but de Zweig est de montrer qui, véritablement, bâtit le monde, et en vertu de quoi. Dans un renversement des valeurs usuelles, il propose à l'admiration de ses lecteurs non des soldats, des rois, des empereurs, des hommes d'action, mais des artistes – ici des écrivains. Eux aussi sont des combattants, mais de l'ombre, ils se sont battus pour leurs idées, battus pour leurs rêves. Leur énergie lui apparaît être au service de l'homme. Au lieu de détruire, ces héros-là construisent. Ils offrent une œuvre de paix à la planète. Parce qu'ils ne font pas couler le sang pour preuve de leur puissance, ne fomentent pas de guerres pour imposer leurs idées, souvent les hommes les ignorent ou les méprisent. Beaucoup meurent méconnus, dans l'indifférence, avant que leur œuvre ne fasse son chemin et ne trouve sa place dans ce qui devrait être le paradis des peuples, cette vieille Europe couverte de cicatrices et de plaies toujours rouvertes.

Le deuxième portrait que trace Zweig est celui de Balzac. Cinquante feuillets splendides, à la gloire du grand écrivain français. Il compare Balzac à Napoléon : ce que l'un, le politique, le guerrier, a accompli les armes à la main, l'autre, l'artiste, l'a fait avec de l'encre et une plume. Tous deux également inspirés, également géniaux, ils ont créé des mondes avec une force et une imagination hors du commun. L'un, avant d'être arrêté dans sa course, a rêvé et fait l'Europe en disloquant ses frontières, l'autre a écrit *La Comédie humaine*, tout aussi immense, tout aussi ambitieuse que l'œuvre de Napoléon mais qui a, elle, le mérite d'être éternelle. Le monde de Balzac existe pour chacun de nous, dit Zweig, Autrichiens ou Français, Anglais et Allemands, chacun peut y trouver sa manne, et nul ne saurait nier la générosité, la compréhension, ni le grand amour de l'homme pourtant parfois médiocre et souvent malheureux qui écrit cette œuvre.

« Chacun a son Rubicon, son Waterloo, écrit Zweig des personnages de *La Comédie humaine*. Les mêmes batailles se livrent dans les palais, dans les chaumières, dans les tavernes. [...] L'ambition intérieure agit en sens inverse du nivellement extérieur. Aucune place n'étant réservée pour personne, chacun ayant droit à tout, les efforts des individus se décuplent et la diminution des possibilités se traduit par un redoublement d'énergies. » Naissance de la société moderne : la passion de Balzac, selon Zweig, est de décrire l'énergie « comme expression de la consciente volonté de vivre ». « Que cette énergie soit bonne ou mauvaise, qu'elle soit dépensée efficacement ou gaspillée, Balzac n'en a cure, pourvu qu'elle soit intense. L'intensité, la volonté est la seule chose intéressante, car elles relèvent de l'homme, tandis que le succès et la gloire ne sont rien, tant le hasard seul les détermine. » Analysant au passage quelques personnages fétiches de l'auteur, Vautrin ou Rastignac, avec un éblouissant brio, il poursuit la démonstration qui lui tient à cœur. Prouver que l'homme peut forcer ses limites, chercher et trouver ailleurs que sur des champs de bataille des exemples à la volonté de vivre. Et, dans ce domaine, conclut-il, Balzac est « l'exemple le plus grandiose d'une volonté créatrice [...] en marche vers l'inaccessible. »

Le troisième volet du triptyque appartient à Dickens. Contrairement aux deux écrivains précédents, ce dernier a été adulé, respecté, vénéré durant sa vie. Ses contemporains se sont arraché ses livres, ont suivi, comme des feuilletons tirés de leur propre famille, les aventures de David Copperfield, de Nicolas Nickleby ou d'Oliver Twist. A l'image du ciel bleu après l'orage, le monde s'offre avec Dickens un moment de paix, explique Stefan Zweig. « Jamais au XIXe siècle, il n'y a eu de rapports d'une telle cordialité entre un écrivain et sa nation. Sa gloire jaillit aussi brusque qu'une fusée mais elle ne s'éteignit jamais, elle répandit son éclat comme un soleil. » Avec un lyrisme qui est sa manière de traduire son émotion et son admiration, et qui lui est familier dès qu'il rédige une biographie et se sent emporté loin au-delà de ses limites, vers les cimes de la pensée ou de la poésie, Zweig explique ce qui fait le génie de Dickens. Son art consiste à décrire avec un sens aigu de la vérité les défauts et les vices de la société victorienne, mais son regard, cruel et lucide, n'oublie jamais d'être généreux et tolérant. Chez Dickens comme chez Dostoïevski ou Balzac, dans des styles très différents, même les vaincus ont quelque chose de bon à nous apprendre, même les méchants sont des héros. « Grands par la force d'âme », ou par la magie de l'art qui les transfigure, ils méritent également qu'on se souvienne d'eux. Les livres se doivent de faire aimer la vie, en la faisant mieux comprendre. Pour Zweig, fils de la tradition humaniste, l'art est missionnaire : il enseigne les hommes, il doit, bel idéal, les rendre meilleurs. Esprits cyniques, s'abstenir...

De ces trois écrivains, qui n'incarnent pas le génie d'un peuple, mais celui d'une volonté créatrice, d'un projet, d'une idée, il fait des maîtres, c'est-à-dire des guides qui éclairent les hommes quand ils sont dans la nuit, tourmentés par leurs passions ou égarés dans l'Histoire. C'est à Salzbourg qu'il a conçu le projet d'une œuvre, dont *Trois Maîtres* serait, en termes d'architecture, le fondement ou le premier pilier. Il l'appellera les Architectes du monde *(die Baumeister der Welt)*. Elle comprendra d'autres volumes, bâtis comme celui-là, sur la comparaison entre trois génies, de nature différente, mais également bénéfiques à l'humanité. Son choix est très subjectif – jamais Zweig ne se lance dans un projet sans s'y impliquer de tout l'élan de sa sensibilité. Aussi en a-t-il tracé le plan selon ses affinités et ses attirances, en termes d'amour. Dans tous ses essais, sa rigueur d'analyse ou de documentation n'a d'égale que sa passion – l'écriture lui permet de vivre en osmose, le temps d'un livre, avec les créateurs qu'il admire et dont il éclaire sa propre vie et la nôtre.

En 1925, il publie *Le Combat avec le démon (Der Kampf mit dem Dämon)*, qu'il a également écrit à Salzbourg, trois portraits de poètes maudits, de langue allemande : Hölderlin, Kleist, Nietzsche.

En 1928, ce seront *Trois poètes de leur vie (Drei Dichter ihres Leben)* : Stendhal, Casanova, Tolstoï.

Enfin, en 1931, *La Guérison par l'esprit (Die Heilung durch den Geist)* : Mary Baker-Eddy, Mesmer, Freud.

Comme Plutarque qui, dans ses *Vies parallèles*, décrivait simultanément un Grec et un Romain pour souligner, dans leurs oppositions et leurs parentés, un certain type d'homme, Zweig utilise la comparaison comme un éclairage. Pour un portraitiste, cette manière de jouer des contrastes et des harmonies est un secret plastique. « La comparaison, écrit Zweig dans son introduction au *Combat avec le démon*, nous a toujours paru un élément fécond, créateur, et nous l'aimons en tant que méthode parce qu'elle s'applique sans violence. Elle enrichit dans la mesure où la formule appauvrit ; elle rehausse toutes les valeurs en provoquant des clartés par des reflets inattendus et en entourant d'espace profond, comme un cadre, le portrait qui se dégage. » Loin d'ériger cette méthode en système, il propose ses exemples, trois esquisses lumineuses, à notre réflexion. Ses triptyques sont des invitations au rêve, à la méditation. Employant un « nous » de modestie, qui cache un « je » subtil et passionné, il se définit lui-même comme « psychologue par passion, créateur volontaire » et affirme n'exercer son art qu'« au gré de ses affinités profondes ».

Kleist, Hölderlin et Nietzsche, il les a choisis – en opposition totale avec ses Trois Maîtres qui sont des « créateurs de monde », des constructeurs – pour leur inquiétude primordiale, cette force de destruction qui les habite et qu'il appelle leur démon. « Sans lien avec leur temps, incompris de leur génération, ils passent comme des météores, rayonnant d'une brève lumière dans les ténèbres de leur mission », ce sont des possédés – esclaves de leurs hantises, ils finissent dans le suicide ou la folie – mais aussi des magiciens. Ils laissent chacun une œuvre, sorte de diamant noir dont l'éclat le fascine et renvoie une autre image de l'humain, plus dangereuse, plus effrayante, aux prises directes avec l'au-delà, avec l'infini. Dans ce livre, on sent Zweig impliqué, torturé lui-même par ces histoires de démons : « comme si la nature avait laissé au fond de nos âmes un peu de son ancien chaos dont nous ne pouvons nous défaire..., le démon c'est le ferment qui met nos âmes en effervescence ». On le devine fraternel, il partage avec ces splendides héros de l'esprit un mal de vivre profond, une inquiétude dont malgré ses efforts il ne peut se défaire. Balzac, Dickens, Dostoïevski lui en imposaient. Kleist, Hölderlin, Nietzsche lui tendent la main, il communie avec leur destin tragique. Il ne se contente pas de les admirer, il les aime et se range – modestement – de leur côté.

Opposant aux poètes démoniaques – qu'habite un démon –, les anti-démoniaques, dont Goethe lui paraît être le prince, reprenant l'opposition classique des apolliniens et des dionysiaques, des amateurs de beauté pure et de désordre inspiré, des hommes qui cherchent et construisent l'harmonie et des hommes qui sont la proie de leurs peurs, de leurs obsessions, on le sent déchiré, hésitant. Lui-même, tellement éduqué, tellement policé, n'est-il pas sur la voie que Goethe a tracée, celle qui conseille de régler son compte aux démons et conduit à la paix intérieure ?

Tourmenté par ce que Friderike nomme ses fantômes, il peine à pacifier les tendances contradictoires et sombres qui souvent l'envahissent à son tour, tels ces poètes maudits dont la personnalité funeste lui est familière et l'attire. En dépit d'une apparence bourgeoise et d'un style maîtrisé, Zweig, qui admire les esprits positifs, constructeurs, puissants, est un artiste fragile, douloureux, et chez qui la sensibilité prime largement l'intelligence ou la raison. Selon sa classification, si l'on veut bien ne pas s'arrêter à la surface des choses, il est un *démoniaque*. Son œuvre, sa vie le prouveront.

Dans sa manière d'écrire, le feu court à travers les mots, les phrases. Sa prose n'est pas paisible ni sage. Hypersensible, émue, elle suit l'inspiration, le rythme ou plutôt l'arythmie de son cœur. Passionnée, exaltée, elle est finalement domptée dans la douleur.

Trois poètes de leur vie (Stendhal, Casanova, Tolstoï) présente des créateurs qu'il appelle introspectifs, consacrés à l'exploration de leur personnalité profonde et, signe particulier, auteurs d'autobiographies. Le moi est le médium et le centre de leurs ouvrages. La tentative de ces artistes, mille fois répétée à travers romans et pièces de théâtre, récits et essais, sous des facettes renouvelées, changeantes, n'est autre que la représentation de soi. Casanova avec naïveté, Stendhal avec un art consommé de la psychologie, Tolstoï enfin avec une dimension éthique et religieuse. Zweig lève le voile sur les arcanes de la création et les rapports intimes de l'auteur à l'œuvre. Laissons casanovistes, stendhaliens ou tolstoïens méditer sur ces pages où l'analyse atteint les sommets de l'érudition et de la subtilité et jette une lumière inattendue, nouvelle, sur des écrivains trop connus et mal connus. Ce livre intéresse tout autant pour ce qu'il dit des rapports de l'auteur avec le thème de sa trilogie – ce qui, de la vie d'un artiste, passe à l'œuvre, la fonde et la soutient. Zweig, qui écrira un jour son autobiographie, est-il un introspectif ? Ou bien cache-t-il ses démons dans son œuvre, comme le plus sûr moyen de les juguler, de les enfouir encore plus profond, là où les abîmes les absorbent jusqu'à ce point de la conscience où on ne les ressent plus, mais où ils continuent leur travail de sape, efficace et terriblement destructeur ?

L'introspection, en vérité, n'est pas son fort, et il suffit de lire *Stendhal, Casanova, Tolstoï* pour comprendre, à son ton et à son style, qu'il ne s'y est pas autant impliqué que dans le livre précédent. Sa pudeur le gêne, comme son éducation. Il se regarde rarement dans le miroir, mais plutôt à travers d'autres personnages qui lui renvoient une image fraternelle et fragmentée, comme un morceau de lui-même. Il procède prudemment, par étapes, par fragments précisément. Son étude n'est pas globale. Elle est chaotique, zigzagante. Zweig, en homme qui a peur de soi, ne plonge pas dans ses affres et esquive ses peurs. Il ne peut les définir que par le biais d'autrui, quand celui-ci, par une ressemblance dite, peut venir à son secours. Seul, il panique, il fuit. Il refuse de descendre dans ses propres abîmes. La vision de ses zones d'ombre lui est insupportable, et dans l'autobiographie qu'il écrira avant de mourir, promenade nostalgique et simplifiée dans son passé, il a gommé tous ses dangers, tous ses vertiges, pour ne livrer de lui qu'un seul côté du miroir, la face brillante, sereine et policée. Comme si Zweig, sur le point de disparaître, n'était pas lui-même, mais un autre. De l'autre côté du miroir, son démon, son double.

Il y a chez Zweig une impossibilité à être soi tout à fait, à réconcilier son *moi* et son *surmoi*, sa vérité et son mystère. Le docteur Freud, illustre Viennois dont il sera l'ami, l'aurait peut-être aidé à opérer cette précieuse alchimie, s'il avait consenti à s'abandonner à la confession. Mais Zweig, que fascine la psychanalyse, ne se prêtera jamais à l'exercice. « La Vérité ne se montre qu'aux initiés », écrit-il sous forme d'énigme à propos de Stendhal. Ce qui fait le prix de son œuvre, aux yeux du lecteur attentif et fidèle, c'est qu'échappée aux arcanes du freudisme, elle ne l'en instruit que mieux du combat inégal des êtres avec leurs démons secrets.

Zweig et Freud

Dans les années vingt, le docteur Freud jouit d'une notoriété mondiale et l'écrivain Elias Canetti lui rend ce curieux hommage en soulignant qu'il est avec Albert Einstein le Juif le plus fameux de la planète. Né en 1856, il va sur ses soixante-dix ans, de cette allure énergique et sereine de bon père de famille qui étonnait ceux qui le rencontraient la première fois, et à cause de sa réputation sulfureuse, l'imaginaient en Méphistophélès. Le docteur Freud, depuis qu'il exerce la médecine, habite avec son épouse et sa dernière fille (il a eu six enfants), 19 Berggasse, à Vienne, où il mène une vie réglée, tranquille, tout entière consacrée à ses travaux. Il a fondé la Société internationale de psychanalyse en 1910 et publié avant guerre, faisant scandale et s'attirant les foudres de la faculté, ses livres capitaux : de ses premières *Etudes sur l'hystérie*, qui lui ont valu auprès de ses collègues psychiatres d'être marqué du sceau du ridicule et de l'infamie, à *L'Interprétation des rêves* (1900), de ses *Essais sur la théorie de la sexualité* (1905) à *Totem et tabou* (1913), en passant par les incontournables *Leçons sur la psychanalyse*, il n'est pas un seul de ses ouvrages, écrits dans une prose si nette et claire qu'elle ressemble à un scalpel, qui n'ait provoqué de tempêtes au milieu desquelles il est passé, comme un cygne sur un lac, imperméable aux menaces et rebelle à toute concession. Il a tenu le cap et, s'il compte encore, à Vienne en particulier, mais aussi en Europe et même en Amérique, nombre d'ennemis et de détracteurs qui le traitent de charlatan, de fou ou d'obsédé sexuel, et s'adonnent à dénigrer sa science, si l'Université le boude et refuse de considérer ses recherches avec sérieux, ses idées, elles, ont fait du chemin et gagnent de jour en jour sur l'obscurantisme et les préjugés. Ce que Zweig admire avant tout dans le personnage, c'est sa force – sûr de son message, Freud avance contre vents et marées, et fait avec lui avancer le monde, apportant dans le domaine de la connaissance un progrès décisif. Freud, aux yeux du romancier qu'est Zweig, vaut aussi par cette manière tranquille de dire les choses sans détours, de les nommer par leur nom, seraient-elles taboues, de toujours les regarder en face. La vérité, devant laquelle la plupart se voilent la face, parce qu'elle les éblouit ou leur fait peur, est l'alliée de ce savant, le plus têtu, le plus courageux des hommes. Freud a obtenu, dit Zweig, la fin du règne de l'hypocrisie. Avec lui, le jour se lève enfin sur les abîmes où se cachent nos blessures, d'où viennent tous nos maux.

« Professeur extraordinaire au milieu de professeurs ordinaires », ainsi qu'il l'appelle dans un des chapitres de *La Guérison par l'esprit*, en jouant des titres universitaires qui lui furent toute sa vie refusés – le professeur *extraordinarius* est, on le sait, peu de chose à Vienne, comparé au professeur *ordinarius* –, Zweig attache une importance extrême à ses travaux et n'a pas attendu l'après-guerre pour lui rendre un hommage appuyé. Dès 1908, l'année de *Thersite*, il lui adresse chacun de ses livres pour lui dire son admiration puis sa fidélité. Peu d'écrivains peuvent comme Zweig se déclarer amis de Freud depuis la première heure, avant même la fondation de la Société internationale de psychanalyse. Zweig n'a jamais douté de la portée du message freudien ni de sa vérité. En 1920, date de leur première rencontre à la Berggasse, dans la célèbre antichambre, l'année de la parution d'*Au-delà du principe de plaisir*, un des ouvrages les plus controversés de l'auteur, il lui écrit ces mots : « J'appartiens à cette génération d'esprits qui n'est redevable presque à personne autant qu'à vous en matière de connaissance, et je sens, avec cette génération, que l'Histoire est proche où votre exploration de l'âme, d'une si considérable importance, deviendra un bien universel. »

Il lui dédicacera un exemplaire de *Trois Maîtres*, « au Grand Guide dans l'Inconscient », et lui dédiera son *Combat avec le démon*, qui est de tous ses livres le plus intime, le plus susceptible d'intéresser un psychanalyste : « Au professeur Sigmund Freud, à l'esprit perspicace, au créateur et à l'inspirateur. » Il lui rendra visite à plusieurs reprises, seul ou avec des amis qu'il lui amène, comme Romain Rolland ou Jules Romains ou, plus tard Salvador Dali ; il lui écrira régulièrement, Freud répondra à chacune de ses lettres comme à chacune de ses visites par un mot courtois, chaleureux parfois, et Zweig, fidèle jusqu'à la fin, prononcera un jour à Londres sur sa tombe une oraison funèbre. Mais il ne se sera jamais couché sur le célèbre divan du docteur Freud. Même si – et peut-être, parce que... – il avait certainement beaucoup à lui dire.

A Jules Romains qu'il tutoie et qui est, de tous ses amis européens, le plus proche par l'âge et le cœur, qui le félicitait sur son *Combat avec le démon*, et relevait non sans malice la parenté de l'auteur avec ses prestigieux modèles, il confie : « Je suis au fond un homme terriblement passionné, en proie à toutes sortes de sentiments violents. Je n'arrive qu'à force de maîtrise à un comportement plus ou moins sensé. » C'est un aveu des plus rares et des plus surprenants, quand on connaît sa réserve et que seule pouvait provoquer une grande intimité avec son interlocuteur. Zweig est un homme d'une extrême pudeur, parle peu de lui et s'efforce de renvoyer une image maîtrisée de son être.

    Ses conflits sont violents, et le plus souvent refoulés – un terme qui, il le sait, est une des clés de la démarche freudienne. Il le reconnaît lui-même : il est victime, comme toute sa génération, d'une morale répressive et hypocrite qui, se fondant sur cet axiome que *naturalia sunt turpia* (les choses naturelles sont honteuses), condamne tout élan vital, sexuel, hors du droit chemin du mariage, à la clandestinité. Dans ses souvenirs, il consacrera un long chapitre, « Eros Matutinus », à ses regrets, à ses rancunes : il se plaint encore, à soixante ans, du poids des contraintes qui ont pesé sur sa jeunesse, entravant ses libertés, l'obligeant à des dissimulations, à des cachotteries, et faisant de lui un adulte contrit et plein de complexes. Il reprochera à son éducation et à la société qui fut la sienne de lui avoir dicté mille interdits et, en l'opprimant, de lui avoir refusé ce dont il ne jouira jamais, « le sentiment de la confiance en soi et de la sécurité intérieure ». Les angoisses de Stefan Zweig, ce qu'il appelle son inquiétude fondamentale, ont évidemment leur source dans son adolescence bourgeoise. Il ne s'affranchira jamais de la tutelle morale de son époque et de son milieu. Les principes de sa jeunesse l'ont marqué au fer rouge, et s'il se rebelle contre toute atteinte à ses libertés, si chèrement acquises, il n'en est pas moins meurtri, et a le sentiment de mener un combat perdu d'avance contre ce qui est profondément inscrit en lui. Sa volonté lui ordonne de se débarrasser de ses chaînes et de laisser libre cours à ses rêves, à ses désirs. Si lucide soit-il, il n'y parvient pas, dans le domaine de l'amour. Il souffre de tant d'inhibitions qu'il ne s'exprime que dans le secret. Il y a en lui une vraie dualité, dont il a conscience mais qu'il ne peut résoudre. Passionné, enthousiaste, et d'une sensibilité exacerbée, il jugule ses élans, passe ses désirs à l'eau froide et offre aux gens qui le croisent la vision impeccable, tirée à quatre épingles, d'un gentleman un peu pincé, très comme il faut, dont la vie et les mœurs, la pensée, les actes et la morale sont forcément irréprochables.

Sans même la soumettre à une psychanalyse littéraire en règle, sans chercher l'origine d'un complexe d'Œdipe et la part névrotique du narcissisme, mais puisque lui-même nous a indiqué cette force d'inquiétude qui lui pèse et ces traces flagrantes de refoulement, son œuvre suffirait à illustrer son drame. Quel dommage que le docteur Freud n'ait pas étudié le cas Zweig ! Car le thème principal des nouvelles qu'il ne cesse d'écrire et qui rythment sa vie depuis qu'il a vingt ans, ce qu'un musicien appellerait le motif, c'est-à-dire la note obsessionnelle, n'est autre que le secret. En allemand, *Geheimnis*. Le mot mériterait d'être répertorié dans l'œuvre. Sauf erreur de notre part qui ne nous prétendons pas exégète, il n'apparaît qu'une fois dans un titre, accompagné d'un adjectif révélateur – *Brûlant secret (Brennendes Geheimnis)*. Mais il est présent un nombre inouï de fois, inlassablement répété au cœur de ses histoires qui reposent toutes, en effet, sur un brûlant secret. Il torture sans exception ses personnages de fiction. Quel homme et quelle femme, dira-t-on, n'est pas selon la formule célèbre de Malraux, un misérable petit tas de secrets ? Personne n'est tout à fait lisse, tout à fait franc. Mais chez Zweig, dans le monde opaque et moite de ses nouvelles, chaque individu est un martyr qui porte en son sein son propre bourreau. Le secret n'est pas accessoire, il est la clé. Chacun de ses personnages se débat avec ce quelque chose, inavoué, informulé, enfoui au plus profond de lui où il croit l'avoir oublié, mais qui un jour remonte à la surface, menaçant un équilibre précaire, ou miraculeux.

Dans les nouvelles que Zweig écrit dans les années vingt, le secret est donc un leitmotiv. Dans *La Peur* (1920), une jeune femme croit que son mari a découvert le secret de sa double vie amoureuse. Saisie de panique jusqu'à perdre le sentiment de son identité, dépossédée de son secret mis au jour cruellement, elle est menacée de folie, et bien que tout finisse heureusement, l'ombre de la violence mentale est passée sur le livre. La peur tient à ce que le voile se lève brutalement sur le mystère. Dans *Amok* (1922), un médecin de retour de Malaisie, confie son secret à un passager anonyme, qui racontera son histoire : il a provoqué la mort d'une jeune femme, dont il était fou d'amour, en refusant de l'avorter de l'enfant d'un autre. Elle s'est livrée aux mains d'une sorcière chinoise et après lui avoir fait jurer de ne pas la trahir, elle est morte dans ses bras, emportant son brûlant trésor. Dans *Lettre d'une inconnue* (1922), une autre jeune femme sur le point de se suicider avoue à un écrivain à succès tant féminins que littéraires, séducteur et mondain, qu'elle l'aime depuis près de vingt ans, qu'elle a eu un enfant de lui sans qu'il le sache, et qu'il ne la reconnaîtrait pas dans la rue s'il la croisait. Elle est passée à côté de sa vie sans qu'il la remarque seulement, elle le remercie du bonheur illicite qu'il lui a donné et qu'elle n'a partagé avec personne. Son enfant est mort. Dépossédée de tout (encore un mot important de l'œuvre : dépossession), alors que la destinée lui arrache ce merveilleux morceau de vie dont il lui avait fait cadeau malgré lui, elle décide de quitter le monde, non sans lui écrire ce qu'elle a à lui dire – son beau et mortel secret. Elle ne lui laisse même pas son nom. Dans *Vingt-quatre heures de la vie d'une femme* (1927), un jeune homme ne peut plus se passer du jeu. Il hante les casinos et, une dernière nuit, à Monte-Carlo, avant un geste fatal, il se confie à une femme, seule et malheureuse, que son secret transforme et anime d'une étrange façon, en lui révélant l'amour. Mais c'est certainement *La Confusion des sentiments* (1927) qui campe le mieux la place du secret dans une vie humaine. La nouvelle raconte l'histoire ambiguë, délicate dit Zweig à son éditeur, d'un jeune homme et de son professeur, un spécialiste du théâtre élisabéthain, dont l'homosexualité, improbable puis suggérée est enfin clairement dévoilée. Zweig, qui n'a pas craint de choisir un sujet tabou en ce premier tiers du siècle, peint l'attraction réciproque des deux hommes, naïve et sans la conscience du péché de la part de Roland, plus perverse et plus douloureuse chez le professeur. Le drame se noue selon une progression implacable, et dans une atmosphère de plus en plus pesante, de plus en plus étouffante, avec des tentatives de fuite, des jeux de masques et des dissimulations, en présence d'une femme chaleureuse et piquante – la jeune épouse du professeur. Elle n'est qu'un contrepoint au véritable amour qui se dévoile dans la plus totale « confusion de sentiments ».

Dans un sonnet qui ouvre le recueil d'*Amok*, Zweig qui n'a pas renoncé à la poésie, écrit ces vers :

Seule la passion qui trouve son abîme
Sait embraser ton être jusqu'au fond ;
Seul qui se perd entier est donné à lui-même.

Alors, prends feu ! Seulement si tu t'enflammes,
Tu connaîtras le monde au plus profond de toi !
Car au lieu seul où agit le secret, commence aussi la vie.

Le secret conduit les héros de Zweig à cette dualité qu'il avouait pour lui-même, et auquel Freud, refusant le terme, lui préférait « ambivalence ». « Il y a en toi deux hommes, déclare l'inconnue dans sa lettre : un jeune homme ardent, gai, tout entier au jeu et à l'aventure, et, en même temps, dans ton art, une personnalité d'un sérieux implacable, fidèle au devoir, infiniment cultivée et raffinée... Tu mènes une double vie, une vie dont une face claire est franchement tournée vers le monde, tandis que l'autre face, plongée dans l'ombre, n'est connue que de toi seul. » On ne saurait mieux dire. Cette profonde dualité, sans nul doute le secret de Zweig et la clé de ses personnages, fonde sa personnalité et orchestre toute son œuvre. Il y a d'un côté la face claire de l'écrivain : sa vie de conférencier, d'essayiste, de biographe, et même de dramaturge, tournée vers les autres et vers son époque, curieuse d'innovations et de connaissances, érudite et parfaitement maîtrisée. Et puis de l'autre, la face sombre, qui prête aux rêves et aux interprétations, celle dont témoigne avec une subtilité et un raffinement extrêmes, l'ensemble de ses récits, de ses romans et de ses nouvelles, qu'il nomme avec amour ses créations. Il s'y laisse deviner, avec ses angoisses, ses faiblesses, ses vertiges et ses tentations. Si l'homme souffre d'ambivalence, l'écrivain, lui, est clairement dédoublé. A l'écriture sereine et lumineuse des biographies, articles ou conférences, s'oppose celle des créations, plus caressante, plus vibrante sur fond de nuit ou de brouillard.

La vérité des premières est d'ordre objectif, historique, explicatif. Celle des secondes d'ordre subjectif, sensible ou divinatoire. Mais elle est la plus proche du brûlant secret de Zweig. Freud ne s'y est pas trompé. Alors qu'il répond en deux ou trois lignes, polies mais indifférentes, à l'envoi des essais et des biographies – seul le *Dostoïevski* lui arrache une longue lettre, parce qu'il n'est pas d'accord avec l'interprétation que donne Zweig de l'hystérie du sujet et lui refuse le droit de parler d'épilepsie –, il se passionne pour les nouvelles. Et comme il est chaque fois sincère, jusqu'à la brutalité, Freud dit ce qui lui plaît et ce qui ne lui plaît pas. L'écriture des textes est digne selon lui d'être psychanalysée. Zweig se délivre de ses démons en écrivant, comme d'autres en venant parler sur son divan. *Vingt-quatre heures de la vie d'une femme* est, de toutes, sa préférée : en la lisant, il y a décelé une « fixation libidinale » de la part de l'héroïne, et des substituts d'« onanisme » et de « masturbation »...

Dans sa lettre du 4 septembre 1926, il avoue s'être également intéressé, quoique moins qu'à la précédente, à *La Confusion des sentiments* et livre à Zweig les réflexions qu'elle lui inspire sur l'amour d'homme à homme : « La nature humaine est bisexuelle », lui écrit-il au passage. Il veut surtout rendre hommage à la finesse et à la sincérité de l'auteur. « Cette démonstration, dit-il, se fait avec tant d'art, de franchise et d'amour du vrai, elle est si libre de tout mensonge et de toute sentimentalité propre à notre époque que je reconnais volontiers ne rien pouvoir m'imaginer plus réussi[1]. »

Freud ne sera agacé que par un seul ouvrage de Zweig : le *Freud* précisément, qui figure avec Mesmer et le Mary Baker-Eddy, dans la trilogie de *La Guérison de l'esprit*. Une cohabitation gênante, des simplifications proches selon lui de la caricature – « le gaillard est plus compliqué ! », proteste-t-il dans une lettre à l'auteur – et un désir de vulgariser le message de la psychanalyse l'ont mécontenté. Il lui reproche surtout de ne pas avoir parlé du procédé de libre association, qui est « l'innovation la plus remarquable de la psychanalyse », mais pardonne aisément tous ces défauts à Zweig, dont l'intention n'était après tout que de faire mieux comprendre et mieux aimer l'incompris. « Qu'on n'aime pas son propre portrait ou qu'on ne s'y reconnaisse pas, lui écrit Freud, c'est là un fait banal et bien connu. » Ils demeureront toujours en bons termes et en étroites relations, avec cet espace que marque entre eux l'expression de la « profonde et fidèle admiration » de Zweig. « Monsieur le Professeur » – *Herr Professor* – n'y répond que « cordialement ».

---

[1]. La correspondance de Freud et Zweig, traduite par Gisella Hauer et Didier Plassard, est publiée aux éditions Rivages (1991).

Le désir dans la nuit

Les nouvelles de Stefan Zweig ont pour décor la nuit ou la tombée du soir. Officiant autour d'un secret long et douloureux à porter à la lumière, elles baignent dans une pénombre plus propice aux confessions intimes que la clarté du jour, et reflet des zones obscures de la conscience où sont enfouis les mystères. *Conte crépusculaire*, paru en 1911 dans le même recueil que *Brûlant secret, La Nuit fantastique* et *La Ruelle au clair de lune*, parus en 1922 dans le même recueil qu'*Amok*, définissent dès le titre l'atmosphère qui baigne toute son œuvre de fiction. *La Peur* se déroule en extrême fin d'après-midi, à cette heure entre chien et loup où, cachant son visage sous un voile noir, sort de la garçonnière de son amant la femme adultère. *Vingt-quatre heures de la vie d'une femme* a pour cadre une nuit enténébrée, où brillent les lumières artificielles d'un casino. *La Confusion des sentiments* fait une grande place à l'ombre, aux rêves nocturnes, à la mélancolie du soir. Mais c'est *Amok* qui souligne le mieux cette opposition du monde entre l'apparence et les profondeurs, les choses connues et les énigmes souterraines : sur le paquebot, le narrateur, inconfortablement installé dans une cabine sans air, somnole tout le jour et, la nuit tombée, aux premiers accords de l'orchestre, monte sur le pont et vient fumer devant la mer – une étendue si noire qu'elle se confond avec l'air, avec le ciel, il n'en distingue rien. C'est dans ce *no man's land*, cette espèce d'enclave nocturne, qu'il croise un passager – le médecin –, tout aussi insomniaque que lui et que ravage un drame inavoué. Il va se mettre à parler, tout en tirant sur une pipe dont la fumée blanche anime à peine l'obscurité. Le narrateur ne peut ni voir le visage ni discerner les traits de l'homme dont l'histoire, pareille à la vieille catharsis d'Aristote, est une tentative – qui échouera – de se libérer lui-même, se purifier de son horrible secret. Sans la nuit, il serait resté muré dans son silence. Mais la nuit, apparemment, le délivre. La délivrance des héros de Zweig, par l'aveu du secret, a toujours lieu grâce à cette lumière plus ou moins obscure ou tamisée, qui évoque celle des confessionnaux ou des cabinets de psychanalyse, et qui atteint dans *Amok* l'opacité.

« Entre moi et la réalité immédiate, il y avait une cloison de verre que je n'avais pas la force de briser », dit le personnage de *La Nuit fantastique*. Il y a toujours un écran quelque part entre la vérité et ce qu'elle cache, comme entre le rêve et la vie. L'humanité que décrit Stefan Zweig hésite entre deux mondes antagonistes et complémentaires. Le jeune homme du *Conte crépusculaire* avoue que « sa vie ultérieure ne lui est plus apparue que comme un rêve, une illusion, comparée à la réalité du souvenir ». Les deux mondes s'entremêlent, aspirent à se ressouder, et c'est cette souffrance à ne pouvoir vivre dans l'unité, c'est ce combat pour réconcilier en soi la lumière et le mystère, qui font l'originalité et la beauté des nouvelles. Présentant l'édition française d'*Amok* en 1926, Romain Rolland, inspiré par « un devoir fraternel », ne s'y est pas trompé : il souligne chez l'auteur « la dualité, qui l'inquiète en lui, du *Blut* et du *Geist*, de l'instinct vital et de l'esprit ». L'essentiel pour Stefan Zweig est d'oser descendre, ainsi qu'il l'écrira avec ferveur dans *La Confusion des sentiments*, « dans les caveaux, dans les cavernes profondes et dans les cloaques du cœur où s'agitent, en lançant des lueurs phosphorescentes, les bêtes dangereuses et véritables de la passion, s'accouplant et se déchirant dans l'ombre, sous toutes les formes de l'entremêlement le plus fantastique ».

Cette ambivalence de sa personnalité, qui est la source et la beauté de son œuvre, explique aussi sa vie privée, également déchirée, également dédoublée, et qu'il eut tant de mal à concilier. Friderike Zweig appartient bien sûr à la face claire de l'organisation. L'épouse officielle, la maîtresse de maison de Salzbourg, est l'intendante du foyer, la gouvernante et la gardienne. Elle veille sur son époux, le rassure, l'encourage, l'aide à trouver le calme, si étranger à sa nature, dont il cultive douloureusement la nostalgie. Assumant son rôle avec un sens exemplaire, elle se plaint parfois d'être vouée à un travail ingrat : « J'étais là pour assurer la sécurité de la vie quotidienne, dira-t-elle dans ses Mémoires, et pour écarter les inquiétudes. Il fallait procéder si possible de façon prophylactique. Je devais être la gardienne de son monde et le protéger des perturbations extérieures. Cela signifiait, bien que cela fût rarement dit, que je ne devais plus avoir de monde propre, de travail propre. Le cercle était vaste, mais je devais m'y maintenir. » Elle trouve elle-même un équilibre grâce à ses enfants et aux romans qu'elle écrit, légers et cristallins. Car Zweig prend l'habitude de se reposer sur elle de tout ce qui l'ennuie, de tout ce qui le tourmente. Il ne peut affronter la vie sans une aide solide, sans ce que Salvador Dali qu'il rencontrera par la suite appelle pour lui-même, également fragile et hanté de démons, une béquille. Comme Gala, la femme de Dali, Friderike est une béquille. Un jour, sans elle, parce que sa force tranquille lui manquera et que l'autre femme ne saura pas y remédier, Zweig s'effondrera.

Quant à la plongée dans la pénombre, avec ses épisodes qu'il tient soigneusement secrets, son autre vie consacrée à des aventures, d'un érotisme, s'il faut l'en croire, aussi torride qu'essentiel, on n'en sait à peu près rien sinon qu'il l'a cultivée, aimée et recherchée, puisque son journal et quelques confidences à de rares amis en portent trace. « Si la vie est en soi pleine de séductions et de surprises, à plus forte raison la double vie ! », écrira-t-il. Il chérit autant l'ambiguïté que le secret, et dépend tout entier du périlleux équilibre qu'il souhaite établir entre ses deux exigences, clarté et mystère doivent cohabiter en lui. Cette ambivalence fondamentale l'amène naturellement à diviser l'amour : à l'attachement conjugal, officiel et avouable, correspond de l'autre côté du miroir, le plaisir, qu'il voue sinon tout à fait à la clandestinité, au moins à un destin parallèle, éminemment discret. Le poids d'interdits qui a pesé sur ses jeunes années a conduit Stefan Zweig, selon un schéma où Freud n'aurait rien vu d'original, à ne pouvoir envisager l'amour que sous deux formes irréconciliables ; il sépare la tendresse et le désir, le respect et la jouissance. Les passions qu'il décrit dans ses livres, idéalisées, portent toutes le reflet de cette dichotomie. Aucune femme ne pourra jamais lui donner le bonheur d'un amour total, à la fois *Blut* et *Geist* comme dit Romain Rolland, esprit et élan vital, auquel il aspire sans pouvoir l'atteindre, et qui laisse dans sa biographie le dessin en creux d'un fantôme exquis, une absence.

Zweig, l'ami européen

Amok, les lecteurs de Zweig le savent déjà, désigne en dialecte malais – la nouvelle se passe dans une colonie hollandaise – une espèce d'ivresse qui s'empare d'un individu avec la violence de la foudre, et le rend fou furieux. Pour Zweig, l'amok est un type d'homme ou de femme, possédé par une passion. Une force obscure et dangereuse lui fait perdre la raison et le contrôle de soi, et le pousse à agir selon d'autres lois, souterraines et dangereuses. Il y aura toujours un amok dans chacune de ses nouvelles, l'amok est le personnage zweiguien par excellence, celui qui a rendu les armes au démon.

La peur d'être amok est au cœur d'un homme qui n'aura eu de cesse, toute sa vie, d'exercer sur lui-même, sur l'ensemble des forces irrationnelles qui le tourmentent, un étonnant contrôle. En homme qui se fixe des lois, il ne s'abandonne pas davantage au naturel ni au repos. Il vit dans la tension et dans l'effort sur soi. Aux autres, c'est-à-dire à ses amis, il essaie de donner le meilleur, comme dans ces conférences qui, au lendemain de la guerre, s'organisent en tournées, et lui prendront désormais – il le déplore – beaucoup de temps et d'énergie. Mais parler est, à ses yeux, capital, écrire ne suffit pas pour accomplir cette mission dont il se veut investi : convaincre. Il ne sillonne pas les provinces allemandes, les pays étrangers dans la seule intention de promouvoir ses livres, mais par prosélytisme, afin de répandre un message qui, sous diverses formes, sera toujours le même, celui du réconciliateur. Dès 1920, devant un public nombreux, il prononce une conférence sur Romain Rolland, dont il vient d'écrire un portrait et chante les louanges. Il donne à ses lecteurs l'exemple de Jean-Christophe : aimer autant la France et l'Allemagne, cela se peut, cela se doit, il faut que se ferment définitivement les blessures de la guerre, que les peuples oublient les rancunes et l'esprit de revanche pour cimenter la paix. Le public allemand applaudit, les gens remplissent l'orchestre et bientôt les balcons des salles de concert ou de théâtre où il parle, seul sur la scène, debout de préférence, au nom de l'universalité. Zweig a beau avoir le trac et craindre les bains de foule, il ne se détournera plus de ce travail de missionnaire qui consiste à prouver, expliquer, démontrer la fraternité entre les hommes, en tâchant de faire comprendre les différences, et de convertir en amour les haines et l'ignorance. Le programme est vaste qui mène à l'unité, et sa parole une goutte d'eau dans l'océan, mais il tient à apporter sa contribution à l'entreprise à ses yeux capitale de l'après-guerre : sur tant de ruines, la reconstruction spirituelle.

Dès 1920, à Leipzig, à Munich, à Francfort, à Stuttgart, à Wiesbaden, à Heidelberg – il doit annuler Düsseldorf –, au total dans une douzaine de villes, il consacre trois longues semaines à parler de Rolland au public allemand. Rolland, en souriant, l'appelle son ambassadeur en Allemagne ! Mais Zweig a plusieurs sujets de conférences : il peut, au choix, parler de Balzac et de Dickens, de Berlin à Hambourg, de Kleist, de Freud, de Hölderlin en France, de Stendhal en Italie, de Casanova en Russie, il multiplie les points de vue, et trace les grands axes d'une Europe qui n'est, songeant à tous ces créateurs, qu'un seul et même espace. Il ne manque jamais une occasion de souligner les tendances profondes qui, d'un pays à l'autre, par les poètes ou les musiciens, les romanciers, les dramaturges, trament une fraternité. La réconciliation, il en est convaincu, se fera sur les bases de la culture. Une fois comprises les différences d'approche ou de caractère, elle permettra aux hommes de dépasser les contingences des frontières, et d'établir la paix – ce but tant désiré. Prônant la réconciliation pour que l'Europe connaisse des lendemains meilleurs, il manifeste à sa manière l'unique engagement politique qu'il contractera jamais, l'humanisme. Par ses livres mais tout autant par ses articles et par ses conférences, il a conscience d'échapper à l'égotisme, cette tentation des artistes, et de servir une cause qui le dépasse largement, mais dont il se veut un artisan dévoué et patient, parmi d'autres. « Je crois avoir le don de servir, notre *dienen*, écrit-il en français à Romain Rolland, le 12 août 1923. Vous savez, après ce que je vous disais, que je paie ce don d'une impuissance complète à dominer, à être chef, à prendre des responsabilités. » La seule responsabilité qu'il se reconnaisse est de parler et d'écrire au nom de l'homme, au nom de la paix.

Chaque année, après quelques mois d'une retraite studieuse à Salzbourg et un ou deux séjours à Vienne où il rend (rapidement) visite à ses parents vieillissants, le voit sur les routes, avec son bâton de pèlerin. En 1920 et 1921, il consacre ses efforts à l'Allemagne et à l'Autriche, à la Tchécoslovaquie et à la Suisse. Dès 1922, il renoue avec les pays dont il a été trop longtemps séparé en raison de la guerre, l'Italie d'abord où il s'entretient avec de vieux amis, G.A. Borgese et le peintre Alberto Stringa. Puis c'est la France. En mars 1922, à l'hôtel des Colonies, proche du Palais-Royal et de la Bibliothèque nationale, il écrit à Friderike, demeurée à la maison, que sa première visite a été pour le Louvre, et qu'il a eu les larmes aux yeux à la pensée sinistre qu'une bombe prussienne aurait pu détruire tant de chefs-d'œuvre, tant de beautés ! Les Parisiens, en général, ne l'accueillent pas à bras ouverts, selon sa formule ; à l'accent allemand de Zweig, certains se retournent sur lui, hostiles. « Il nous faut expier pour tous », soupire-t-il, conscient d'incarner encore l'ennemi, cette figure de monstre. Décidé à poursuivre la lutte, les retrouvailles chaleureuses avec les écrivains français – les fidèles Rolland, Romains, Vildrac, Bazalgette – le confirment dans sa résolution. Réconcilier est nécessaire, dit-il. Plus que jamais. Il reviendra à Paris deux ans plus tard, renouant avec ses anciennes habitudes à l'hôtel Beaujolais qui aura été rénové, et, tout heureux de retrouver cet air léger, exquis, dont il rêve quand il est à Vienne, il s'adonne à la « flânerie » – un mot qu'il écrit toujours en français – et définit comme son « passe-temps le plus merveilleux » quand il est à Paris. Il y reviendra presque tous les ans jusqu'en 1940. Pour l'atmosphère, pour la Bibliothèque nationale, et pour ses amis. « Je vois ici du monde pour huit mois », écrit-il à Friderike, en janvier 1924. Il se dépense sans compter pour s'entretenir avec les uns et les autres, faire le point sur leurs travaux respectifs et ensemble bâtir de nouveaux projets, resserrer les liens que les séparations menacent de défaire. Zweig donne beaucoup de lui-même à ses amis. Il n'est pas un jour, ici ou ailleurs, sans qu'il voie un écrivain ou lui écrive – car tous ses amis sont écrivains. Loin d'être repliée, son existence est quête, expansion, ouverture. Zweig est un catalyseur. A travers lui, grâce à lui, s'opèrent de précieux contacts et de précieux échanges. Autour de lui, qui en est le centre, se produit un bouillonnement culturel. L'histoire littéraire de l'entre-deux-guerres n'aurait pas été aussi féconde sans lui. Sans sa présence fidèle et attentive et son inébranlable volonté d'établir et de maintenir des liens entre gens de cultures différentes, que ne divisent ni la race ni le passeport. « Je ne connais personne qui ait un culte de l'amitié plus profond et plus fervent que Zweig, écrit Rolland dans son journal. L'amitié est sa religion. »

Il lui arrive de se fatiguer de ce rôle de rassembleur et d'excitateur. « Je suis comme un chanteur de concert qui n'a plus de voix », écrit-il à sa femme, après une conférence à Heidelberg. Il s'épuise dans le tourbillon culturel, où sa culpabilité de ne pas écrire vient le rappeler à l'ordre. Après plusieurs semaines « en mouvement », passées à voir des gens et à parler sans relâche, il rentre à Salzbourg où il s'enferme, rédige d'un trait une nouvelle, ébauche un plan de biographie ou achève un essai historique. Puis repart. Sa vie sera ainsi, jusqu'à la Seconde Guerre mondiale, dédoublée, partagée entre des périodes d'agitation, de sociabilité, et des enclaves de calme, entre des voyages de par le monde et de longs séjours à Salzbourg. Et son œuvre sera pareillement divisée entre les livres, son « œuvre visible », et ses articles, lettres ou conférences dédiés à la littérature telle qu'il la conçoit, généreuse et messianique – son œuvre invisible, à laquelle il convient d'ajouter la toile de liens, d'influences, de contacts, d'amitiés, qu'il aura minutieusement tissée et maintenue entre quelques contemporains « capitaux ».

Zweig a d'abord pensé que sa maison du Kapuzinerberg serait une résidence d'été, mais le festival, créé en 1920, bouscule ses projets. Amenant à la ville de Mozart, fin juillet et pour tout le mois d'août, une foule de musiciens, de mélomanes et d'amateurs de foire ainsi qu'il nommera bientôt le festival, il se doit aux amis qui viennent jusque chez lui partager des heures de convivialité internationale. Il les invite à déjeuner ou à prendre le thé, donne pour eux quelques réceptions dont Salzbourg gardera longtemps la mémoire. Mais, gêné dans son travail, voyant menacée la raison pour laquelle il a choisi de vivre retiré en province, il décide d'y séjourner en automne et même en hiver – quand il n'y a personne, et que la ville appartient aux seuls Salzbourgeois, gens des plus tranquilles qui ne perturbent jamais son quant-à-soi. Il fera installer le chauffage central, en 1924, après avoir dû écrire pendant plusieurs mois emmitouflé, au lit, sous des couvertures, pour ne pas geler. Puis le gaz, apportant le confort, en 1927, fera du Kapuzinerberg sa résidence principale. A Vienne, il n'aura plus qu'un pied-à-terre et partout ailleurs, en Autriche, en Allemagne ou à l'étranger, il vivra en hôte de passage, exclusivement à l'hôtel.

Conciliant dans son existence deux tendances contradictoires et complémentaires, le mouvement et la méditation, comme l'extériorité et l'intériorité, il sera le Salzbourgeois volant *(der fliegende Salzburger)*, un surnom que Hermann Hesse lui a trouvé, en s'inspirant du célèbre *Fliegende Holländer*, le Hollandais volant. Sa vie sera toujours agitée et stable, comme il est lui-même passionné et raisonnable, anxieux et maître de soi. Sans Friderike, il est probable que son sentiment de culpabilité n'aurait pas suffi à l'arracher à la dispersion. Il aurait été en permanence sur les routes, dévoré par l'errance et les rencontres, les aventures qu'elle suscite, au détriment d'une œuvre qui a besoin pour se faire de longues plages de calme et de concentration. Sa femme est là pour lui rappeler qu'il « faut se préserver un peu de vie privée ». Elle sait qu'elle ne doit pas l'affronter, il ne tolérerait pas une intrusion, encore moins une contrainte dans ses affaires personnelles. Aussi dans chacune de ses lettres, pour l'inciter à « se préserver », préfère-t-elle évoquer les splendeurs de Salzbourg, elle compte sur la nostalgie pour réveiller son désir de rentrer au bercail, et écrire. « Aujourd'hui, la soirée est féerique, le givre étincelle sous un ciel constellé d'une intense clarté », lui écrit-elle le 24 novembre 1921, tandis qu'il s'apprête à fêter loin d'elle, à Berlin, ses quarante ans. A son retour, une quinzaine de jours plus tard, elle lui offrira un fauteuil à oreilles, couvert d'un tissu à fleurs, parangon du confort à l'autrichienne et invitation au rêve, sinon à la paresse. Ce fauteuil sera, jusqu'à ce que les nazis vident, après l'Anschluss, la maison enchantée, « le » fauteuil de Stefan Zweig. Il y passera les meilleures heures de sa vie, à lire et à méditer. D'un style gauche et mièvre, mais plein de gentillesse, Friderike le lui a adressé avec ces mots :

> *Repos, amok ! murmure-lui des choses douces*
> *Et de vastes idées qui séduiront les hommes,*
> *Nées de la profondeur, engendrées sans terreur,*
> *Et s'il quitte tes bras, désireux de bouger, [...]*
> *Délivre-le de ce fardeau, s'il est trop lourd*

qui résument son souci de le voir à la fois angoissé, agité par générosité, par volonté d'accomplir sa tâche missionnaire, et de se fuir lui-même. « Vis pour toi-même, écoute-toi toi-même, mon chéri », le supplie-t-elle, le plus souvent en vain.

« Cet homme doux et effacé comptait un ami dans presque toutes les villes de plus de cinq mille habitants, dira de lui l'écrivain autrichien Robert Neumann, un libraire, un membre d'une société littéraire ou l'éditeur du journal local, qui l'attend sur le quai de la gare, le présente avant sa conférence ou rédige le feuilleton dithyrambique qui paraîtra le lendemain. » Il compte des amis dans tous les pays d'Europe et il en comptera bientôt dans nombre de pays lointains, d'Argentine en Chine en passant par la Russie et les Etats-Unis. Ces amis sont parfois venus à lui, à cause de ses livres, mais il est plus souvent allé à leur rencontre, chez eux, au cours de ces voyages assidus de prêcheur de la paix.

Il faut mettre au compte de ses chefs-d'œuvre cette conférence qu'il prononce à Utrecht et à La Haye en mars 1929, à la demande de l'écrivain Lee Van Dovski, et qu'il renouvellera dans les plus grandes capitales européennes et américaines : « La pensée européenne ». Entre ses plaidoyers pour l'« Histoire de demain », telle qu'elle devrait être enseignée dans les écoles, non à travers les récits de batailles mais des grandes découvertes, la vie des savants, des poètes, des musiciens et des explorateurs. Entre ses portraits d'humanistes, vivants ou morts, qui constituent un panthéon universel, et ses tableaux de la société idéale, telle qu'il peut la concevoir dans la littérature qu'il aime, elle contient son message principal. De même que l'individu doit concilier en lui les deux forces opposées qui définissent toute vie, l'une introvertie et égoïste, l'autre extravertie et altruiste, pour « d'une part s'isoler du monde en tant que moi et d'autre part lier son moi au monde » – la vie, selon Zweig, n'est jamais autre chose que cette dualité –, l'histoire des nations européennes a connu le même conflit. Destin national et vocation supranationale s'affrontent depuis plus de deux mille ans. La nostalgie d'« une unité de sentiment, de volonté, de pensée et de vie » qui a fini par créer ce dont nous devrions être le plus fiers, la culture européenne, est ce pour quoi il vient plaider. Il ne parlera jamais au nom des différences, mais toujours au nom de l'unité.

Du haut de la chaire du professeur, avec dans la voix l'émotion lyrique qui marque ses plus beaux livres et signe son engagement personnel, Zweig ne cessera de se battre, avec ses mots pour toute arme, au service de cette utopie en laquelle il veut croire, et à laquelle il consacre une grande partie de sa vie. La conférence fera le tour du monde : « Une vraie conviction n'a pas besoin d'être confirmée par la réalité pour se savoir juste et vraie, déclare-t-il. Il ne peut être défendu à personne de rédiger lui-même dès aujourd'hui sa carte d'identité d'Européen, de se dire citoyen d'Europe, et, malgré les frontières, de considérer fraternellement comme une unité notre monde multiple. Qui pense résolument par-dessus le monde existant se crée tout au moins une liberté personnelle. […] Il ressentira alors comme un bien propre – admirable parole de Goethe – le sort de tous les peuples. » L'unité, la communion, c'est ce qu'il cherche, obstiné et tenace, malgré ses crises de découragement, dans la forêt des antagonismes et le chaos des tempéraments.

Un écrivain à succès

Publié aux éditions Insel en 1922 avec quatre autres récits, *La Femme et le paysage, La Nuit fantastique, Lettre d'une inconnue* et *La Ruelle au clair de lune*, sous le titre *Nouvelles d'une passion (Novellen einer Leidenschaft)*, *Amok* va apporter la gloire à son auteur. *Trois Maîtres* lui avait déjà attaché un petit nombre de lecteurs enthousiastes. *Amok* déclenche un phénomène qui ira se répétant de livre en livre, lui assurant un public de plus en plus vaste, en Allemagne et dans le reste du monde. Soixante-dix mille exemplaires d'*Amok* vendus en quelques mois, tout ce qu'il écrira ensuite sera sur la même lancée, d'office, et presque malgré lui, un *best-seller*. Stefan Zweig n'a jamais cherché une telle diffusion de ses ouvrages ; ayant le culte des poètes authentiques et rares, se méfiant des mirages de toute publicité comme de tout message réducteur, il s'est cru longtemps un auteur de second rang, admirateur et disciple d'écrivains qu'il estime plus grands, plus dignes d'être aimés, et qu'il se fait un devoir de défendre, d'Oslo à Saint-Pétersbourg. Or, ses livres qu'il croyait destinés à un public de *happy few* le tirent de l'ombre et le projettent tout à coup au premier rang, sur une scène où il n'est plus un compagnon, un admirateur, un comparse, mais une vedette. C'est lui que le public veut applaudir. Célèbre presque du jour au lendemain alors qu'il n'était connu que d'une élite, il voit le succès, ainsi qu'il l'écrit, « habiter » sa maison, et quoi qu'il fasse, quoi qu'il écrive, s'attacher à ses pas. Même quand il choisit de traiter un sujet austère ou difficile, les lecteurs le suivent, tous ses livres sans exception s'arrachent. *Amok* a même un effet à rebours, attirant l'attention sur des œuvres anciennes que les éditeurs ne se lasseront plus de republier. Ainsi *Brûlant secret* (1911), avant son interdiction par les nazis, en 1933, aura atteint une diffusion exceptionnelle de cent quarante mille exemplaires, dans la seule Allemagne. Chacun de ses ouvrages atteint au minimum le tirage de vingt-cinq mille exemplaires, certains comme *La Confusion des sentiments* (1926) lui vaudront en un seul trimestre quarante mille lecteurs et *Les Heures étoilées de l'humanité* atteindront le record de deux cent cinquante mille exemplaires vendus. Ces *Heures étoilées (Sternstunden der Menschheit)* ou « très riches heures » selon le traducteur français, seront lues dans les écoles comme un chef-d'œuvre, à la grande surprise de l'auteur. Le jour de la sortie de ses livres en Allemagne – n'oublions pas qu'il est édité à Leipzig –, les exemplaires s'envolent, avant qu'un seul article paraisse dans la presse. On s'arrache ses biographies comme ses nouvelles, ses essais comme les places à ses conférences. Appelées à une diffusion de plus en plus large, ses nouvelles connaissent un destin populaire : portées à la scène, récitées en public, elles seront, pour la plupart, transposées en films.

La première adaptation cinématographique est, en 1923, *Brûlant secret*, dont la version la plus connue sera celle de Robert Siodmak, dix ans plus tard. Mais presque toutes les fictions zweiguiennes donneront lieu à des films : *Amok*, dès 1927 dans une réalisation de Constantin Mardjanov, *La Peur* dès 1928, par Hans Steinhoff, sous le titre *L'Heure de faiblesse d'une femme* ; *Lettre d'une inconnue*, dès 1929, *Vingt-quatre heures de la vie d'une femme* dès 1931. Les metteurs en scène ne se lasseront pas de s'en inspirer, signant souvent à partir d'elles des films troublants et merveilleux. *Amok* sera adapté trois fois – jusqu'en 1993 ! – tout comme *Brûlant secret* et *Lettre d'une inconnue*. Gaby Morlay, Ingrid Bergman, Merle Oberon ou Joan Fontaine accrocheront leurs noms sur l'affiche, aux côtés de Max Ophüls, Fedor Ozep, Vic Saville, Andrew Birkin ou Roberto Rossellini... Les livres de Zweig auront plusieurs vies au cinéma. *Vingt-quatre heures de la vie d'une femme* sera porté six fois à l'écran entre 1931 et 1968. Zweig, témoin de l'explosion qui accueille son œuvre, les adaptations la transforment sans qu'il en prenne ombrage, aime le septième art. Il le confirme en tant qu'auteur populaire et de qualité. Mais il préférera toujours la littérature au cinéma.

« Le succès me suivait avec une obstination surprenante », résume-t-il. Digne récompense de son travail, de ses efforts, il l'est aussi de son amour : « Je suis attaché à mes livres, comme toi à tes enfants », écrit-il à Friderike, le 28 février 1925. Il se réjouit de compter des lecteurs à peu près partout dans le monde. D'Allemagne, en effet, sa vogue s'est étendue à l'étranger. En France où le Mercure de France a édité ses premiers ouvrages, et où il compte beaucoup d'amis, il a eu la chance de trouver – après Henri Guilbeaux – un traducteur d'exception, capable de rendre le plus fidèlement possible, avec un talent musical, sa prose particulière, ondoyante et sensible, et sa subtilité. Ce traducteur, Alzir Hella – un ancien ouvrier typographe –, accomplira au service de l'œuvre de Zweig, un travail considérable pendant de longues années, et lui amènera un de ses publics les plus enthousiastes. *Amok* est publié dès 1927 en français chez Stock en même temps que *Lettre d'une inconnue* et *Les Yeux du frère éternel* – cette dernière nouvelle remplacée dans l'édition de 1930 par *La Ruelle au clair de lune*. *Vingt-quatre heures de la vie d'une femme* l'est dès 1929, chez Stock également, avec *La Confusion des sentiments* et *Destruction d'un cœur*. Dans les deux recueils, Alzir Hella a associé ses efforts à ceux d'un autre excellent prosateur, Olivier Bournac. Enfin *La Peur* ouvrira, en 1935, chez Grasset, un important recueil composé de cinq autres nouvelles *(Révélation inattendue d'un métier, Leporella, La Femme et le paysage, Le Bouquiniste Mendel* et *La Collection invisible)*. Les autres nouvelles connaîtront en France une diffusion plus tardive : *Brûlant secret*, accompagné de *Conte crépusculaire*, de *La Nuit fantastique* et des *Deux jumelles* ne paraîtra chez Grasset qu'en 1945.

Les livres de Zweig sont publiés dans de nombreux pays, et son prestige est immense. Traduits en anglais et en norvégien, en flamand et en turc, en espagnol et en portugais, en bulgare et en arménien, en letton, en finnois, en chinois, ou en russe, dans une édition choisie, précédée d'une flatteuse introduction de Maxime Gorki qui en fut l'initiateur, ils vont faire de leur auteur - selon un bulletin de la Société des Nations, à Genève –, l'un des plus traduits au monde. Leur diffusion le met à l'abri du mal qui ronge l'Autriche entre les deux guerres et va provoquer la ruine de tant de familles autour de lui, l'inflation. Alors que la *Neue Freie Presse* lui paye un article dix milliards en 1924, aussitôt dépensés le lendemain en menus achats quotidiens, et qu'il perd chaque jour dans son pays des millions que l'effritement de la monnaie dissout dans l'air du temps, ces éditions dans des douzaines de langues lui assurent des revenus en devises fortes. Et lui épargnent pour toujours ce qui n'a point entaché sa vie, les soucis d'argent. Grâce à ses livres, il ne manquera jamais de rien, matériellement.

Comment expliquer le succès des livres de Stefan Zweig ? Il avancera lui-même une explication convaincante : il est, dit-il, un écrivain concis et efficace. Tous ses ouvrages – même les biographies –

sont brefs. Ils tiennent parfois en une dizaine de pages. Les nouvelles ne dépassent pas, pour les plus longues, une centaine de pages, les biographies deux cents ou deux cent cinquante, guère plus. Comme lecteur, Zweig avoue avoir horreur des longueurs – descriptions, portraits trop développés, situations qui n'en finissent pas – et applique à ses propres livres ce dégoût salvateur. Il écrit en homme pressé, réussissant à ne dire que l'essentiel sans sécher le récit, ou le réduire à un scénario trop maigre. La poésie, le charme tiennent en deux mots, mais donnent de l'ampleur aux textes les plus courts ; si les livres sont minces, ils ont de la chair. Ils correspondent à un type de lecteurs, tout aussi pressés que l'auteur, qui aiment aller au but sans traîner en route, et qui, amateurs de beau style, répugnent aux circonvolutions. Moderne pour son époque, la concision de Zweig est sans doute ce qui lui a gardé tant de lecteurs aujourd'hui : pour un contemporain qui aime la pluralité des nourritures culturelles et souffre à se concentrer longtemps, Zweig est l'auteur qui l'en libère le plus, et de lui-même !

Comparé aux romanciers allemands qui détiennent des records de longueur, à Thomas Mann en particulier et à sa *Montagne magique*, qui paraît en deux volumes, en 1924, Zweig est un poids léger. Son art de la nouvelle, qu'il partage avec de nombreux Autrichiens, dont Arthur Schnitzler, est un travail d'intensité. « Si je suis conscient de quelque forme d'art, dira-t-il, ce ne peut être que l'art du renoncement, car je ne me plains pas si de mille pages écrites, huit cents prennent le chemin de la corbeille à papier, et seules deux cents subsistent, qui en sont l'essence filtrée. »

Un autre argument en faveur du succès, mais Zweig est trop modeste pour le faire valoir, tient évidemment aux sujets qu'il traite et qui campent le plus souvent un homme, une femme, un enfant, ou les deux ou les trois à la fois, dans une situation dramatique hors de tout contexte historique : chacun peut s'y reconnaître, y voir un proche ou un ami. Ses nouvelles se prêtent d'autant plus à une diffusion internationale qu'elles sont, par vocation, universelles. Elles mettent en scène des individus ordinaires, dans des situations ordinaires, que seul un suspense intérieur transforme en situations extraordinaires. On les lit le cœur vrillé, presque en apnée, attendant que tombe le couperet. Et comme le dénouement ne tarde pas, on peut lire le livre jusqu'au bout, d'un trait – en moins d'une heure, pour les plus courts. En deux heures ou trois, pour les plus prolixes. Il s'en dégage cette « essence filtrée », si difficile à décrire, mais que sait reconnaître un vaste cercle de lecteurs et plus encore, de lectrices. Une petite musique sur fond de fable éternelle.

Le succès de Zweig va modifier sa vie, en accélérant son rythme, multipliant ses déplacements, en le forçant à répondre aux demandes de plus en plus nombreuses de son public, aux quatre coins de la planète. Il aimait voyager – « L'Errance ! écrit-il à Hermann Hesse en 1922. Elle vous régénère de fond en comble. Je me suis juré de ne plus rester longtemps en place tant que mes jambes pourront me porter ». Il voyagera plus qu'il ne l'aurait désiré, en homme pressé à la Paul Morand, courant de Paris à Londres, de Moscou à Madrid, de Berlin à La Haye, pour rencontrer ses lecteurs, signer ses livres à s'en paralyser le poignet, d'un club à une librairie et une bibliothèque, mesurant son talent à la lumière de son succès. Il devient une sorte de star. On ne le reconnaît pas dans la rue, mais en voyant son nom sur son passeport, le contrôleur du chemin de fer ou le gérant de l'hôtel où il descend le saluent ou lui demandent un autographe. La gloire a ses revers. Zweig a désormais tellement d'obligations, qu'il regrette le temps béni de sa jeunesse, quand il n'était pas encore célèbre et se contentait de rendre visite à des écrivains connus. Il trouve que le vedettariat le vieillit avant l'âge. Il n'a plus le temps de flâner, en vient à rêver à ses débuts littéraires. Zweig a coutume de souffrir même dans le bonheur. Son fidèle démon lui gâche les beaux jours : « Je suis un peu fatigué de la littérature, écrit-il à Franz Masereel, en 1925 ; encore un livre et encore un et la vie passe, la jeunesse disparaît et l'on écrit de plus en plus de livres ! [...] le succès, le "devoir" deviennent une chaîne, une chaîne dorée [...]. De tous les auteurs que je connais, je suis celui qui exècre le plus son soi-disant succès. »

A se savoir fêté et applaudi, il éprouve un vertige. Il se croit trop gâté, pourquoi le destin le favorise-t-il, lui, quand d'autres (il pense à Joseph Roth) sont méconnus, dans le besoin et dans la peine ? Un sentiment d'irréalité aggrave son malaise. Ainsi qu'il l'écrit en 1927 à Friderike, il serait temps, à quarante-cinq ans, d'« essayer de vivre le monde au lieu de le décrire ». La littérature qui a été pour lui un moyen lumineux de communication, mieux, de communion, un pont entre les hommes, met un écran désormais entre ses rêves et la vie. « Je suis plein de méfiance envers cette littérature qui n'en finit pas, ce n'est pas un état naturel quand on manque d'ambition. Moins j'entends parler de mon reflet St. Z., et plus je suis Moi : je voudrais l'être un jour à cent pour cent. » Le succès public de ses livres renforce son angoisse à s'affirmer. Plus que jamais, le rêve de l'unité s'éloigne. Zweig s'empêtre dans l'engrenage, ne peut plus reculer et, comble de l'ironie, se voit prisonnier de cette littérature, passion de sa jeunesse que les années transforment en profession. Un peu de la joie d'écrire s'est évanouie, la gloire venue, en cristallisant ses élans. Serait-il en train de devenir vieux ? « La publicité énerve la vie, dit-il en 1927, surtout quand on ne la ressent pas comme un surcroît de bonheur. [...] Ah ! si je pouvais retrouver ma légèreté, mon insouciance d'antan !... »

Presque toutes ses lettres à Friderike, entre 1924 et 1929, s'achèvent par ces mots, « Profite de l'existence ! », « Profite de la vie ! », comme s'il lui intimait l'ordre de réaliser ce dont il est incapable – jouir des bons moments, dans leur simplicité. Il a beau se sentir aimé – tant de lecteurs au monde ! –, il souffre de se sentir enchaîné. Il avoue à Franz Masereel trouver difficilement « l'heureuse excitation », et ressent d'autant plus le besoin de s'isoler entre deux conférences, entre deux congrès, deux séances de signatures. En 1925, fuyant Salzbourg et ses envahisseurs du mois d'août, il s'en va soigner à Zell-am-See, à quelques kilomètres, ses humeurs maussades. Du Grand Hôtel où il s'enferme, refusant d'ouvrir ses fenêtres sur le jour ensoleillé, en proie à une crise d'intense pessimisme, il rumine son malaise : « Je n'espère plus rien, dit-il à Friderike qu'il a abandonnée à leurs amis et à leurs invités. Que je vende dix mille ou cent cinquante mille exemplaires, qu'est-ce que cela peut faire ? L'important serait de repartir de zéro, de découvrir une nouvelle manière de vivre, une autre ambition, un autre rapport avec l'existence. »

Il n'est pas seulement las de la littérature au point de songer à l'abandonner, prenant exemple sur ces Anglais quinquagénaires qui larguent leur maison et leurs affaires pour mener sur la Riviera une existence de retraités joyeux, il est au bout du rouleau, physiquement épuisé par mille obligations, articles, conférences ou voyages. A chaque excès de travail et de mondanité, la fatigue se fait sentir, la dépression s'abat sur lui. Connaissant ses limites, il essaye de stopper la machine, et de retrouver le calme curateur. « A partir du 1er janvier, annonce-t-il à Friderike pour 1929, je refuse de participer à quoi que ce soit, de jouer le bon Samaritain. J'ai été pendant un quart de siècle au service de tous les gens possibles, et le plus souvent impossibles, je rends mon tablier ! »

Il ne tiendra, bien sûr, pas parole. Sa vie continuera d'être un tourbillon, au milieu des gens : tous ses livres sont nés dans l'agitation et le tourment. Ce n'est qu'à Salzbourg, hors festival, que Stefan Zweig retrouve l'enthousiasme qu'il croyait perdu. Il s'enferme dans sa bibliothèque pour écrire. Chaque nouveau livre est une aventure qui redonne la fièvre et le goût de la vie. Friderike filtre les appels téléphoniques, écarte les visiteurs impromptus. Le soir, s'arrachant à ses personnages et à l'atmosphère oppressante de ses nouvelles, Zweig descend en ville fumer un cigare, rôder dans les rues désertes et obscures, ou jouer aux échecs au café Bazar. Le jour, il ne s'accorde que de rares sorties, pour aller avec le poète Hermann Bahr, Salzbourgeois de longue date et marcheur impénitent malgré son grand âge, barbe blanche de père Noël, escalader le Gais ou l'Untersberg.

Les amis célèbres

A Salzbourg, Zweig – comme Hermann Bahr et comme la plupart des Salzbourgeois – arbore la culotte de peau tyrolienne, avec les bretelles brodées d'edelweiss et les hautes chaussettes de laine. Quelquefois, version britannique du même confort, un pantalon de golf et une veste de tweed. Friderike porte les longues robes à volants de la tradition autrichienne, aux jupons superposés et aux corsages lacés, qu'on appelle *dirndle*. Un chien berger nommé Rolf, auquel succédera l'épagneul Kaspar, dort couché sur les pieds de son maître quand il travaille ou le suit en promenade. Les filles de Friderike retiennent leurs chats près d'elles, loin du bureau de Zweig – il a horreur des chats. « Comment parler de poésie ou de Goethe à un grand bourgeois juif en culottes de cuir ? », se demandera un visiteur, interloqué. Pour Zweig, l'élégance salzbourgeoise est une manière de se « décitadiniser ». Il n'est pas homme à apparaître en négligé, fût-ce à la campagne, avec une chemise froissée ou des chaussures crottées. Toujours impeccable, même en vacances, le cheveu peigné, la moustache tirée au cordeau, les ongles limés, arborant des chemises soumises à un léger amidon et des chaussures brillant comme des miroirs, il est aussi peu bohème que possible.

Ce Tyrolien de salon, ainsi que Hermann Kesner le nomme à la suite de son passage à Salzbourg, est non seulement le plus mélancolique des êtres, mais dans l'univers souvent mesquin et artificiel des hommes de lettres, il frappe par son caractère inhabituel. Modeste dans le succès – « je sais combien est relative la littérature dont je suis capable » –, généreux de son temps et de son argent, ouvert aux gens, il ne songe qu'à mettre en valeur ses amis. A Salzbourg, son hospitalité est proverbiale : les plus grands écrivains de l'entre-deux-guerres et de nombreux musiciens, chefs d'orchestre ou compositeurs célèbres, ont été ses invités. « Notre maison du Kapuzinerberg devint une maison européenne. Qui n'en a pas été l'hôte ? », se souviendra Friderike Zweig. Le premier à inaugurer la chambre d'amis est Pierre Jean Jouve, en 1921. Franz Masereel, James Joyce, Arthur Schnitzler, René Arcos lui succéderont. Comme la maison, malgré son allure de château, compte peu de pièces, la plupart des hôtes iront loger au Grand Hôtel qui surplombe les eaux de la Salzach et permet de contempler, sur l'autre rive, la vieille ville et la forteresse, l'Osterreichischer Hof. Seul Romain Rolland, en 1923, occupera le domaine le plus privé de la demeure : soucieux de rendre hommage à celui qu'il appelle encore « Maître », Zweig lui cède sa propre chambre et son bureau. Lui-même partagera exceptionnellement en cette occasion la chambre de Friderike. Pendant près de dix jours, il sera aux petits soins pour Rolland, dont la personnalité délicate nécessite menus soignés, plaids et couvertures, feux constants dans les cheminées. Même en août, sur le Kapuzinerberg, quand le soir tombe, l'humidité s'infiltre dans les murs, Zweig veille à la température, et pour distraire son hôte français, trie ses invités sur le volet. Rolland dînera avec Arthur Schnitzler et avec Paul Stefan, le directeur du festival. Tous les soirs au concert, les deux hommes dorment tard le matin, et ne partagent qu'après le déjeuner l'intimité du bureau où leur conversation s'étend à tous les domaines de l'esprit. Les chats d'Alix et de Suse se pelotonnent sur les genoux de Romain Rolland, qui s'indigne qu'« un poète puisse ne pas aimer les chats ! », et Rolf ronfle aux pieds de Zweig : ce tableau de famille ne se renouvellera pas, car Rolland, très fatigué, ne reviendra plus dans la ville de Mozart. Les deux écrivains se reverront à Vienne, en mai 1924, pour le soixantième anniversaire de Richard Strauss. Occasion leur sera donnée de « strausser » le soir ensemble, selon le mot de Zweig : ils ne manqueront pas un concert. Zweig, à la demande de Rolland, servira d'intermédiaire pour organiser une rencontre avec Freud. Ils se reverront à Paris à plusieurs reprises et à Villeneuve, près de Genève. Ils se reverront en Allemagne, lors de conférences communes. Mais c'est à Salzbourg que Rolland réussit à convaincre Zweig de ne plus l'appeler Maître : « Nous sommes tous des apprentis ! », lui dit-il.

Avec René Arcos, directeur de la revue *Europe*, auteur de *L'Ame essentielle* et de *La Tragédie de l'espace*, ils se tutoient et s'appellent « mon vieux ». Friderike, sur le conseil de son mari, a traduit deux livres d'Arcos, *Le Bien commun* et *Médard*. Comme l'auteur de *Médard*, personnage jovial et sympathique, ne parle pas allemand, leurs conversations se déroulent exclusivement en français. Arcos, Parisien dans l'âme, amoureux de Montmartre et de Montparnasse, initie Zweig à l'argot. A Paris, il l'aide, selon sa propre expression, à s'encanailler, lui sert de guide dans le dédale des bars et des bistrots. Un soir de tristesse, Zweig lui écrira sa « nostalgie du temps où il avait trois femmes par jour... ». La bonne humeur d'Arcos, sa trempe populaire, jointes à une immense culture de lettré, font de lui le meilleur des compagnons et l'un de ceux qui aident le mieux Zweig à lutter contre son penchant à une tenace mélancolie.

Le rire de Paul Valéry aura, lui aussi, résonné dans la haute et austère demeure de Salzbourg. De l'auteur de *La Jeune Parque*, Zweig apprécie au plus haut point l'humour. Avec sa courtoisie tellement française, ses dons éblouissants de poète et l'extraordinaire souplesse de sa conversation, il est un hôte délicieux, que Zweig, en retour, ne manque pas d'aller voir quand il passe par Paris.

Thomas Mann, Emil Ludwig, Franz Werfel – et son épouse Alma Mahler – dîneront chez Zweig à plusieurs reprises ou seront reçus pour le thé. Tandis que le festival bat son plein, la maison du Kapuzinerberg retentit de voix innombrables, aux accents multiples et contrastés. Chez Zweig, comme dans les rues de Salzbourg en été, on parle allemand avec l'accent de Vienne, de Munich, de Berlin, de Prague ou même de Varsovie. On parle allemand avec l'accent yiddish : Cholem Asch sera parmi les fidèles convives de la maisonnée. On parle français, bien sûr, avec les amis français, anglais avec Joyce et avec Rabindranath Tagore, italien avec Toscanini. Arturo Toscanini n'est pas le seul musicien à honorer de sa présence le salon du Kapuzinerberg : Béla Bartók, Alban Berg, Bruno Walter, Richard Strauss, Maurice Ravel s'assoient au piano de Friderike. « Combien de bonnes et claires heures de conversation nous apportait le souffle de chaque été », se souvient-elle, nostalgique. Jamais assemblée n'a été aussi brillante, aussi éclectique, aussi harmonieuse que grâce au pouvoir rassembleur de Zweig, à sa recherche continuelle d'échanges fraternels.

Côté français, des amis auront manqué Salzbourg : Georges Duhamel, l'auteur de *La Chronique des Pasquier* et des *Scènes de la vie future* – un intime pourtant, et l'un des artisans les plus fervents de l'amitié franco-allemande ; Roger Martin du Gard, dont Zweig suit avec attention la rédaction des *Thibault* depuis 1922. Il aime ses personnages, l'atmosphère de tristesse et de fatalité. Antoine, le héros des *Thibault*, se suicidera. Son frère Jacques et les autres figures du roman-fleuve, pris dans la tourmente de l'Histoire et confrontés à un destin maléfique, renvoient aux démons de Zweig.

En France, Zweig connaît bien d'autres écrivains, rencontrés à l'occasion de réunions littéraires, de congrès ou de déjeuners qu'il provoque souvent de son propre chef, afin de découvrir l'auteur d'un livre qu'il aime. Il connaît André Gide, Julien Green, André Maurois, entretient avec eux des relations cordiales, mais ils ne font pas partie du cercle des intimes, ceux qu'il considère comme ses frères en écriture. A ce cercle, déjà vaste, où voisinent des personnalités fort diverses, appartiennent deux autres écrivains français : Jules Romains et Jean-Richard Bloch. Avec l'auteur de *Lévy* et d'*Et Cie* – la saga d'une famille d'industriels alsaciens –, Zweig partage un même tempérament fiévreux et prophétique, un fond d'inquiétude qui met un voile sombre sur l'existence. Ce sentiment, à l'opposé du pessimisme clair et raisonné de Martin du Gard, plonge ses racines dans leur judaïté. L'un et l'autre sont des hommes tourmentés, hantés par une lointaine, inexprimable culpabilité, et qui souffrent d'être au monde. Que l'Histoire s'en mêle et vienne rajouter à ce malheur d'être, n'est qu'une fatalité de plus dans un tableau déjà sombre. Le pressentiment obscur d'une catastrophe habite ce qu'ils écrivent l'un et l'autre. Bloch et Zweig se sont compris et appréciés, communiant dans l'idée que la littérature n'est pas un divertissement, un art destiné à produire de la beauté, mais doit servir une cause supérieure, une foi. La politique les séparera : pour Bloch, qui collabore à la revue *Clarté*, seul le progrès vaut que l'on se batte pour lui, il s'engage dès après la guerre, avec ferveur, sous la bannière communiste. Zweig ne croit, pour sa part, qu'en la liberté de l'individu, la foi qu'il veut défendre est une internationale humaniste, il redoute trop le despotisme et le fanatisme des idéologues ou des politologues pour suivre Jean-Richard Bloch. Comme avec

Romain Rolland plus tard, l'amitié ne résistera pas à leurs divergences, face au monstre communiste. Bloch et Rolland s'engageront, épingleront le drapeau rouge sur leurs poitrines. Zweig s'en gardera comme de la peste et le fossé se creusera entre eux, inexorable, jusqu'à rompre un dialogue fécond et chaleureux.

L'autre ami français, avec lequel il est lié depuis l'heureuse époque de Verhaeren, est Jules Romains. Romains ne cesse d'écrire des romans qui se fondent sur l'amitié. Jallez et Jerphanion, des *Hommes de bonne volonté*, ne sont pas encore nés, mais Bénin et Broudier, les « Copains », disent l'importance qu'il accorde à la fraternité. Pendant la guerre, pacifistes mais solidaires des drames de leurs patries, Romains et Zweig ne se sont pas vus. Mais le poème « Europe »

> *Europe ! Je n'accepte pas*
> *Que tu meures dans le délire.*
> *Europe ! Je crie qui tu es*
> *Dans l'oreille de tes tueurs.*
> *Ils auront beau mener leur bruit ;*
> *Je leur rappelle doucement*
> *Mille choses délicieuses.*

est resté gravé dans le cœur de Zweig comme dans celui de Romains l'appel fidèle et désespéré d'*A mes amis français*. Reprenant contact dès le retour de Zweig à Paris, ils ne rompront plus la chaîne. Grands voyageurs, ils se verront en France – à Paris, dès qu'il arrive, Zweig téléphone à Romains et court le voir, mais aussi à Hyères où Jules Romains et sa première femme, Gabrielle, ont une maison dans le vieux quartier du port –, en Allemagne, en Autriche, à Berlin, à Vienne et à Salzbourg, partout où les appelle leur soif insatiable de connaissances et de rencontres. C'est le théâtre qui, curieusement, va resserrer leurs liens. En novembre 1925, Stefan Zweig, lisant l'*Histoire de la littérature anglaise* de Taine pour se documenter sur le théâtre élisabéthain (spécialité de son personnage, dans *La Confusion des sentiments*), découvre *Volpone* de Ben Jonson. L'œuvre, touffue, baroque, compliquée mais très drôle, de ce contemporain de Shakespeare, au verbe étincelant et à l'esprit confus, l'intéresse : il a tout à coup envie non pas seulement de la traduire, ce qui est sa démarche habituelle quand il tombe amoureux d'un texte étranger, mais de l'adapter librement, en somme de la récrire. Et il va, en quelque huit jours, à Marseille, possédé par l'esprit de *Volpone*, rédiger une tout autre pièce, dont le découpage, les dialogues et même les personnages diffèrent de l'original. Zweig s'est plu à resserrer l'intrigue autour du héros éponyme, à renforcer les effets comiques et à gommer la morale qui envahissait la pièce élisabéthaine et l'alourdissait. Le thème demeure l'avidité : Volpone est un adorateur du veau d'or, prêt à tous les mensonges, à toutes les mystifications pour remplir sa bourse ; il réussit même à tromper des Vénitiens, aussi cupides mais moins malins que lui. Le comte Mosca est son rival. Le rideau tombe sur un ballet et un hymne à l'or, puissance triomphante. Lorsque Romains voit la pièce pour la première fois au Burgtheater de Vienne, il est ébloui. Zweig lui propose de traduire à son tour *Volpone* – librement comme il l'a fait lui-même de l'anglais – de l'allemand en français. Le chef-d'œuvre de Ben Jonson deviendrait une œuvre européenne ! De Salzbourg, le 10 janvier, il lui écrit pour lui raconter l'extraordinaire succès de ce *Volpone*, revu et remanié par ses soins, et sur le point d'être joué dans des dizaines de théâtres de langue allemande, de Berlin à Leningrad. « Transformé pour la France par vous, cela pourrait – fait en dix jours [le temps qu'il lui a fallu pour l'écrire] – remplir les théâtres deux ans. » Jules Romains vient de remporter un foudroyant succès théâtral avec *Knock* en 1923, Zweig lui prédit la gloire avec *Volpone* ! Et c'est ce qui va arriver. D'abord réticent, Romains relit Ben Jonson, tombe d'accord avec l'adaptation de Zweig, qui va dans le sens de la légèreté et de la concision. Lui-même, travaillant sur le manuscrit allemand, va encore supprimer des passages, qu'il trouve languissants, un ou deux personnages encombrants, et enfin gommer ce qui restait de moralisme. Il donne à la pièce, après l'Anglais et l'Autrichien, un classicisme très français, un style aigu, tranchant qui en accentue les effets comiques. Son *Volpone*, joué à l'Atelier, en novembre 1928, remportera un triomphe – deux cent cinquante représentations. André Gide, dans son journal, en soupire de regrets : « Il est peu de pièces que j'aurais tant souhaité traduire... J'ai du moins la consolation de la voir parfaitement mise en valeur. La vraie tristesse eût été de la voir abîmée. »

A l'affiche côte à côte, les noms de Romains et de Zweig scellent leur amitié. Le 4 décembre, Zweig qui a vu la pièce la veille, et non lors de la première du 28 novembre pour ne pas porter ombrage à l'écrivain français, lui écrit sa « gratitude encore une fois ». « Une collaboration entre auteurs, même entre amis, a généralement l'effet funeste de détruire leur amitié. Chez nous, heureusement, je sens la nôtre affermie, et il n'y avait pas un seul malentendu entre nous qui aurait pu diminuer la joie sur ce succès si complet. »

Un léger nuage viendra altérer cette entente parfaite. Jules Romains, oubliant ce qu'il doit à Stefan Zweig, inclura *Volpone* dans ses *Œuvres complètes*. « Je suis réduit à un petit et quasi introuvable "en collaboration", écrit Zweig à Romain Rolland, en mars 1929. C'est comme si je rangeais *Le temps viendra* [pièce de Rolland qu'il a traduite en allemand] dans mes œuvres dramatiques. » Mais Zweig n'a pas de rancune. L'amitié de Romains lui est trop précieuse pour qu'il puisse songer à lui en vouloir longtemps, pour une faiblesse d'auteur. Il pardonnera. Et

Les parents :
Ida et Moritz.

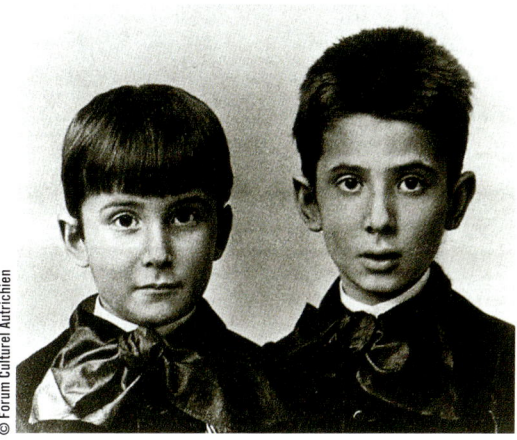

Avec Alfred (à droite),
le frère aîné.

Un jeune dandy
dans le monde d'hier.

Deux frères
de la meilleure bourgeoisie.

À Caillou-qui-bique, chez Émile Verhaeren.

Jules Romains, l'une de ses amitiés françaises.

Hugo von Hofmanstahl : poète, guide et ami.

James Joyce, un frère dans l'exil.

Freud :
la guérison par l'esprit.

Thomas Mann : persécuté
lui aussi par les nazis.

Romain Rolland et Gorki :
les vertiges du communisme.

Rilke :
la séduction
de la poésie.

Avec Joseph Roth :
deux phares
littéraires
de Vienne.

Avec Paul Valéry,
la plus belle
intelligence
française.

Avec Gorki :
proche amicalement,
éloigné politiquement.

Avec sa première épouse, Frederike, à Salzbourg.

Avec Lotte, sa deuxième épouse et sa nièce : la douceur du monde d'hier.

À Londres, l'exil doré n'est qu'une apparence.

Zweig avec Lotte :
épouse et collaboratrice.

Brésil :
le repos avant la mort.

Un regard clair
qui cache bien
des ombres.

les Romains, Jules et Lise, sa seconde épouse, seront des amis de Zweig, fidèles et loyaux jusqu'aux derniers jours. Pour Zweig, en vérité, Romains qui s'apprête à entamer les vingt-sept tomes des *Hommes de bonne volonté*, n'a qu'un défaut : il n'aime pas écrire de lettres et répond, laconique, à celles qu'on lui envoie !

A Arcos, à Romains, à Rolland, à tous ces écrivains, Zweig est lié par un sentiment sincère, incorruptible que seule la politique aura pouvoir de diluer. Il ne les fréquente pas pour leur notoriété – quand il les a connus, ils débutaient comme lui dans la littérature. Il les a choisis pour leurs affinités. Ce sont des hommes de même culture. Il y a entre eux, ainsi que Jules Romains l'a écrit dans *La Vie unanime*, « une harmonie naturelle et spontanée », au sein d'un groupe, « ils participent à la même émotion ». Tous sont poètes, même si la suite de leur carrière les confirme comme romanciers, ils ont le sens du rêve et de la formule, et beaucoup d'histoires très belles, très humaines, à raconter. Sauf Rolland qui est leur maître à tous, leur grand aîné, ils ont à peu près le même âge. Cette génération de la guerre croit en l'homme, en ses vertus, en sa raison, en ses pouvoirs. De tempéraments, de styles différents, ils ont en commun cette conscience, plus ou moins sereine, plus ou moins tourmentée, d'avoir un rôle à jouer pour l'avenir du monde et de la paix. Ce sont des humanistes, peut-être les derniers.

Zweig se dévoue à ses amis. Il ne lit pas seulement leurs livres, il se préoccupe, comme avec Verhaeren, de les faire lire et connaître autour de lui ; il les présente à son éditeur ou à d'autres si Anton Kippenberg n'est pas intéressé, et pour les amis français, quand il ne les traduit pas lui-même, il se soucie qu'ils le soient par des traducteurs dont il connaît le talent. Son zèle est inlassable. Il rédige des articles, ne manque pas une occasion de les citer dans ses conférences. Chez

Insel Verlag, depuis Noël 1920, il dirige une collection, dont le titre reflète l'ambition : la Bibliotheca Mundi. Elle sera sa grande affaire (*mein Hauptgeschäft*, dit-il) pendant de nombreuses années. Zweig est en permanence sur le pont, pourrait-on dire. S'il veille sur ses confrères et amis contemporains, il ne dédaigne pas les talents plus jeunes. Le travail qu'il accomplit, plein d'une extraordinaire confiance envers les écrivains qui lui sont proches, il l'accomplira pareillement, avec un même élan, un même dévouement, pour aider des inconnus à leurs tout premiers livres.

Car sa curiosité et sa générosité ne se limitent pas à sa génération. Nombre d'auteurs de langue allemande – Klaus Mann, Joseph Roth, Hans Carossa ou Erich Maria Remarque, pour n'en citer que quelques-uns – lui seront redevables de leurs débuts. Il préface leurs livres, qu'il recommande à ses éditeurs, en Allemagne et en France, écrit des critiques pour les lancer, et leur donne de multiples conseils. Klaus Mann, le fils de Thomas, rappellera qu'à la parution de son premier recueil de nouvelles, *Devant la vie*, en 1925, « le plus bel encouragement me vint de Stefan Zweig ». Dans *Le Tournant*, les souvenirs qu'il écrira après la mort de Zweig, il raconte que ce dernier, « infatigable découvreur et promoteur de jeunes talents », lui confia dans une lettre, en 1925, ce message qui lui fut ô combien précieux : « Continuez seulement comme cela, cher ami. Certains sont peut-être enclins à vous démolir, parce que vous êtes le fils de votre célèbre père. Ne vous inquiétez pas de semblables préjugés. Travaillez ! Dites ce que vous avez à dire – ce n'est pas peu, si je ne me trompe... J'attends beaucoup de vous. Ecrivez un nouveau livre ! Et pensez à moi en travaillant – aux espérances que je nourris pour vous, à la confiance que je mets en vous. » Fragile et inquiet lui-même, Zweig sait qu'un auteur a besoin avant tout d'amour. « Je pensai à lui, écrit Klaus Mann. Et cela m'aida. » Erich Maria Remarque lui envoie en 1921 ses premiers poèmes ; il suivra sa carrière jusqu'à l'énorme succès d'*Im Westen nichts neues* (A l'ouest rien de nouveau) en 1929, et à sa traduction française qu'il aura lui-même incitée et promue. Joseph Roth, qu'il aurait voulu sauver de ses démons, le désarroi et l'alcoolisme, écrira en un été à ses côtés *La Marche de Radetzki*. Tous lui garderont reconnaissance.

Il n'y a chez Zweig nulle jalousie de la jeunesse, aucune peur de voir s'éveiller autour de lui des talents nouveaux. Cet homme ne se définit jamais en termes de rivalités ou d'oppositions. L'amitié est le seul aiguillon qu'il connaisse. Et dans l'amitié, il n'est qu'une seule source, un seul cœur battant : l'admiration.

Un ténébreux portrait

Un fossé sépare le rêve de Zweig d'une Europe unie et fraternelle du spectacle d'un après-guerre où les tensions, les rancunes et l'esprit de vengeance constituent l'air du temps. L'Autriche, dépecée au traité de Saint-Germain, au point que la tête seule, Vienne, subsiste d'un corps tout entier redistribué, a été rayée du rang des puissances et réduite à l'état de province. Profondément humiliée, elle a été bien plus que l'Allemagne punie pour sa défaite : les hommes politiques européens, et en particulier français, peuvent se vanter de l'avoir terrassée. Clemenceau, Masaryk, Stefanic, Beneš, ligués contre le vieil empire catholique, ont eu raison de lui.

A l'aube des années vingt, l'inflation et la misère réveillent le spectre de la révolution. Les Autrichiens ont craint que leur jeune et fragile république ne tombe entre les mains des Rouges, mais les efforts de Mgr Seipel, le chancelier chrétien-social, ont ramené l'ordre économique et le calme social, et depuis 1926, une relative stabilité politique rassure les citoyens. Pour la première fois depuis le début de la guerre, il est permis de vivre dans un climat de paix retrouvée. Cette parenthèse de douceur sera de courte durée, tant pèse sur ce petit pays, qui s'appuie à une Allemagne toujours grande, un lot d'incertitudes : entre ses enfants rebelles, les nations slaves qui se sont séparées d'elle et la renient, et sa cousine germaine, la Prusse, caressante et gourmande, toujours portée à resserrer leurs liens de famille, quel sera l'avenir de l'Autriche ? Chacun s'en inquiète à Vienne et à Salzbourg, comme dans les sept autres minuscules Länder qui constituent la nouvelle république.

Zweig, qui se défend de tout chauvinisme, n'a pu échapper au sentiment d'humiliation ressenti par ses compatriotes ni à cette anxiété des années futures, qui vient obscurcir les meilleurs moments présents. Il sent bien qu'il habite une maison fissurée dont les fondations craquent, à la merci du moindre souffle. La politique n'a jamais été sa tasse de thé ; dans les eaux troubles de l'entre-deux-guerres, elle lui inspire le plus profond dégoût. Cet homme que l'admiration propulse et qui ne fréquente que les gens, les artistes, qu'il estime au plus haut, est plein de mépris pour une engeance coupable de tant de maux : les hommes politiques.

C'est dans ce profond malaise autrichien qu'il conçoit et rédige son *Fouché* : le portrait de l'homme politique « tel qu'il ne devrait pas être ». S'il est allé chercher en France le prototype du Prince selon Machiavel, dirigeant rusé, calculateur et inusable, alors qu'il aurait pu écrire un *Metternich*, personnage familier à son premier public, c'est que Fouché détient le record de longévité au pouvoir, et de souplesse dans l'art de le garder. L'ancien séminariste, élève des oratoriens, député de Nantes, ami de Robespierre, eut certes le plus étonnant des parcours : Jacobin, il vote la mort au procès de Louis XVI, se taille une réputation de boucher à Lyon, et confirme à Paris son premier rôle au sein de la Terreur. Il fait tomber la tête de Robespierre, puis rallie le Consulat. Ministre de la Police de Napoléon, et l'un des piliers de l'Empire, il aidera Louis XVIII à revenir sur le trône, hésite aux Cent-Jours et redevient ministre à la Restauration. Quel homme, mieux que Fouché, pouvait offrir à un écrivain tableau plus riche en couleurs et en péripéties, où le cynisme ne le cède qu'à l'égoïsme, la ruse à l'opportunisme, sous couvert de raison d'Etat ?

Zweig brosse un portrait psychologique plus qu'historique. Il ne s'attarde pas aux détails, va à grandes guides selon son habitude, s'attachant à éclairer les choix successifs, antagonistes de Fouché. Il veut comprendre l'homme, débusquer sa logique. Comment peut-on être à la fois séminariste et casseur d'églises, républicain et duc d'Otrante, régicide et ministre de roi ? La passion du pouvoir et l'art de régner sont évidemment les deux clés du personnage.

De Talleyrand, cet autre génie empirique et machiavélien, Fouché n'a ni la désinvolture, ni l'arrogance, ni les dons de dialogue ou de repartie. « De basse extraction », alors que Talleyrand est un aristocrate, laid et sans éclat, sans dons visibles, alors que le prince de Bénévent, malgré son pied bot, a pour lui le nom, le charme, et l'allure, Fouché a l'intelligence froide, analytique et sans séduction du professeur de mathématiques qu'il fut dans sa jeunesse. Il se plaît dans l'ombre ; quand Talleyrand aime le soleil et le faste, il officie en coulisses, humblement, dans le contre-jour, là seul où il se sent à l'aise. Plus servile que Talleyrand qui affiche de la désinvolture dans la courtisanerie, il « sert » avec génie. Pour Zweig, Fouché se prête sans se donner, sa servilité n'est que tactique, il préserve sa marge d'action, et se garde le soin de changer de camp à tout moment. Le lien qui l'attache n'est jamais que provisoire et il le fait toujours payer cher. L'homme ne croit en rien. Comme Talleyrand, il est sans idéal, sans foi, sans fidélité, sans morale. Empire, royauté, république, il ne sert que lui-même, au rythme des péripéties qui font l'Histoire de France. Riche à millions mais ennemi du faste, austère par tempérament, il amasse l'or, les titres, les privilèges, par volonté de puissance. Mais ce n'est pas un jouisseur comme Talleyrand, qui jette l'or comme un prince d'Ancien Régime. Fouché ne jouit que du pouvoir, son seul vrai luxe, son seul veau d'or. Pour lui, il a pris tous les risques, joué à plusieurs reprises sa fortune et sa vie. En vrai joueur, il a su parier sur le pire, et il a gagné presque jusqu'à la fin... Rattrapé par des spectres, ainsi que l'écrit Zweig, il est finalement chassé de la cour de France, après un parcours sans faute, au moment où l'on croit qu'il triomphe. Le retour d'exil de la duchesse d'Angoulême, fille de Louis XVI et de Marie-Antoinette, l'un des « spectres » dont parle Zweig, sera fatal à Joseph Fouché.

Homme de l'ombre, aussi peu bavard qu'orateur efficace, entouré des innombrables « mouches » qui lui font une escorte sans gloire mais d'une inquiétante influence, celui qui fut si longtemps ministre de la Police et accumula sur l'Europe entière dont il fut le magistral espion, des centaines de milliers de fiches, est un génie maléfique. Son aura a fasciné les romanciers, écrit Zweig – Balzac lui-même s'est inspiré de Fouché dans *Une ténébreuse affaire* –, mais elle porte une charge explosive de catastrophes et de malheurs. « Traître-né, misérable intrigant, nature de reptile, transfuge professionnel, âme basse de policier, pitoyable immoraliste, aucune injure ne lui a été épargnée », explique Zweig, étonné que l'Histoire ait relégué au second plan une personnalité aussi riche et habile, qui a tenu dans ses mains, sous la Révolution et l'Empire puis la Restauration, les clés d'un pays. Zweig déclare Fouché « plus fort que Robespierre et plus fort que Napoléon » et fait de lui le prototype d'une « race d'esprits », le politicien machiavélique qui travaille dans l'ombre mais détient la réalité du pouvoir. La biographie s'achève sur la scène où Fouché, exilé et sur le point de mourir, ordonne à son fils de brûler dans la cheminée de son château tous les documents, lettres et fiches, qui étaient son trésor, et par lesquels il pouvait faire chanter puissants et monarques. Le feu, en consumant la mémoire de ce manipulateur de génie, âme damnée des rois, éclaire les traits affreux du personnage, l'une des plus remarquables intelligences et l'un des plus redoutables caractères que l'Europe ait connus.

La mort de Fouché en Autriche, où Metternich à contrecœur lui a offert asile après son bannissement, est tout ce qui pouvait rapprocher concrètement le personnage du propre pays de Stefan Zweig. Fouché meurt en effet, en 1820, à Trieste après avoir vécu à Linz (qui rime avec *Provinz*, dit Zweig), à l'écart de Vienne dont, pour ménager la susceptibilité de Louis XVIII, on lui avait interdit le séjour. Mais ce contre-héros français, réincarnation du Diable, qui illustre de la manière la plus éclatante le génie politique, permet à Zweig de tracer un parallèle avec son époque, fertile elle aussi en affaires, grenouillages et autres conspirations qui, au lendemain de la guerre de 1914 – il le signale dans sa préface –, ont provoqué le démantèlement de l'Autriche et convoqué les vautours auprès de son cadavre palpitant. « Je présente l'histoire de Joseph Fouché comme une utile et très actuelle contribution à la psychologie de l'homme politique. » Alors que la politique, selon le mot de Napoléon, est devenue « la fatalité moderne », il y a quelque folie, selon l'auteur, à confier l'avenir, en toute crédulité, à « ces joueurs professionnels que nous appelons diplomates, artistes aux mains prestes, aux mots vides et aux nerfs glacés ». Ce ne sont pas le plus souvent des héros à visage découvert qui font l'Histoire, célèbres pour leurs hauts faits, rappelle Zweig, mais des hommes obscurs et redoutables, qui avancent les pions en secret, sans qu'on puisse percer leur influence, d'autant plus dangereux qu'ils sont longtemps cachés. Zweig ignore, en écrivant *Fouché*, qui paraît en 1929, un an avant que la crise économique mondiale ne frappe l'Autriche et n'accentue ses fragilités, que des silhouettes encore inconnues vont bientôt sortir de l'ombre et rappeler que le génie politique maléfique l'emporte le plus souvent sur les nobles sentiments des « bons » héros. Il a pressenti les événements. Himmler, Béria vont se montrer dignes de Joseph Fouché, de son goût de l'intrigue, de ses nerfs glacés et de ses ordres sanguinaires.

Les heures étoilées de l'humanité

L'Histoire est au cœur des soucis de Zweig : tandis que ses nouvelles, dans une époque et des lieux assez flous pour paraître universels, se passent de décor concret, de circonstances trop réelles, et évoluent dans un brouillard voluptueux, pareil à la nuit de la conscience, Stefan Zweig se livre dans son œuvre de biographe et d'essayiste à une réflexion sur son temps et ses contemporains. L'Histoire d'hier lui renvoie le reflet de l'Histoire d'aujourd'hui, le met sur la piste des questions qu'il se pose. De même que son *Fouché*, ainsi qu'il l'écrit à Romain Rolland le 28 mai 1929, est « un livre contre la politique sans foi et sans idée, donc celle de l'Europe d'aujourd'hui », tous ses ouvrages hors fiction n'esquissent pas seulement des portraits psychologiques des héros ou contre-héros du passé. Ils cherchent un lien entre eux et nous, entre autrefois et maintenant. Sûr que l'Histoire se répète, et que les hommes commettent toujours les mêmes erreurs, Zweig rêve d'y trouver des clés pour configurer cette loi. Comprendre le passé, le juger, pour affronter l'actualité avec une meilleure intelligence, une plus grande sensibilité : tel est son but. La fatalité historique est un de ses tourments, et parvenu à la maturité, il s'interroge : comment l'éviter, comment la déjouer, sinon en comparant nos actes à ceux des générations passées ? Les siècles se succèdent et se ressemblent, pourquoi est-il si difficile de ne pas reproduire les fautes, les erreurs, les crimes de nos prédécesseurs ? N'y a-t-il aucun progrès possible dans le cœur humain comme il y en a dans les sciences et les techniques ? La fatalité est au centre d'une vision pessimiste de l'Histoire. Aussi Zweig choisit-il ses héros parmi ceux qui en sont les victimes expiatoires. Son *Fouché*, portrait d'un dictateur avant la lettre, fait exception dans une œuvre qui vibre d'amour pour les meurtris, les faibles, les doux. Il n'en brille pas moins d'un éclat farouche et sombre, il est là pour dire la dure réalité historique : l'avenir appartiendra-t-il, comme il a toujours appartenu, aux forts ?

Contemporaine du *Fouché*, une pièce de théâtre – le seul four de Zweig au Burgtheater, en ces années de succès populaire – met en scène le conflit de Bonaparte et de l'un de ses lieutenants, dénommé Fourès, pendant la campagne d'Egypte. Dédiée à Matthieu – « Car on donnera à celui qui a, et il sera dans l'abondance, mais à celui qui n'a pas, on ôtera même ce qu'il a » –, elle s'appelle, bibliquement, *L'Agneau du pauvre*. Conçue comme une tragi-comédie, dans la lignée de *Volpone*, le tragique y surpasse cependant le comique, de sorte qu'on n'y rit jamais, qu'on y sourit à peine, et que les répliques les plus drôles y font plutôt grincer des dents. C'est une pièce pessimiste et amère, ainsi que Zweig l'écrit à Rolland, en mai 1929. Par son sujet, elle aurait pu donner lieu à un vaudeville : Bonaparte séduit l'adorable et légère Bellilote, l'épouse de Fourès, débarquée clandestinement au Caire, en habits d'homme. Mais le trio du mari, de la femme et de l'amant cède la place à un affrontement, dont la femme n'est que le prétexte, entre le prince et le sujet, le despote et le républicain, le maître et la victime. Après avoir vanté les qualités de meneur d'hommes de Bonaparte, son charisme exceptionnel, Zweig met en valeur son cynisme et son égoïsme, déployé au service d'une ambition sans limite. Napoléon se dessine sous Bonaparte, le tyran sous le général de la Révolution. Derrière lui, les hommes, quoique subjugués par son autorité et séduits par son aura, ne se battent qu'à contrecœur. « Le plus intelligent serait de jeter à temps nos pétoires aux Anglais, après tout, ce sont des hommes comme nous », dit l'un d'eux.

Bonaparte, comme Fouché, incarne dans la pièce de Zweig un esprit du mal, qui abuse de ses pouvoirs démoniaques et ne fait la guerre, sous couvert de raison d'Etat, que pour mieux servir ses propres intérêts. L'auteur s'attache surtout à décrire sa séduction. Comme Bellilote à laquelle son mari reproche sa trahison, répond de son amant, innocente : « Qui peut lui résister ?... A vous tous, au monde entier, il impose sa volonté ! », le peuple *(der Pöbel)* est pareillement subjugué et jugulé, captif d'un seul homme. Lequel « passerait sur cent mille cadavres comme sur une plaine, fait dire Zweig à Dupuy, il ne connaît que soi et sa carrière. » Le véritable héros de *L'Agneau du pauvre* n'est pas Bonaparte, bien sûr, mais Fourès, auquel Zweig donne une envergure de martyr. Ce n'est pas un mari cocu, jaloux et dépité, qu'il décrit mais un homme libre, face à son principal adversaire, le despote, fanatique de la puissance. Faut-il préciser aux côtés de qui, fraternel, se range l'auteur ? Fourès, de retour en France, tandis que Bonaparte poursuit son éblouissante carrière, va lancer une campagne, perdue d'avance, contre le futur tyran. Au nom de la Fraternité, de l'Egalité, de la Liberté, il s'insurge contre la tyrannie dans de furieuses et magnifiques tirades qui ne serviront qu'à le rendre ridicule, odieux même à ses amis. Personne ne réagit à ses appels désespérés qui résonnent jusqu'à nous, selon Zweig, comme une mauvaise conscience. Seul esprit clairvoyant de son temps, Fourès finit à l'asile, accusé de folie. Fouché, personnage de *L'Agneau*, diable au service du Diable, remettant son rapport de ministre de la Police au Premier Consul, prononce le mot de la fin : « L'affaire Fourès est réglée comme souhaitée. » Dans l'Histoire, les puissants – les mauvais génies – ont le dernier mot.

Il n'est pas étonnant que le public viennois, malgré la belle interprétation de Raoul Aslan en Bonaparte, ait boudé la pièce : la noirceur du sujet, son amertume, ne pouvaient que susciter un malaise chez des gens venus chercher au théâtre un divertissement, une comédie comme on les aime à Vienne, qui dise les choses sans gravité. *L'Agneau du pauvre*, avec sa charge républicaine, ses appels à la liberté, son haro sur le tyran, troublait leur quiétude. La double mais encore obscure menace des despotismes allemand et russe sur l'Autriche, pesait aux contemporains, qui choisirent la plus agréable et trompeuse des politiques, celle de l'autruche, face aux signes avant-coureurs des apocalypses futures.

Pareille au public autrichien, la diplomatie européenne fait, elle aussi, l'autruche. Sourde aux prophètes qui, comme Zweig, jouent les mauvais augures, se grisant de fausses espérances jusqu'au dernier instant, elle croira possible l'impossible, la sagesse du tyran. Elle n'écoutera aucun des Jérémies de son temps. Et prendra pour des fous, d'absurdes pessimistes, les quelques esprits qui mettaient en garde contre le danger.

En 1929, à la veille de la crise qui, déferlant d'Amérique, va s'abattre sur l'Autriche, et aggravant la misère, le chômage, l'injustice sociale, réveiller ses vieux démons, activer forces fascistes et révolutionnaires. Zweig ne peut détacher son esprit de l'Histoire qui offre à satiété, exemples de tempêtes et de dictatures. Obsédé par la fatalité qui, depuis plus de mille ans, frappe les peuples d'Europe, en proie à une angoisse qui lui vient d'une intuition, d'une sorte de pressentiment, il cherche à se rassurer lui-même. En contrepoint du *Fouché* et de *L'Agneau du pauvre*, œuvres sombres, il rédige *Les Heures étoilées de l'humanité*, une série de neuf (bientôt onze) nouvelles, toutes inspirées de l'Histoire qui, nées du même besoin de réflexion et d'approfondissement, reflètent sa quête désespérée de lumière.

Perçue à travers ses dates clés, qui ne sont pas celles des batailles, des naissances des rois ou des victoires des chefs militaires, mais des événements qui ont forgé le monde, l'Histoire lui apparaît comme un miroir poétique. « Dans les moments sublimes où elle accomplit sa création, écrit Zweig dans sa préface à l'édition française, elle n'a besoin d'aucune aide. Là où elle fait véritablement œuvre de poète, de dramaturge, aucun poète ne peut la surpasser. » De la prise de Byzance, le 24 mai 1453, par Mahomet, fils du sultan Mourad, au wagon plombé qui, le 9 avril 1917, amène Lénine de Zurich à ce qui est encore, pour peu de temps, Petrograd ; en passant par la découverte de l'océan Pacifique, le 25 septembre 1513, ou celle de la Californie, par J.A. Suter en janvier 1848 ; par l'expédition au pôle Sud, le 16 janvier 1912, du capitaine anglais Scott, qui découvre que le Norvégien Amundsen l'a précédé, et meurt avec les siens, sans avoir pu savourer sa victoire, ou par « le premier mot qui traversa l'océan », le 28 juillet 1858, grâce à l'obstination passionnée de Cyrus W. Field, un câble électrique sous-marin reliant pour la première fois l'Europe à l'Amérique, Zweig a voulu éclairer les moments de l'humanité qu'il considère comme nos phares. A côté des découvertes scientifiques, et sur le même plan poétique, il accorde dans ses *Heures étoilées* une place au « génie d'une nuit », à ce Rouget de Lisle, qui, le 25 avril 1792, compose *La Marseillaise* ; une autre à la résurrection de Haendel qui, épuisé, malade, frappé d'apoplexie, rédige le 21 août 1741, *Le Messie*, son testament musical ; une autre encore aux derniers accents amoureux d'un Goethe élégiaque, à Marienbad le 5 septembre 1823. Un poème à Dostoïevski et un épilogue au drame inachevé de Tolstoï, *La lumière luit dans les ténèbres* donnent leur unité au recueil et leur vraie dimension aux nouvelles : la lumière, tragiquement absente de son époque, que Zweig cherche dans le cours de l'Histoire, il voudrait tant la retrouver pour se guider lui-même vers un avenir où il ne distingue que ténèbres, mais en qui, à l'exemple de Tolstoï dans sa pièce, il s'efforce de garder confiance. Le mot lui échappe... Il en use pour conjurer sa peur. Mais le sentiment trouble, profond d'un malheur imminent va imprégner désormais tout ce qu'il écrit.

Etrangement, cette aube des années trente est marquée pour lui du sceau de la mort. Les êtres chers disparaissent. Friderike enterre sa mère et son beau-père tant aimé, le conseiller von Winternitz, en 1923. Puis, Zweig perd son père, dont la santé le préoccupait depuis de nombreuses années, en mai 1926. Plus que l'ombre du chef de famille, qui régnait sur sa jeunesse et le terrorisait enfant – « je n'aurais jamais voulu lui ressembler » a-t-il écrit à Friderike, en évoquant son autorité –, deux autres deuils le frappent comme un poignard au cœur. La mort subite de Rainer Maria Rilke, d'une leucémie aiguë, à l'âge de cinquante et un ans, le 29 décembre 1926, à Valmont, près de Montreux, puis celle de Hugo von Hofmannstahl, à cinquante-cinq ans, le 15 juillet 1929, à Rodaun – victime d'une crise cardiaque, mort le jour même de l'enterrement de son fils Franz, qui s'était suicidé –, auraient mérité de figurer non aux heures étoilées mais aux heures funèbres de l'humanité. Ebranlé par la perte de ces deux grands poètes qui, selon sa belle formule, éclairaient sa vie, Zweig ressent leur mort comme un symbole. « Hofmannstahl vient de mourir », écrit-il à Romain Rolland, qui demeure l'immédiat confident de toutes ses peines, comme de toutes ses joies et colères. « Avec lui et Rilke, la vieille Autriche a fini. »

Il rendra hommage publiquement à chacun d'eux. Le 20 février 1927, il parle, à Munich, à la mémoire du « fervent tailleur de pierres de la cathédrale toujours inachevée du langage », puis l'été 1929, à Vienne, sur la scène même du Burgtheater, commentant au cours de la cérémonie commémorative cette « perte incommensurable », la mort de deux grands poètes, il déclare : « Cette disparition fatale, presque simultanée, nous a frappés comme un avertissement, comme si la foi en les lois éternelles de l'art voulait déserter notre époque, comme si c'en était fait à jamais de la suprématie de la poésie pure dans la littérature allemande. » Dès 1929, Zweig entend sonner le glas du monde qu'il aimait. La tristesse l'envahit. Pressent-il que le monde qui s'annonce s'apprête à le rejeter, avec ses livres, ses rêves et ses amis ? « Une aube de découragement se leva sur mon âme fatiguée », écrira-t-il dans ses Mémoires, en repensant à ce coucher de soleil. Prélude à la lente, inexorable « agonie de la paix », il va en être le témoin lucide et impuissant.

Zweig collectionneur

En novembre 1931, Zweig fête ses cinquante ans. Il est un auteur célèbre dans toute l'Europe et au-delà. Du Brésil à la Chine et de Finlande en Grèce, des Etats-Unis d'Amérique à l'Union soviétique, des centaines de milliers de lecteurs s'arrachent l'édition de ses nouvelles, de ses biographies, de ses essais, ses articles et ses conférences. Son pessimisme ne lui aliène aucun lecteur. Contrebalancé par le dynamisme et l'éclat d'un style vif-argent, où l'excitation sensuelle équilibre la mélancolie, et une curiosité insatiable l'appel des nostalgies, il captive et convainc. Regardant vers le passé, tournée vers l'avenir, l'œuvre tourmentée et subtile est rédigée d'une plume aiguisée et agile. Généreuse et secrète, savante et naïve, sensuelle et morale, elle est tout en facettes doubles, unie par la baguette d'un chef d'orchestre sans égal.

Auteur comblé, Stefan Zweig, se considérant toujours un écrivain de seconde zone, se voit, malgré la gloire, un disciple des grands, Rilke, Hofmannstahl, Balzac, Goethe, Dostoïevski et Nietzsche, et non un maître. Sa modestie n'est pas une coquetterie. L'orgueil, et encore moins la vantardise ne sont des traits propres à Zweig qui revendique l'honneur d'écrire comme un acte de liberté individuel. Ecrire rend humble qui a, comme lui, le sens de la perfection et de l'achèvement. Discret jusqu'à fuir les lieux publics de crainte d'être reconnu, il se ferait volontiers passe-muraille et s'efface derrière des héros qui, pense-t-il, occultent sa personne par l'éclat de leurs découvertes, de leurs talents, de leurs amours.

Il n'écrit pas davantage pour se rendre célèbre. Reconnaissant envers son public qui l'abreuve d'estime, il n'est satisfait d'aucun de ses ouvrages. Ses nouvelles comme ses biographies le laissent sur sa faim, parfois même honteux de ce qu'il signe, toujours en deçà de ses rêves. Il le dit clairement, ce qui l'intéresse dans son métier, dans sa passion, c'est moins le livre en soi que le travail qui le précède. « J'aimais mon travail, écrira-t-il, et c'est pourquoi j'aimais la vie. » Ecrire lui procure moins une jouissance qu'un répit à sa souffrance de vivre. L'épreuve lui est nécessaire, et même vitale. A défaut d'en ressortir heureux faute d'être doué pour le bonheur, il en revient toujours fortifié. La création est un exercice salutaire, et un rempart, fragile, contre l'angoisse de vivre.

De toutes ses œuvres, celle dont Zweig est fier est cette œuvre invisible, à laquelle il a consacré tant d'heures de sa vie : sa collection de manuscrits et d'autographes. A ses yeux, elle ne fait pas seulement partie de sa bibliographie, elle en est le centre, le « diamant pur ». Commencée dans l'adolescence, elle emplit, à la fin des années vingt, une malle en fer qu'il garde à Salzbourg. Mais elle n'est pas complète ni définitive. Il la veut mouvante, changeante, éternellement inachevée. Pendant des années, jusqu'à l'avènement du nazisme qui lui fera perdre le goût de conserver des vestiges, il ne cesse de vendre et d'acheter, d'échanger, de compléter, de polir, d'unifier, d'approfondir sa collection, comme on peaufine un roman ou un poème. Il songe à la léguer un jour non à un musée mais à un institut qui s'engagerait à poursuivre l'œuvre de sa vie, en l'affinant encore, en l'enrichissant, en lui gardant ce mouvement qui fait à ses yeux son charme et sa beauté. Là encore, la recherche du chef-d'œuvre absolu le motive, comme le peintre

Frenhofer poursuit l'inaccessible image de la Belle Noiseuse, dans le roman de Balzac.

« J'ai mis ma joie dans mon travail de création, jamais dans ce que j'avais créé. » D'abord attentif à rassembler lettres ou manuscrits d'écrivains et de musiciens qu'il admire – la littérature et la musique resteront ses deux spécialités –, il opère très tôt parmi les documents qu'il achète aux enchères ou dans des librairies un tri draconien. Posséder une signature ne lui suffit pas. Il vise la qualité, chaque page doit éclairer l'œuvre. Il s'acharne à trouver les plus belles traces d'un travail de composition, traque la genèse de l'ouvrage, son lent accouchement, à travers les manuscrits originaux ou leurs brouillons. Ecartant l'anecdotique, le superficiel, il devient chasseur de sens. Lui importe, sur la feuille blanche où une main d'artiste a écrit son message, la recherche de la forme, l'effort visible pour parvenir à la perfection. Il aime les manuscrits qui sont des moments étoilés où s'éclaire, dans sa spontanéité, sa joie ou sa souffrance, l'élan de la création. Ainsi qu'il l'écrit pour lui-même, mais la phrase vaut pour sa collection, miroir de ses rêves d'artiste, l'œuvre achevée, parfaite, l'attache moins que le cheminement qui y a conduit, l'aboutissement moins que le processus. Sa préférence va aux fragments, aux brouillons, aux esquisses, aux pages les plus corrigées, les plus tourmentées, celles qui portent la trace d'un combat avec les mots et les idées. « Je voulais posséder des hommes immortels, dans la relique de leur manuscrit, justement ce qui les avait rendus immortels. »

Devenu l'un des grands connaisseurs au monde de l'autographe littéraire et musical, Stefan Zweig se trouve à la tête d'une collection époustouflante que bien des musées et des bibliothèques lui envient et que complète une bibliothèque de plus de quatre mille catalogues : ses trésors, amoureusement rassemblés, forment un tout, une sorte de Recherche des Riches heures de l'Art. Parmi tous ces « témoignages de l'humanité créatrice », figurent, entre autres raretés, une page des *Cahiers* de Léonard de Vinci ; le manuscrit des *Origines de la tragédie* de Nietzsche, dans une rédaction inconnue qu'il avait écrite pour Cosima Wagner ; un roman de Balzac « dont chaque page était un champ de bataille » ; un texte de Goethe à neuf ans, son dernier poème à quatre-vingt-deux ans et, magistrale, prise entre ce début et cette fin, une page *in folio* du *Faust*. Côté musique, le manuscrit des *Chants tziganes* de Brahms, de la *Barcarolle* de Chopin, l'air de Chérubin de Mozart, et la mélodie *Dieu conserve* du *Quatuor de l'Empereur* de Haydn, entre autres vestiges, dont les plus nombreux se réfèrent à Beethoven – le cahier des notes de jeunesse, le Lied *Le Baiser*, et des fragments d'*Egmont*. Beethoven est le dieu tutélaire de la collection de Zweig, qui a, par ailleurs, acheté le mobilier de la chambre du compositeur, son immense bureau, transféré dans la maison de Salzbourg, sa cassette et son pupitre. Dans un tiroir, relique sainte, une mèche de ses cheveux.

« Il va de soi que je ne me suis jamais considéré comme le propriétaire de ces choses, mais seulement comme leur conservateur dans le temps », écrit Zweig en se souvenant de tout ce qui aura alors disparu. « Ce n'était pas le sentiment de posséder qui me séduisait mais l'attrait de réunir, de faire d'une collection une œuvre d'art. » Entreprise ambitieuse et passionnée, il la revendique avec une fierté inhabituelle, se reconnaissant dans ce seul domaine un talent particulier, et même du génie. « J'étais conscient, dira-t-il, d'avoir créé là quelque chose qui comme ensemble était plus digne de me survivre que mes propres ouvrages. » L'avenir, qu'il pressent hostile, viendra briser ce rêve parmi d'autres : sa collection, le chef-d'œuvre de sa vie, sera dispersée par les nazis et en partie détruite.

Mais elle lui aura inspiré deux nouvelles, d'une exceptionnelle poésie, qui portent la trace de sa passion. La première, *Die unsichtbare Sammlung* (La Collection invisible), d'abord parue isolément en 1927, sera publiée en 1929, dans le même recueil que la seconde, *Buchmendel* (Le Bouquiniste Mendel) sous le titre *Kleine Kronik* (Petite chronique), puis elles seront éditées ensemble, avec *La Peur*, en 1935 en France, dans une excellente traduction de Manfred Schenker.

La Collection invisible raconte l'histoire d'un marchand d'art de Berlin, ruiné par la guerre, et qui dans l'intention de se réapprovisionner en gravures et en estampes, décide de rendre visite à l'un de ses anciens clients, un modeste habitant de la Saxe. Ce collectionneur, devenu un vieillard aveugle, a mis toute sa fortune dans l'achat de gravures originales de Dürer, de Rembrandt, de Mantegna : par la sensibilité, la rareté et la finesse de ses choix, sa collection est en soi un chef-d'œuvre, elle ne contient que des trésors. Le marchand le sait, il connaît les goûts de son client et il est sûr en venant à lui de pouvoir se procurer à un bon prix, étant donné la misère où il croit le trouver, quelques pièces pour redonner du lustre à son commerce. Quand il arrive dans la petite ville, dans l'humble maison du collectionneur, sa femme et sa fille l'accueillent, la mine apeurée... Le vieillard, tout heureux de pouvoir enfin converser avec quelqu'un qui partage son savoir, peut-être un peu de sa passion, fait apporter les cartons qui contiennent ses planches. Il demande à sa femme et à sa fille de les déballer une à une devant le marchand, et bien qu'aveugle, connaissant par cœur chacune de ces merveilles signées des plus grands artistes, qui recèlent, au plus haut degré, une parcelle de leur art, il les commente comme s'il les voyait vraiment, fait observer un détail, passe la main sur leur image comme s'il voulait en caresser le souvenir.

Or ce que le Berlinois voit, lui, ce sont des feuilles blanches... Ni Dürer ni Rembrandt ni Mantegna, mais une dérisoire succession de planches vierges, sans l'ombre du moindre dessin. Profitant d'un repos du vieillard, la femme et la fille avouent au marchand qu'elles ont vendu l'un après l'autre, pour quelques sous, ses trésors. Elles le supplient de garder le secret. Parler serait tuer le vieil homme. Plus rien ne reste de la collection, fruit de tant d'amour. Le marchand, qui n'est pas un mauvais bougre, feindra l'admiration devant les œuvres blanches. Il repartira après avoir procuré au vieillard sa dernière joie, et comme anobli lui-même par le spectacle d'une passion si pure, si sincère, si désintéressée. La collection, lui a dit le vieil homme, n'est pas à vendre !

« Jamais je n'oublierai la joie de cet homme, dit le marchand. A sa fenêtre il planait au-dessus des passants affairés et inquiets. Une illusion bienfaisante, semblable à un nuage vaporeux, lui cachait le monde réel et ses turpitudes. Et je me rappelai cette parole si vraie – de Goethe, je crois : "Les collectionneurs sont des gens heureux." »

Nostalgique par avance de ce qui fut un jour une collection exceptionnelle et deviendra sous peu une collection invisible, un souvenir de collection, *Le Bouquiniste Mendel* exprime la passion de Zweig. C'est le portrait d'un homme, un vieillard lui aussi, qui a passé trente-cinq ans de sa vie à la même table du café Gluck, Alserstrasse, à Vienne, parmi des monceaux de livres, de papiers, de catalogues. Juif galicien, vieil homme confit dans les livres, Jakob Mendel est un bouquiniste dont la mémoire a enregistré un prodigieux inventaire de titres et d'éditions, et qui est lui-même un monument de bibliophilie. « En dehors des livres, cet homme étrange ignorait tout du monde. Toutes les manifestations de la vie ne devenaient concrètes pour lui qu'à partir du moment où elles se muaient en caractères imprimés, s'assemblaient et se conservaient sur les feuillets d'un livre. » Arrêté à la guerre, il est placé en camp de concentration, accusé d'être un espion à la solde de l'ennemi : les soupçons sont venus du fait qu'il correspondait avec de nombreux marchands et acheteurs de livres en France et en Grande-Bretagne ! A son retour, il est méconnaissable. Il semble égaré, misérable. Le nouveau propriétaire du café le fait mettre à la porte. Car il dérange désormais. Chassé du café Gluck comme un malpropre – seule la dame des lavabos lui garde un peu de compassion –, il meurt sans avoir compris pourquoi on lui a si brutalement, si absurdement supprimé les livres, sa raison de vivre. « Mendel n'était plus Mendel, écrit le narrateur. Il n'était plus un être miraculeux, mais une misérable loque humaine. »

Il y aura bientôt d'autres victimes innocentes, dans d'autres camps encore plus terribles, que la folie d'un monstre va déposséder de tout – des biens terrestres, de l'orgueil d'être un homme, et de la vie tout court. Si la dernière phrase de *Buchmendel* est un effort vers l'optimisme – « Je sais que les livres sont faits pour unir les hommes par-delà la mort et nous défendre contre l'ennemi le plus implacable de tous, l'oubli » –, on voit bien que la destruction obsède le narrateur. Elle est le thème autour duquel se construisent ses romans comme ses biographies, *Fouché, Buchmendel, L'Agneau du pauvre...*, la fatalité est au cœur de tous ses livres, même si elle épargne encore sa propre existence.

Elle est belle, cette manière qu'a Stefan Zweig d'anticiper toujours, comme inspiré par un ange, sa propre destinée. Songeant à l'époque faste de ses cinquante ans, aux lettres du monde entier lui souhaitant un heureux anniversaire, le louant, le congratulant, il écrira : « L'obscure puissance qui gouverne ma vie, l'insaisissable qui avait comblé pourtant tant de vœux que je n'aurais jamais eu l'audace de former, c'est elle que je devais avoir perçue. » La gloire, le bonheur d'être aimé ne peuvent l'arracher au sentiment d'une indicible tristesse. Dès la fin des années vingt, il sent une ombre planer au-dessus de lui et du monde qu'il aime. La vie l'a trop gâté. Il attend qu'elle se venge.

J'avais beau m'éloigner de l'Europe,
son destin m'accompagnait.

V

Un écrivain pourchassé par l'Histoire

Un homme à femmes ?

Son ménage a pris de l'âge, et, presque autant que la situation politique en Autriche en pleine déliquescence, cela l'incite à de sombres pensées. Stefan Zweig s'ennuie auprès de Friderike, réduite à son rôle d'intendante et de compagne effacée. L'atmosphère du foyer, où Alix et Suse, avec leurs espiègleries, leurs rires, leurs colères de jeunes filles gênent sa concentration, lui pèse et il fuit autant qu'il peut. Son journal ne porte pas un mot de douceur ou de tendresse pour son épouse et ses enfants. Le charme s'est rompu, laissant là aussi la place à une routine et à un agacement grandissants. 1er novembre 1931 : « Contrariété à table à cause de A. et S. [c'est-à-dire Alix et Susanne], note-t-il. Impossible de vivre dans cette atmosphère de stupidité et de lâche prétention. J'y étouffe. » Quelques jours plus tard : « Discussions avec Alix. Temps perdu. »

Quand les soirées sont paisibles, quand il peut travailler sans être dérangé par les soucis domestiques dont Friderike fait pourtant effort de le décharger, il en soupire d'aise. « Tout est en ordre dans la maison », dit-il. Mais une sorte de chape suffocante l'empêche d'être heureux à Salzbourg, hors les murs de sa bibliothèque. Le désamour a commencé son œuvre. Les lettres que s'adressent le mari et la femme reflètent l'affadissement de leurs relations. Bien que la passion n'ait jamais caractérisé leur vie commune, leurs rapports se réduisent à un ensemble de devoirs, sinon de corvées. L'utile n'est plus agréable. Friderike continue à nommer Zweig « mon chéri », il l'appelle simplement Friderike, ou « ma chère femme », ce qui est encore plus distant. Elle signe Moumou, le nom que lui donnent ses filles, Maman ; il ne paraphe plus Steffi, devenu trop intime, mais Stefan. Il est, à l'évidence, enchanté de s'éloigner dès qu'une occasion se présente, et quand il voyage, toujours sans elle, il lui écrit des messages de plus en plus laconiques, non exempts de gentillesse mais truffés de petites phrases qui en disent long : « Ne te presse pas de venir », « Si tu veux rester plus longtemps à Salzbourg, reste », et de commentaires sur les difficultés du transport ou l'inconfort du séjour, pour la décourager de le rejoindre. Quand ses conférences ont été brillantes et applaudies avec ferveur, comme il sait qu'elle est fière de ses succès d'auteur et d'orateur, il lui en fait part, mais son : « Dommage que tu n'aies pas été là » (Florence, 1932) sonne comme une politesse. Il est par ailleurs tellement surmené, tellement pris par les innombrables, trop réelles obligations dont il lui parle ! C'est que Friderike lui est indispensable : elle assure la permanence à Salzbourg, trie son courrier, répond au plus urgent, fait patienter les solliciteurs, et lui adresse, avec une discipline toute germanique, les lettres ou les revues qui ne peuvent attendre son retour. Bien que Zweig ait engagé, au sortir de la guerre, une secrétaire pour traiter son courrier et taper ses manuscrits, les Frau Mandel et Frau Meingast qui se succèdent ne suffisent pas à la tâche. Friderike Zweig, maîtresse de maison exemplaire, supervise leur travail, et en assume une part.

Il est rare qu'elle se plaigne, comme ce 31 décembre 1931 : Stefan est à Paris, elle a passé seule à Salzbourg la nuit du Nouvel An. « Cette maison n'est pas assez un foyer pour moi, lui écrit-elle dans la nuit. Je n'ai pas beaucoup droit à la parole, aucun droit de propriété, elle est trop vaste – un manteau trop large sur une âme qui parfois a froid. » S'attachant à faciliter la vie quotidienne de son mari, « en liaison avec ses devoirs », selon son austère formule, elle n'est guère remerciée en retour. Zweig est exigeant, ne tolère aucun relâchement et lui reproche même de ne pas en faire assez, comme dans cette lettre de janvier 1932, à laquelle elle répond d'un très las *ex-Moumou* : « Si tu as trop peu travaillé, ce n'est pas ma faute. [...] Depuis que nous vivons ensemble, cher, ton travail a crû en une chaîne ininterrompue ; je ne suis peut-être pas dactylo, mais à part cela je t'ai vraiment donné toute la quiétude dont un artiste a besoin autour de lui. [...] Ne le sous-estime pas, aujourd'hui que mes cheveux commencent à blanchir. »

Ayant pris l'habitude de lui confier d'abord ce qui ne va pas, ce qui l'inquiète, Zweig a fait de Friderike son infirmière : elle est là surtout pour soigner un cœur trop souvent blessé et torturé. Elle ne partage guère, en revanche, ses réjouissances, ne l'accompagne jamais en tournée, sauf une fois en Italie, où il n'exprime qu'une hâte, se retrouver enfin seul et libre ! Sa présence lui est moins indispensable de près que de loin : elle doit régenter son univers de Salzbourg, quand il s'absente, rester à sa disposition, puis si possible disparaître quand il revient écrire. Il a besoin d'elle en août et à toutes les périodes où des invités se présentent, pour assurer les réceptions, mais ne la réclame jamais en dehors de ce contexte de mondanités. Quand il arrive à Salzbourg, il l'incite à en partir, sous le prétexte qu'elle doit emmener Alix et Suse en vacances. Il délègue auprès d'elle Erwin Rieger, son collaborateur et son premier biographe[1] : gendre du colonel Veltze, son supérieur aux archives

---

1. Erwin Rieger, *Stefan Zweig, der Mann und das Werk*, Berlin, Spaeth, 1928.

de guerre, qu'il a connu en Suisse et embauché après son retour en Autriche, Rieger – qui parle un français impeccable – lui sert d'archiviste, de documentaliste et accessoirement d'homme de compagnie pour Friderike. Il assume en somme tout ce qui ennuie Zweig, de la documentation à l'assiduité ! Friderike doit se contenter du rôle ingrat où il la cantonne, et de la compagnie falote de Rieger, alors qu'amoureuse de son mari, elle compte les jours qui les séparent.

« Notre vie conjugale court à la catastrophe », note Zweig dans son journal, en octobre 1931. Sans doute n'est-il pas fait pour vivre en couple. On le sent comme un loup solitaire, sentimentalement inapprivoisable. Il ne se rapproche de son épouse que blessé ou malade, préférant courir le monde en quête d'aventures et d'amours multiples, tandis qu'elle garde sa maison. Son foyer à Salzbourg renvoie aux gens l'image d'une vie officielle d'écrivain parfaitement organisée et bourgeoise, alors qu'il poursuit d'autres fantasmes et d'autres horizons.

Friderike est moins vigilante qu'autrefois. Elle critique ses livres, admire avec moins d'emphase les manuscrits qui passent par ses mains. Si elle sait encore rassurer, elle exerce de moins en moins de charme sur son mari. Près d'elle, il a l'impression d'être tenu en laisse, et se venge en ne lui cachant que peu de choses des « épisodes », qui demeurent son meilleur stimulant. La nervosité définit les amours de Stefan Zweig. Aucune fidélité, mais une agitation érotique marque sa vie secrète, celle qu'il a pris tant de soin à cacher à ses amis, à ses lecteurs. Mais dont sa femme n'ignore que les détails. Jalouse, elle lui a un jour demandé d'être discret, de lui épargner le récit de ses aventures. Il ne respecte qu'en partie sa susceptibilité. Trouve-t-il une surenchère au plaisir, dans cet aveu qu'il aime avant tout « contempler les fillettes » ?

Ses « épisodes » rajeunissent, alors qu'il prend de l'âge : il devra même répondre de quelques imprudences commises dans des ruelles sombres, où il traquait un gibier des plus tendres. L'écrivain autrichien Benno Geiger, un ami de classe, se fera l'écho de cet exhibitionnisme de Zweig, dans ses *Memorie di un Veneziano*, parus en 1958[1] : sans quelques soutiens haut placés, il est probable que l'affaire aurait, dit-il, abouti devant les tribunaux. Vérité ou ragot, il n'en reste pas moins que le journal et les lettres renvoient l'image d'un homme vieillissant, qui a le goût de la jeunesse. A vingt ans, Zweig recherchait la compagnie de gens plus âgés, pleins d'expérience, auprès desquels il trouvait sagesse et émulation. A cinquante ans, il préfère celle des jeunes hommes qui débutent en littérature, dont l'œuvre, encore promesse, lui fait songer à ses propres débuts et qu'il a envie d'aider. Et celle des jeunes filles en fleurs.

Ecrivain de l'amour, des sentiments troubles, des passions ambiguës, les femmes de quinze à quarante-cinq ans sont les héroïnes de son œuvre, qui est une formidable étude du cœur féminin. Dans la fraîcheur et la maturité, dans le balbutiement ou dans l'éclat de son mystère, la femme est le cœur de ses livres. Il la met en scène à tous les âges de la séduction. Fasciné et amoureux de chacun de ses visages, elle est pour lui une énigme. Farouche, brutale ou dévouée, tendre, sensuelle, dévorante, irrationnelle, elle est toujours dangereuse. Et ses blondeurs, ses clartés, ses transparences ne sont que des illusions de son charme : la femme, pour Zweig, est toujours une sorcière. Elle est orgueilleuse et forte, dissimulée, insaisissable. L'homme est sa proie et son jouet.

Dans *Brûlant secret*, un petit garçon est le temoin des manœuvres érotiques et des mensonges de sa

---

1. Florence, éditions Vallecchi.

mère qui, dans un hôtel du Semmering où ils sont en vacances, se laisse courtiser par un fonctionnaire, jeune baron aux longues moustaches. Furieux qu'un homme lui vole l'attention de sa mère et exerce sur elle une séduction dont il se croyait le seul maître, Edgar, le garçonnet, découvre l'essence de la féminité : sa roublardise et son effrayante volupté. « Habile à cacher son tempérament sous une mélancolie distinguée », la superbe bourgeoise de *Brûlant secret*, avec « ses lèvres douces », ses étreintes parfumées, et le frou-frou de ses robes de soie est le prototype des héroïnes qu'aime l'auteur. La femme, maternelle et sensuelle, cache sa vraie nature sous des dehors exquis. L'éducation ni la fortune ne changent rien à sa sauvagerie. Impulsive, ardente, démoniaque, la femme la plus bourgeoise, la plus snob, la plus sophistiquée, est un animal. Créature impulsive et primaire, têtue, sauvage, essentiellement physique, ses airs de fragilité, de douceur ne sont qu'une apparence trompeuse, et sa docilité, comme son innocence, un jeu feint pour l'amour.

Les lecteurs de Zweig trouveront sans peine des exemples dans leurs nouvelles d'élection : *Vingt-quatre heures de la vie d'une femme*, *Amok*, *Lettre d'une inconnue*, mais aussi *La Femme et le paysage*, *Les Jumelles*, *La Peur*, *La Nuit fantastique*, *Histoire d'une déchéance*, *Leporella* ou *Clarissa*, des plus fameuses aux moins connues, toutes célèbrent la femme, jeune, mûre ou entre deux âges, vierge ou prostituée, célibataire, épouse, mère, maîtresse, sous les multiples facettes d'un charme fatal, intemporel. La femme, selon Zweig, est le serpent de la Bible, la tentatrice à laquelle l'homme, naïf et tendre, ne saurait résister. Il ressort de ses brefs et saisissants récits que des deux sexes, le plus fragile est le masculin. Le féminin est souverain. Il n'y a pas plus fort que la femme, et son ardent désir d'exister.

Obsédé, envoûté par le féminin, Zweig en a peur. Il tient la femme à distance, la sienne d'abord, qu'il occupe sans relâche à toutes sortes de soins concrets et ennuyeux, destinés à canaliser son énergie, épuiser ses forces vitales, mais les autres aussi, qu'il ne laisse pas pénétrer dans le monde protégé où règne tant bien que mal Friderike, et qu'il cantonne à des hôtels de passage. Il ne permet à aucune d'empiéter sur son univers hérissé de défenses. Si présent dans son œuvre, le génie de la femme, avec ses intrigues et ses mystères, sa sensualité et ses armes sournoises, est absent de sa vie. Sans doute Zweig a-t-il plus rêvé la femme que joui de ses immorales capacités. Il a toujours été envers elle d'une prudence extrême. Ses écarts d'exhibitionnisme, s'il les commit vraiment, ne seraient que pitoyables au regard de tout ce qu'il écrit. Ces vertiges, ces cimes, ces abîmes où peut mener cette enfant de l'amour et de Satan, il les a toujours soigneusement évités.

Aussi ne sombre-t-il pas une fois dans la passion. A force de prudence, il vit à l'étroit ; aucune rencontre notoire ne vient égayer son existence, sérieuse, austère, et que quelques incartades sans suite ne peuvent faire basculer dans cette volupté magnifique où se complaît son imaginaire. « Un élément nouveau entrera-t-il jamais dans ma vie ? », se plaint-il dans son journal au mois de décembre 1931. A force d'invoquer les muses, de faire appel dans ses rêves aux démons féminins, elles vont finir par lui répondre mais, comme dans ses livres, elles ne lui porteront ni bonheur ni chance.

L'Autrichienne

Une blonde ravissante, enjouée et coquette, « la statue même de la Beauté » quand elle est debout, et quand elle se meut « la Grâce en personne » selon Horace Walpole, telle est la femme qui entre dans sa vie, « toute caresses et cajolis », Marie-Antoinette, la reine de France, que ses détracteurs nommaient l'Autrichienne.

Zweig, en bon compatriote, ne vient pas à sa rescousse. Fasciné, vaguement amoureux quand il décrit ses charmes infiniment féminins, ses belles épaules, sa lèvre gourmande, son cœur enfantin et sa joie de vivre, il souligne toutefois, comme à plaisir, avec un raffinement sadique, les innombrables défauts de la reine. Dès les premières pages de son livre, il l'oppose à sa mère, l'impératrice Marie-Thérèse, qui fut selon lui « le seul grand souverain de la maison d'Autriche », car elle réussit à maintenir en des temps difficiles l'unité de l'empire contre la Prusse et la Turquie, l'Orient et l'Occident. « Politicienne clairvoyante, presque voyante, qui sait combien est peu solide cet amalgame de nations, composé par le hasard », elle devine que ce qu'elle a si péniblement et avec tant d'énergie réussi à rassembler, et que doit sceller le mariage d'une Habsbourg, sa plus jeune fille, avec le fils régnant des Bourbons, sera un jour morcelé. Elle pressent que son œuvre s'effritera avec ses descendants. A cette souveraine exemplaire dont l'existence entière fut consacrée à la raison d'Etat,

Marie-Antoinette ne ressemble nullement. Elle est l'opposé.

C'est par un contrepoint subtil et lumineux, en comparaison avec le sérieux, le dévouement, l'esprit de conquête et de sacrifice de l'impératrice d'Autriche, qu'apparaissent les faiblesses de caractère de la reine de France, sa morale fragile, son goût pour l'écume des jours et les plaisirs des fêtes. Marie-Thérèse est l'intelligence même, la stratégie politique faite femme. Elle s'identifie à son pays. Marie-Antoinette, elle, n'aime pas l'application, ce mot cher à sa mère, elle est la légèreté même, ses dons sont primesautiers, son caractère incapable de se poser, elle ne sait être ni sage ni grave. Elle déteste apprendre, déteste lire, a horreur des sermons. C'est une adolescente exquise, qui n'aimera toujours que la jeunesse, avec sa santé, sa beauté, ses rêves et ses fous rires. Paradoxe de sa destinée : mariée à quinze ans dans le faste royal et la liesse populaire, elle sera la plus frustrée des épouses de France. Stefan Zweig s'attarde sur le secret d'alcôve, qui est pour lui la source de la nervosité, de l'agitation perpétuelle de la reine, et fera son malheur. Par suite d'une malformation bénigne, le Dauphin est en effet impuissant et le restera pendant sept ans, jusqu'à ce qu'il accepte enfin d'être opéré. Zweig insiste, pendant de longues pages, sur la non-consommation du mariage, à laquelle succédera une vie conjugale des plus calmes. Louis XVI ne saura jamais « satisfaire », écrit Zweig, sa jeune femme. Pour soutenir son point de vue, l'auteur s'en réfère aux thèses du docteur Freud. « Quand la vigueur sexuelle d'un homme, commente-t-il, est soumise à des perturbations, on voit apparaître chez lui une certaine gêne, un manque de confiance en soi ; quand une femme s'abandonne sans résultat, il se produit inévitablement chez elle une agitation, une surexcitation, un déchaînement nerveux. »

Zweig veut montrer dans son personnage la présence de démons, qui la poussent aux folies et aux excès, si coupables pour une reine. « Des nuits entières, elle fuit le lit conjugal, lieu douloureux de son humiliation, et tandis que son triste mari se repose des fatigues de la chasse en dormant à poings fermés, elle va traîner jusqu'à quatre ou cinq heures du matin dans des redoutes d'opéra, des salles de jeu, des soupers, en compagnie douteuse, s'excitant au contact de passions étrangères, reine indigne parce que tombée sur un époux impuissant. »

Le jugement est sévère. Tel un censeur, Zweig s'applique à prendre son héroïne en flagrant délit de légèreté, de sottise, d'imprudence. Il ne lui passe rien, note sans indulgence ses innombrables et prodigieuses dépenses. Il compte ses robes, ses jupons, ses rubans, ses souliers, ses pantoufles, ses bijoux, ses capes, ses perruques… Impitoyable, il vérifie les factures de ses fournisseurs, celles de Mademoiselle Bertin sa couturière, de Monsieur Léonard son coiffeur, et celles de ses joailliers préférés, « ces Juifs émigrés d'Allemagne » qu'il n'appelle pas monsieur, Boehmer et Bassenge. Il relève avec soin le coût faramineux de son train de vie, à Trianon, avec ses courtisans et ses moutons, son théâtre, ses festins, ses bals et ses tables de jeu. Autant la femme le charme avec son impulsivité et sa grâce, ses boucles blondes et son insouciance, autant il se rebelle contre son goût d'un luxe dispendieux, son agitation chronique et ses caprices d'intouchable. On sent le républicain frémir devant les privilèges de l'aristocrate, et le démocrate se hérisser devant la désinvolture de la souveraine qui veut régner au-dessus des lois conçues pour le vulgaire. Défenseur des libertés et de la tolérance, Zweig affronte l'Ancien Régime avec un haut-le-cœur.

Derrière cet acharnement à souligner les mille défauts de caractère de la jeune Marie-Antoinette, Zweig entend expliquer son évolution vers la maturité sous la pression d'événements dont elle n'est aucunement responsable et qui vont l'emporter, telle une plume légère, dans le tourbillon révolutionnaire. Zweig dans *Marie-Antoinette,* à travers un portrait en mouvement, procède à une démonstration. Il veut prouver qu'une femme moyenne ou un homme moyen, placés dans des circonstances exceptionnelles et acculés au malheur, sont capables de changer en profondeur, presque de changer d'âme. La confrontation avec les cruautés de l'Histoire peut conduire un individu de la médiocrité morale à l'héroïsme pur.

Eloignée du peuple, indifférente à son sort, et vivant à l'écart de la Cour – elle déserte Versailles pour son petit Trianon –, la jeune reine s'attire très tôt les rancunes de tous. « Marie-Antoinette, individualiste absolue, écrit Zweig, ne pense qu'à elle-même et le Trianon, ce caprice parmi ses caprices, la rend aussi impopulaire auprès du tiers-état que du clergé et de la noblesse ; parce qu'elle voulut être trop seule dans son bonheur, elle sera solitaire dans son malheur et devra payer ce jouet frivole de sa couronne et de sa vie. » D'autres biographes viendront défendre Marie-Antoinette, sa juvénilité, son innocence, et accuseront les coupables : l'époque tout entière, avec le poids de ses traditions, de ses castes. L'esprit de vengeance lui fera expier des siècles d'oppression. Si Zweig charge tellement son portrait et consacre tant de pages à montrer combien « l'Autrichienne » fut l'indigne fille de Marie-Thérèse, modèle du monarque éclairé, c'est par goût du contraste. Pour faire mieux voir et mieux comprendre la métamorphose du personnage – ce passage d'une âme moyenne à l'état de grâce.

Dès que les ennuis commencent, et que le peuple vient gronder aux grilles de Versailles, réclamant du pain à celle qui, dans son ignorance de la misère aux portes mêmes de son palais, veut faire distribuer de la brioche aux petits Parisiens, le changement s'amorce. Lentement, trop lentement au gré de l'Histoire dont le rythme s'accélère et la dépasse, la reine prend conscience, non de l'extraordinaire de ses privilèges et de ses droits exorbitants, mais du sort tragique qui l'attend. Serait-elle prédestinée ? Marquée elle aussi du sceau du malheur ? Sa mère ne sera plus là pour assister à sa chute mais elle a, dès le départ, émis les pires craintes au sujet de sa fille. Quelques mois après la mort de Louis XV, elle déplorait déjà sa dissipation, la suppliait de renoncer à ses vices – la coquetterie, le jeu, les dépenses – et de revenir dans le droit chemin de la prudence. « Vous le reconnaîtrez un jour mais trop tard, lui écrivait l'impératrice d'Autriche. Je ne souhaite pas survivre à ce malheur et je prie Dieu de trancher au plus tôt mes jours, ne pouvant plus vous être utile et ne pouvant pas soutenir de perdre et de voir malheureux mon cher enfant que j'aimerai jusqu'à mon dernier soupir tendrement. » Chaque livre de Zweig trouve toujours un écho dans l'actualité, chaque personnage le renvoie à lui-même et à ses contemporains. La prescience du malheur, c'est ici Marie-Thérèse qui l'exprime. Comme Jérémie annonçait déjà aux habitants de Jérusalem incrédules l'imminence de la colère de Dieu, Zweig lui-même, au plus profond de lui, ressent en ces années-là la montée d'un péril que tant d'autres s'obstinent à ne pas voir.

Pour accéder à son « destin tragique », car c'est là la vraie dimension de cette vie qui aurait pu être banale, « l'âme moyenne », dénuée de toute vocation à l'héroïsme et étrangère par sa nature à l'esprit de sacrifice et aux renoncements, va suivre un lent chemin de croix. Pendant sa détention aux Tuileries puis au Temple, enfin à la Conciergerie, sous les quolibets et les insultes de la foule, pendant son procès et jusqu'aux marches de l'échafaud, la reine va montrer un courage, une dignité exceptionnels. « Marie-Antoinette, écrit Zweig dans un prologue, n'était ni la grande sainte du royalisme ni la grande "grue" de la

Révolution, mais un être moyen, une femme en somme ordinaire, pas trop intelligente, pas trop niaise, un être ni de feu ni de glace, sans inclination pour le bien, sans le moindre amour du mal, la femme moyenne d'hier, d'aujourd'hui et de demain, sans penchant démoniaque, sans soif d'héroïsme, assez peu semblable à une héroïne de tragédie. » L'Histoire, avec une extrême cruauté, va se charger de la transfigurer. De l'assassinat de la princesse de Lamballe, sa meilleure amie, dont la tête sera brandie sous ses yeux au bout d'une pique, jusqu'à la guillotine, en passant par toutes les humiliations et les séparations avec ses amis les plus chers, avec sa famille, la mort du roi, l'arrachement au Dauphin – que les révolutionnaires l'accusent d'avoir aimé d'inceste –, les événements vont s'acharner sur elle et la martyriser, la forçant à devenir cette femme magnifique, tellement admirable dans son dénuement, sa tristesse, et qui, à trente-huit ans, l'âge de sa mort, ressemble déjà à une aïeule. « L'Histoire, ce démiurge, écrit Zweig, n'a nullement besoin d'un personnage central héroïque pour échafauder un drame émouvant [...]. Le tragique existe aussi quand une nature moyenne, sinon faible, est liée à un destin formidable, à des responsabilités personnelles qui l'écrasent et la broient, et cette forme de tragique me paraît la plus poignante du point de vue humain. »

Marie-Antoinette est en somme l'un des plus beaux exemples de cet « héroïsme involontaire » dont l'Histoire est riche depuis des siècles. Elle va pouvoir ajouter tant d'autres noms, bientôt, à sa longue liste. On dirait que le destin n'a comblé Marie-Antoinette de tous les privilèges que pour mieux l'en dépouiller, ne l'a portée au pinacle que pour mieux la laisser choir plus bas que terre. Du carrosse à la charrette, du trône à l'échafaud, la tragédie de Marie-Antoinette qui l'entraîne « jusqu'au suprême abîme » opère en elle une métamorphose intérieure. « C'est par la souffrance que sa pauvre vie restera un exemple pour la postérité », écrit Zweig tandis que couvent d'autres souffrances, dans le creuset d'une Histoire éprise de barbaries.

« La reine éprouvée et élue de toutes les souffrances » apparaît à la fin du livre comme une sainte femme. Zweig, sans l'idéaliser, montre les étapes de son calvaire, fait d'elle le symbole de la dignité dans l'excès du malheur. On voit bien que l'admiration prend largement le pas sur les critiques du premier portrait, et qu'il aime Marie-Antoinette au moment où, au terme d'épreuves cruelles, parvenue au « suprême abîme », elle s'apprête à mourir. Le livre, posé comme une gerbe de fleurs à sa mémoire, en appelle à son image, peut-être à ses prières, à la veille des grands malheurs qui vont frapper l'Autriche et la France, ces deux nations sur l'unité et la bonne entente desquelles Marie-Thérèse avait rêvé de construire la paix de l'Europe.

Fruit d'un long travail et de recherches érudites, la plus fouillée des biographies de Stefan Zweig, rédigée avec l'aide d'Erwin Rieger pour la documentation, celle qui de toutes est la plus précise, la plus rigoureuse quant à l'Histoire, et qui se réfère à plusieurs sources inédites, est aussi celle que le public va préférer. Elle connaîtra un succès considérable, en allemand comme en français. Traduite dans bien d'autres langues, elle fera le tour du monde. Son auteur lui sera redevable d'une sécurité financière accrue, au moment où sa vie s'apprête à basculer. La reine martyre, avec son dernier sourire, entre dans la galerie de ses plus beaux portraits : pour le meilleur, c'est-à-dire pour sa propre gloire, mais aussi pour le pire, car elle annonce les grands malheurs.

Le manuscrit, rédigé en deux ans, publié chez Insel Verlag en 1932 et chez Grasset en 1933, connaît un moment de grâce. Dans le Midi, au Cap d'Antibes, Zweig en écrit une grande partie côte à côte avec son ami Joseph Roth, qui rédige, lui, les premières notes de *La Marche de Radetzki,* cet autre roman du pire, où l'Histoire, ennemie cruelle, implacable de l'homme, joue aussi le premier rôle. De Marie-Antoinette à Karl Josef von Trotta, le héros de Roth, la même tragédie est en marche, sur fond de décadence : le royaume de France ou l'empire habsbourgeois, l'un et l'autre engloutis, à jamais disparus, renvoient leurs auteurs à eux-mêmes, à leurs angoisses, leurs fantasmes et leurs obsessions. Une même fatalité, une même tristesse, dans des écritures différentes, mais également inquiètes et nostalgiques d'un rêve perdu, lient les deux œuvres fraternellement.

L'Allemagne aimée et crainte

La démocratie autrichienne est en danger. Le chancelier Dollfuss, qui a succédé à Mgr Seipel à la tête du gouvernement, doit faire face à la crise économique venue des Etats-Unis. Frappant tous les Etats européens, elle éclate en 1930, provoquant la faillite de la Kreditanstalt l'année suivante, et entraînant un nombre considérable de catastrophes. Des grandes familles à la petite bourgeoisie et aux ouvriers, nul n'est épargné. Le chômage et la misère, ces vieux fantômes de la guerre qu'on croyait éloignés, refont leur apparition en force, un marasme économique et financier, pire que celui qui suivit la fin des hostilités, provoque un grave malaise social. Des oiseaux de malheur planent sur l'Autriche. Zweig décide de reprendre son journal, interrompu depuis 1918, en octobre 1931, avec « la prémonition que nous allons vers une époque critique, une sorte de belligérance qui exigera d'être consignée au même titre qu'autrefois les longs voyages ou la Grande Guerre ». A cette même date, il craint un putsch, « un soulèvement fasciste ».

En 1918, des milices s'étaient créées pour défendre contre les Slaves les territoires contestés : ce sont les Heimwehren – les gardes locales –, que dirige dans les années trente le prince Starhemberg. Formées de fonctionnaires exclus, de petits avocats de province, d'ingénieurs sans travail, de « beaucoup de médiocrités déçues », selon Zweig, ardemment cléricales, conservatrices, elles ont désormais pour principal ennemi le bolchevisme. N'ayant aucune confiance dans les méthodes républicaines et parlementaires, elles veulent combattre les Rouges, et entraînent leurs commandos en vue de la victoire finale. Face à ces milices en chemises noires, bottées, casquées, armées, que Zweig voit dès 1931 défiler dans les rues de Salzbourg – « impression très pénible, le soir en me promenant, note-t-il dans son journal, suscitée par les patrouilles de la Heimwehr qui vont et viennent à toute allure, en automobile ou à bicyclette » –, les Rouges, également rassemblés en milices, ont leur propre ligue armée : le Republikanischer Schutzbund (Ligue de défense républicaine). Elle regroupe des ouvriers, sous la tutelle d'intellectuels socialistes. Des bagarres sanglantes mettent aux prises les deux organisations attendant avec impatience l'heure du grand combat qui permettra d'expurger l'une ou l'autre, et débarrassera l'Autriche de la démocratie, à leurs yeux également tiède et désuète.

Dans la ligne libérale du chancelier Dollfuss qui, dès 1932, essaie de maintenir entre elles un équilibre périlleux, Stefan Zweig, hostile à tous les engagements extrêmes, est autant antinazi qu'anticommuniste. Un voyage en Russie, en septembre 1928, l'a détourné à jamais de la solution stalinienne. Il racontera dans *Le Monde d'hier* comment, guidé par des membres délégués du parti, il aurait pu être dupe comme tant d'autres intellectuels en visite de Moscou à Leningrad, si un jeune homme n'avait déposé dans sa poche une lettre anonyme, lui ouvrant les yeux sur la situation. Il n'oubliera pas la leçon que lui a donnée incognito ce modeste et sage professeur. Mais eût-il trouvé en URSS des choses à admirer, il ne serait pas tombé dans le piège du totalitarisme : depuis des années, Zweig s'est forgé une carapace pour se protéger des tentations de l'engagement politique. Son *Fouché* illustre sa méfiance, voire son dégoût pour le cynisme des hommes, quand ils sont au pouvoir. Et quand ce dernier est absolu, sans garde-fous, le peuple peut s'attendre au pire. Par principe ennemi de toute virulence, dans la pensée comme dans l'action, il se défie des philosophies, des discours et des programmes qui se fondent sur la haine. Dans quelques années, il sera en froid avec Romain Rolland, devenu un fervent défenseur du communisme, et il exprimera haut et clair son admiration pour *Retour d'URSS*, ce livre où André Gide prend ses distances avec le grand mirage.

La situation particulière de l'Autriche, entre les deux monstres de la Russie et de l'Allemagne, explique que le conflit y soit plus vif qu'ailleurs. Quelques Autrichiens voient une solution à tous les problèmes intérieurs de leur pays à l'est, dans une Internationale socialiste qui passe par un ralliement aux idées de Marx et de Staline. D'autres la voient à l'ouest, l'Allemagne apparaissant le plus sûr rempart contre le danger bolchevique. Les extrêmes ont le vent en poupe et Zweig va déployer une énergie considérable pour se garder de cette contagion qui pousse à rallier un camp. Noir ou rouge, les couleurs flamboyantes du choix ne renvoient pas encore à une séparation radicale entre la droite et la gauche. Le parti de Hitler, ce national-socialisme qui progresse si vite en Allemagne, avec ses jeunesses armées défilant en chantant leur amour de la patrie, utilise le vocabulaire et les arguments de la gauche et sait jouer habilement, ainsi que son nom l'indique, non seulement des idées du nationalisme, mais de celles du socialisme, ces deux clés de l'époque dont l'alliance définit l'attraction du mouvement hitlérien. Tandis que nombre de ses amis, tel Rolland, choisissent le message de la Russie, Zweig ne se prononce pas. On pourrait le croire au centre, avec les démocrates républicains, partisans de la modération, de la liberté sociale et de la paix. Il est ailleurs, dans la plus inconfortable des positions : l'apolitisme. Refusant les solutions extrêmes, républicain certes et libéral, mais s'abstenant de voter, il porte un jugement très clair sur la situation présente et à venir, mais refuse de s'exprimer en public et surtout de soutenir quelque parti que ce soit. Ce que ses amis réprouvent.

Vers 1930, sous l'influence de l'Allemagne, apparaissent en Autriche les premiers « nazis ». Ils y créent des « sections d'assaut », sur le modèle de celles d'Ernst Roehm, dont l'organisation, la brutalité et la froide détermination effraient encore trop peu de gens. Zweig, lui, s'en soucie déjà. L'antisémitisme est une des bannières des nationaux-socialistes. Il leur rallie de plus en plus de sympathisants, surtout dans la classe moyenne, pour qui le Juif, dans les périodes de récession économique, a toujours été dans les pays allemands le grand coupable, la figure du bouc émissaire. L'été 1931, Stefan Zweig, qui séjourne à Tummelsbach, près de Zell-am-See, où il a fui le festival de Salzbourg, se plaint dans une lettre à Friderike de « la présence d'une effroyable populace de sous-Allemands ». Il emploie le vocabulaire que les nazis utilisent pour désigner la « race » des non-Aryens et des « sous-hommes ». « La rage de la croix gammée, écrit-il, s'est emparée de la classe moyenne chez qui tout – socialisme, religiosité, culture – se transforme en caricature. On colle sur ces êtres qui ne seraient supportables que par leur modestie, l'étiquette stupide de race des seigneurs, ou des pseudo-seigneurs. C'est quand même intéressant à voir de près. »

D'Adolf Hitler, il ne se souvient pas quand il en a entendu prononcer le nom la première fois, parmi les innombrables agitateurs dont les frasques ou la légende, en une liste ininterrompue depuis la guerre, lui parviennent de l'autre côté de la frontière des Alpes. Salzbourg, à moins de trois heures de train de Munich, sous la houlette de quelques authentiques nazis allemands qui ont pénétré illégalement sur le territoire autrichien, est devenu un centre d'entraînement des milices de droite. Le nom de Hitler, longtemps inconnu, reste simplement méprisé. Les gens, raconte Zweig, haussaient les épaules, dans les années trente, sûrs que l'Histoire ne retiendrait rien de cet arriviste, vulgaire, insignifiant, et sans avenir. Autrichien né à Linz, étudiant aux Beaux-Arts à Vienne, peintre sans talent, vagabond et clochard, il apparaît dérisoire au regard des baron von Stein, Bismarck, prince von Bülow, qui ont dirigé l'Allemagne. Jusqu'à ce que son parti acquière la majorité au Reichstag en juillet 1932, avec deux cent trente députés, celui que d'aucuns considéraient comme un simple agitateur de brasseries, un bavard de cafés du commerce, œuvrait avec un génie politique qui allait confondre les analystes les plus subtils, les plus roublards des hommes politiques. Même en janvier 1933, quand il devint chancelier, nommé par le président de la République, le vieux maréchal von Hindenburg – le héros de la Grande Guerre –, la masse et les dirigeants allemands ou européens, note Zweig dans ses souvenirs, le considéraient comme un pantin provisoire et le national-socialisme comme « un épisode sans lendemain ».

« Il savait si bien abuser par des promesses faites à tout le monde, que le jour où il conquit le pouvoir, la jubilation régna dans les camps les plus opposés. [...] Même les Juifs allemands n'étaient pas très inquiets. Ils se flattaient qu'un ministre jacobin n'était plus un jacobin, qu'un chancelier de l'empire allemand dépouillerait naturellement les vulgarités de l'agitateur antisémite. »

Ils font confiance au génie de l'Allemagne. Comme lui font confiance presque tous les Autrichiens. A l'heure où Adolf Hitler prend le pouvoir dans la légalité, l'idée de l'Anschluss, c'est-à-dire de la réunion de l'Autriche à l'Allemagne, déjà dans l'air depuis longtemps dans la petite république aux neuf Länder déchue, paraît une solution heureuse à bien des citoyens. Une revue paraît depuis 1926, sous ce titre qui fait rêver tant d'hommes et de femmes : *Der Anschluss*.

L'Allemagne a toujours été pour les Autrichiens, y compris et peut-être surtout pour les Autrichiens juifs, jusque dans ces temps troublés de l'entre-deux-guerres, un pays de lumières et de libertés. Ils la voient comme la patrie des poètes et du progrès humain. Hans Tietze, l'historien des Juifs viennois, note que la possession des œuvres de Schiller était aussi importante pour une famille juive autrichienne que celle de la Torah. « Pour les Juifs, écrit Steven Beller dans sa thèse sur *Vienne et les Juifs 1867-1938*, Schiller était plus réel que les véritables Allemands : c'est là une idée qu'il ne faut jamais perdre de vue si l'on veut comprendre la grande admiration, l'amour qu'ils vouaient à tout ce qui était allemand. » Ainsi que le note ce professeur de Cambridge, le mot « allemand » était pour les Juifs « synonyme de tout ce qui était libéral, juste et progressiste ». A l'appui de cet état d'esprit, que le nazisme rend, avec le recul, malaisé à comprendre, Steven Beller cite d'innombrables articles de la *Neue Freie Presse* ou du *Neues Wiener Tageblatt*, dirigés par des Juifs, Ernst Benedikt ou Moritz Szeps, mais aussi d'innombrables personnalités –, intellectuels ou artistes d'origine juive, comme Freud, Schönberg, Mahler, Gomperz, Reinhardt, Roth ou Schnitzler. De ce dernier, cette phrase, extraite de son autobiographie, *Der Weg ins Freie* (Le Chemin de la liberté), éclaire sans ambiguïté le point de vue général de ses compatriotes, quand il évoque « la grande Allemagne, dont moi, autrichien, juif par mes origines, je me suis toujours senti un membre à part entière, possédant des droits égaux, portant une responsabilité égale ».

Pour Stefan Zweig qui nourrit une admiration égale pour tous les poètes allemands, il ne se définirait sans doute pas, ainsi que le fait son ami Arthur Schnitzler, comme « un Juif européen de culture allemande ». Il n'aime toujours pas rappeler qu'il est juif. Sans renier ses racines, il continue d'éviter de les évoquer. Ni par lâcheté, ni par honte, il semble que ce soit par une sorte de répugnance aux étiquettes, qu'elles soient de race, de classe, de religion, ou de patrie. Etre autrichien ne l'a jamais gêné. C'était plutôt une aubaine, qui lui a permis de faire très tôt l'expérience du *melting-pot*, qu'il rêve de voir s'étendre à l'échelle de la planète. Etre européen le comble, il se sent au large dans cette entité vaste et variée, où les différences pourraient, si les dirigeants le voulaient bien, harmonieusement cohabiter. Mais il est, de fait, comme Schnitzler et Freud, comme Roth et Reinhardt, comme tant d'autres de ses compatriotes, attaché à la culture allemande et d'abord à la langue allemande. S'il parle anglais et français ou même italien, avec ses amis, avec ses lecteurs, s'il voit en la France sa « seconde patrie », il ne conçoit d'écrire ses livres qu'en allemand, la langue selon son cœur. « Etre allemand, explique Steven Beller, signifiait être héritier d'un patrimoine linguistique qui, tout comme les traditions universalistes léguées par l'humanisme allemand, échappait aux contingences des frontières et des nationalités. » Pour Zweig, pas plus que pour aucun de ses compatriotes autrichiens, fussent-ils juifs comme lui, l'Allemagne n'est un spectre redoutable. C'est une nation fraternelle, bienfaisante, et le berceau de la langue des poètes et des écrivains qu'il préfère au monde, Goethe et Schiller. C'est en allemand que Zweig écrit, en allemand qu'il rêve. Dans les pires persécutions, l'allemand sera encore, ainsi que le dira avec émotion Reinhardt en exil, « la langue profondément aimée, en dépit de tout, de tout... ». On ne pourrait comprendre, sans cet amour de l'Allemagne à l'arrière-plan, l'inexplicable et obstinée confiance de bien des Juifs dans une grande Allemagne, fière de les englober eux aussi dans sa Lumière.

Zweig ne se laisse pas berner, il voit les ombres très tôt se dessiner sous l'astre aimé. Il ne souhaite pas l'Anschluss, préfère garder sa spécificité autrichienne au sein d'une culture allemande où les provinces apportent elles aussi leur part de lumière. Plus que beaucoup de ses amis, il se méfie de ce dont l'Allemagne est capable, de ses excès et de ses dérapages. Autant la France le rassure et l'étonne avec son rationalisme, autant l'Allemagne, romantique et mystique, irrationnelle autant qu'il est possible, l'inquiète. Il y a craint très tôt le réveil du fanatisme. « Les gens sentent d'où vient le vent et tournent leur veste », écrit-il à Friderike en 1931, observant au cours de ses tournées de conférences, de Munich à Hambourg et Berlin, la progression du parti national-socialiste. Il a déjà compris, quand d'autres cultivent l'illusion, que le coup de force, s'il a lieu, se fera dans la légalité. Octobre 1931 : « Les nationaux-socialistes voient leurs sympathisants affluer en telle quantité qu'ils n'ont plus besoin de recourir à des mesures illégales. Ils espèrent obtenir à coups de bulletins de vote ce qui, il y a peu, ne semblait accessible qu'à coups de grenades. » Les événements lui donneront raison. Le 30 janvier 1933, Adolf Hitler devient chancelier non par la force mais appelé par le maréchal von Hindenburg. Voyant, ébahi, défiler sous ses fenêtres, en cette nuit d'hiver, une armée de supporters hurlant leurs slogans au feu des torches, celui-ci dira : « Ils sont plus nombreux que je ne le croyais. » Mais c'est trop tard.

Zweig, qui a vu venir la victoire des fascistes allemands, craint surtout ses répercussions sur l'Autriche. Elles ne vont pas tarder à justifier son pessimisme. Les décisions de Dollfuss ne lui semblent que des pis-aller. En mars 1933, pour qu'un semblable scénario ne se produise pas de ce côté-ci des Alpes, celui-ci suspend le régime parlementaire et crée un Etat chrétien, autoritaire et paternaliste. Au printemps, il interdit les organisations hitlériennes et, l'été, obtient de Mussolini, à Riccione, la garantie de l'indépendance de son pays. Zweig demeure inquiet. L'idée de l'exil est depuis longtemps en lui. Dès 1931, il a abordé pour lui-même la question d'un nouveau départ. À la recherche d'un contexte plus propice à son travail, donc à son bonheur, il pense pour la première fois à quitter l'Autriche et se demande où aller. L'interrogation revient sans cesse dans son journal. Il sent que le climat se détériore de jour en jour dans son pays et ne lui apportera rien de bon. Le soutien de Mussolini n'est pour l'Autriche qu'une fragile et provisoire protection, au-delà du Brenner. En Allemagne, ses amis écrivains, les Juifs et les libéraux, sont déjà partis pour la France ou pour l'Angleterre : dès 1933, les décrets de Hitler contre les Juifs et les libertés les ont incités à fuir. L'incertitude est tout l'avenir de l'Autriche. Jointe aux imbroglios de la diplomatie européenne – « cette technique du château de cartes qu'on appelle diplomatie » –, elle dissuade Zweig de les imiter.

« Tous les pays sont également impossibles, l'Europe ne sera de nouveau habitable que lorsqu'elle sera unie, offrira espace et liberté de mouvement. » Espérant un miracle auquel il ne croit guère, il préfère attendre que la situation évolue et le force à prendre une décision. Il est comme un homme qui, sur le quai de la gare, regarde, silencieux et immobile, les voyageurs monter dans le train, en se demandant s'il va les rejoindre et pour quelle destination. Paris, Rome, Moscou ?

1933

Année de sinistre mémoire, 1933 marque d'une pierre noire la carrière de Stefan Zweig.

Le film de Robert Siodmak, *Brûlant secret*, tiré de sa nouvelle, avec dans les rôles principaux Willy Forst et Hilde Wagener, attire un public nombreux dans les cinémas allemands, à grand renfort d'affiches : un homme élégant, aux cheveux noirs gominés, regarde dans les yeux une ravissante blonde en robe de dentelle, leurs mains sont enlacées. Mais cette histoire d'amour va prendre, à la lumière d'un événement imprévu, un sens particulier. Le 27 février 1933, un terrible incendie détruit, à Berlin, le Reichstag. La rumeur se répand rapidement que Hitler et ses sbires y ont mis le feu. L'outil et le symbole du régime parlementaire, sans que personne puisse protester, sont réduits en cendres. Dès le lendemain, les gens en passant devant les cinémas, ébauchent un sourire : ce « brûlant secret », ce film tiré de l'œuvre de Stefan Zweig, ne serait-il pas un clin d'œil moqueur envers l'auteur du mystérieux et inexplicable incendie ? Quelques jours plus tard, le parti communiste fait distribuer un tract qui porte ce titre accrocheur. Informé de cette coïncidence, Hitler ordonne de retirer le film des écrans dans tout le pays.

Autre ironie du sort : à la demande de Max Reinhardt, quelques mois à peine après la mort de Hofmannstahl qui a écrit plusieurs livrets célèbres pour Richard Strauss, *Elektra* et *Le Chevalier à la rose*,

Stefan Zweig a pris la relève auprès du maître. Il rédige pour lui le texte d'un opéra qui s'inspire (comme son *Volpone*, mais sur le mode sentimental) d'une pièce originale de Ben Jonson, *La Femme silencieuse*. Les deux hommes, si différents l'un de l'autre, s'entendent bien. Ils se voient souvent pour préparer l'opéra, tant à Salzbourg qu'à Garmisch, chez Strauss. Zweig admire le talent de musicien vieillissant, « le plus grand compositeur vivant en Allemagne » et observe avec un vif intérêt la façon dont il travaille, réussissant à maintenir jusque dans les moments cruciaux de l'inspiration un magnifique équilibre entre sa pensée et l'organisation de sa vie. Quant à Strauss, emballé par l'écriture du livret, il porte à Zweig beaucoup d'estime. Un soir, dans sa maison de Garmisch, il interprète pour lui seul au piano la première esquisse de *La Femme silencieuse*. Un courant d'émotion passe entre les deux artistes.

Leur alliance n'allait pas de soi. Strauss est devenu une des figures emblématiques du nouveau régime. Hitler adore sa musique, à l'égal de celle de Wagner. Depuis qu'il a fait enlever la statue de Mendelssohn devant le Gewandhaus de Leipzig, et interdire, parce que juifs, la musique de presque tous les compositeurs allemands, Richard Strauss règne en Allemagne sur l'opéra et sur le concert. Hitler apprécie tout particulièrement ses Lieder. Et ne perd pas une occasion, dans le désert culturel qui s'annonce, de mettre en valeur ce « génie » qui a de surcroît le mérite de ne pas bouder le national-socialisme. Strauss accepte la présidence de la Chambre impériale de musique, la Reichsmusikkammer, qui, instituée en septembre 1933, doit réglementer la musique selon les nouvelles lois nazies, et entretient des relations d'amitié avec les lieutenants de Hitler, Goering et Goebbels. Il n'hésite pas à se compromettre pour sauver son œuvre et aussi sa famille – son fils a une épouse juive, ses petits-enfants ne sont donc pas de purs Aryens.

« Avec son égoïsme d'artiste, qu'il avouait ouvertement et froidement, dira Zweig indulgent, toute espèce de régime lui était au fond indifférent. » Il n'en demeure pas moins que cette collaboration du compositeur préféré d'Adolf Hitler avec Stefan Zweig pouvait apparaître, d'un côté comme de l'autre, incongrue en des temps si troubles.

Au début de l'année 1933, tandis que *Brûlant secret* est mis au ban du cinéma, le livret de *La Femme silencieuse* est presque achevé et les parties d'orchestre du premier acte déjà écrites, quand Hitler fait voter une loi qui interdit à tout Juif de se produire dans quelque domaine artistique que ce soit, littéraire, musical, ou théâtral. Zweig, sûr de devoir s'effacer, écrit aussitôt à Richard Strauss pour lui proposer de choisir un autre librettiste de langue allemande. Strauss, sans hésiter, refuse et écrit à Zweig lettre sur lettre pour le convaincre de continuer son travail, au-delà même de cet opéra, puisqu'il lui propose d'en commencer un second ! Malgré ses liens avec le pouvoir, il n'hésite pas à défendre avec entêtement et courage son tandem avec un Juif. « Il ne songeait pas à permettre à n'importe qui, dira Zweig, de lui interdire une collaboration avec moi. » Strauss rencontre Goebbels et use de son influence pour non seulement garder le livret de Zweig, mais pour que le nom de l'auteur ne disparaisse pas de l'affiche. Les pourparlers traînent en longueur.

Le 10 mai 1933, les nazis brûlent les livres. A Berlin, sur l'une des places de l'avenue Unter den Linden, en pleine nuit, lors d'une scène digne du Moyen Age, des procès de sorcières et de l'Inquisition, des étudiants nazis mettent le feu, en chantant, à un bûcher de plus de vingt mille volumes. Zweig, ou son œuvre complète, a le triste honneur de partir en fumée. Avec d'autres auteurs de langue allemande, dont la plupart sont ses amis, comme Thomas Mann – prix Nobel en 1929 ! –, Heinrich Mann, Lion Feuchtwanger, Erich

Maria Remarque, Arthur Schnitzler, son homonyme Arnold Zweig (de nationalité allemande), Jakob Wassermann, Franz Werfel, Albert Einstein ou Sigmund Freud. Sous l'œil attentif du docteur Goebbels qui ordonne la cérémonie et déclare devant les flammes qu'« elles éclairent une ère nouvelle », les étudiants nazis brûlent d'autres ouvrages d'auteurs étrangers, également coupables d'« exercer une action subversive » et de « porter atteinte aux racines de la pensée allemande, du foyer allemand et des forces motrices de notre peuple ». Ainsi partent également en fumée des ouvrages de Jack London, d'André Gide et de Marcel Proust, d'Upton Sinclair, de Havelock Ellis, d'Emile Zola ou de H.G. Wells...

« Je me serais volontiers passé de cette publicité », écrit Zweig à l'un de ses amis avec cet humour qui est chez lui l'une des formes achevées de la pudeur et de la politesse.

En Allemagne, il est désormais diabolisé. Ses livres ont été retirés des librairies et des bibliothèques, ils sont interdits de toute publicité et de tout commentaire dans la presse. Il n'y sera plus publié. Son éditeur, Anton Kippenberg, lui écrit de Leipzig pour s'excuser : force lui est de l'abandonner. Son premier public, qui le portait au zénith, s'évanouit. Zweig peut déjà, avec horreur, envisager le jour où ses lecteurs seront à leur tour traqués et poursuivis. Nul esprit libre n'échappe à la persécution : cette même année, Thomas Mann, connu pour être un opposant au régime, quitte Munich avec sa famille ; sa maison et ses biens sont confisqués. Pour les nazis, Stefan Zweig, esprit libéral s'il en fut, est surtout coupable d'être *rassenfremder* – de race étrangère –, puisqu'il est juif, comme bon nombre d'écrivains victimes de l'autodafé. Différence notoire entre les deux communautés : la plupart des écrivains juifs allemands décident d'émigrer, tandis que leurs confrères autrichiens ne sont pas encore inquiétés. L'été 1933, Zweig assiste en toute tranquillité à son dernier festival de Salzbourg, et il s'assure les services d'un nouvel éditeur autrichien pour remplacer Insel Verlag, son éditeur à Leipzig depuis 1906. Ce sera Herbert Reichner, le directeur de la revue *Philobiblon*, qui s'y appliquera, tant que les lois raciales épargneront l'Autriche. Pour Zweig, Reichner Verlag est une manière d'échapper au diktat et de survivre en tant qu'écrivain. « La langue allemande est ma patrie, indissolublement », écrit-il, malheureux, conscient que tout son drame se joue dans ce déchirement.

« La langue dans laquelle on écrit ne permet pas de se séparer d'un peuple, même dans sa folie, et de le maudire, explique-t-il à Romain Rolland. Je ne veux pas, fidèle à moi-même, haïr tout un pays. » Il se garde, il se gardera toujours de la haine. Il ne veut pas subir la contagion de la violence.

De son côté, Richard Strauss poursuit sa bataille. Au terme d'une véritable crise politique qui oblige ses collaborateurs directs à avoir recours à Hitler en personne, il impose, face à face avec celui qui, entretemps, est devenu le Führer, le choix de son librettiste. Fragile et dangereuse réponse à l'autodafé de Berlin, Strauss gagne la partie après de longs mois de négociations, obtenant enfin que le nom de Zweig apparaisse sur l'affiche.

Pour Zweig, la victoire est à double tranchant. En cosignant une œuvre dont le compositeur est compromis avec les nazis, ne va-t-il pas cautionner un régime qu'il honnit, et un musicien génial mais sulfureux ? Ne va-t-il pas commettre une faute impardonnable en acceptant que son nom et sa prose servent à leur tour le fascisme, qui vient de faire une éclatante exception pour lui seul, et condamne tous ses amis à l'exil ou au silence ? N'apparaîtra-t-il pas comme un traître à sa propre communauté ? Et, pire encore à ses yeux, un traître à ce combat pour les libertés chaque jour plus bafouées en Allemagne, et dont beaucoup pensent qu'elles vont être radicalement supprimées ? Il dira avoir réfléchi à tout cela mais, malgré les pressions qui pèsent lourd sur sa conscience, malgré le danger qu'il y a à apporter, à travers Strauss, un peu de lustre à l'univers médiocre et odieux des nazis, Zweig ne veut pas, en retirant sa pièce, « désavouer un artiste, qui a toujours été loyal et même amical » envers lui. « Il me répugnait de créer des difficultés à un génie du rang de Richard Strauss », dira-t-il. Aussi décide-t-il, comme il est coutumier de le faire, comme il le sera toujours, de laisser aller le cours des choses, en se gardant de les commenter. Les gens peuvent le critiquer, le railler, le maudire, il passe, en paix avec lui-même, avec sa conscience. C'est le seul argument qui compte. Tant pis si Strauss est entaché de sympathie pour l'ennemi, Zweig ne peut rayer d'un trait le souvenir très vif du travail qu'ils ont accompli ensemble et ensemble mené à bien. L'admiration sincère pour l'artiste contrebalance largement son dégoût des circonstances. Et puis cette péripétie, qui le met en travers du chemin de Hitler, en soulevant des difficultés inattendues, ne lui déplaît pas. « Je jouissais en secret, avouera-t-il en pensant aux hommes du chancelier, et au chancelier lui-même, de leur immense embarras et du douloureux casse-tête que je leur offrais ! »

Son silence répond à l'hostilité. C'est sa manière de préserver sa propre vérité. Celle qu'il s'est forgée en conscience et avec loyauté. Les discours politiques, les décisions catégoriques sont pour d'autres que lui. *La Femme silencieuse* sera représentée pour la première fois, le 24 juin 1935, au Staatstheater de Dresde, devant des ministres et des généraux de Hitler, qu'entoure un nombre impressionnant d'uniformes étincelants. La salle applaudit l'œuvre à tout rompre, « *frei nach Ben Jonson von Stefan Zweig* » (librement adaptée de Ben Jonson par Stefan Zweig) ainsi que le stipule l'affiche en caractères gothiques. Karl Böhm dirige l'orchestre. Friedrich Plascht tient le rôle de Sir

Morosus, Helene Jung est sa principale partenaire. Le lendemain, peu de critiques allemands, gênés de prononcer le nom de Zweig, évoquent la qualité du livret, rares sont ceux qui profitent de l'occasion pour lui adresser d'ultimes louanges. Il sera heureusement à Londres, ayant quitté l'Autriche depuis un an déjà. La carrière de l'opéra ne sera que de courte durée : Hitler, malgré son amour pour Strauss, prendra en grippe cette « œuvre juive » et, sous le prétexte d'une lettre de Strauss à Zweig surprise par la censure, où le compositeur parle en termes peu flatteurs d'un régime qu'il n'a rallié que par intérêt, la fera interdire. *La Femme silencieuse* n'aura, en tout et pour tout, que trois représentations. A la fin de la première, en juin 1935, Strauss, venu saluer sur scène et recevoir l'ovation du public, puis s'étant rendu à l'hôtel de ville pour y entendre les discours des militaires, aura par trois fois, exprimé son zèle, le bras droit en avant, à celui qui est devenu le Führer du IIIe Reich : *Sieg Heil ! Sieg Heil ! Sieg Heil !*

Parvenu outre-Manche, on devine le malaise que provoque l'écho sinistre de cette voix.

« Homo pro se »

De Paris, son ami Joseph Roth, indigné que Zweig puisse, par son silence, se compromettre avec les fascistes allemands, lui écrit avec beaucoup de franchise, le 7 novembre 1933 : « Tout vient de votre attitude hésitante. Tout le mal. Tous les malentendus. [...] Vous êtes en danger de perdre le crédit moral du monde et de ne rien gagner avec le IIIe Reich. » Il sait bien que Zweig n'éprouve aucun respect pour ce régime maudit, qu'il a horreur des despotes et de leurs diktats, et ne peut évidemment tolérer le programme raciste de Hitler. Il vient le supplier de quitter sa réserve, de descendre de sa tour d'ivoire et de se prononcer enfin, haut et clair, contre. Contre le nazisme, contre le Führer, et contre la nouvelle Allemagne que les nazis veulent imposer au monde. Ses lecteurs, ses amis sont impatients de l'entendre. Son silence est ambigu, et porte à interprétation. « D'un point de vue moral, écrit Joseph Roth à Stefan Zweig, vous reniez un passé de trente ans. Pour quoi ? Pour qui ? Pour un ami d'affaires. Un homme brave, borné, voilà le mieux qu'on puisse dire de lui. » Il désigne Richard Strauss. Quelque artiste qu'il soit – et Roth s'abstient de le mentionner comme tel –, il n'est rien d'autre, prétend-il, qu'un homme assez médiocre en effet pour se laisser manipuler. Zweig doit marquer son opposition. S'il place l'art au-dessus de la politique, Roth lui rappelle les devoirs moraux de l'artiste. Le génie ne fait pas exception : tout homme doit pouvoir répondre en toute conscience aux problèmes de son époque, fussent-ils de cette catégorie que Zweig déteste, c'est-à-dire politiques.

Pour le convaincre, il en appelle à ce qui est chez eux indestructible, le sentiment de l'amitié : « Entre nous deux, il y aura un abîme, dit Roth, tant que vous n'aurez pas rompu *intérieurement* avec l'Allemagne. Je préférerais que vous combattiez contre elle avec tout le poids de votre nom. » C'est lui-même qui souligne le mot « intérieurement ». Car il a compris le dilemme de Zweig, qui n'est pas tant de choisir entre l'art et la politique, entre « garder les mains blanches », selon le mot de Kant ou « ne pas avoir de mains » selon Péguy, mais entre son Allemagne d'hier, qui n'est plus qu'un lointain fantôme, et celle d'aujourd'hui, dont la condamnation lui fait mal, car elle porte atteinte à l'une de ses racines les plus profondes. Zweig appartient au monde allemand, il l'a aimé, il lui est encore fidèle, quand ce monde est précisément en train de disparaître, ou a peut-être déjà disparu. Sa collaboration avec Strauss, en 1933 et au début de 1934, s'explique à la lumière de cette terrible souffrance à couper le cordon ombilical, et, quand d'autres, Roth, les frères Mann, se sont déjà libérés, à renoncer à une part de soi-même.

Roth, à propos duquel Zweig a écrit en 1929, à la parution de son roman *Rechts und links* (De gauche et de droite), qu'« il ne supporte aucune atteinte et aucune défaillance à la conscience », était là pour le rappeler à ses devoirs. Mais Zweig – c'est ce que Roth a moins bien perçu – est parfaitement cohérent avec lui-même. Il a besoin de temps pour prendre la décision difficile d'une rupture. D'une renonciation. L'explication de son attitude réside dans son *Erasme*. Il en entreprend la rédaction en 1933, et y travaille encore en 1934, opérant, par l'intermédiaire de son manuscrit qui lui renvoie le reflet de l'intellectuel pris dans la tempête du siècle, un retour sur soi. Erasme lui permet de réfléchir : que faire ? Comment agir ? Quel parti choisir, face à la tyrannie d'un côté et de l'autre, la pression des masses ? Comment, en un mot, garder sa liberté, dans une époque troublée, où seul semble compter l'engagement politique et quasi religieux pour une cause. Dès le 15 mai 1933, dans une lettre à Klaus Mann, lui aussi en exil, il a défini son projet : « Je voudrais travailler à une étude sur Erasme, lui dit-il, l'humaniste [...] qui a subi sous Luther les mêmes avanies que les Allemands humanistes d'aujourd'hui sous Hitler. Je voudrais proposer une analogie [...]. Ce sera, je l'espère, un hymne à la défaite. »

Faire entendre la voix de la tolérance est un pari fou, en des temps propices au fanatisme où seules les couleurs flamboyantes semblent dominer. Pour lui, il ne veut ni du rouge ni du noir, ni d'aucun fascisme, qu'il soit de gauche ou de droite, d'aucun impérialisme. Le juste milieu, l'harmonie et la douceur, la compréhension, l'esprit d'ouverture, valeurs en pleine désuétude, le font seuls marcher et tenir debout. Le reste ne vaut pas de vivre, prétend-il. « L'agressivité pure n'est pas dans mon caractère, rappelle-t-il à Klaus Mann. Car je ne crois pas aux victoires. C'est peut-être dans notre obstination silencieuse, déterminée, dans notre message artistique que réside la plus grande force. Les autres aussi peuvent lutter, ils en ont fait la preuve, aussi faut-il les battre sur un autre terrain [...], leur montrer, dans des formes artistiquement incontestables, les figures de *nos* héros intellectuels. » Il souligne le possessif, par lequel ces héros entrent dans sa famille.

Au portrait de *Fouché*, l'anti-héros, politicien retors et dépravé, dont le modèle a pu inspirer, par la ruse, l'opportunisme, le cynisme et la cruauté, d'authentiques démons nazis qui décupleront les vertus négatives du personnage, répond Erasme, le héros juste, libre, paisible et sacrifié. En exergue à son ouvrage, il cite cette lettre d'un anonyme, en 1515 : « Je cherchais à savoir si Erasme de Rotterdam était de ce parti-là. Mais quelqu'un me répondit : *Erasmus est homo pro se.* » Erasme est pour lui-même. Ce que Zweig écrit alors n'est pas seulement un plaidoyer pour l'innocence et la justice, la liberté et surtout la tolérance, mais un véritable autoportrait. Il se décrit lui-même, parle de sa vie, de ses choix, de ses dilemmes, et peint sa propre conception de l'intellectuel à travers la figure d'Erasme. Le grand humaniste de la Renaissance, c'est l'humaniste de toujours, l'homme qui croit en l'homme, aux vertus positives de son histoire.

« Erasme a aimé beaucoup de choses qui nous sont chères, écrit Zweig : la poésie et la philosophie, les livres et les œuvres d'art, les langues et les peuples, et, sans faire de différences entre les hommes, l'humanité tout entière, qu'il s'était donné pour mission d'élever moralement. Il n'a vraiment haï qu'une seule chose sur terre, parce qu'elle lui semblait la négation de la raison : le fanatisme. Il était lui-même le moins fanatique des hommes ; son esprit n'était pas d'une puissance extraordinaire, mais sa science était immense ; on ne peut dire que son cœur débordât de bonté, mais il était loyal et bienveillant. Erasme voyait dans l'intolérance le mal héréditaire de notre société. »

Il suffit de lire *Erasme* pour comprendre Zweig et même le connaître. C'est sa vraie carte d'identité. Son passeport pour le monde. L'essai est admirable. Il est écrit de la plume la plus pure, la plus émouvante, la plus sincère. Mais il est davantage encore : un message pour sa génération, et un testament pour les générations futures. La mélancolie en tisse la toile de fond ; Zweig a sous-titré son livre « Grandeur et décadence d'une idée ». Il ne croit pas à la permanence de l'humanisme, il le voit gravement décadent, menacé par les jeunes philosophies aux programmes conquérants et tonitruants, et il se demande avec angoisse s'il peut espérer en une résurrection prochaine de ses valeurs. En un prodige digne de la légende : l'humanisme sera-t-il capable de renaître de ses cendres ? Et avec lui, Erasme, ce phare universel ?

Le 15 septembre 1933, Klaus Mann, auquel il a refusé sa collaboration à *Die Sammlung*, une revue que le jeune écrivain a créée pour regrouper les intellectuels de langue allemande en exil, lui reproche – exactement comme Joseph Roth – de vouloir « rester à l'écart », et malgré ce qu'il appelle ses « contributions apolitiques », de n'être pas « du côté de ceux qui s'expriment contre les dirigeants allemands ». Zweig lui répond simplement, trois jours plus tard, qu'il désapprouve la politisation de sa revue, dont il regrette qu'elle ne soit pas assez « génératrice de liens » : « Il me paraît aujourd'hui de la plus haute importance d'éviter que la littérature ne dégénère en une littérature d'émigrants et en une littérature d'Etat. » Surtout, dans une autre lettre au ton moins théorique, plus mélancolique, le 23 novembre, il lui rappelle sa position érasmienne : « Je tiens, et j'ai toujours tenu, pour plus important d'être publiquement écarté par la force d'une position libre et indépendante, que de décider de partir de son propre chef. Vu de l'extérieur par nos contemporains, cela n'est pas, j'en conviens, très héroïque. » Il donne à héroïque un tout autre sens que le sens militaire habituel. N'est pas héros celui qui remporte la victoire, mais celui qui sait assumer *intérieurement* son choix, en toute conscience.

« Ne pas devenir combatif, inflexible, car les inflexibles triomphent par leur brutalité [...], écrira-t-il à Joseph Roth, quelques années plus tard. Se laisser ridiculiser pour sa faiblesse, au lieu de trahir sa nature. »

Toute l'année 1933 se déroule pour lui dans cette incertitude et cette souffrance à ne pouvoir choisir, à subir le double malaise de n'être d'aucun parti, et de voir, un à un, s'éloigner les amis. Il se justifie auprès d'eux de son attitude, qui paraît à quelques-uns une erreur, et aux autres une énigme. A Hans Carossa, le 13 novembre, Zweig parle de son « incapacité à répondre » et même de son « impuissance ». « Je n'ai jusqu'ici répondu aux événements qu'intérieurement avec désarroi et le fait que je n'aie rien su faire d'autre m'a attiré de nouvelles haines », poursuit-il dans sa lettre. Paralysé par son « incapacité à haïr ou à répliquer à la haine », il ne peut que suivre en toute intégrité, son propre chemin. Même s'il doit y marcher seul. L'idée de l'exil le tourmente mais il espère encore pouvoir l'éviter. A Franz Masereel, dès le 15 avril 1933, il a confié le cœur de son dilemme : « Toute forme de droit, de libre circulation est suspendue en Allemagne et il ne faudra pas longtemps pour que nous ayons en Autriche le même destin, lui dit-il dans sa lettre. Ce que l'on va faire alors n'est pas clair, j'ai la plus forte aversion pour l'idée d'émigrer et ne le ferai qu'en cas d'extrême nécessité, car je sais que toute émigration répond à une nécessité, on fait de ceux qui restent au pays des otages et on leur rend l'existence plus difficile. »

Ce qui le tracasse tout particulièrement, tandis que le nazisme prend un foudroyant essor en Allemagne et que sa philosophie militariste et raciste se répand dans le vieil empire autrichien, c'est de ne pouvoir travailler comme il aime, dans la quiétude et la concentration. Il peine à s'abstraire de l'atmosphère hostile et explosive qui est devenue celle de son pays. La fièvre antisémite croît chaque jour davantage, à Vienne et même en province dans son cher Salzbourg. Zweig voit des gens feindre de ne pas le reconnaître, qui, pour ne pas se compromettre, préfèrent ne plus le saluer dans la rue. Qu'est-ce donc qui a changé dans le regard des autres, sa propre image, ou son reflet ? Serait-il devenu un pestiféré ? Ecrire, son refuge, devient un pari difficile, sous le poids de la haine quotidienne, des menaces et des tensions qui s'amassent autour de lui comme de lourds nuages. Il ne veut pas encore accepter la vérité ni reconnaître dans sa propre histoire les stigmates qui le condamnent aux yeux de ses compatriotes autrichiens.

Le 12 février 1934, il est à Vienne quand le chancelier Dollfuss brise dans le sang, avec l'aide de la Heimwehr, la révolte des milices ouvrières dans la banlieue rouge de Linz. Zweig, comme bon nombre de Viennois, ne se rend compte de rien. Il n'entend ni les cris ni la mitraille. Les trains sont suspendus quelques jours, et ce n'est qu'en arrivant à Salzbourg qu'il peut lire dans les journaux français et anglais le récit tragique des événements. Tandis qu'il était à l'opéra, des hommes étaient tués. Il n'a rien vu, ni même rien deviné. A peine rentré chez lui, et s'étant couché tard, il est réveillé très tôt le lendemain matin, par quatre policiers en civil, munis d'un mandat de perquisition. Ordre de la Heimwehr. Ils fouillent la maison de fond en comble, de la cuisine aux chambres, prétendant que Zweig cache des armes qui appartiennent au Schutzbund, la Ligue républicaine, dont des milliers de partisans viennent de mourir ces derniers jours à Vienne. Bien sûr, les policiers ne trouvent rien. Ils confisquent à Zweig son pistolet de la Grande Guerre, qui n'a jamais servi. Friderike a beau tenter de le calmer et de le rassurer – les policiers sont repartis, pourquoi reviendraient-ils ? –, Zweig furibond bondit sur ses valises et en un tour de main, emballe manuscrits, notes et livres de première urgence, quelques costumes et du linge. C'est décidé, il part. Il quitte cette ville maudite où l'on ne peut être libre, et ce pays en danger où se précise l'ombre haïssable de la dictature. Ce qu'il avait si longtemps repoussé avec crainte, cette idée d'un départ qui le tourmentait, et avec laquelle il tergiversait, remettant chaque jour au lendemain son inéluctabilité, il l'adopte immédiatement, la visite de la Heimwehr l'éclaire tout à coup. Il ne peut concevoir de vivre dans une province qui porte atteinte aux droits les plus simples de l'individu. Symbole du lieu qu'il habite, il décroche du mur de sa chambre le dessin du roi Jean, par William Blake, qui a toujours orné sa résidence, à Vienne comme à Salzbourg. Il l'emporte dans sa valise. Avec sa barbe et sa couronne, ses yeux noirs, exorbités, le roi déchu, spolié de son royaume, lui tiendra compagnie dans son voyage, et marquera de sa présence fidèle et protectrice son futur point de chute.

Quelques heures plus tard, il est dans le train, à destination de Londres. Pourquoi Londres ? Officiellement, parce qu'il veut écrire une biographie de Marie Stuart et qu'il a besoin de travailler à la British Library. Officieusement, parce que l'Autriche vient de le trahir et qu'il pressent pour son pays l'avenir le plus sombre et le plus inquiétant. Friderike le rejoindra plus tard.

Gare de Salzbourg, février 1934

Gare de Salzbourg, février 1934 : Stefan Zweig prend place dans un compartiment de première classe où le rejoint, pur effet du hasard et des circonstances, un ami écrivain, également autrichien, que ses convictions libérales contraignent de fuir, Robert Neumann. Ce dernier racontera le voyage dans ses souvenirs. Les deux hommes n'ont guère envie de bavarder. Zweig se laisse bientôt absorber dans la contemplation du superbe paysage qui défile une dernière fois, pense-t-il.

On pourrait le croire, avec ses airs de grand bourgeois bénéficiant de tous les privilèges, y compris ceux de la gloire – le contrôleur et les passagers le reconnaissent –, au départ d'une de ces tournées de conférences dont il est coutumier, où il sera fêté et applaudi. Son visage ne montre en rien cette allégresse qu'il a au moment de partir, cet enthousiasme intérieur à l'idée d'aller porter sur la vaste planète le message d'amitié qui est le sien depuis tant d'années. Son visage exprime l'inquiétude. Et ses yeux sombres, rêveurs et doux ne peuvent se détacher du spectacle des Alpes bavaroises. L'homme a perdu son sourire. Il part pour Londres mais, en réalité, se demande où il va. Une question le hante : reverra-t-il son pays ?

Rien, dans sa vie confortable, ne le prédisposait à se poser un jour cette question. Né en Autriche, il était sûr d'y mourir aussi. Un mystérieux pacte s'est subitement rompu entre lui et cet ancien empire, dont les belles vallées et les montagnes familières s'effacent derrière lui, dans la fumée et les secousses du train. Il a cru y être chez lui, il a cédé au mirage de son bonheur. Des signes avant-coureurs l'ont alerté, il a senti qu'on commençait à le regarder comme un étranger. La belle harmonie qui unissait les gens, les paysages, la musique, les amitiés, les plaisirs, s'est soudain désaccordée. Il a beau réfléchir, analyser l'enchaînement des causes, quelque chose lui échappe que lui, homme tellement intelligent, ne comprend pas. Mais peut-on comprendre l'hostilité dont on est l'objet ? Cette hostilité qui n'est justifiée par rien et qui nie votre existence comme individu, pour vous inclure dans le rejet d'une origine.

L'hostilité ? N'est-elle pas le commencement de la haine ? Ce sentiment et tout ce qui en ressortit – le fanatisme, le sectarisme, le nationalisme, ces *-ismes* fauteurs de guerre et de sang –, il les a combattus de toute l'énergie dont il était capable. Convaincu que la civilisation et les progrès de la culture seraient assez forts pour les conjurer, il s'est dépensé sans compter pour faire connaître les livres qu'il admire, persuadé qu'ils seraient les phares de l'avenir. A ses amis, à ses lecteurs, à son public, il n'a cessé de répéter que la politique est un mal, que seuls la littérature et les arts, générateurs de dialogue et de paix, devaient les guider. Mais il s'est trompé. La haine, il en a l'amer pressentiment, va triompher. Ainsi qu'il l'a écrit à Franz Masereel, le 15 avril 1933, « la démonstration est là que nous avons fait fausse route, et que peut-être la moitié, voire la totalité de notre effort, a été vaine ». Il part en vaincu, amer comme Erasme qui voyait ses compatriotes préférer à ses messages de paix les discours belliqueux de Luther. Le pire, se dit-il, est devant lui, bien au-delà des paysages qu'il traverse et dont l'image sereine se grave dans sa mémoire, y creusant une blessure profonde : reviendra-t-il jamais ?

GARE DE SALZBOURG, FÉVRIER 1934

Son départ en février 1934 n'est pas un simple épisode dans une vie toute en voyages et en péripéties. Il prend, à la lueur de l'actualité, une dimension tragique. Lorsque Stefan Zweig quitte l'Autriche cette année-là, il n'est ni banni, ni proscrit, ni même en danger. C'est volontairement qu'il s'en va, contre l'avis des siens qui ne saisissent pas le sens de son départ ni sa prémonition. Derrière lui, tandis que le train franchit la frontière, s'éloigne son pays. Il y laisse sa famille : sa mère, sa femme. Il y laisse ses amis, pour la plupart des écrivains, des journalistes, des gens de théâtre. Il y laisse sa maison sur l'une des collines de Salzbourg où le ramenaient toujours ses expéditions aux quatre coins du monde, et les trésors qu'il y a accumulés : une bibliothèque de plus de dix mille volumes, des tableaux et une prodigieuse collection d'autographes et de manuscrits. Stefan Zweig s'en va, parce que ce en quoi il a cru et qui l'a toujours soutenu, à quoi il tient plus encore qu'à sa famille ou à ses trésors, plus encore qu'à ses livres, sa raison de vivre, s'est évanoui. Son rêve vient de se briser.

L'orage n'a pas éclaté mais le tonnerre gronde. Bien qu'il ne soit nullement persécuté, l'atmosphère s'alourdit de jour en jour. A ses yeux, le mal est fait. Si en Allemagne, depuis qu'Adolf Hitler est arrivé au pouvoir, la vie est devenue un fardeau aux intellectuels libéraux, et plus encore à ceux qui sont juifs, en Autriche chacun – à de rares exceptions – espère que la nazification du pays n'aura pas lieu, que les tumultes sont passagers, que l'orage passera sans averses. Que chacun va pouvoir retrouver la belle tranquillité que l'on connaissait dans le vieil empire des Habsbourg. Stefan Zweig a, lui, l'intuition de la catastrophe et à sa famille, à ses amis incrédules, il ne cesse de répéter qu'il croit « en la guerre comme en Dieu ». Depuis des mois, tandis que chacun cherche à se rassurer ou comme il le dit lui-même à s'illusionner, il est hanté par ce vers de Shakespeare : *So foul a sky clears not without a storm.* (Un ciel si sombre ne s'éclaircit pas sans une tempête.)

Voilà pourquoi il part. Il ne dit pas qu'il s'exile. Le mot lui pèse trop. Il blesse en lui, malgré sa volonté de détachement, un esprit fidèle au monde qui fut le sien et qu'il voit gravement en péril. Il a aimé l'Autriche, il l'aime encore ; mais l'étendard à croix gammée y a fait une entrée implacable et le bruit de bottes des milices résonne désormais plus fort à Salzbourg et à Vienne que la musique de Brahms, de Beethoven ou de Strauss. Les artistes, ces maîtres d'une époque révolue, quittent la scène pour l'ombre, tandis que s'avancent avec de longs couteaux les cohortes de soldats.

Stefan Zweig ne s'est jamais prononcé en public en faveur ou en défaveur d'une politique, n'a jamais écrit un mot pour le gouvernement du chancelier Dollfuss, n'a jamais pris la parole au nom des Travailleurs ou de la Lutte des Classes. Non par lâcheté, non par indifférence, mais parce qu'il est rebelle à tout embrigadement, à toute étiquette. Ni de droite ni de gauche – ce que lui reprochent les intellectuels engagés – son combat est philosophique, non politique, universel, et résolument individuel. Stefan Zweig n'appartient à aucun clan, à aucun groupe, à aucune formation, aucun parti ; il n'obéit à aucune couleur, à aucun hymne, à aucun drapeau. Autrichien, il se veut d'abord européen. Européen, il se perçoit citoyen du monde. Dans les tumultes contemporains de la politique et de la diplomatie, peu de gens comprennent sa position, peu l'approuvent. Son époque est rouge ou noire, résolument antinomique, tandis qu'il refuse obstinément de se prononcer pour l'un ou l'autre camp. Le fascisme lui fait horreur. Comme le bolchevisme. Démocrate, il croit aux vertus de l'équilibre, du juste milieu, de la modération, de la paix entre les hommes, défend un idéal de liberté et de tolérance dans un monde qui n'entend plus sa voix et qui prêche pour ce qu'il ne comprendra ni n'approuvera jamais, la guerre.

Cet homme, des plus sensibles, a déjà tout compris, mieux que la plupart des politiciens et des experts, français ou britanniques, belges ou autrichiens. L'une des dernières lettres qu'il a écrite et postée à Salzbourg avant de partir, contient ce jugement, preuve de sa lucidité : « Vienne, vient-il d'écrire à Alfredo Cahn, son traducteur argentin, Vienne va vivre une époque terrifiante ; c'est la victoire de l'idée fasciste, et cette victoire sera demain celle du national-socialisme. L'air devient lourd ces temps-ci, pour nous qui constatons de toutes parts la folie de cette violence, et j'ai souvent le sombre pressentiment que tout cela n'est que le combat d'un avant-poste d'une guerre mille fois plus terrible. »

Dans sa malle, parmi ses effets personnels et ses instruments de travail, le voyageur emporte le manuscrit qu'il vient d'achever : *Erasme*. Ce portrait d'intellectuel dans la tempête est le plus sûr compagnon de route en cette époque désordonnée et tumultueuse. Erasme de Rotterdam, l'auteur d'*Eloge de la folie*, qui sut demeurer le plus pacifique, le plus tolérant des hommes au milieu des folies et des violences de son siècle et fut le premier cosmopolite et le premier Européen, est pour lui le modèle de l'homme libre, capable de résister aux despotismes. Rebelle à toutes les tyrannies de la pensée, cet homme vaincu et humilié par ses contemporains est le phare que Zweig a choisi pour éclairer sa route : « Ses yeux bleus au regard lumineux et doux que Holbein a immortalisés contemplent, par-dessus le choc des passions populaires, notre siècle non moins troublé que le sien », écrit-il dans son premier chapitre.

Erasme dans ses bagages, il prend congé le plus discrètement du monde. Il écrit au gouvernement autrichien pour renoncer à sa résidence salzbourgeoise, demande à sa femme de mettre en vente la maison et de quitter l'Autriche au plus tôt avec ses filles. Son exil, dans son esprit, n'est encore que provisoire et son départ, pour l'homme aux semelles de vent qui a tant sillonné la planète, ressemblerait à tous les autres, sans l'inquiétude qui le ronge.

> Une aube incertaine de découragement se levait sur mon âme fatiguée.

VI

La montée du soir

L'Écossaise

Marie Stuart accompagne ses premiers pas sur le chemin d'un exil qu'il ne sait pas encore définitif. Il a trouvé par hasard, dès 1933, à la Bibliothèque nationale, des documents qui l'ont incité à se lancer à la recherche de cette personnalité secrète, controversée, que certains historiens jugent avec sévérité, d'autres avec admiration. La postérité manque de mesure à son égard et s'autorise les partis pris : tout pour ou tout contre. Ces portraits contrastés attisent la curiosité d'un biographe, qui n'aime que la modération et la sérénité. N'étant ni français, ni anglais, ni écossais, ni protestant ni catholique, il n'appartient à aucun de ces clans, ni à aucune de ces coteries qui, quatre siècles plus tard, aiment ou détestent la reine avec une passion intacte. Il s'avance vers elle sans armes. Il veut la connaître dans sa vérité, la découvrir sous les préjugés qui l'écrasent et font d'elle une légende à deux faces. L'une, solaire, éclat de diamant blanc, l'autre ténébreuse, splendeur de diamant noir. Pourtant, s'il a décidé d'écrire la biographie de cette souveraine, également victime de l'Histoire, et qui fut elle aussi, jeune encore, comme Marie-Antoinette, décapitée au nom de la justice et de la raison d'Etat, il a une autre raison que la curiosité. Après l'Autrichienne, la belle Ecossaise éclaire sa route, à l'heure où gronde l'orage qui annonce la tempête. La biographie de Marie Stuart est une réflexion sur l'Histoire, à travers elle c'est son époque que Zweig vient interroger.

Grâce à elle, il approfondit son pressentiment qu'un monde va mourir.

Ecossaise de naissance, française d'adoption, comme Marie-Antoinette Marie Stuart hésite entre deux nations. Elle n'est jamais ni tout à fait l'une ni tout à fait l'autre, il y a en elle un peu de ses patries diverses, de leurs paysages et de leurs sensibilités.

Deux nationalités s'affrontent en elle, comme sur les champs de bataille ou dans les salons des rois.

Blonde elle aussi et ravissante, enjouée et pétillante comme Marie-Antoinette, Marie Stuart avait tout pour être heureuse : la beauté, le charme, les privilèges de la naissance. Elle a, elle aussi, au départ de son périlleux voyage, un même sourire plein de confiance et de naïveté. L'hérédité pèse cependant plus lourd sur elle que sur l'Autrichienne. Fille du roi d'Ecosse, Jacques V, qui meurt quelques jours après sa naissance trahi par ses barons à l'âge de trente et un ans, « héritière d'un trône avant que ses yeux soient bien ouverts », elle appartient à une lignée maudite. Les Stuarts sont des sortes d'Atrides : aucun d'entre eux n'a vécu longtemps. « Rien ne leur est favorable », écrit Zweig. Assassinés ou tués à la guerre, ils ne savent mourir que de mort violente. « L'inquiétude règne sans cesse autour d'eux, l'inquiétude est en eux. » Appelés à régner sur un pays dangereux, aussi tourmenté qu'eux-mêmes, où les gens sont belliqueux et indomptables, race la plus farouche d'Europe, leur histoire s'écrit dans le sang et la haine. Le tableau d'une Ecosse livrée aux querelles de clans, où les assassins s'emparent de la couronne avant d'être déboutés par d'autres assassins, précède celui de la reine tragique dont les yeux sombres contiennent un peu de ce drame originel et augurent de son macabre avenir : Marie aura un destin de Stuart.

Autant Marie-Antoinette était frivole, gourmande et indisciplinée, autant Marie Stuart, élevée à la cour de France, est un modèle d'application, de sagesse et de retenue. Docile à l'apprentissage et douée par les fées de multiples talents, elle est capable de lire Erasme en latin, de composer des poésies, de chanter et de danser comme nulle autre jeune fille de son âge. En cette cour pourtant si riche en raffinements, elle brille par son savoir et sa prestance. Du Bellay, Ronsard, Brantôme célèbrent sa beauté et son intelligence, sa finesse, ses dons exquis. Mais ce qui plaît évidemment à Zweig, c'est la violence sous l'eau qui dort. C'est une plus forte personnalité que Marie-Antoinette, victime de son temps, victime de ses plaisirs. Marie Stuart est une femme de caractère, ardente et passionnée sous la lisse apparence. L'amour va éveiller en elle des orages, des tempêtes insoupçonnés, qui mettront le royaume en péril, et que seule la main de son bourreau apaisera, en lui tranchant la vie.

Dès sa naissance, la fatalité s'acharne : après la mort de son père, vient celle de son mari, le jeune roi de France François II. Orpheline à peine née, veuve à dix-huit ans, elle ne porte pas bonheur. Remariée à lord Henry Darnley, qui est lui-même un Stuart, arrière-petit-fils d'Henri VII et petit-neveu d'Henri VIII par sa mère, elle ne fait pas le meilleur choix : plus semblable à une femme qu'à un homme, selon ses contemporains, lord Darnley, à peine épousé, se révèle faible et débauché, il ne lui fera connaître qu'humiliations et brutalités. On croirait lire un drame de Shakespeare : autour de cette reine, dont la sensualité et même « l'attrait sexuel » selon Zweig ont dû très tôt exercer leurs pouvoirs, les hommes se battent et s'entre-tuent. De Darnley à Bothwell, l'amant de Marie Stuart, l'Histoire noue des intrigues qui vont faire le malheur d'un peuple. Car c'est une autre reine, sa propre cousine, Elisabeth Ire d'Angleterre, fille d'Henri VIII et d'Anne Boleyn, qui tire les fils de l'Histoire et profite des querelles qui naissent autour de sa rivale, tellement plus belle et plus aimée qu'elle.

Stefan Zweig suit avec passion le déroulement d'une vie semblable à « une tragédie aux dimensions antiques ». Comme lorsqu'il contait l'histoire de Marie-Antoinette, le fil conducteur du livre repose sur cet axiome zweiguien : « C'est seulement quand un être met en jeu toutes ses forces qu'il est vraiment vivant, toujours il faut qu'un feu intérieur embrase et dévore son âme pour que s'extériorise sa personnalité. » Chez Marie Stuart, les démons de la politique s'allient à sa féminité véhémente et furieuse quand on contrarie ses pulsions, pour tisser le malheur et la grandeur d'un destin. « En réalité, écrit Zweig, les événements servent de mesure à l'âme. » En l'acculant à un sort tragique, ils vont élever la reine « au-dessus d'elle-même », et faire d'elle une héroïne, selon le beau et triste sens que Zweig donne à ce mot.

L'Histoire n'est jamais pour le biographe que l'occasion de rappeler combien elle est néfaste à l'homme. La politique ? Elle est à ses yeux « la science de l'absurdité » : « opposée aux solutions naturelles, simples et raisonnables, les difficultés représentent son plus grand plaisir et la discorde est son élément ». D'Henri VIII à Elisabeth Ire, la politique anglaise sera la pire et la plus fidèle ennemie de Marie. Elle la prendra au filet de ses ambitions, de ses intrigues et se jouera d'elle sans pitié, jusqu'à organiser à son insu le complot final qui permettra de la faire exécuter, sous le prétexte de trahison. Seule contre tous, comme Marie-Antoinette le sera un jour, elle est le symbole de ce qui doit mourir, elle est l'obstacle sur le chemin implacable d'une Histoire en marche. Mais tandis que Marie-Antoinette apparaît comme une victime innocente des vices dont on l'accuse, et que seul le hasard conduit à devenir une offrande expiatoire, Marie Stuart porte en elle, dans sa nature, les ferments de la catastrophe. Presque autant que les événements s'acharnent sur elle, elle est damnée de l'intérieur. La politique, « cette force artificielle des hommes », n'est pas la seule responsable de sa tragédie personnelle ; l'amour, « force éternelle de la nature », son génie et sa malédiction, s'allie à la précédente pour l'y conduire d'une main de fer. Ses vrais problèmes, Marie les suscite, ils lui viennent du plus profond de son âme rebelle, brutale, entière. Quand elle aime, rien ne peut l'arrêter, ni la morale, ni Dieu, ni la loi ne peuvent endiguer sa nature, elle n'est pas du genre à se garder de la folie, elle se donne toute, sans prudence. « Rien ne sert à celui qui possède un cœur fougueux que le monde extérieur lui offre paix et bonheur, sans cesse se créent en lui-même de nouveaux périls et de nouveaux malheurs. » Pour Marie Stuart, la tragédie s'écrit dans sa propre histoire, à travers ses gènes terribles et ses obscurs et sensuels désirs. Amante passionnée, elle se perd elle-même, jouant sciemment, avec volupté, les mauvaises cartes, mais comme Marie-Antoinette elle sait mourir avec une dignité et un courage rares. Lorsque le bourreau de Londres brandit sa tête, sur laquelle la hache a dû tomber à trois reprises, aux yeux horrifiés des seigneurs qui assistent à son supplice, l'épouvante succède à la haine. La reine n'était-elle donc qu'une femme, s'interrogent-ils, au spectacle de ses cheveux gris, à quarante-cinq ans usée et malmenée par la vie ?

La similitude des deux biographies s'impose. Comment aimer et même lire simplement l'une sans l'autre ? Elles dialoguent de part et d'autre de leur histoire, unies par tant de traits communs que, sans le fossé des siècles et leurs lointains pays, on les croirait sœurs. Pour Zweig, qui a transposé pour elles son art du portrait dans l'Histoire, elles sont l'une et l'autre, Marie Stuart et Marie-Antoinette, deux anges punis qui, leur ravissante tête blonde sous le bras, répètent inlassablement un funeste message : un jour, l'Histoire abat ses cohortes. Elles sont déjà casquées, bottées, et prêtes à s'élancer pour le massacre.

« Toujours les grands édifices politiques ont été construits avec les pierres de l'injustice et de la cruauté, toujours leurs fondations ont eu le sang pour ciment ; en politique seuls les vaincus ont tort et l'histoire, en poursuivant sa marche, les foule de son pas d'airain », a-t-il écrit aux dernières pages. Obsédé par sa vision, il est plus que jamais, quand le livre paraît, en 1935, rongé par une inquiétude que les retardataires taxent de pessimisme, quand elle n'est que prémonition lucide.

La secrétaire

Les événements s'enchaînent pour lui donner raison. De Londres, comme s'il habitait une autre planète, Zweig apprend, fataliste, la Nuit des longs couteaux. Le 30 juin 1934, les SS, « élite » du mouvement nazi, exécutent sommairement leurs frères d'armes, le cœur des sections d'assaut et leur chef, Ernst Roehm. Roehm n'avait-il pas dit que le national-socialisme devait « aiguiser les longs couteaux pour accomplir la Révolution et socialiser l'Allemagne » ? Si les longs couteaux ont eu raison de lui, ils luisent désormais d'un éclat plus noir que jamais, à la frontière de son pays, où demeurent sa femme, sa mère, son frère, et presque tous ses amis encore. Le 25 juillet, il apprend par la radio la tentative d'un putsch nazi en Autriche et l'assassinat du chancelier Dollfuss, dernier rempart contre la volonté de conquête allemande. Zweig croit à l'imminence de l'Anschluss. Mussolini – pour combien de temps solidaire de l'Autriche ? – ayant rassemblé des troupes sur le Brenner, Hitler ajourne l'annexion. Mais l'Anschluss demeure pour Zweig le cauchemar de ses nuits d'insomnie. L'idée le hante qu'il pourrait ne plus revoir l'Autriche.

A la mort du maréchal von Hindenburg, le 2 août, il entend Hitler à la radio, de sa voix criarde et magnétique, se proclamer « Führer et chancelier du Reich », chef absolu de l'armée et du pays. Kurt von Schuschnigg a succédé à Dollfuss, à trente-six ans, le nouveau chancelier saura-t-il sauver le pays ? Zweig n'est ni banni ni proscrit et jouit de sa pleine nationalité. Il retourne à Salzbourg respirer l'air natal et tenter de convaincre Friderike de la nécessité impérieuse d'un changement. Elle lui répond que ni Toscanini, ni Bruno Walter, ni Franz Werfel, ni Zuckmayer, leurs amis de longue date, munis du même passeport qu'eux, ne croient l'Autriche perdue. En comptant ceux qui restent, elle lui reproche de ne plus aimer son pays et ne comprend pas sa volonté de s'éloigner : son pessimisme, dit-elle, est sans commune mesure avec la réalité. Elle refuse de partager sa vision apocalyptique. Zweig quitte Salzbourg, seul confirmé dans ses inquiétudes et sûr que le navire autrichien va sombrer. L'année 1934 s'achève pour lui dans les brouillards de Londres. Au propre comme au figuré, il souffre d'un manque de clarté. Il déteste le climat anglais, et s'y sent d'autant plus mal qu'il reflète son état intérieur, fait d'indécision, d'incertitude. L'avenir est flou, enténébré comme un mauvais ciel. Le présent ne peut être que provisoire : rien ne lui paraît sûr ni permanent autour de lui. L'ère de la sécurité est révolue. Il a choisi de vivre 11 Portland Place, dans un minuscule appartement qui lui rappelle son logement d'étudiant, à Vienne, entièrement tapissé de livres et sur le mur duquel la gravure du roi Jean, de Blake, projette ses yeux fous. Mais sa résidence principale est la British Library : il y est moins malheureux qu'ailleurs, réfugié parmi les livres, et cherchant sa lumière sur la route semée d'embûches et d'atrocités de la belle Marie Stuart. « L'extraordinaire bibliothèque du British Museum m'est en quelque sorte une patrie, et Londres est une si grande capitale qu'on s'y sent comme sur une lande, où l'on peut se perdre de la façon la plus merveilleuse », écrit-il à Hans Carossa, le 9 mars 1934. En comparaison avec Salzbourg, devenu ce qu'il appelle « une tête de pont militaire », le ciel nuageux est au moins propice au travail.

A Londres, il n'est plus seul pour affronter les brouillards. Une jeune femme, à l'insu de Friderike, s'est glissée dans sa vie. Elle s'appelle Charlotte Elisabeth Altmann. Lotte, dans l'intimité. Pour aimer un écrivain, elle a un nom prédestiné : Lotte n'était-elle pas le plus grand amour de Goethe ? Dulcinée fragile, elle est, à vingt-six ans, à la recherche d'un soleil. Grande, brune, sombre, avec à ses lèvres pâles l'esquisse faible d'un sourire, elle a un peu l'allure d'une orpheline. Un halo de tristesse enveloppe toute sa personne, réservée, grave, hésitante. Malgré sa jeunesse et sa haute taille, sa silhouette mince et élégante, en petit tailleur strict, elle n'a rien d'une reine. Elle arbore un air de vaincue, comme si elle savait par avance que pour elle tout est déjà perdu. Ses photographies laissent deviner une souffrance, un mystérieux mal de vivre. Elle peut inspirer à un homme sinon la pitié, au moins le désir de la protéger. Elle apparaît vulnérable, cette séductrice si peu séduisante. Est-ce son air de victime qui a conquis Zweig ? Avec sa jeunesse – née en 1908, elle a vingt-sept ans de moins que lui –, c'est évidemment sa fragilité inquiète, si proche de tout ce qu'il aime et qu'il ressent lui-même au fond de son cœur, qui a pu éveiller son instinct amoureux.

Officiellement, Lotte Altmann est sa secrétaire. Elle a reçu l'intronisation à ce poste envié des mains mêmes de Friderike, qui ne soupçonne pas ce qu'on lui cache si bien. Ne pouvant assumer seule le travail du courrier et la frappe des manuscrits, elle a toujours confié cette tâche à d'autres femmes, qui la relaient professionnellement auprès de son mari. C'est elle qui les choisit et, pour Lotte, elle n'a pas failli à la règle. Elle est venue à Londres exprès pour organiser l'installation de Zweig dans son nouvel appartement, accrocher ses tableaux, arranger ses meubles, et donner son approbation au choix de cette secrétaire recommandée aux Zweig par le correspondant à Londres de la *Neue Freie Presse*, Harry Smolka. Sa mission accomplie, Friderike est rentrée à Salzbourg, plus inquiète du refus de Zweig d'envisager un retour en Autriche que de la présence quotidienne de cette très jeune femme qu'elle laisse auprès de lui. Elle déplore ce qu'elle nomme « la psychose d'émigration imaginaire de Stefan », elle voudrait qu'il revienne chez eux, dans cette maison du Kapuzinerberg où elle songe encore à être heureuse. L'amour naissant de l'écrivain pour son assistante ne lui apparaîtra que lentement, la liaison prudente et tenue secrète évoluant au fil des mois en couple officieux.

Lotte, petite-fille d'un rabbin de Francfort, vit à Londres avec sa mère et son frère, Manfred, depuis 1933. Elle est née en Silésie, à Katowice, capitale de la sidérurgie, à la frontière de la Prusse et de la Pologne, dans une région ballottée depuis toujours par l'Histoire. Son père était quincaillier. Il est mort en 1931, laissant à sa famille de quoi quitter un territoire où l'antisémitisme est des plus virulents, et partir vivre modestement, en exil. Originaire de la petite bourgeoisie, la jeune femme a reçu une bonne éducation. Elle parle anglais couramment, ayant passé tout un été au Wittingham College de Hove. Discrète et même effacée, Friderike l'appellera bientôt avec agacement « la femme silencieuse », du nom de l'héroïne de cet opéra que Zweig a écrit, non en pensant à elle – il ne la connaissait pas encore – mais en devinant peut-être qu'elle serait un jour dans sa vie. Le surnom lui convient : elle ne parle guère, ose rarement avancer une opinion, un jugement, et approuve ce que dit Zweig, ce qu'il écrit comme ce qu'il propose, avec une douceur et une docilité extatiques. C'est l'admiratrice absolue, la dévote que l'écrivain recherche. Pas une critique, pas même en demi-teinte, ne s'échappe jamais de sa bouche qui, comme dans le conte de fées allemand, ne s'ouvre que pour laisser s'échapper des roses, les compliments et les approbations qu'il attend. Autant Friderike exerçait à l'envi son talent de conseillère et s'efforçait de corriger ses défauts, d'amender son mari, en le rassurant, en le forçant à l'optimisme, autant avec Lotte le rapport s'inverse-t-il. Paternel autant que Friderike fut maternelle, c'est Zweig qui joue maintenant le rôle protecteur et consolateur, c'est Zweig qui guide et qui ordonne. Lotte, sa maîtresse secrète, est une femme-enfant. Elle dépend de lui financièrement, intellectuellement et moralement. Elle se laisse conduire, est toute obéissance et dévotion. Son dévouement flatte Zweig, ainsi que sa jeunesse, lui donnant un regain de vie, une espérance qui lui fait du bien. « Je me sens à l'aube d'une nouvelle aventure », écrit-il à un ami, sans mentionner Lotte, en lui parlant de sa vie à Londres. Ses lettres à Roth et à Rolland portent la trace de ce changement. Mais il n'est pas né pour être un père, toute charge d'âme pèse à celui qui a déjà tant de peine à se supporter lui-même.

Lotte est une jeune fille. Zweig la voit ainsi, à cause de la différence d'âge, il n'a pas l'impression d'être avec une adulte, mais près d'une adolescente timide, craintive, dont la vie et le bonheur dépendent de lui seul. « J'ai senti chez vous dès le départ une telle fraîcheur », lui écrit-il en 1934. Sa jeunesse l'émeut. « Ce serait pour moi une bonne pensée que de vous savoir gaie, heureuse... Vous devez vous reposer complètement », lui dit-il encore. On dirait que sa présence met un baume sur sa blessure, éloigne les sombres démons de la vieillesse, de la tristesse, et le poids des malheurs futurs. Emerveillée, elle prend en dictée *Marie Stuart*, puis accompagne l'auteur en Ecosse, pour un travail d'études et de recherches qui est aussi une lune de miel. Friderike croit d'autant mieux au zèle de la collaboratrice que Zweig dans ses lettres à son épouse ne laisse rien filtrer de ses sentiments, ni de l'attachement de plus en plus profond qui le lie à sa jeune secrétaire. C'est la première fois, dans une histoire faite d'aventures sans lendemain, qu'il noue une liaison. Stable et régulière.

A Londres, il ne se montre pas encore en public avec Lotte et se rend seul au théâtre ou à l'opéra. Cette histoire singulière sera-t-elle provisoire, comme tout ce qui semble s'attacher à ses pas ? Rien n'est simple désormais dans sa vie. Si, à Londres, malgré le climat, il apprécie la liberté qui règne – personne, dit-il, n'y regarde l'insigne que vous portez au revers de la veste –, s'il y travaille sans effort, comme aux premiers temps de sa déjà longue carrière, avec un enthousiasme qu'il croyait perdu – *Marie Stuart* contient un peu de cette jubilation qu'il a redécouverte à Londres, à l'occasion de ce qu'il croit encore être une parenthèse dans sa vie –, il ne veut pas parler d'exil. Sa vie, dit-il, est un voyage, dont l'Angleterre n'est qu'une escale. L'Autriche, à laquelle il ne cesse de penser, en souffrant pour elle, n'est pas si loin de Londres. Il peut à tout moment y retourner. Et il y retourne en effet, incapable de briser le lien qui le relie à son passé. De mars à mai 1935, il séjourne à Vienne, à l'hôtel Regina et va chaque jour voir sa mère qui est, à quatre-vingts ans révolus, alerte et pleine d'entrain. Il constate qu'agitée d'une inquiétude constante, elle ne tient pas en place et passe son temps à entrer et à sortir. Elle a comme son plus jeune fils la même nature inquiète, à la limite du névrotique. Comme lui, elle ressent les invisibles courants néfastes dans l'atmosphère. Il assiste à son dernier festival de Salzbourg, applaudit le 29 juillet une représentation de *Falstaff*. Après un bref séjour à Marienbad avec Friderike – Lotte est, bien sûr, demeurée à Londres –, il repasse par Vienne, en septembre. Il a du mal à s'arracher à son pays, la nostalgie le tenaille, il souffre de repartir mais ne revient pas sur sa décision : l'Autriche est perdue, ne cesse-t-il de répéter, il faut couper les ponts. Friderike lui reproche de voir des spectres partout. Très en colère, elle le taxe d'être *wahnsinnig*, c'est-à-dire fou. Comme Jérémie, il passe pour un prophète de malheur. Friderike, pour la première fois, s'affirme en désaccord profond, sur l'essentiel. Aussi aspire-t-il plus que jamais à la douce compréhension de Lotte, à sa confiance illimitée.

De retour en Angleterre, il loue un autre appartement, à peine plus grand, pour y contenir les livres et les objets qu'il rapporte de Vienne – peu de choses en fait – et de là, intime l'ordre à Friderike de vider la maison de Salzbourg et de la mettre en vente. Elle devra, de mauvaise grâce, se plier à sa volonté. Le déménagement sera effectif dès le mois de novembre. En octobre 1935, il lui a écrit, assez sèchement, que ce qu'il cherche en ce moment, c'est « une solution provisoire, un logement de sécurité, une adresse, un endroit où je puisse retrouver mes affaires les plus importantes ». Rien de plus. Il pense l'avoir trouvé, ce gîte provisoire, au 49 Hallam Street. Et il ajoute : « Je n'ai pas l'intention de voler son pays à quiconque. Je n'ai qu'un seul désir : la paix dans le monde et chez moi. »

Recommencer ou continuer ?

Une double force commande ses mouvements. L'une, centrifuge, l'attire comme un aimant vers le cœur de l'Europe, à chacun de ses voyages il croit venue la dernière fois. Comment se détacher de ce qu'il aime tant, et dont il a le sentiment qu'il va être privé pour le reste de ses jours ? A Vienne, à Salzbourg, à Paris, à Rome ou à Naples, sa nostalgie grandit. Il observe le ciel et les monuments, leur beauté et leur charme immuables, mais tout autant les changements diffus dans l'atmosphère. Il note que les gens ne sont plus ce qu'ils étaient et que la vie dans les pays qui lui sont chers, où il se plaisait à vivre, a subi une étrange altération. Les effets de la politique internationale se font sentir jusque dans la plus belle ville du monde. Ce « Paris ailé qui vous donnait des ailes » de sa jeunesse n'est plus. L'irritation nationaliste se manifeste partout où qu'il aille, une agressivité, une impalpable raideur a succédé aux rapports cordiaux et spontanés, comme à la nonchalance, et l'on ne peut plus désormais passer les frontières, jadis si aisées à franchir, qu'au terme de contrôles policiers et muni d'un passeport aux couleurs et aux armes de son pays. S'en est allé le temps où l'on pouvait voler d'un point de l'Europe à un autre, sans papiers, sans menaces d'être fouillé et interrogé, et où l'on jouissait, dit-il, d'une liberté sans pareille. Durant ces premières années en Angleterre, il se rend moins souvent à Paris et préfère séjourner à Nice, où la douceur des hivers méditerranéens le console des aigreurs londoniennes, et où il a le bonheur de retrouver la petite communauté de langue allemande en exil – Joseph Roth, René Schickele, Hermann Kesten, Cholem Asch – mais aussi Jules Romains, qui vient de se remarier avec une jeune fille, Lise, Igor Stravinski ou H.G. Wells. En décembre 1934, en décembre 1935, et même encore en janvier 1936, on peut le voir sur la Promenade des Anglais, il demeure à l'hôtel Westminster face à la fameuse baie des Anges. Friderike y séjourne quelque temps avec lui, mais Lotte est également présente, discrète, et tenant avec componction son rôle de secrétaire, au concert, au restaurant ou aux excursions sur la Corniche. Mais un jour, entrant à l'improviste dans la chambre de Zweig, Friderike surprend son mari et Lotte enlacés. Si elle doutait encore de la nature de leurs relations – car Zweig a pris grand soin de dissimuler ses sentiments en public –, le doute pour elle est effacé.

Lotte doit exister dans l'ombre : Zweig la laisse à l'hôtel quand il rencontre ses amis et même à Jules Romains, qui commence une nouvelle vie avec sa très jeune femme, et a entamé avec son épouse une procédure de divorce, il cache longtemps la vérité. Officiellement, jusque dans le cercle des intimes, Lotte n'est qu'une avenante secrétaire, rien de plus. Friderike, en décembre 1934, à l'occasion de sa découverte, obtient qu'elle s'éloigne. Zweig y consent à contrecœur. En fait, il va balancer pendant plus de quatre ans entre les deux femmes, et ne prendra de décision que sous la pression d'événements extérieurs, indépendants de sa volonté. Il aime Lotte, il lui est attaché comme à une nouvelle source de vie. Il a besoin de sa jeunesse, de sa dévotion et de son sourire triste. Mais il éprouve du remords à trahir Friderike, sa fidélité, ses conseils, l'âge venant. Lorsque Lotte quitte Nice, sur ordre de Friderike, et va habiter un petit hôtel, dans un village des Alpilles, elle écrit à Zweig une lettre désolée qui est à son image, toute de douceur persécutée : « Je voudrais te dire une fois encore combien je t'aime [...] j'étais si heureuse de pouvoir rester avec toi pendant ce séjour à Nice [...] je voudrais que tu puisses être ici, que nous y soyons ensemble. » Zweig, dépité et abattu, remet la lettre à Friderike, comme si elle seule était responsable du malheur de la jeune fille.

Une autre force agit sur lui, à l'inverse de la première. Elle le pousse à fuir son univers familier et à chercher ailleurs, le plus loin possible, des raisons de vivre. Son départ de Salzbourg, en bouleversant ses habitudes, l'a rendu plus vulnérable, mais a développé en lui, ainsi qu'il l'écrit à Romain Rolland, une soif de rajeunissement et de conquêtes spirituelles. « C'est parfois une bonne chose, pour un vieil homme comme moi, qu'un grand choc vous arrache à une voie toute tracée. » Il n'a pas encore cinquante-cinq ans. En janvier 1935, répondant à une invitation pressante de son éditeur à une tournée de conférences en Amérique du Nord, il embarque, sans femmes, à Villefranche, en compagnie de Cholem Ash et de Toscanini sur le *Conte di Savoia*, qui les dépose à New York le 17 janvier. Il y demeure jusqu'au 30 du même mois, débordé par les mondanités, les séances de signatures, les interviews et les conférences. L'Amérique du Nord, en particulier New York, avec ses rues à angle droit, ses buildings, sa vie trépidante, son absence (tragique pour un Autrichien) de cafés où s'attabler en toute tranquillité, est aux antipodes de son univers. En touriste appliqué, il ne s'épargne aucun des monuments de la ville, arpente Manhattan, comme chaque fois qu'il arrive dans un lieu inconnu, de long en large, infatigablement. Ce qu'il aime à New York, hormis le froid coupant et l'air de cristal, le Rockfeller Center et la statue de la Liberté, c'est « la cohésion des races », le mélange vertigineux de cultures si variées, si différentes, et qui tentent de cohabiter. « Ce voyage m'a apporté un enrichissement intérieur, écrit-il dans son journal, au moment de repartir, même s'il n'a pu dénouer la crise aiguë où je me débats, tant sur le plan artistique que personnel. » Il n'a pas envie, ajoute-t-il, de revenir en Amérique, qui est trop moderne et trop peu enracinée encore, mais il lui est reconnaissant, elle lui a rendu un peu de son énergie perdue. Sa foi dans la vie et dans le progrès est contagieuse. Pour un homme vieillissant et fatigué, c'est un médicament puissant. Il en constate lui-même les effets roboratifs : *Marie Stuart* achevé, il décide d'entreprendre un *Castellion*, portrait d'un autre Erasme, aux prises, lui, avec Calvin. Retour sur l'Europe, par le moins banal des détours. En vérité, Zweig, même quand il voyage, revient toujours à ses démons : la figure de l'humaniste, qui lutte contre le fanatisme de son temps pour garder sa liberté de penser et d'agir, continue de le hanter. Il n'en a pas fini avec sa déchirure.

Poussé par la curiosité, et par un besoin vital d'élargir l'horizon qu'il voit se rétrécir, sous la masse des noirs nuages qui montent depuis l'Allemagne, il écrit à Joseph Roth qu'il voudrait « faire encore une fois le tour du monde avant qu'il ne s'écroule ». Mais la force centrifuge est la plus essentielle en lui : elle l'appelle à revenir sans cesse sur sa blessure, au chevet d'une Europe qu'il voit agoniser. Sébastien Castellion – ou Chateillon – (1515-1563), traducteur de la Bible en français et en latin, et auteur d'un *De haereticis*, traité sur la tolérance, le confirme dans sa certitude que l'homme doit penser et agir dans la solitude et l'intégrité de sa conscience. Rentré à Londres, où « personne ne pense à la guerre », sauf lui évidemment, et où tous poursuivent le mirage insulaire de la paix, il s'applique à ressembler aux Anglais. Leur sang-froid et leur sublime indifférence aux lointains problèmes du continent l'aident à vivre : « Ils n'ont qu'une idée en tête, écrit-il à Friderike qui est à Salzbourg, à propos de ces étranges Britanniques : *to keep out*, et c'est aussi ce que je fais à ma manière, comme écrivain. »

To keep out, rester en dehors, ne pas se mêler des problèmes des autres. C'est l'attitude de Zweig, comme ce fut celle d'Erasme et de Castellion au siècle de fer de la Réforme. Ses amis continuent de la lui reprocher. Roth, notamment, furieux qu'il garde ses distances, l'appelle « Zweig dans son cocon de soie ». Or, le seul cocon que Zweig se donne – et Roth le sait bien qui lui doit tant – est le travail : « la seule chose supportable en une époque aussi odieuse ». Ecrire n'est pas pour lui une fuite, mais une manière de revenir aux problèmes, précisément, une réflexion sur lui-même et sur ses contemporains, à travers le prisme de l'Histoire, qui répète impitoyable les mêmes erreurs et les mêmes crimes. Comment y échapper ? Comment *keep out* sans abandonner dans la peine les aveugles et les sourds, ceux qui dans sa propre famille, parents ou amis, ne voient rien, n'entendent rien, en dépit de ses cris d'alarme, et qu'il voudrait protéger contre le raz de marée qui s'annonce ? Il a l'impression de rabâcher en vain. A Friderike, qui s'exaspère de ce qu'elle appelle son obsession du malheur, et qui n'a nulle intuition de la catastrophe, il écrit, le 10 octobre 1935, qu'il est « écrasé par la situation qui empire à vue d'œil » : « Je vois, hélas, les événements à l'avance, trop peut-être, c'est mon défaut, mais je n'y peux rien changer. » Il lui recommande encore une fois, en vain, « la clarté sur l'essentiel ».

Sourde à ses objurgations, elle ne met aucun zèle à s'acquitter de la vente de la maison du Kapuzinerberg et Zweig s'en impatiente. Elle a quelques excuses à cela : d'une part, la vieille bâtisse, tout en haut d'un chemin escarpé, impraticable en voiture, décourage les acquéreurs. D'autre part, la chute des prix de l'immobilier, dans le contexte général d'incertitude, et le fait particulier que son propriétaire est juif suscitent des offres insignifiantes. Zweig, de retour de

New York, en route pour Zurich où il doit effectuer des recherches pour son *Castellion*, s'arrête à Salzbourg pour faire le tri des papiers et organiser la vente d'une partie de sa collection de manuscrits. Elle aura lieu en avril 1936. Se séparer de tant de précieux souvenirs n'est même plus pour lui un déchirement : le provisoire marque de son sceau sa nouvelle vie. « Recommencer au lieu de continuer », a-t-il écrit à Romain Rolland, le 22 août 1935. Détaché de sa demeure et de ses biens, détaché de l'Autriche, détaché des rites et des habitudes de son ancienne existence, il entend vivre avec le plus léger bagage, et « posséder, ainsi qu'il l'écrit à Rolland, l'art d'abandonner, sans attachement sentimental, une grande partie de son passé derrière soi ». A Hermann Hesse, qui l'appelait naguère le Salzbourgeois volant, « je vis sur une branche vacillante », dit-il le 30 janvier 1935, ajoutant qu'il n'a « aucun talent pour l'émigration », mais qu'il ressent « presque comme une chance d'avoir été propulsé hors de ma confortable sécurité ». Avec Lotte et le réconfort de ses livres, saura-t-il s'élancer vers la nouvelle vie qu'il espère ?

Trop de fils l'attachent à l'Autriche, qui sont autant de liens vivants et autant de remords. Il ne peut pas oublier ceux qui restent. Ceux qui sont aveugles et sourds aux événements. Comment être indifférent à leur sort ?

Brésil !

« Saisir toutes les chances qui s'offrent à nous, qui sait si nous ne serons pas tous gazés d'ici quelques années ? », écrit-il incroyablement à l'écrivain Carl Seelig, le 23 mai 1936. Cédant à l'appel du large et désireux de mettre l'océan entre l'Europe malade et lui-même qui ne cesse d'annoncer sa fin, répondant à l'invitation de ses amis argentins et brésiliens, il accepte d'aller prononcer une série de conférences sur la culture et la littérature, sur l'art et l'Atlantide de ses amours, à Buenos Aires et Rio de Janeiro. En janvier, il a fêté de loin l'anniversaire de Romain Rolland : à soixante-dix ans, l'écrivain qui fut le phare de sa maturité, l'a déçu. Leurs chemins divergent désormais, ils ne sont plus d'accord sur l'essentiel. Aux convictions communistes de Rolland, à son engagement, Zweig continue d'opposer sa liberté. Il refuse les étiquettes, et celle que Rolland brandit avec tant de flamme le rebute ; au lieu de le convaincre, elle l'éloigne. Leur dernière entrevue, chez Rolland, à Villeneuve, en septembre 1935, a sonné comme un adieu. Zweig a écrit un article, *Dank an Romain Rolland* (Merci à R.R.), tout à la louange de son ancien maître, mais empreint d'une incurable nostalgie, dans le *Pester Lloyd*, équivalent à Londres de la *Neue Freie Presse* en exil. Mais il a refusé de participer aux festivités que Jean-Richard Bloch et Franz Masereel organisaient en France. Il s'est contenté d'envoyer un chèque pour contribuer aux dépenses de ce *happy birthday*, qui est pour lui aussi triste qu'un enterrement. Que l'ami franco-allemand, le plus sensible et le plus fin des poètes puisse s'égarer dans les sphères dangereuses de la politique marxiste-léniniste, le peine et l'inquiète profondément. En qui croire et sur qui s'appuyer, si le meilleur déserte, abdiquant l'humanisme pour les clairons du fanatisme ?

Au mois de mai, paraît, publié en allemand chez Reichner à Vienne, son *Castellion contre Calvin*, portrait d'un « fanatique de l'anti-fanatisme », ainsi qu'il le définit lui-même, et éloge de ce pacifisme rebelle et actif, qu'il a tant de mal à faire accepter à ses proches. Le 3 du même mois, il a souhaité à Freud, dans les pages du *Sunday Dispatch*, un bon anniversaire : quatre-vingts ans, et toujours en Autriche. Le message qu'il lui adresse depuis Londres souligne la merveilleuse humanité de l'homme, « *his wonderful humanity* », et l'intransigeance du savant : nul mensonge n'est possible, écrit Zweig, devant le clair regard de Freud, qui juge toutes choses, sans préjugés, au crible d'une vérité profonde. Il rend hommage à son courage, à une intégrité que la célébrité n'a pas entamée, et surtout à une égalité d'âme qui est, à ses yeux, le plus sûr exemple de cette qualité humaine insurpassable : la tolérance, le respect de la vie et de la souffrance chez chacun d'entre nous. *He has gone his way erect and determined*, a écrit Zweig, *and always only his own way* (il a toujours suivi sa propre route, en ligne droite, et seulement sa route). Les grands hommes ne valent que par et pour l'exemple. Malgré l'âge et la maladie qui l'accablent, et malgré l'atmosphère déliquescente de leur patrie, Freud a répondu avec esprit à Zweig : « J'envisage avec une sorte de nostalgie le passage au néant », lui a écrit ce grand agnostique. C'est avec humour qu'il a relevé ce fait qu'il est lui-même, de tous les grands hommes auxquels Zweig a consacré des livres, « sûrement pas le plus intéressant, mais cependant le seul vivant ».

Lui adressant son « affectueuse gratitude », il ajoute que « pour le biographe comme pour le psychanalyste, il y a des phénomènes que l'on qualifie de transferts ». Qui, mieux que Freud, pourrait savoir que Zweig a besoin d'un père ? Un modèle à admirer, à imiter, et que, l'âge venant avec les orages, il ne peut trouver que dans le passé.

Un voyage pour s'arracher à ses souvenirs, à ses soucis multiples. S'offrant une parenthèse sous des cieux plus cléments, Zweig quitte l'Europe en août 1936, à un moment crucial : la guerre d'Espagne éclate, il est aux premières loges, lors de l'escale de son paquebot, l'*Alcantara*, à Vigo. Tandis que le palace flottant s'éloigne des côtes, les drapeaux franquistes sont hissés aux vergues. Il sait que la violence est à l'œuvre et que la paix vit ses derniers jours.

Au Brésil, où Zweig accoste à l'aube du 21 août, le soleil se lève sur les îles vertes ou rocheuses qui surgissent de la brume matinale, puis le Corcovado surmonté de sa croix et le Pain de Sucre surgissent comme des monolithes et « adossée à eux, dans la courbure merveilleuse de la baie, la ville toujours recommencée » de Rio de Janeiro. Il est émerveillé. « Inoubliable, le premier coup d'œil », note-t-il dans son journal. Il observe les couleurs, les parfums, c'est un coup de foudre entre le Brésil et lui. « On ne peut rien imaginer de plus beau que cette ville qui se déploie comme un ravissant éventail. » Il n'est pas encore remis de son émotion quand il débarque parmi la foule, dans un déchaînement d'enthousiasme. Une horde de journalistes et de photographes se précipite vers lui, et ne le quittera plus de tout son séjour. Le Brésil l'accueille comme un chef d'Etat. Sur le quai, le ministre des Affaires étrangères en personne, Macedo Soares, et un délégué de l'ambassade d'Autriche l'attendent pour le conduire au Copacabana Palace, le plus bel hôtel de Rio. D'innombrables gerbes de fleurs décorent la suite de quatre pièces qu'on lui a réservée, dont la terrasse donne directement sur la plage, « au sable épais et moelleux, baignée par la lueur verte de la mer », écrit-il le soir même. Le gouvernement a mis à sa disposition une limousine et un chauffeur ainsi qu'un accompagnateur, du nom de Jaime Charmont, gentilhomme brésilien, issu d'une des plus anciennes familles et « d'une culture extraordinaire », dit Zweig, « aristocrate jusqu'au bout des ongles », qui lui servira de guide pendant son voyage. L'attaché culturel autrichien se met également à son service. Stefan Zweig écrit à Lotte et à Friderike qu'il n'a « jamais vu un paysage aussi enchanteur, c'est à en tomber dans le lyrisme », et qu'il craint de ne pouvoir goûter comme elles le méritent les splendeurs de la ville. Son souhait le plus cher, leur dit-il, aurait été de rester des heures sur la terrasse à rêver devant la mer, mais le programme qu'on lui a préparé ne lui en laisse pas le temps. Il a eu raison d'apporter frac et jaquette, cravates et souliers vernis : les Brésiliens lui ont concocté une succession de cocktails, de déjeuners et de fêtes. Il est emporté dans un tel tourbillon qu'il n'a bientôt plus le loisir de penser à rien d'autre qu'au texte de ses conférences ou à recharger d'encre son stylo qu'épuisent les mille et une signatures qu'il doit accorder à ses lecteurs venus le rencontrer et l'applaudir en force.

Au Brésil, Zweig est non seulement un écrivain illustre, mais l'un des fleurons les plus lus de la littérature européenne. Son éditeur, Abrão Koogan pour Guanabara, détenteur des droits exclusifs de son œuvre depuis 1932, n'est pas peu fier de lui faire les honneurs de son public. Zweig est aussitôt conquis. Comment ne le serait-il pas, devant tant de gentillesse et le déploiement de tant de charme ? Reçu par le président de la République, Getulio Vargas, hôte du Jockey Club, de l'Institut national de musique et de l'Académie des lettres, du Pen Club du Brésil, et de quelques représentants d'illustres familles, il voit un luxueux tapis rouge se dérouler sous ses pas. Les gens les moins accessibles au commun des mortels veulent lui rendre hommage, tandis que les lecteurs anonymes se bousculent pour obtenir des places dans les théâtres ou dans les cercles où il vient parler. Il prend conscience de la diffusion extraordinaire de ses livres. Son message de tolérance trouve ici, à des milliers de lieues de chez lui, des cœurs pour l'entendre et le comprendre. Au terme de sa conférence sur *L'Unité spirituelle du monde*, la salle tout entière se lève pour l'ovationner. Timide et réservé de nature, il en est affreusement gêné, mais éprouve pour ce public la plus grande gratitude. Serait-il moins seul qu'il ne le croyait. De l'Ancien au Nouveau Monde, dit Zweig, il est des valeurs qui ne doivent pas périr, et qui devraient survivre aux tendances éternelles de l'homme à l'autodestruction. Sa silhouette élégante et stricte de gentilhomme bien élevé, et son accent chantant, empreint de la nostalgie autrichienne, ont mobilisé les foules, le temps d'un bref voyage, intermède avant l'Apocalypse.

« La beauté, les couleurs, la splendeur de Rio sont indescriptibles », écrit-il à Friderike. L'absence de tout problème racial dans une population aussi mélangée en fait un paradis sur terre. Il visite une plantation de café, une autre d'orchidées, des usines et l'Institut des reptiles. Les réceptions, le soir, sont somptueuses. Le pays n'est pas seulement « le plus ensorcelant qui existe sur terre », c'est « un pays fait pour moi », qu'il définit ainsi, en accord avec ses goûts : « un café sublime, les cigares les plus savoureux, les femmes les plus fascinantes, le paysage le plus splendide ». On l'emmène à São Paulo, où l'accompagne en personne le ministre des Affaires étrangères et où l'attendent tous les notables de la ville. Il ne s'y attarde pas, préférant les splendeurs de Rio à cette métropole « à l'organisation prodigieuse ». Quelques jours plus tôt, il a découvert

Petropolis, l'ancienne résidence d'été des empereurs du Brésil, à une trentaine de kilomètres sur les hauteurs de Rio. Là encore, il s'exclame être devant « le plus beau paysage que j'aie jamais vu ». La randonnée pour parvenir à cette élégante cité, où les quartiers portent les noms de provinces allemandes, lui évoque irrésistiblement le Semmering, région montagneuse au sud de Vienne, où il a planté le décor de plusieurs nouvelles, notamment *Brûlant secret*. Cassandre comme à son habitude, sous le choc d'une intuition fulgurante, il écrit au retour à un ami : « Une chose est sûre, ce n'est pas la dernière fois que je viens ici. » Les excursions aux îles Paqueta et Brocoio, les balades nocturnes dans la Mange, le quartier des femmes, la *feijoada* et les airs de la musique brésilienne, les rythmes chaloupés, sensuels des danseuses noires se gravent dans sa mémoire. Le charme du Brésil s'est inscrit en lui. Il reviendra.

Magellan

En comparaison, l'Argentine par laquelle il conclut son voyage sud-américain après une brève escale à Montevideo, le laisse plutôt froid. « Buenos Aires est d'une beauté ennuyeuse, écrit-il à Friderike, début septembre, comparable en rien, même en rêve, avec le sublime Rio dont je suis tombé amoureux. » Le décor l'agace, il n'en saisit pas le charme, « la vie à Buenos Aires, résume-t-il, c'est la vie à Birmingham ou à Gênes, tableaux et palais en moins ». Bien que ses livres y soient également traduits et largement diffusés, il n'y est plus le héros de la fête, le surhomme de lettres, et il s'y est laissé entraîner dans ce qu'il aime le moins au monde, un congrès. Aussi l'air de la métropole argentine lui apparaît-il étouffant et même confiné. Quant au pays, dont il ne verra pas grand-chose, il l'appelle par dérision la Penargentine : il aura surtout goûté les séances du Pen Club international qui y a élu son siège cette année-là. Alors qu'au Brésil, il s'est répandu en déclarations, conférences, entretiens et débats, à Buenos Aires il s'est juré de garder le silence. Il laisse les congressistes discourir, se livrer aux querelles de fond et de forme, et assiste sans mot dire aux débats, traduits en trois langues, qui lui suggèrent cette image : le Pen Club, c'est l'école Berlitz. « Le congrès est d'un ennui mortel », écrit-il à Friderike, le 12 septembre. Fascistes et antifascistes, s'opposant verbalement, ne raniment pas sa flamme. Il ne croit pas à la portée de cette réunion :

« Si la parole avait quelque pouvoir, dit-il, il se serait passé ici une foule de choses, car on n'a voté que des motions de paix. » La présence de ses amis, Jules Romains surtout, qui vient d'arriver de Paris, Georges Duhamel et Emil Ludwig qui ont fait le voyage avec lui depuis Rio, sur le *Royal Mail Liner*, et Paul Zech – poète et romancier allemand, auteur de *Pastels* et de *Je suis toi* – qui vit en exil en Argentine depuis 1934, le réconforte, sans le convaincre du résultat de leurs efforts. Romains et Duhamel se livrent une bataille pour la conquête de la présidence internationale du Pen Club, tandis que Zweig, jouant les diplomates, tâche de ramener entre eux un peu de fraternité. L'enjeu dérisoire de ce conflit entre deux vieux amis lui évoque ironiquement le contexte historique et les dérapages politiques auxquels l'Europe s'abandonne. Décidément, ce congrès le replonge dans ses soucis mortels, le rappelle à l'amertume et même au désespoir. Tandis que le Brésil, cet étonnant mirage, avait su l'arracher à ses visions morbides, l'Argentine le renvoie à ses affres. Le voyage ne serait-il qu'un leurre, les promesses de paix qu'une hallucination ?

Alfredo Cahn, son traducteur et son ami, lui propose un nouveau sujet de biographie : ne voudrait-il pas écrire un *San Martin* ? Le gouvernement argentin le lui demande, il en serait si fier ! Mais Zweig refuse, laissant à Emil Ludwig le soin de l'écrire à sa place. Ce ne sont pas les héros vainqueurs qui l'intéressent, dit-il à Cahn, mais les héros vaincus. Il n'a pas le cœur d'écrire la vie d'un conquérant, de la trempe cruelle et sans pitié des conquistadores. Tant pis s'il doit fâcher ses amis argentins. Il a d'autres projets, et notamment un *Magellan*. Le portrait d'un découvreur de mondes, secret, fermé sur lui-même, un génie de la volonté et du courage, mort sans triomphe avant d'avoir pu savourer sa victoire. Son œuvre, comme celle d'Erasme, ne sera connue que de la postérité.

L'été 1936 a passé, l'automne approche, Zweig songe avec tristesse à sa patrie lointaine contre laquelle grondent avec une hargne mal contenue les troupes du Führer du Reich. L'Italie s'apprête à basculer dans le mauvais camp, et de jeunes Allemands, casqués, bottés viennent prêter main-forte en Espagne aux légions d'un autre conquistador. Lorsque l'*Almanzora* aborde à Southampton le 6 octobre, le sourire de Friderike qui a tenu à venir accueillir son mari sur le quai, et plus tard la douceur retrouvée de Lotte, ne peuvent rien pour lui redonner confiance. A Paul Zech, au moment de quitter Buenos Aires, il a avoué son malaise et s'est comparé à « un homme qui passe ses nuits dans un cimetière, sur la tombe de sa femme disparue ». Il compte les semaines, il compte les jours qui passent, dans l'attente exaspérée de ce qui doit advenir.

Sa colère va trouver en Friderike un exutoire. Elle est venue à Londres apporter des meubles, des livres, des tableaux, pour installer son appartement de Hallam Street, mais la maison de Salzbourg n'est toujours pas vendue. Il lui reproche de faire traîner les négociations et s'emporte contre ce qu'il appelle méchamment son « complexe de Salzbourg » : elle ne veut pas quitter son pays. Il lui demande de rentrer régler les problèmes une fois pour toutes, et de considérer son propre départ comme définitif. Malgré ses prières, il n'a toujours pas renoncé à Lotte, qui sort de l'ombre et reprend près de lui sa place, de plus en plus visible. Il l'a présentée à Joseph Roth, lors d'un précédent séjour à Ostende, elle va bientôt connaître tous ses amis. Elle l'accompagnera sans plus se cacher désormais à Naples et à Milan en février 1937, où il met le point final au livre conçu en Amérique du Sud, sur lequel il aurait aimé achever lui aussi son tour du monde, mais qui n'est qu'une escale dans une vie de périples, *Magellan*.

Sombre destin que celui du grand navigateur portugais, mésestimé dans son pays natal et obligé de vendre à l'Espagne son projet de découvrir une route rapide vers l'Orient. Il endura souffrances et trahisons, connut comme tout génie le doute et la solitude, et ne fut aucunement récompensé du service considérable qu'il rendit à l'humanité. Il mourut pendant son voyage, percé de flèches, et ni ses amis ni sa famille ne tirèrent le moindre profit de ses efforts grandioses. Ainsi que le souligne Zweig, qui n'a pas choisi inconsidérément ce héros malheureux, « tous ceux qui se sont fiés à lui l'ont durement expié, tous ceux qui l'ont aidé, le malheur les frappe ». Sa mission héroïque s'achève lamentablement, puisque Charles Quint revend au Portugal pour une poignée de ducats les îles précieuses qu'il a découvertes. Quant au détroit qu'il a trouvé, il ne sera guère emprunté pendant des siècles que pour forger une légende funeste : les bateaux y font naufrage ; pour les marins, le détroit de Magellan est l'un des rendez-vous de l'enfer.

Ce qui intéressait Zweig dans ce personnage et dans son aventure extraordinaire, c'est bien sûr la calamité qui s'attache aux pas d'un homme, des plus hardis et des plus obstinés, que rien, ni les tempêtes, ni les trahisons, ni le cynisme des rois, ne détourne jamais de sa route. Ce qu'il a voulu entreprendre, Magellan l'a fait. Sans peur des conséquences, et sans tenir compte des jugements d'autrui. En accord avec ses rêves et son ambition, il est allé jusqu'au bout, dans la quête de soi. « Ce n'est jamais l'utilité d'une action qui en fait la valeur morale. Seul enrichit l'humanité, d'une façon durable, celui qui en accroît les connaissances et en renforce la conscience créatrice. » Cette biographie n'est pas la énième consacrée à l'austère et sombre navigateur, mais un portrait du héros selon Zweig, un modèle qu'il propose et se propose, pour affronter l'existence, en des temps troublés, hostiles à l'individu, à ses projets comme à ses rêves. L'exploit de Magellan, selon Zweig, c'est d'être resté fidèle à lui-même, malgré l'adversité. L'image pathétique des cinq petits navires partis à la conquête du monde, avec pour guide la figure patibulaire de ce grand rêveur devant l'Eternel, le hante et lui fait honte – *Schade*, dit-il. « La faim voyageait avec eux, la mort les entourait sous mille formes sur mer et sur terre, le danger qui les menaçait venait à la fois de l'homme et des éléments. Personne, ils le savaient, ne leur porterait aide, aucune voile ne cinglerait à leur rencontre sur ces mers inconnues, personne ne pourrait les sauver de la détresse et du malheur, ou, en cas de naufrage, faire connaître leur mort. » Lui-même, objet de ce phénomène de transfert dont parle Freud, ne se sent-il pas comme un fragile navire, flottant à la dérive sur un océan hostile et plein de pièges ?

L'année 1937 se solde pour Zweig par une dépression nerveuse. Légère mais tenace, elle se traduit par un sentiment de découragement, et physiquement par une apathie, une lassitude que cet homme actif, perpétuellement agité et travailleur, n'a encore jamais éprouvée. Il ne peut pas écrire plus de deux heures d'affilée, il est fatigué des livres et des amis, de la vie et de l'amour. « Même en la phase ultime de nos arrangements, écrit-il à sa femme le 27 juin 1937, tu n'as pu me faire confiance : peut-être as-tu eu raison, car moi-même je n'ai plus confiance en moi. » Prématurément usé, en proie aux doutes et aux regrets, rongé de nostalgie, miné par des visions de cauchemar, il se dit « complètement épuisé », « terriblement épuisé », « terriblement fatigué », chacune de ses lettres porte l'aveu de sa souffrance. A Marienbad puis à Lucerne avec Friderike qui a d'ordinaire le pouvoir de lui remonter le moral, mais qui cette fois échoue et mesure combien elle a perdu de son influence, il tente de soigner un mal, conséquence physique d'un intense désarroi moral. « Je veux vivre et travailler dans la retraite la plus profonde » : ce vœu, émis à Marienbad où il séjourne à la villa Souvenir – le nom lui va comme un gant –, il ne parviendra pas, malgré ses efforts, à le vivre. Les soucis, les remords le poursuivent. La réalité le contraint chaque jour, où qu'il soit, où qu'il aille, à affronter tumultes, problèmes et peines. A la fin de l'année, la maison du Kapuzinerberg est enfin vendue, pour une somme dérisoire – 63 000 schillings – à un grand commerçant de Salzbourg. Friderike et ses filles s'installent provisoirement à Vienne, avant de revenir, contre les avis de Zweig, habiter la ville où elles se sentent le mieux à l'abri. Friderike loue une maison dans le quartier du Nonntal. Zweig juge stupide et dangereuse cette décision de Friderike qui s'entête dans son *Osterreicherei*, sa « manie autrichienne ». En janvier et en février 1938, tandis que *Magellan* vient de paraître en allemand à Vienne, il se repose au Portugal, à Estoril, avec Lotte. Il fume des cigares brésiliens en contemplant la mer qui faisait rêver le fier explorateur. Aura-t-il son courage, aura-t-il sa patience, saura-t-il tenir le cap, tandis que le vent de la haine hurle aux portes et que risque à chaque instant de sombrer l'Humanisme, ce vieux vaisseau qui fait eau de toutes parts ?

Magellan, c'est la leçon qu'il tire de son propre livre, l'invite à suivre son chemin tel qu'il se l'est tracé, sans peur ni concessions à ses lieutenants et capitaines, compagnons de fortune et d'infortune, pour lui Rolland, Roth, Romains, Duhamel, Mann, Feuchtwanger ou Zech, qui cherchent leur route sous un ciel brouillé. A chacun la sienne, à chacun son étoile, semble lui dire Magellan, par-delà sa triste odyssée.

L'Anschluss

Le dimanche 13 mars 1938, un plébiscite appelle les Autrichiens aux urnes. A la question « Voulez-vous d'une Autriche libre, indépendante, germanique, sociale, chrétienne et unie ? », ils sont invités à répondre simplement *Ja oder Nein*, oui ou non. Les enquêtes auprès de l'opinion publique annoncent un raz de marée en faveur du oui. Le chancelier Schuschnigg respire : il croit avoir écarté le danger qui pèse sur son pays. Depuis que les nazis ont pris le pouvoir en Allemagne, l'annexion ne fait plus rêver qu'une minorité de pro-Allemands fanatiques ou fanatisés. Convoqué comme un valet à Berchtesgaden pour y rencontrer Hitler, le 12 février, le chancelier s'est vu sommé de rappeler dans son gouvernement les nazis autrichiens, de nommer leur chef Seyss-Inquart ministre de la Sûreté et d'affirmer ainsi sa vassalité. Faute de quoi, la Wehrmacht envahirait l'Autriche sans autre forme de procès. Soumis à un véritable chantage politique et militaire, Schuschnigg, rentré à Vienne, a pris une série de mesures de nature à satisfaire aux exigences du Führer.

Le 16 février, il a déclaré l'amnistie pour tous les nazis autrichiens prisonniers, y compris ceux qui ont participé au meurtre de Dollfuss en 1934, et il a appelé Seyss-Inquart à la Sûreté. Il veut gagner du temps. Mais, le 20 février, à Berlin, Hitler prononce un discours capital qui trouve un écho sinistre en Autriche et en Tchécoslovaquie, où il est entendu comme un avertissement. D'une voix dont tous les témoins décrivent la force magnétique, Hitler promet, au nom du Reich, de « protéger les peuples germaniques… le long de nos frontières ». Le message est clair : les sept millions d'Autrichiens et les trois millions d'Allemands des Sudètes, en Tchécoslovaquie, appartiennent au IIIe Reich. Dans un discours-réponse au Bundestag autrichien, Schuschnigg tente une faible riposte et affirme que l'Autriche sera *rot, weiss, rot* (rouge, blanc, rouge – les couleurs de son drapeau) *zum Tod* (jusqu'à la mort). Les nazis accueillent ses propos avec une extrême violence, arrachent les haut-parleurs qui diffusent le message sur les places, et frappent les gens venus l'entendre. Le plébiscite est la dernière idée à laquelle s'accrochent Schuschnigg et les libéraux autrichiens. Le dernier rempart contre la tyrannie. Il s'organise dans la fièvre, mais aussi dans l'espérance : à Vienne, dans les milieux juifs, on croit encore à l'avenir de la liberté et de la paix. Le peuple lui-même, si favorable lui fût-il jadis, répugne à un Anschluss avec le régime à croix gammée. Il n'est que de lire les Mémoires de contemporains, citoyens autrichiens, comme *Dernière valse à Vienne. La destruction d'une famille 1842-1942* de George Clare[1], ou *Souvenirs d'un monde disparu. Autriche 1878-1938*, de Bertha Szeps Zuckerkandel[2], et les analyses des témoins étrangers comme *Le Troisième Reich*[3] de William Shirer, journaliste américain alors en poste à Vienne, pour comprendre que la majorité des Autrichiens n'a pas vu le danger, ou n'en a pas mesuré l'ampleur. Avec le recul, l'Histoire rend les choses plus limpides. Elles apparaissent sur le moment infiniment plus troubles et trompeuses, brouillant les voies entre lesquelles choisir. Ceux qui, comme Zweig, persuadés du désastre, ont

---

1. Payot, 1984.
2. Calmann-Lévy, 1939.
3. Stock, 1961.

émigré à temps, sont une minorité. Non moins désespérée, et non moins victime, mais qui du moins s'est fait une juste idée des événements à venir, quand tous les autres se berçaient de paroles rassurantes, de mensonges et de faux-semblants.

De Londres, Zweig ne quitte plus d'un pouce son petit monde autrichien, sur le fil du rasoir. Il vit avec les journaux, avec la radio, avec les commentaires des amis qui lui écrivent, suspendu aux informations, aux discours, aux rumeurs. Le temps est pour lui entre parenthèses, il souffre au jour le jour. Mais il a beau s'être convaincu du pire et s'y être préparé depuis longtemps, la foudre s'abat sur lui comme sur tous ses concitoyens, quand, l'avant-veille du plébiscite tant attendu, Schuschnigg – Shuschniak, se moquait Joseph Roth – annonce à la fois sa démission, l'entrée des troupes allemandes en Autriche, la nomination d'un nazi au poste de chancelier, et formule à tous cet adieu qui sonne le glas du pays : « Dieu protège l'Autriche ! »

Tandis que l'ex-chancelier est fait prisonnier, Seyss-Inquart prend la tête du gouvernement et prépare l'entrée triomphale de Hitler à Vienne, le 14 mars, à la tête de la Wehrmacht qui a franchi la frontière à Salzbourg. L'Anschluss est proclamé le lendemain. Le plébiscite aura bien lieu, quelques jours plus tard : dans un régime de terreur, plus de quatre-vingt-dix-neuf pour cent de *Ja* célèbrent l'annexion. L'Autriche n'existe plus. Débaptisée, réduite à l'état de province du Reich, elle n'est plus que l'*Ostmark*, la marche de l'Est de l'empire. L'Histoire a tranché, une fois encore, pense Zweig, en faveur de la violence.

A Londres, sa propre situation est changée radicalement. Il perd d'un coup sa nationalité. Son passeport ne vaut plus rien, puisqu'il n'y a plus d'Autrichiens. Forcé de se présenter au Foreign Office pour y établir des papiers d'apatride, il se voit classé sans autre égard parmi les réfugiés politiques. Alors qu'il était hier encore un hôte de marque des Britanniques, il n'est plus qu'un *political refugee* et doit se présenter dans les administrations qui lui réclament des pièces d'identité. Ses livres, avec leur message fraternel, ne seraient-ils plus rien ? Tandis qu'il inaugure son lent apprentissage de la bureaucratie, il éprouve pour la première fois le sentiment d'être un étranger – un *alien*, disent les Anglais –, dans le pays qu'il habite. S'il avait cru être chez lui à Londres, comme jadis à Vienne ou à Paris, le rêve est bien fini. La parole d'un honnête homme ne suffit plus, seuls comptent les passeports ou les certificats. « Dans cet univers d'Etats nationaux et de nationalisme, écrit Klaus Mann, un homme sans nation, un apatride, est en fâcheuse posture. Il a des ennuis. Les autorités de son pays d'accueil le traitent avec méfiance ; il subit des vexations ; et il trouve difficilement à gagner sa vie. Qui devrait se charger de l'exilé ? Quelle instance devrait défendre ses droits ? Il n'a rien derrière lui, aucune organisation, aucun pouvoir, aucun groupe. Celui qui n'appartient à aucune communauté est seul. »

Pour Zweig, le malaise est encore accru du fait du silence des démocraties occidentales où il est réfugié, de leur volonté d'*appeasement* à tout prix. Aucune voix ne s'élève pour condamner l'invasion de l'Autriche. Il croyait la France et la Grande-Bretagne, ces nations où il a puisé à tant d'admirations successives, des bastions de justice et de fraternité. Il découvre leur faiblesse, leur veulerie, leur inconscience. A la force ne répondra donc pas le moindre message d'un seul homme politique de quelque importance, à Paris ou Londres ? Rien ne vient. Ni la condamnation ni l'ébauche d'une condamnation. Par prudence, lâcheté ou fatalisme, la France et la Grande-Bretagne, également indifférentes et passives, se taisent. D'un commun accord, elles demeurent d'une splendide atonie, tandis que les chars de la Wehrmacht envahissent sa patrie, et que Hitler en personne vient effacer de sa terre natale sa dernière étincelle de gloire et de douceur.

« Le jour où j'ai perdu mon passeport, écrira Zweig, j'ai découvert qu'en perdant son pays, on perd plus qu'un coin de terre entouré de frontières. » Son premier souci est évidemment pour les siens. William Shirer, qui est aux premières loges, écrit : « La conduite des nazis viennois fut pire que tout ce que j'avais vu en Allemagne. On assista dès les premières semaines à une véritable orgie de sadisme. Chaque jour on pouvait voir d'importants groupes de Juifs, hommes et femmes, gratter le nom de Schuschnigg inscrit sur les trottoirs et astiquer les ruisseaux. Tandis qu'ils s'échinaient à genoux par terre, surveillés de près par des SS ricanant, la foule s'assemblait pour se moquer d'eux. Des centaines de Juifs étaient ramassés au hasard dans les rues et envoyés nettoyer les latrines publiques... On en emprisonna 10 000 autres. Leurs biens furent confisqués ou volés. Par les fenêtres de notre appartement de la Plosselgasse, je voyais des escouades de SS emportant dans des camions argenterie, tapisseries, peintures, tout un butin pillé dans le palais Rothschild, à côté de chez nous... Quand la guerre éclata, la moitié peut-être des 180 000 Juifs de la capitale étaient parvenus à acheter le droit d'émigrer, en abandonnant aux nazis tout ce qu'ils possédaient. » Zweig ne sait pas qu'à quelques kilomètres de Vienne, quelques semaines après l'Anschluss, les nazis entreprennent de construire un camp de concentration à Matthausen. Mais les nouvelles qui lui parviennent sont déjà funestes.

Friderike est à Paris, où elle séjournait avec Suse qui veut devenir photographe et qu'elle encourage dans cette voie. A moitié en vacances, insouciante, dans l'agréable appartement qu'elle loue rue de Grenelle, elle est d'abord pétrifiée, incapable d'une réaction sensée. A Salzbourg, son autre fille, Alix, qui briguait un avenir d'infirmière, est seule au Nonntal, dans la vaste maison où les trois femmes ont transporté les derniers trésors du Kapuzinerberg. En toute hâte, elle empaquette les livres, les tableaux, les souvenirs, et prépare leur expédition pour la France en même temps que tout ce qui se trouvait dans un garde-meubles salzbourgeois. Puis elle s'enfuit, réussissant à rejoindre sa mère et sa sœur, à Paris. La Gestapo ne tarde pas à saisir les biens de Zweig, qui sont mis sous scellés, confisqués et seront plus tard vendus aux enchères. La belle candeur de Friderike n'a été qu'imprudence ou excès de confiance, elle a mis en danger la vie de sa famille et perdu tout ce qu'elle a refusé de mettre à l'abri. Elle paye très cher l'*Osterreicherei* que Stefan lui reprochait.

A Vienne, Ida Zweig est trop faible pour qu'on puisse songer à la déplacer. A quatre-vingt-quatre ans, alitée et obligée d'avoir recours aux soins d'une infirmière, elle ne va pas longtemps souffrir des humiliations et des offenses faites aux Juifs d'Autriche. Sur le Ring, le banc où pendant des années de sa vie elle a eu l'habitude de venir s'asseoir chaque matin, au rythme de sa promenade, lui est désormais interdit. Il est réservé aux Aryens. Verra-t-elle, de sa fenêtre, les hommes et les femmes, peut-être des amis ou des enfants d'amis, laver les trottoirs avec leur brosse à dents, comme les décrit George Clare ? Elle s'éteint au mois d'août de cette année 1938, seule, sans la présence réconfortante de l'infirmière qui, de « race germaine », n'a pas eu le droit de passer la nuit sous le même toit qu'une Juive.

Son frère Alfred, après le démantèlement de l'Autriche, en 1919, s'était installé en Bohême, plus près de l'usine familiale qui, par l'établissement des nouvelles frontières, se trouvait désormais en Tchécoslovaquie, et il en avait pris la nationalité. Lui aussi se sait menacé. Le discours de Hitler sur les peuples germaniques aux frontières n'a laissé planer aucune ambiguïté, et l'Anschluss de l'Autriche est la preuve que le Reich va bientôt « porter son aide » là où des frères allemands sont dits par la propagande nazie « dans l'incapacité de défendre leur liberté politique et spirituelle ». Dès mai 1938, la Wehrmacht encercle la Bohême et, sous le prétexte d'aller soutenir les Allemands des Sudètes, prépare un coup d'Etat militaire. En tant que Juif, Alfred Zweig ne pourra rien faire pour sauvegarder ses biens.

L'éditeur de Stefan Zweig lui-même est inquiété. Herbert Reichner a eu non seulement la mauvaise idée de publier l'œuvre complète de Stefan Zweig et des ouvrages d'auteurs condamnés au bûcher en Allemagne, Hermann Broch, Elias Canetti ou Siegfried Trebitsch, mais comble de malchance, si l'on peut dire, quelques jours avant l'Anschluss, il a publié un livre de Schuschnigg ! Zweig l'avait mis en garde, depuis des mois. Il lui avait conseillé de venir le rejoindre en Angleterre et d'y transporter sa maison d'édition : ils auraient pu ensemble continuer leur travail depuis Londres. Herbert Reichner ne l'a pas plus écouté qu'Alfred ou Friderike. Et c'est dans les pires conditions qu'il s'enfuit, par Zurich, et le rejoint à Londres. Toute la production de Reichner Verlag est aussitôt saisie, ainsi que les biens personnels de l'éditeur. La source vive des livres de Zweig, publiés en allemand pour son dernier public allemand, est définitivement tarie. Symbole de cette mort : le premier autodafé de livres, dont bien sûr il est un des auteurs choisis, a lieu à Salzbourg, sur la place de l'Université.

Egon Fridell, écrivain, conférencier et comédien à ses heures, antinazi farouche, auteur d'une *Histoire de la civilisation contemporaine,* qui condamnait la barbarie mais espérait en un dictateur dont l'évangile serait l'amour, se suicide en se jetant par la fenêtre quelques semaines après l'Anschluss. Rudolf Beer, célèbre directeur de théâtre, qui, quelques jours auparavant, en présence de Bertha Zuckerkandel, déclarait encore que des « nazis à la Viennoise ne seront jamais bien terribles ! » est massacré dans la rue. Bertha Zuckerkandel elle-même réussit à s'enfuir en France, avec l'un de ses petits-fils ; elle y rejoint sa sœur, qui est l'épouse du frère de Clemenceau. Tous les cercles intellectuels sont brisés, les foyers juifs ruinés, détruits ou sous la menace de l'être, la terreur règne sur l'Autriche. Comme elle règne déjà sur l'Allemagne, et comme elle va régner bientôt, Zweig en est convaincu, sur une Europe qui ne défend plus ses valeurs. Erasme et Castellion peuvent pleurer des larmes de sang au paradis des humanistes.

« Allemagne, patrie aliénée, défigurée, hideuse, que nous ne pouvions plus voir que dans nos cauchemars », écrit Klaus Mann. Pour tous les émigrés de langue allemande, s'opère une déchirure, dont la plaie, pour certains, ne cicatrisera jamais. Il y a d'un côté l'Allemagne nazie, « défigurée, hideuse », de l'autre ce qu'ils appellent tous « l'autre Allemagne », celle des poètes et des musiciens, « notre Allemagne », qui n'a plus voix au chapitre et qui survit, blessée et pitoyable, parmi ses ressortissants en exil. Les accords de Munich, le 30 septembre 1938, scellent l'annexion de l'Autriche et se concluent par la poignée de main tristement historique entre Daladier, Hitler et Chamberlain. La croix gammée impose son style. A Londres, Zweig n'a plus aucune illusion. C'en est fini du rêve européen. Sans enthousiasme, réduit à régler au plus vite sa situation de réfugié politique, il demande la naturalisation britannique. Il n'aime pas vraiment l'Angleterre, le vieux respect qu'il éprouvait pour son esprit démocratique a en outre sombré avec Munich, mais il s'agit de préserver une liberté plus que jamais compromise. La condition d'apatride, même si son cœur reste cosmopolite, lui paraît une source de problèmes de toutes sortes, une entrave à l'autonomie, aux voyages, à toute action, à toute décision. Et, plus profondément, une sorte de malédiction. Avec la nationalité britannique, Stefan Zweig pense échapper non seulement aux tracasseries administratives qui l'exaspèrent, mais aux poursuites, aux traques et à la fatalité d'être juif. L'antisémitisme, sans être absent du Royaume-Uni, est moins virulent qu'ailleurs. Surtout, par la naturalisation, il veut combattre le sentiment d'insécurité qui s'attache à l'apatride, en lui « broyant les nerfs », ainsi qu'il le raconte dans ses souvenirs. Dans une lettre à René Schickele, il parle, à propos de sa nationalité perdue, de « chute dans le vide ». La séparation consommée avec l'Autriche lui donne le vertige. Il sent qu'il « titube dans le vide, les yeux ouverts », répétera-t-il dans *Le Monde d'hier*.

Il se refuse à devenir un Juif errant. Etre un homme sans patrie, savoir que « partout où on prend pied, on peut être à chaque instant refoulé », lui paraît le plus odieux, le plus cruel des destins. Il fait donc jouer appuis et influences pour obtenir cette citoyenneté britannique, dernier recours avant la chute. « Sans racines, on devient une ombre », écrit-il encore en français à Romain Rolland.

Les hommes de nulle part

Zweig ne se soucie pas moins de ses amis. A Hallam Street, son appartement est devenu une sorte de bureau de bienfaisance. Il apporte personnellement une aide aux réfugiés qui s'adressent à lui, les recommandant à des amis, à des éditeurs, à des journalistes qu'il connaît à Londres, écrivant des mots d'introduction, d'appui et de soutien, et surtout, trouvant pour eux des adresses utiles. « J'aide de tous côtés, dira-t-il, bien que je ne sois pas capable de m'aider moi-même. »

Financièrement, il contribue à diverses caisses de secours aux réfugiés et adresse d'importants subsides à deux amis écrivains, en exil en France, Ernst Weiss – jusqu'à son suicide en 1940 – et Joseph Roth – jusqu'à sa mort tragique à l'hôpital Necker, en 1939. Pour les écrivains de langue allemande, privés de leurs droits d'auteur par suite de la fermeture des maisons d'édition qui publiaient leurs livres, ou par leur exclusion du catalogue, ainsi que par l'interdiction qui les frappe de collaborer aux revues et aux journaux allemands et autrichiens, la situation matérielle est des plus précaires. Certains gagnent encore quelque argent grâce aux éditions qui, à partir de 1933, se sont créées à l'étranger pour continuer de publier, dans leur langue originale, les œuvres d'écrivains allemands antifascistes. Ainsi à Amsterdam, un Hollandais d'origine judéo-portugaise, Emmanuel Querido, a-t-il confié à un ancien directeur des éditions Kiepenheuer de Berlin,

Fritz Landshoff, le soin d'éditer, sous le label « Querido », Jakob Wassermann, Heinrich Mann, Klaus Mann, Ernst Toller, Lion Feuchtwanger, Arnold Zweig, Vicki Baum, Erich Maria Remarque, Emil Ludwig et Joseph Roth. Ce dernier se plaint toutefois de ne recevoir comme à-valoir sur la vente de ses livres qu'« à peine de quoi payer ses cigarettes ».

Un autre éditeur allemand, Walter Landhauer, lui aussi un ancien des éditions Kiepenheuer, dirige chez Allert de Lange, une célèbre maison d'édition hollandaise, un département de littérature allemande qui publie, également en langue originale, Brecht et Freud, Annette Kolb et René Schickele, Joseph Roth, Hermann Kesten (qui en est un des lecteurs) et Stefan Zweig, ainsi que des traductions en allemand de Cholem Asch. De Lange et Querido, comme Landshoff et Landhauer, ont entre eux des rapports de rivalité amicale, « expression dans laquelle il convient de faire porter l'accent davantage sur l'adjectif que sur le substantif », précise Klaus Mann. Le public qui peut lire ces ouvrages est évidemment restreint, depuis que l'Allemagne puis l'Autriche ont fermé leur marché à leurs plus grands écrivains.

Seuls ceux qui, comme Stefan Zweig, jouissent grâce à leurs traductions, leurs articles ou leurs conférences de revenus dans des pays étrangers, peuvent continuer de mener une vie décente ou confortable. Presque tous souffrent d'ennuis d'argent, de pauvreté sinon de réelle misère. Nombre d'entre eux, accourus à Paris dès 1933, fuient la capitale pour le midi de la France où le coût de l'existence est moindre. Une importante colonie allemande se partage entre Nice, où habitent notamment Heinrich Mann, René Schickele ou Annette Kolb, et Sanary-sur-Mer, une jolie plage sise entre Marseille et Toulon, où résident de manière plus ou moins stable ou provisoire Lion Feuchtwanger, la famille de Thomas Mann, Arnold Zweig, Franz Werfel, Roth et Brecht de temps à autre. Zweig s'y est rendu à deux ou trois reprises, pour y voir ses amis, et se replonger dans une atmosphère fraternelle, par nostalgie de ses racines. La littérature allemande, ayant plié bagage, a trouvé ce petit havre de paix méditerranéen où elle tente de survivre, matériellement mais aussi spirituellement, malgré les pièges et les humiliations de l'exil. Le ciel bleu et les mimosas n'offrent qu'une piètre consolation à leur drame. Presque tous cherchent un point d'ancrage et semblent voués à une instabilité existentielle qui reflète leur inquiétude et leur souffrance à s'adapter à un autre paysage, à une autre langue et d'autres coutumes. Roth se fait l'écho de ceux qui, comme lui, comme Zweig, partagent le même sentiment de « tituber dans le vide » : « Parce que ma patrie n'existe plus, écrit-il, je ne suis nulle part chez moi. »

« L'émigration n'est pas une bonne chose », ne cesse de répéter Klaus Mann. Sur le plan financier, Stefan Zweig est un des moins à plaindre. L'Anschluss n'a pas trop entamé sa fortune et sa famille est à l'abri du besoin. Mais le malheur qui le frappe, cet exil à contrecœur, brise en lui à jamais toute joie de vivre. Weiss et Roth lui doivent de ne pas mourir de faim, mais la gratitude, il le sait bien, n'est pas leur première qualité, et ils passent leur temps dans leurs lettres à se moquer de lui ou à le critiquer. Les amis allemands de Zweig le surnomment, entre eux, Stefz. Roth, en particulier, ne perd pas une occasion de lui adresser des reproches. « Ses faiblesses, dit-il, pour tout ce qui est démoniaque, dès lors qu'il se trouve en sécurité sur le bon côté de la route », le mettent en colère. Sa dépendance financière vis-à-vis d'un autre écrivain, tout grand ami qu'il soit, blesse son amour-propre.

« Il n'y a pas deux écrivains comme Zweig pour venir en aide à ses collègues avec une telle grandeur d'âme et une telle générosité », rappelle Franz Werfel. Mais Zweig aura lutté en vain contre les tentatives suicidaires de celui qu'il appelle « mon cauchemar bien-aimé », Joseph Roth. « Nous sommes peu nombreux et vous savez, même si vous vous révoltez contre moi, lui a-t-il écrit à l'automne 1937, qu'il n'y a personne qui tienne à vous autant que moi, que je supporte toutes vos amères récriminations sans réagir contre vous ; cela ne vous sert à rien, vous pouvez faire contre moi ce que vous voulez, me dénigrer, me combattre en privé ou publiquement, vous ne réussirez pas à empêcher que j'aie pour vous un amour malheureux, un amour qui souffre de votre souffrance et que votre haine mortifie. » Il sera présent jusqu'à la fin, d'une exemplaire fidélité à l'heure où chacun se replie sur soi et joue sa propre carte. Hermann Kesten, assez peu indulgent dans ses souvenirs à l'égard de Stefan Zweig, en témoignera lui aussi : « Il a littéralement sauvé la vie à beaucoup de gens. Dans toutes les lettres qu'il m'a écrites au début de la Seconde Guerre mondiale, il n'en est pas une où il ne soit question, entre autres, de la façon d'aider tel ou tel homme menacé, de sauver tel écrivain ou peintre des griffes de Hitler. »

Prodigue de son argent, de ses conseils et de son attention, Zweig continue de tenir cependant à son indépendance et n'adhère à aucune organisation ni à aucun comité politique. Antinazi de cœur, il ne signera aucune pétition ni aucun manifeste. Juif de naissance, solidaire des souffrances de son peuple, il ne ralliera pas le sionisme, et ne sera pas plus un militant juif qu'un homme de droite ou de gauche. Il demeure plus que jamais *homo pro se*, homme pour lui-même, selon l'expression d'Erasme. Il ne s'inscrit pas même à la Ligue pour l'Autriche vivante, où l'appellent Roth puis Werfel, Reinhardt et Robert Musil. Il ne croit plus en l'Autriche vivante, comme il ne croit nullement en des jours meilleurs. Le climat de l'émigration, avec ses innombrables démarches administratives, ses rendez-vous multiples auprès du Foreign

Office, les mille lettres de recommandation qu'il doit écrire et l'aide considérable qu'il apporte aux réfugiés autrichiens, n'est guère propice au travail. Il l'est à peine à l'amitié. Aussi décide-t-il de changer d'air.

Le 17 décembre 1938, il embarque avec Lotte sur le *Normandie* et s'en va passer Noël à New York, où lui parvient la nouvelle du divorce, rapidement négocié et conclu, avec Friderike. Le dernier lien avec l'Autriche vient de se défaire. Stefan Zweig a été sans indulgence pour son ex-épouse : tandis qu'une femme peut, si son mari est naturalisé anglais, obtenir de l'être aussi, Friderike Burger, de son nom de jeune fille, se voit privée de cette chance ultime de sécurité. Zweig juge que Lotte Altmann a davantage besoin de lui. Entre elles deux, il a enfin choisi. C'est donc une compagne officielle, très élégante, avec sa haute silhouette et un joli bibi noir, qui rayonne à ses côtés sur le pont du *Normandie*. Lotte – le croirait-on en ces temps amers ? – a sur les photos le sourire éclatant du bonheur.

Pendant plus de deux mois, l'écrivain et sa compagne, toujours dans son rôle de secrétaire, sillonnent les Etats-Unis. A New York, ils retrouvent quelques amis de la petite communauté allemande en exil, Hermann Broch, qui travaille à *La Mort de Virgile,* Ernst Toller et Einstein, mais aussi Klaus Mann qui, comme son père, vient d'arriver de Sanary. Zweig revoit son frère, Alfred, qui a émigré dès avant les accords de Munich et entrepris des démarches pour être naturalisé américain. Il se promène avec Salvador Dali et son épouse Gala, avec lesquels il est lié depuis Londres, et qui ne sont que de passage à Manhattan. Ils ne quitteront l'Europe, pour toute la durée de la guerre, que l'année suivante. Zweig, un soir, assiste à une représentation de son *Jérémie,* que la compagnie du théâtre Guild a mis en scène. A Princeton, il déjeune avec Thomas Mann, qui tente de réorganiser, selon les mêmes rites familiaux immuables, l'emploi du temps de sa vie à Munich. Puis il entreprend en train le long voyage qui va le conduire dans trente villes américaines, de la Pennsylvanie à la Californie, en passant par l'Indiana, le Minnesota, l'Ohio, le Missouri, la Louisiane et le Texas. Ce vaste tour américain a pour lui le charme de la découverte, il croit entreprendre la conquête du Nouveau Monde. Partout, il prononce des conférences sur le monde d'hier et la nécessité d'en sauvegarder les valeurs pour l'avenir. Il parle des poètes et des romanciers, d'Erasme et de Castellion, toute son œuvre plaide pour la paix, contre la barbarie. Partout, il est accueilli avec respect et attendu avec impatience. Le public, nombreux à ses conférences, l'applaudit avec enthousiasme sinon avec ferveur, mais rien ne distrait sa mélancolie, quand bien même se vérifie, une fois de plus, qu'il n'est pas seul, que quantité d'hommes et de femmes, dans des pays étrangers, dans les métropoles comme dans des provinces reculées, éprouvent les mêmes craintes et les mêmes espoirs. Les gens entendent son message, s'ils ne partagent pas tous son point de vue. Pour les Américains, l'Europe est si loin et si petite ! Zweig s'efforce de leur montrer qu'un océan n'est rien, que la dictature peut le franchir d'un bond, que le fascisme et le fanatisme en général peuvent un jour déferler sur le Nouveau Monde, après avoir détruit l'Ancien. Mais jusque dans la communion qu'il crée avec ses auditeurs, il se sent blessé. Le présent et l'avenir lui pèsent. Pas un instant, malgré la splendeur des paysages, malgré l'accueil des Américains, il ne peut se défaire de cette obsession qui tourne à l'angoisse : jusqu'où les démocraties occidentales laisseront-elles aller Hitler ? Tout au long de son périple, il a vécu les yeux fixés sur l'autre rive de l'océan ; le bruit des bottes nazies et la voix du dictateur l'ont poursuivi d'une escale à l'autre. Le tourbillon de ses occupations ne l'a pas détaché de ce qui est pour lui l'essentiel : le destin de l'Europe.

Une fois de plus, ses peurs sont justifiées. De retour à New York, après une dernière halte à Toronto, il remonte tristement avec Lotte sur le luxueux paquebot. L'appréhension l'étreint. La traversée de l'Atlantique est sans histoires, mais il revient à Londres quelques jours à peine avant que la Wehrmacht effectue une entrée triomphale, le 15 mars 1939, à Prague. L'ancienne capitale du royaume de Bohême, la ville des Réformateurs et de Franz Kafka, est elle aussi aux mains des fascistes. « Une vague recouvre l'autre, dit Zweig, nous sommes cloués dans le cercueil de l'Histoire. » Après Prague, il en est sûr, les Allemands envahiront la ville ailée de sa jeunesse et de ses amours : « Je tremble pour Paris, confie-t-il à un ami, ce dernier refuge de notre culture. »

Le Juif errant

Devant le triste spectacle qu'orchestre en Allemagne et en Autriche le chef des hordes nazies, devant la grande traque raciste qui vise les Juifs, il songe à l'histoire tragique du peuple auquel il appartient ; malgré son désir d'échapper aux clans et aux stéréotypes, malgré sa volonté affirmée d'assimilation, force lui est de reconnaître l'évidence : les circonstances se chargent de lui rappeler qu'il est juif. Tous ses efforts pour s'intégrer à l'Autriche, à l'Allemagne, à l'Europe, n'effaceront jamais cette fatalité qui sourd en lui, avec d'autant plus de prégnance dans l'exil ; il n'a pu trancher les liens qui l'attachent au destin des siens. Qu'il le veuille ou non, se confirme en lui, à la veille de l'Holocauste, alors que recommencent les persécutions millénaires, un instinct de reconnaissance. Ou d'identification. Il pensait être un citoyen du monde, laïque, cosmopolite, libre comme l'oiseau, et tout un poids de souffrances et la malédiction d'un peuple le rappelle à la vérité. Il est juif. Même s'il ne sait plus prier et s'il a perdu l'usage des coutumes ancestrales, il en a la révélation. On ne se débarrasse pas de sa plus ancienne histoire.

Fidèle à ses principes, il ne fait aucune déclaration spécifique en faveur des persécutés, et il irrite Cholem Asch en s'obstinant à refuser son concours au prêche sioniste. Il réagit autrement. Au fil de sa vie, dans de courtes nouvelles qui rythment son œuvre, il a toujours aimé se remémorer, de loin en loin, ses origines.

Mais le soir venant, sa mémoire s'avive. Et c'est une très longue nouvelle qu'il écrit cette fois pour témoigner du drame dont il est le témoin impuissant, parmi les victimes anonymes. Il en lira les premiers extraits inédits à des passagers de troisième classe, concitoyens allemands de religion juive, qui ont fui leur pays en catastrophe et voguent avec lui, sur un autre pont, à bord du même paquebot vers Montevideo (septembre 1936). Cette nouvelle, qu'il intitule légende, a pour titre *Le Chandelier enterré (Der begrabene Leuchter)*. Elle conte l'histoire fabuleuse de la Ménorah, le chandelier à sept branches, qui doit orner l'autel de Dieu, à Jérusalem. Lors du sac de Rome, en 455, que Zweig met en scène dans les premières pages de son récit, les Vandales l'emportent parmi leur énorme butin. Désespérés d'avoir dû le livrer, les Juifs de la ville organisent un petit cortège : quelques sages, des vieillards, et un enfant de sept ans suivent depuis le ghetto les pilleurs jusqu'à la mer, escorte dérisoire et pitoyable à l'emblème divin, objet du sacrilège. Le petit garçon, Benjamin, tentera en vain d'arracher le chandelier d'or aux soldats qui l'ont capturé, il aura le bras cassé ; de retour chez les siens, il recevra le nom de Marnefesch, l'Eprouvé.

C'est lui, devenu à son tour un vieillard, que les Juifs de Rome envoient à Byzance dans l'espoir de récupérer la Ménorah dont ils savent qu'elle a été une nouvelle fois victime d'un pillage et qu'elle est sur le point de repartir sur les routes. Ils craignent de perdre sa trace. Comment le vieil homme, las et désabusé, la retrouve et comment, à quatre-vingt-huit ans passés, il finit par l'emporter, par la foi et la sincérité, sur les forces brutes des conquérants, c'est tout le sel de l'histoire, infiniment douce et triste. Les Juifs, dans la nouvelle, représentent l'éternelle victime parmi le genre humain. « Tous les maux de l'univers retombaient inévitablement sur eux, ils le savaient, et ils savaient aussi, depuis longtemps qu'ils devaient accepter leur destin sans murmurer, car toujours et partout ils étaient peu nombreux, toujours et partout faibles et impuissants. Leur seule arme était la prière. » Les Juifs que Zweig a choisi de décrire sont des expatriés, des déracinés, d'éternels errants. De Jérusalem à Babylone, d'Alexandrie à Rome, et, on le devine, de Berlin à Vienne, à Budapest, à Varsovie, ou de Moscou à Vilno, leur longue histoire n'est que le récit d'un voyage perpétuel. On n'échappe pas à son destin, écrit Zweig. « Où l'on voulait se reposer régnait le tumulte, où l'on cherchait la tranquillité on rencontrait la guerre... Ce n'était que dans la prière qu'on trouvait protection, quiétude et consolation en ce monde bouleversé. » Le *on* est lourd de sens. L'auteur procède à une fusion, il est lui-même dans ce « on » tyrannisé, parmi ces Juifs toujours en fuite, en quête éternelle d'un foyer. C'est la première fois qu'il s'immisce aussi clairement dans sa famille spirituelle, et qu'il dit « on » ou « nous » en parlant d'elle. Peut-être l'écriture est-elle pour lui, ici, dans cette « légende », une forme de prière. Il participe à sa communauté et cherche avec elle la voie de la sécurité et de la paix. C'est sa manière à lui d'être solidaire.

Avec la Torah (l'Ecriture), la Ménorah (le Chandelier) est l'emblème sacré qui a toujours accompagné l'exode. Sa perte offense un peuple durement éprouvé. « Pourquoi Dieu nous traite-t-il avec tant de rigueur parmi les peuples ? », s'interroge le rabbin Eliezer dans le récit de Zweig au cours d'une tirade inhabituelle chez un auteur aussi économe, car elle occupe toute une longue page. « Pourquoi nous jette-t-il sous les pieds des autres peuples... ? poursuit-il. Pourquoi détruit-il tout ce que nous construisons, pourquoi brise-t-il nos espérances, pourquoi nous chasse-t-il de tous nos asiles ?... Pourquoi attise-t-il contre nous la haine de tous les peuples à tour de rôle... ? » Quand les Juifs se réunissent, ils se plaignent de leur sort, mais plus que les humiliations, l'exil leur paraît la plus insupportable des souffrances. Assis dans leur cimetière, entre les tombes, sur des pierres à demi brisées, ils se lamentent sur cet exode qui n'en finit pas, ne finira peut-être jamais.

Que la Ménorah leur soit ravie leur est moins cruel que de la savoir errer, symbole d'un destin qui s'acharne, au rythme des pillages et des persécutions. La conclusion de la légende porte la marque du désespoir contemporain de Stefan Zweig. Benjamin Marnefesch réussit à sauver le chandelier sacré et, juste avant de mourir, l'enterre dans le plus grand secret, pour qu'il échappe aux pilleurs, aux barbares, et repose sous terre, dans la paix des morts. Personne ne saura où il se trouve. « Il demeure le secret de Dieu et dort dans les ténèbres des âges ; qui sait s'il y dormira toujours, invisible et perdu pour son peuple qui continue sans repos d'errer d'exil en exil, ou si l'on finira par le découvrir le jour où ce peuple se retrouvera lui-même, et s'il resplendira dans le temple de la paix ? »

La signature de Zweig est claire : en 1936, quand paraît en allemand chez Reichner *Le Chandelier enterré*, et en 1937 sa version française[1], l'écrivain, solidaire du peuple juif, aspire au repos qu'on lui refuse, au foyer qu'il cherche en vain. La seule lumière, dans la nuit qui se répand autour de lui, vient de sa foi encore intacte dans l'esprit et le cœur d'une élite capable – comme le peuple juif – de faire mentir la violence, l'injustice et la haine. De *Dans la neige* au *Chandelier enterré*, chaque nouvelle ou légende juive, parmi toutes celles, profanes, dont le moteur est la passion, porte son message de sagesse et de résignation. « Que peut faire d'autre le Juste dans un monde inique et cruel, où la force triomphe éternellement, sinon se détourner du monde et se tourner

---

1. Traduit par Alzir Hella, Grasset.

vers Dieu ? » La parole juive, dans l'œuvre de Zweig, c'est cette part de soumission. L'heure est venue où l'homme ne peut plus combattre son destin et ne peut plus trouver d'autre arme que la prière, l'écriture, ou le sommeil.

Le refuge d'Albion

Le 27 mai 1939, Joseph Roth s'éteint à Paris. Zweig prononce à Londres une allocution funèbre en l'honneur de ce « chevalier sans peur et sans reproche, tout entier consacré à cette tâche sacrée : la lutte contre l'ennemi du monde et en même temps contre son propre destin ». Il dresse un magnifique portrait de cet ami, trop tôt disparu, qui alliait en lui les qualités de l'homme russe, de l'homme juif et de l'homme autrichien ; puis il célèbre la beauté et la grandeur de l'œuvre, à travers *Hiob, La Marche de Radetzki* et *La Crypte des Capucins*, romans inoubliables, dit Zweig, qui sont la plus belle preuve de la contribution des Juifs à la culture allemande. La fin de son discours est un plaidoyer pour ce trésor tant aimé et tant menacé : « Mesdames, Messieurs, dit-il en anglais, devant un public londonien venu nombreux se souvenir du "saint buveur" ainsi que Roth s'est nommé lui-même dans un dernier poème, en Allemagne la littérature subit avec Hitler la plus terrible défaite de son histoire, elle est sur le point de disparaître complètement du paysage de l'Europe. » Il en appelle au courage et à la patience, à la foi aussi de tous ceux qui, comme Roth et comme lui-même, se sentent investis de cette tâche sacrée, défendre le dernier bastion. Le bastion de la langue, de la littérature et de la culture allemandes. « Tenir le poste, professe-t-il, là où le destin nous a mis. » On dirait qu'il s'exerce à l'optimisme, s'exhortant lui-même à un peu d'espoir et, dans un sursaut, s'interdisant de s'abandonner au deuil et à la mélancolie.

Il passe l'été à Bath, station thermale bien connue des Anglais, dans une pension de famille située Landsdown Road et nommée Landsdown Lodge. Le calme de la petite ville va le rasséréner quelque peu, il recommence à travailler à un roman, prend des notes pour un *Balzac* futur et, comme pour se consoler de la nuit qu'il porte en lui, ajoute à ses *Heures étoilées de l'humanité* une autre nouvelle sur la mort de Cicéron. « Encore une victime de la dictature, écrit-il, qui rêvait d'ordre et s'entêta dans sa foi en la justice. » Lotte, qui souffre d'un asthme inquiétant et tenace, se porte mieux à Bath, et il semble lui-même s'apaiser. Mais les auspices funestes viennent assombrir les deux mois de son séjour. Loin de Londres, sous un ciel d'un bleu sans nuages et dans une chaleur roborative, alors que le paysage verdoyant, avec ses collines et sa rivière, lui rappelle les beautés perdues du Salzkammergut, le climat n'en est pas moins chargé et lourd à son cœur. Au décès de Roth, succède le suicide d'Ernst Toller, à New York. La mort de ses amis obsède Zweig. Il est solidaire de leur désespoir. Il ne croit pas que Roth lui-même soit mort de maladie, son alcoolisme, ainsi qu'il l'a souligné dans son oraison, n'était qu'une forme supérieure d'autodestruction. Le naufrage des artistes dans la tempête qui secoue leur siècle « n'est imputable qu'à notre époque, pense-t-il, cette époque sans goût et sans droit, qui pousse les êtres les plus nobles au désespoir ».

Fin août, la signature du pacte germano-soviétique l'indigne moins que d'autres, il n'a jamais nourri d'espérances du côté russe. Et l'entrée des troupes allemandes en Pologne, le 31 août, referme d'un coup la parenthèse de l'été 1939. Quand, le 3 septembre, la Grande-Bretagne et la France se portent au secours de la Pologne et déclarent la guerre à l'Allemagne, il n'éprouve aucune joie, aucun enthousiasme guerrier ni revanchard à l'idée qu'elles vont peut-être barrer la route, déjà jonchée de cadavres, au dictateur nazi. Le filet vient de se refermer sur lui, Zweig se sent pris au piège. Ses derniers espoirs de paix, s'il en avait encore, sont balayés, le même scénario qu'en 1914 se reproduit, l'Histoire inlassablement se répète, les hommes ne retiennent rien des leçons du passé. Avec un sentiment d'horreur et de profond découragement, il voit se mettre en place, en Europe, un deuxième conflit fratricide. « Je ne *veux* pas assister ni survivre à une deuxième guerre », écrit-il à Felix Braun, en juillet 1939.

A Londres, où il était hier encore un réfugié politique, il est maintenant *an alien enemy* (un étranger ennemi) parce qu'il parle allemand. Ses hautes relations et sa demande déjà ancienne de naturalisation lui valent de n'être pas soupçonné d'espionnage ou d'autres méfaits civiques. Classé dans la catégorie B des *alien enemies*, considérée comme la moins dangereuse, il évite de justesse l'internement. Ses déplacements sont désormais soumis à des autorisations, il ne peut quitter Bath sans en référer aux instances policières locales. « Quand je fais le compte de tous les formulaires que j'ai dû remplir ces dernières années, dira-t-il, je mesure tout ce qui s'est perdu de dignité humaine dans ce siècle que, dans les rêves de notre jeunesse pleine de foi, nous voyions comme celui de la liberté, comme l'ère prochaine du cosmopolitisme... »

Inquiet de la tournure que prennent les événements pour ses concitoyens en exil, il dépose une demande d'autorisation de mariage, dans le but d'épouser Lotte et ainsi de la protéger contre toute poursuite. Le 6 septembre, jour de la capitulation de Cracovie, il épouse la jeune femme à Bath, au cours d'une rapide cérémonie civile, en présence des témoins Hannah Altmann (l'épouse de Manfred, le frère de Lotte) et Arthur Ingram, un ami avoué. Lotte devient la deuxième madame, Frau ou lady Zweig. Fin septembre, tandis que Varsovie rend les armes à son tour et que l'Allemagne signe avec l'URSS un partage de la Pologne, le nouveau couple s'installe dans une maison au doux nom de Rosemount. C'est le dernier acte d'optimisme de Stefan Zweig : il l'a achetée, pensant y fonder un foyer. Ce refuge est une ancienne et gracieuse villa, située Lyncombe Hill, sur les hauteurs de Bath, comme celle du Kapuzinerberg l'était sur les hauteurs de Salzbourg. Une chambre d'amis y est aménagée, au-dessus du salon, de la bibliothèque et de leur propre chambre. Au fond d'un jardin en pente, agrémenté d'arbres centenaires et de buissons en fleurs, se trouve un potager, avec des pommes de terre, des petits pois et des salades. Des *bow-windows*, une véranda et une inévitable pelouse confèrent à l'ensemble un air typiquement anglais. « Tout ce que je fais consiste à tenter de mettre ma vie privée en ordre au milieu d'un monde chaotique », écrit-il à Felix Braun, en cet automne.

Zweig semble avoir eu raison, en 1934, de choisir pour asile l'Angleterre plutôt que la France. Les plus fâcheux échos lui parviennent du pays où il fut si heureux, si libre dans sa jeunesse, et où il compte tant de lecteurs et tant d'amis. De dix-sept à soixante-cinq ans, tous les Allemands et Autrichiens de sexe masculin résidant en France ont été priés par décret de se présenter aux commissariats des villes ou des villages où ils habitent et de se constituer provisoirement prisonniers. Transférés dans des camps de détention pour des contrôles d'identité, ils seront, pour la plupart, assez rapidement relâchés. Mais l'humiliation les aura marqués au fer rouge et ils s'en souviendront leur vie durant. Les plus antinazis d'entre eux, dont certains ont fui Berlin, Munich ou Dresde dès 1933, n'échappent pas à cette relégation, qui les ravale au rang de bandits et leur vaut un séjour derrière des barbelés. Lion Feuchtwanger, qui vit à Sanary, publiera en 1942, sous le titre *Le Diable en France*, le brûlant témoignage de sa mésaventure française, celle de son internement au camp des Milles, une ancienne tuilerie proche d'Aix-en-Provence, reconvertie pour « accueillir », si l'on peut dire, étant donné les conditions d'hygiène, de nourriture et de répression, les ressortissants d'origine germanique – Allemands, Tchèques ou Autrichiens – sur lesquels pèse le soupçon du gouvernement français. Ils y seront plus de mille, en 1939, et jusqu'à trois mille en 1940. Feuchtwanger y passera de longs mois puis s'en évadera, quittant la France par la frontière avec l'Espagne, gagnant le Portugal et de là, enfin, l'Amérique. Le diable dont parlera Feuchtwanger est-il déjà en France ? Ce diable qui rend les hommes ennemis les uns des autres, attise les rancunes, ravive les vieilles blessures et fait renaître la haine ? « Ce qui gouverne la France, écrit l'auteur du *Juif Süss*, antinazi notoire, homme de gauche et grand lecteur de Stefan Zweig, ce qui l'a toujours gouvernée, c'est l'esprit du ministre de l'Intérieur Fouché. » A Bath, où il est heureusement libre de vivre chez lui, dans sa jolie villa, Zweig est cependant soumis à toutes sortes d'enquêtes et de contrôles. « Je me sens un peu prisonnier, écrit-il à Romain Rolland, le 11 septembre, non dans le sens matériel mais moral. » Et il ajoute : « C'est un peu drôle d'être traité en Allemand du Reich, après que j'ai ouvertement refusé de reconnaître l'annexion de l'Autriche. »

A la déclaration de guerre, Friderike et ses filles se trouvent à Paris dans leur appartement de la rue de Grenelle. Elles ne seront pas inquiétées. Zweig envoie à son ex-femme un document signé où il lui donne le droit de continuer à porter son nom si cela peut lui être utile, comme il le croit, dans un pays où son nom fut longtemps connu et honoré. Cela l'aidera à se faire reconnaître comme une personnalité antinazie de la première heure. Il ne sait pas encore que Feuchtwanger, désespéré, se voit traiter exactement comme s'il n'avait jamais écrit de livres, comme si aucun d'eux n'avait jamais été traduit en français, alors qu'il a vendu des milliers d'exemplaires en France, des centaines de milliers en Angleterre et aux Etats-Unis. Mais lui-même, convoqué au Foreign Office, ne doit-il pas produire toutes sortes de pièces d'identité, épeler son patronyme, et répéter inlassablement, devant des fonctionnaires dont le visage de marbre affecte l'indifférence, qu'il est écrivain, l'auteur de biographies, d'articles et de conférences qui portent tous un message de liberté et de fraternité ? Comme Feuchtwanger, il repart de zéro. Son œuvre passée n'est rien au regard de l'administration. L'allemand, cette langue qui fut celle des plus grands humanistes et des poètes, le met au ban de l'humanité. « A quoi bon vivre, condamné à écrire en allemand et donc anéanti dans un monde qui appartient à cette autre Allemagne ? », écrit Zweig à Ferenc Körmendi.

« Je pense toute la journée, quoi faire ? écrit-il à Rolland, dans la même lettre de septembre 1939. Comment se rendre utile ? Je ne vois pas d'issue dans cet affreux gâchis. » Par fidélité à ses principes érasmiens, il n'appelle pas ses contemporains aux armes, fût-ce pour lutter contre Hitler. Il rejoint pourtant – ce sera sa seule participation à une communauté d'idées – la Free German League of Culture, fondée par Fred Uhlman. La mort de Freud, à quatre-vingt-trois ans, le 23 septembre, est pour lui l'occasion de rappeler, une dernière fois, devant les cendres du maître, au cimetière de Goder's Green, à Londres, que l'unique dispute qui vaille est « celle que l'humanité mène au nom de la connaissance ». Il remercie Freud chaleureusement pour « l'exemple qu'il nous a donné », courage, tolérance et lucidité. « Grâce à lui, dit-il, notre époque a appris qu'il n'y a sur cette terre de plus formidable courage que celui de l'homme libre, indépendant, voué à l'esprit. » Maître, mais aussi ami cher et vénéré, Freud laisse un vide immense. A Londres où il avait émigré après l'Anschluss, en juin 1938, Zweig lui avait souvent rendu visite, 39 Elsworthy Road, un jour même en compagnie de Salvador Dali ! Malgré le cancer qui le rongeait, Freud demeurait accueillant et généreux. Mais il n'aimait pas plus que Zweig l'émigration et se défendait mal de sa peine d'exilé, en proie au déracinement et à la nostalgie. Comme Zweig, il souffrait de cette déchirure avec sa patrie d'origine, il souffrait d'être un Autrichien sans l'être, de parler allemand, de rêver en allemand, même exclu de cette nouvelle Allemagne haineuse et barbare. Zweig aurait pu écrire ces mots que Freud a adressés, depuis Londres, juste avant de mourir, au psychanalyste suisse Raymond de Saussure qui le félicitait d'avoir quitté l'Autriche : « Peut-être avez-vous omis ce point si douloureux pour l'émigrant. C'est – comment dire ? – la perte de la langue en laquelle on a vécu et pensé, et qu'on ne pourra jamais remplacer par une autre, quelques efforts affectifs que l'on fasse[1]. »

« On écrit en allemand, mande Zweig à Romain Rolland, dans une langue qui nous refuse. »

---

1. Cité par Peter Gay dans *Freud, une vie*, Hachette, 1991.

« Il faut s'avouer vaincu »

L'Histoire ne va plus lui laisser aucun répit. De l'automne 1939 au printemps 1940, Zweig est pris dans un maelström, ballotté comme un fétu de paille dans le souffle de la sinistre épopée. « Je suis las de penser à l'avenir », confie-t-il à son journal, le 13 septembre 1939, cet avenir qui, il en est sûr, ne lui réserve rien de bon. Quelques mois auparavant, il a exprimé sa détresse à Romain Rolland. « Comme nous sommes devenus impuissants dans ce monde de violence ! On dirait que tout est superflu aujourd'hui, sauf les avions et les canons. » Sa vie d'intellectuel et d'humaniste, cette vie qu'il a consacrée à la paix et à la conciliation, par ses œuvres et ses discours, par son temps quotidien et ses rêves mêmes, aboutit à l'échec. Il s'est battu pour rien et tout ce qu'il écrit désormais lui semble résonner dans le vide. Même s'il tente encore de loin en loin de faire entendre sa voix, il est persuadé du désastre. Le bel idéal en lequel il a cru, qui était sa raison de vivre, sombre comme une Atlantide et il le regarde s'engloutir, impuissant.

Le 12 mars 1940, il obtient enfin son certificat de naturalisation. Malgré l'appui prestigieux de H.G. Wells auprès des autorités britanniques, il a pu craindre ces derniers mois que la Grande-Bretagne n'abroge d'un seul coup sa demande parmi toutes celles qui viennent de ressortissants de langue allemande, coupables de parler le même langage que l'ennemi et sur lesquels pèse – non sans raison parfois – le soupçon d'espionnage. La nouvelle le réconforte à peine. Lotte, en tant qu'épouse, peut devenir anglaise, une déclaration de nationalité suffit à la mettre à l'abri des dangers immédiats qui guettent les Juifs et les Allemands où qu'ils soient, et redoublent quand le Juif est en même temps un Allemand ou, par un cruel quiproquo, une sorte d'Allemand.

Citoyen britannique, propriétaire d'une jolie maison à Bath, jouissant d'assez de revenus pour vivre confortablement, et sachant sa famille à l'abri, Stefan Zweig n'est nullement tranquille. Il se sent étranger, en butte à une agressivité ou du moins à une méfiance, qui tiennent à son accent, à ses origines, à son statut. L'accent, c'est celui de sa fidélité aux racines, cet accent allemand dont il ne se défera jamais en anglais, et dont il ne songe pas du reste à se défaire. C'est l'accent de ses parents, des maîtres de sa jeunesse, l'accent de ses amis, de ses amours, de ses rêves. Mais c'est, plus que tout, l'accent de ses livres : comment écrire dans une autre langue que la sienne sans perdre sa force et son identité ? Et puis pour qui écrire, quand les gens qui parlent la même langue n'ont plus le droit de vous lire ? Maintenant que vos concitoyens observent les traits de votre visage, et cherchent à vous classer en fonction de critères physiques qui tiennent lieu de passeport, comment échapper à l'origine ? Comme à une étoile jaune ? L'intelligence, le cœur, ces valeurs ont-elles encore cours ? Zweig ne revendique plus rien pour lui-même de ces vieilles qualités, désormais en péril, mais il assume mieux qu'autrefois la fatalité de sa naissance, peut-être de son destin. Quant au statut, bien sûr, la naturalisation anglaise est un atout considérable. Mais un chargé d'affaires a récemment prononcé un discours où il met en garde la population contre les risques à fréquenter les exilés allemands et autrichiens, quels qu'ils soient. Malgré son passeport anglais, Zweig est et demeure un étranger. Moralement, il se sent mis au ban de la société. « Je suis un individu à tenir à l'œil », dit-il. Selon les jours, il se compare à un paria, un pestiféré, au mieux à un *outsider*. Sentiment d'échec. Sentiment d'insécurité. Sentiment de marginalité. Son journal témoigne d'une profonde détresse.

« Nous aurons à souffrir pendant et après la guerre, écrit-il le 27 mai 1940, a) en tant qu'Allemands de naissance, b) en tant que Juifs de naissance. Mais où aller pour fuir cette haine ? Partout elle nous guettera, partout elle nous traquera. » La xénophobie et l'antisémitisme lui gâchent chaque instant de cette vie qui pourrait être encore heureuse, si les hommes revenaient à la raison. Tout ce qu'il a toujours détesté, d'instinct, l'emporte : le fanatisme, la haine, la violence, l'exclusion, et l'enfermement triomphent. L'époque, il le voit bien, célèbre le retour des tyrans, des militaires, des Kapos et des ghettos. Même en Angleterre où la démocratie, le sang-froid, l'humour, l'esprit dominent encore les débats, le mal gronde en sourdine et il peut craindre l'explosion prochaine sinon d'un fascisme anglais – Mosley est en prison – au moins d'un racisme anglais, dont les quelques démonstrations d'hostilité dans le voisinage peuvent lui donner l'idée. « Avec le nom que je porte, impossible à prononcer pour les Anglais, j'en ai pour la durée de mon existence, la seule question est de savoir ce qu'on haïra le plus en vous, l'Allemand ou le Juif – quant à la haine, jetée sur vous comme une tunique de Nessus, elle est indiscutable. » Le climat nationaliste lui donne des cauchemars où il se voit chassé de chez lui, une nouvelle fois contraint de refaire ses bagages et de reprendre la route, en pèlerin qui ne va nulle part, Juif errant malgré lui, soumis à la malédiction. Comme les Juifs de son *Chandelier enterré* ou de *Dans la neige*, il souffre de la haine mais ne se révolte pas. Sa blessure est profonde, elle lui donne envie de mourir...

Trois allusions précises au suicide figurent dans le journal de l'année 1940, parmi ses déclarations désabusées et amères. La première, à la date du 26 mai, exprime le désir de se procurer un flacon de morphine : « On en aura peut-être besoin », écrit-il. La seconde, deux jours plus tard, fait état d'un vœu exaucé : « J'ai déjà mis de côté certain petit flacon. » La troisième, le 12 juin, renouvelle la promesse de s'en servir : « Le seul réconfort, écrit Zweig, est de penser qu'on peut en finir à tout moment. »

En avril 1940, pressé de changer d'air, il effectue en France un pèlerinage aux sources de ses amours trahies. Il a envie de revoir Paris, de savourer une dernière fois son charme enchanteur. Friderike l'attend à la gare. Elle a organisé pour lui une conférence au théâtre Marigny. La salle est comble. Zweig, très ému, s'avance et prononce, de sa voix musicale, un discours sur un thème qui surprend un peu l'auditoire mais qui en dit long sur sa nostalgie. Il a choisi de parler de la Vienne d'hier. La capitale symbole du bonheur de vivre, où il a joui en connaisseur de tous les plaisirs qu'elle offrait à ses concitoyens, les beaux-arts et l'amour, la musique et la littérature, la conversation, et les longues soirées oisives à rêver dans la fumée des cigares, cette ville merveilleuse dont il ne se lasse pas de décrire les atouts de cœur et d'intelligence aux Parisiens venus l'entendre, n'est plus. Il pleure sa liberté perdue, sa tolérance, autant que ses fêtes, ses théâtres ou ses femmes légères. Avec Vienne, qui savait « résoudre les dissonances en harmonie », tout un idéal a disparu. « Vivre et laisser vivre » : la mémorable devise de la ville a été bafouée ; elle manque désormais à toute l'Europe où le régime le plus odieux menace de s'installer et de la ravager. A travers le tableau lyrique de sa patrie morte, empreint de tendresse et de regrets, c'est un appel à l'harmonie et à l'entente que lance le conférencier. Venu exprès à Paris pour arracher une ultime réaction à un public qui lui fut toujours acquis, il délivre avec douceur ce message d'un combattant sur le point de rendre les armes : « La mission de défendre une culture supérieure contre toute offensive de la barbarie, cette mission que les Romains nous avaient gravée dans les murs de notre ville, nous l'avons remplie jusqu'à la dernière heure... Et nous continuerons à la remplir également à l'étranger et partout. » Il quitte la scène de Marigny, puis presque aussitôt la France, en émettant le vœu que ce combat formidable, le seul qui compte à ses yeux, ne soit pas perdu pour le monde. Et que quelques îlots survivent pour le continuer.

L'invasion des Pays-Bas par la Wehrmacht, le 10 mai 1940, où Seyss-Inquart, le funeste traître à l'Autriche, s'installe au gouvernement, puis la capitulation de la Belgique, le 28 mai, emportent les quelques espoirs qui lui restaient. Les événements se précipitent, ils vont au-delà de tout ce qu'il a pressenti. A la fin du mois, bousculant la ligne Maginot, les Allemands passent la frontière française, Sedan, Abbeville, Arras et Calais tombent, le 14 juin la Wehrmacht entre en triomphe à Paris et, sacrilège inouï, défile sur les Champs-Elysées, dans le décor d'un printemps qui était pour l'écrivain autrichien l'un de ses plus précieux souvenirs ! La croix gammée flotte au sommet de la tour Eiffel. Zweig, bouleversé au-delà de tout, s'exclame : « C'est maintenant que nous sommes devenus des sans-patrie. » La capitulation de la France lui est encore plus douloureuse que l'Anschluss.

Pendant plusieurs semaines, il n'aura pas de nouvelles de Friderike. La veille de l'entrée des troupes allemandes dans Paris, elle a réussi à s'enfuir, avec ses filles. Elle est à Montauban, où elle obtient de l'ambassadeur du Mexique qui y séjourne quelque temps un visa d'émigration pour elle-même, ses filles et ses gendres (Alix et Suse sont maintenant mariées à des amis de jeunesse). Elle multiplie les contacts à Marseille, avec l'Emergency Rescue Committee, puis avec le Portugal : elle cherche en fait à atteindre les Etats-Unis, où son propre frère se trouve déjà.

Pour sa part, Stefan Zweig n'a plus qu'une idée : partir. L'Europe sans l'Autriche et sans la France, sans l'Italie, entrée en guerre du mauvais côté, sans la Belgique de Verhaeren, sans la Hollande, l'Europe réduite à l'Angleterre où sourd une hostilité quotidienne contre les gens qui ont le malheur de parler allemand, cette Europe qu'il ne reconnaît plus et où il n'est plus chez lui, ne peut le retenir. « Une vie avec une France détruite, dans une Angleterre hostile à l'Allemand et au Juif que je suis, n'a plus de sens. » Sa décision est prise, il change de continent. Mais ébranlé par les événements dont il est le jouet, fatigué, empli de peur, l'avenir ne lui inspire aucun espoir. En vérité, il ne croit déjà plus en l'avenir. « Où est l'endroit, s'interroge-t-il, qui vous garantira un espace vital tranquille et une réelle sécurité pour une décennie ? » Il n'attend pas de réponse. Sa conviction est faite : demain ne l'intéresse plus. Seul hier, le bel hier, l'attache encore un peu à l'existence. Donald Prater, son biographe, a raison de noter qu'« il est extraordinaire qu'il ait réussi à survivre si longtemps[1] ». Au fond de son cœur, les jeux sont faits. Zweig quitte Southampton avec Lotte, à quelques jours des premiers feux qui amorcent la bataille d'Angleterre, le Blitz et les bombardements de Londres qui feront plus de quinze mille victimes civiles. A bord du paquebot *Scythia* de la Cunard, qui appareille pour New York, cet émigrant parmi d'autres auquel le capitaine, lecteur admiratif, a cédé sa propre cabine, est un homme qui se survit à lui-même.

Ce qu'il a noté dans son journal, aux mois de mai et juin 1940, ne laisse aucun doute : « A quoi bon vivre ? Où vivre ? écrit-il. La vie n'est plus digne d'être vécue... Il faut s'avouer vaincu dans toutes les acceptions du terme. »

---

1. Dans *Stefan Zweig*, La Table Ronde, 1988, p. 273.

La pitié dangereuse

En quittant l'Europe, Zweig laisse un testament : le roman qu'il vient d'écrire, le seul livre qui, dans son œuvre de fiction, ne soit pas une nouvelle mais possède assez d'ampleur pour mériter ce nom. Ce roman qui s'intitule en français *La Pitié dangereuse*, mais dont le titre original est *L'Impatience du cœur (Die Ungeduld des Herzens)*, paraît en 1939, en allemand – aux éditions Bermann-Fischer qui remplacent dans l'exil, à Stockholm, les éditions Fischer, qui ont dû fermer en Allemagne –, et en français – chez Grasset, dans une traduction d'Alzir Hella, qui a préféré éclairer l'ouvrage avec la pitié plutôt qu'avec l'impatience, les deux sentiments se disputant la vedette, à tour de rôle au cours des pages.

L'histoire se déroule en novembre 1913 et au printemps 1914, à la veille de la Première Guerre mondiale. Le héros est un jeune officier autrichien, le capitaine Anton Hofmiller, d'un régiment de uhlans. Son escadron a été muté dans une petite ville de garnison située sur la frontière hongroise, quelque part dans la morne campagne entre Vienne et Budapest. Des exercices militaires qui occupent ses jours aux parties de cartes ou d'échecs qui meublent les soirs, il s'ennuie à périr dans la routine sans âme du service. Une invitation à dîner, survenue par hasard, chez le richissime propriétaire des environs, le baron de Kekesfalva, amorce l'aventure.

Jamais encore le capitaine Hofmiller, à la belle prestance et à la moustache blonde, issu d'une bonne famille autrichienne mais sans le sou, n'a vu autant de faste, jamais il n'a goûté à des vins et à des mets aussi succulents, à des cigares authentiques de La Havane. Après le dîner, il danse la valse – l'Autriche, l'Autriche ! – avec les belles invitées du château. Puis s'avisant, dans sa demi-ivresse, qu'il n'a pas encore valsé avec la fille du maître de maison, il bondit vers elle, s'incline et commet ce qu'il appelle lui-même, en français dans le texte, « une gaffe » irréparable. Le mot n'a pas d'équivalent en allemand. La jeune fille, frêle et ravissante, est paralysée. Elle vit dans un fauteuil roulant et ne s'en extirpe que pour esquisser quelques pas péniblement, avec de lourdes béquilles.

Pour réparer sa gaffe, le bel Anton revient chez Kekesfalva avec des fleurs pour Edith. Elle lui pardonne, tandis qu'il prend goût à ce milieu raffiné qui s'ouvre à lui, confit jusqu'alors dans la vulgarité et la virilité militaires. Il revient chaque jour après son service, abandonnant ses amis, ses compères. Tandis qu'Edith s'éprend pour lui d'un véritable amour, il ne ressent pour elle que de la pitié. Une pitié qui illumine sa vie, lui donne l'impression d'être un dieu pour cette jeune fille, flatte sa vanité et ses bons sentiments, mais est en vérité à double tranchant. Car, ainsi que le lui explique le docteur Condor, médecin viennois, familier de la maison, sorte de docteur Freud au regard perçant, décrypteur de mensonges, la pitié peut être dangereuse. « Il y a deux sortes de pitié », lui dit-il. Il le met en garde contre la première, « la pitié molle et sentimentale, qui n'est en réalité que l'impatience du cœur de se débarrasser au plus vite de la pénible émotion qui vous étreint devant la souffrance d'autrui, qui n'est pas du tout la compassion, mais un mouvement instinctif de défense de l'âme contre la souffrance étrangère ». C'est la pitié du pharisien, qui se débarrasse de sa culpabilité en donnant de somptueux présents au temple, mais qui est au fond indifférent et égoïste ; il sait préserver son confort et sa tranquillité. C'est la pitié qu'Anton éprouve et qui met en péril, sous ses bonnes intentions, la vie d'Edith. Le docteur Condor vante au contraire les mérites de la seconde, « la seule qui compte, la pitié non sentimentale mais créatrice, qui sait ce qu'elle veut et est décidée à persévérer jusqu'à l'extrême limite des forces humaines ».

Le capitaine Hofmiller sera-t-il capable de se hisser jusqu'à ces sommets de la conscience ? Rien n'est moins sûr. Les lecteurs qui ont lu *La Pitié dangereuse* savent à quoi s'en tenir quant à ses bons sentiments. Le livre se fonde sur un suspense digne d'un roman policier et lie entre elles plusieurs histoires, comme pour mieux tisser autour de la principale – le roman d'amour d'Anton Hofmiller et d'Edith de Kekesfalva – la toile d'araignée dont ils ne pourront plus se défaire. C'est ainsi qu'on apprend incidemment, en même temps que le naïf Anton, que le seigneur de Kekesfalva, l'aimable et généreux Lajos de Kekesfalva, est non seulement un Juif, mais un Juif « de basse extraction », né à la frontière hongaro-slovaque, explique Zweig, qui a camouflé son identité, son histoire et ses nombreux méfaits sous un nom aristocratique usurpé. Il s'appelle en fait Lämmel Kanitz ; ancien usurier, captateur d'héritages – Zweig charge le portrait, satire digne d'une plume antisémite ! –, il a épousé l'ancienne dame de compagnie de la princesse de Kekesfalva pour lui soutirer le bien dont elle venait d'hériter. Mais les personnages de Zweig ne peuvent jamais se réduire à une caricature : le méchant est devenu bon, le Juif a des sentiments nobles, il a eu la révélation de l'amour. L'amour qu'il éprouvait pour sa femme et qu'il éprouve désormais pour sa fille l'a métamorphosé. Devenu un aristocrate du cœur, il est cependant lui aussi victime de cette pitié dangereuse, trop larmoyante, qui menace de toutes parts l'équilibre fragile de son enfant.

Tandis que Hofmiller se morfond dans des états d'âme qui, pareils à des rats ou à des chauves-souris, écrit Zweig, l'empêchent de dormir, tandis qu'il se demande si oui ou non il va pouvoir affronter l'amour d'Edith, alors que son sentiment pour elle se fonde sur la pitié la plus honteuse et la moins positive, le dénouement approche, inexorable. La fatalité finit par l'emporter, avec sa part de hasard, de vilenie et son goût séculaire des catastrophes. Quand les jeux sont faits, la guerre éclate. Mais toutes les années d'atrocités, la vue de milliers de cadavres, les blessures et la peur, puis les décorations innombrables qu'il recevra en récompense de sa bravoure, rien ne pourra effacer les remords de Hofmiller, tant il est vrai, conclut la dernière phrase du roman, qu'« aucune faute n'est oubliée tant que la conscience s'en souvient ».

Cette histoire d'amour malheureuse, Stefan Zweig la lègue, avant de le quitter, à son continent bien-aimé. Comme ses autres livres, elle fera le tour du monde. L'auteur a mis en elle ce qu'il y a de plus autrichien en lui, sa sentimentalité, son raffinement et le charme ancien d'une atmosphère à laquelle il est attaché, par-delà la séparation et les blessures. L'Autriche de l'avant-guerre est encore là, une fois de plus, dans ce livre d'adieu et de nostalgie, avec ses valeurs perdues, ses subtilités, sa finesse. Elle est encore là, avec son poids de malheur et sa désespérance, quand Hofmiller part pour le front. On sent bien que tout est perdu – la jeunesse et l'honneur, le bonheur et l'amitié, le charme si doux d'autrefois. De retour de la guerre, le héros, décoré de l'ordre prestigieux de Marie-Thérèse, dans un prologue que le traducteur français a supprimé, raconte son histoire à un narrateur fictif – le double de Stefan Zweig – qui en écrira le roman. Il y prononce ce mot, qui paraîtra familier, peut-être fraternel, aux lecteurs de l'auteur :

« Le courage n'est rien d'autre que l'envers de la faiblesse ! »

En 1940, l'écrivain part, désespéré, le cœur plein de pitié pour le monde qu'il abandonne. Comme Hofmiller, torturé par le regret, incapable de se défaire du sentiment confus d'avoir commis une faute, il est un homme détruit, sous le brio de l'apparence. Le combat qu'il a mené, sa vie durant, en faveur des valeurs que son siècle renie, est perdu, il le sait. Il s'est battu contre des moulins à vent. Mais quoi qu'il fasse, quoiqu'il se défende encore de rendre toutes les armes, il se sent coupable. Aurait-il pu mieux faire ?

> J'aime celui qui désire l'impossible.
> Goethe, *Faust*.

VII

Les adieux de Petropolis

Le voyageur sans bagages

Wohin ? Où, vers où aller ? Lancinante, la question occupe l'esprit de Zweig depuis de longs mois. « Autrefois écrivain, aujourd'hui expert en visas », ainsi résume-t-il la situation tragique à laquelle il lui faut désormais faire face, la dure condition de l'errant. Il déclare à Jules Romains, avec un humour forcé, que « le provisoire s'installe pour [lui] dans le définitif ». Après Bath, où le repos fut de courte durée, saura-t-il retrouver un port d'attache aimable, à l'abri des bombes et du racisme ? Il n'ose plus rêver d'un monde meilleur où vivre en paix, délivré de cette inquiétude qui colle à ses basques, et qu'il emporte avec lui à chaque nouveau départ.

A peine à New York, il sait qu'il ne s'y fixera pas : les Etats-Unis, malgré ses multiples démarches, ne lui ont accordé, ainsi qu'à son épouse, qu'un visa de transit. Il dépose ses bagages à l'hôtel Wyndham, le cœur serré en pensant à sa maison de Bath, où il a laissé ses derniers espoirs mais aussi des manuscrits inachevés, l'ébauche d'un roman et surtout un *Balzac*, œuvre capitale de sa vie. Plutôt que de s'apitoyer sur lui-même et de songer aux livres qu'il n'écrira plus, il se jette dans l'aide aux amis et aux relations, demeurés en Europe, que leur origine juive ou leurs idées libérales condamnent à se cacher, à fuir, à s'exiler. New York pullule de citoyens européens en exil, et toutes sortes de comités s'organisent pour leur apporter un soutien moral et surtout financier, les guider dans l'apprentissage des mœurs et des lois américaines. Ces comités de solidarité et de bienfaisance tentent également d'expatrier les familles ou leurs connaissances en danger sur le vieux continent. Zweig ne se ménage pas pour soutenir les Allemands et les Autrichiens, qui forment au sein de l'émigration une communauté à part, isolée et tenue à distance : leur langue les rend suspects à tous les autres. Les Français en particulier et les Américains eux-mêmes ne les entendent pas sans désagrément s'exprimer en « boche ». Aussi certains renoncent à le faire. Klaus Mann racontera ses déboires dans son livre de souvenirs, et la gêne qu'il éprouvait à voir les gens se retourner sur lui, dans les bars ou dans les restaurants, quand il discutait avec des amis dans la langue maternelle. La haine habitait les regards. Et cette haine qui entache les rapports humains, depuis la guerre, poursuit Zweig en Amérique ; il a le sentiment de ne plus pouvoir échapper au double sceau du malheur. Juif en Allemagne, Allemand aux Etats-Unis, il est de nouveau mis au ban. « Je ne veux plus être un outsider, une exception », écrit Klaus Mann dans son journal – en anglais ! Zweig est partout un étranger, dont la culture soulève l'antipathie du monde entier.

Wohin ? Où aller ?

De New York, il réussit à faire parvenir des subsides à Friderike qui, à force de se débattre, a fini par obtenir des visas pour l'Amérique, pour ses filles, ses gendres et elle-même. Elle doit quitter la France où leurs noms sont sur une liste noire, franchir à pied la frontière, et gagner Lisbonne où, munie d'une recommandation de son ex-mari auprès d'un ministre portugais, elle obtient des places sur le paquebot qui emporte à son bord Heinrich Mann et sa femme, Golo Mann (un autre fils de Thomas) et Franz Werfel, et accoste à New York le 13 octobre 1940. Mais Zweig n'a pas attendu le résultat de ses démarches auprès des autorités, et, moins encore, que le président Roosevelt délivre les visas de longue durée pour un millier d'« intellectuels en danger », que réclament les associations d'expatriés. Faute de croire que son séjour américain puisse devenir moins précaire, à son obsession – *Wohin ?* – il a répondu par un nouveau départ. Le 9 août 1940, un mois à peine après son arrivée à New York, il embarque sur l'*Argentina*. Direction : Rio de Janeiro.

A partir du 21 août, date de son arrivée au Brésil, et pendant une année, sa vie n'est qu'une succession d'étapes, sans projet à long terme, sans vue d'ensemble, sous le signe de l'errance. Nul paysage ne parvient à le retenir, aucun peuple n'adoucit sa souffrance. Il est partout malheureux. Ses voyages ne font plus naître comme avant guerre l'émerveillement dans le cœur curieux et enthousiaste du touriste qui trouvait remède à son mal de vivre dans ses déplacements innombrables, source de tant de joies et de rencontres, si toniques à son œuvre ! Il en subit maintenant la fatigue et les désagréments, traînant avec lui le poids de ses tristesses. Les voyages accusent son inquiétude, sa lassitude, sans le délivrer de rien. Le touriste éclairé n'est plus qu'un sans-patrie qui a perdu ses repères et ses lumières et avance dans le vide, l'esprit morose et angoissé.

Derrière lui, ombre de son ombre, la haute et maigre silhouette de Lotte. A trente ans, l'allure lente et le souffle court, la jeune épouse, silencieuse et dévouée, émouvante par son amour, ne le quitte plus d'un pas. Compagne fidèle et soumise, ses sourires et ses gestes sont empreints de mélancolie. La gaieté, l'entrain lui font défaut. Epuisée par l'asthme, elle semble peser sur l'épaule de Zweig. On dirait que le destin a choisi cette femme, malchanceuse et si peu réconfortante, pour rappeler à chaque instant à l'écrivain sa condition et sa tristesse.

A Rio, le 21 août 1940, personne n'est venu l'accueillir car il a voulu préserver son anonymat ; il loge plus modestement que jadis, à l'Hôtel Central, et peut enfin s'adonner à l'écriture. New York lui en avait presque fait oublier le goût. Reprenant d'anciens manuscrits et en lançant de nouveaux, il retrouve intacte l'énergie créatrice qu'il croyait enfuie et, à l'abri des amis comme des importuns, travaille sans relâche, ne s'arrêtant que pour les repas et fumer en silence un cigare devant la mer. Son équilibre moral s'améliore avec l'élan retrouvé. Le Brésil lui permet de s'éloigner du brouhaha new-yorkais, met un peu de baume sur ses vieilles blessures. Peut-être pourrait-il, s'il le voulait, s'y adapter tout à fait. Mais la paix de l'âme lui est devenue inaccessible. Il a honte de trouver le repos, quand des compatriotes souffrent, il s'accuse de consacrer son temps à une œuvre personnelle, au lieu de livrer combat pour sa communauté, de reprendre sa guerre humaniste. Il n'est pas encore parvenu au bout de la fatigue morale. Fin octobre, répondant à une série d'invitations pressantes, il se rend en Argentine, où les organisateurs de son voyage lui ont concocté une tournée de conférences, de rencontres et de débats. Lotte, malgré sa santé, l'escorte dévotement. Ils demeurent un long mois à Buenos Aires, renouant avec une vie mondaine effrénée, sans que l'écrivain, adulé et applaudi, y retrouve les satisfactions d'amour-propre d'autrefois. Au fond, plus rien ne le distrait de son amertume et de l'abîme de tristesse qui désormais a envahi son cœur. Malgré son pessimisme, Zweig fait un effort sur lui-même et tâche d'apporter quelque réconfort à ses admirateurs, venus par centaines occuper les théâtres où il parle. Plus encore qu'autrefois, les gens ont besoin de son message, qui condamne la haine et la violence, la discrimination et le sectarisme. Mais lui-même croit-il en l'avenir qu'il évoque ? Et cette foi en l'homme, qui fut sa raison de vivre et le nerf de ses livres, n'est-elle pas caduque, alors que lui parvient d'Europe l'écho des premiers génocides ? Un décalage immense s'instaure entre la parole et le réel. Zweig veut cacher son désespoir. Seuls sa pudeur et son amour des hommes l'empêchent de proclamer tout haut qu'il ne croit plus en la cause qui l'a fait vivre, ni en lui-même dont le combat fut vain, ni en cet avenir dont il tâche, dans un effort pathétique et surhumain, de tracer l'improbable figure. Incapable d'affronter des lendemains obscurs, il ne peut pas davantage oublier le passé, ni en faire abstraction. Il se sent vieux, pris au piège de l'Histoire.

Objectivement, il donne l'image d'un homme très occupé et dynamique. En Argentine, il parcourt des milliers de kilomètres, en train et en voiture, pour donner satisfaction à un public friand de ses conférences, effectue, telle une star, la tournée des provinces, prenant la parole à Rosario, Cordoba, Santa Fe. Le 13 novembre 1940, il prend l'avion pour Montevideo, la capitale de l'Uruguay, prié instamment de venir apporter les lumières dont on le croit encore habité. Il s'acquitte de la conférence, dont il destine la recette, comme les précédentes, aux organisations de secours pour les réfugiés allemands et autrichiens. Il a été brillant, convaincant. Moralement, il ne tient plus debout. C'est un homme brisé qui se cache derrière cette prestigieuse apparence. Zweig n'est plus sûr de rien et chaque jour, chaque nuit sans sommeil lui apporte son lot de tourments insupportables. De retour à Rio, en plein été, dès le 15 novembre, il subit la chaleur de plein fouet, sans trouver aucune joie au spectacle de la baie, aucune consolation à voir le Christ du Corcovado accueillir les hommes du monde entier sous le signe du pardon et de la paix. « Survivre, écrit-il à Paul Zech le 12 décembre, est certes sans doute l'essentiel, mais en aurons-nous la patience ? »

La carte de vœux du Nouvel An 1941 qu'il envoie à ses amis d'Amérique du Nord porte une strophe des *Lusiades* de Camões, le poème fondateur de la nation portugaise, qu'il a traduite en allemand et écrite de sa main :

Weh, wieviel Not und Fährnis auf dem Meere,
Wie nah der Tod in tausendfalt Gestalten !

« Sur mer, que de tourments, que de pertes ! Que de fois la mort nous menace ! Sur terre, que de guerres et de fourberies, que de malheurs inévitables ! Où donc pourrons-nous, faibles humains, trouver refuge ? Où mettrons-nous, vers de terre, notre courte existence à l'abri des sévères décrets du ciel indigné[1] ? »

Comme le héros des *Lusiades*, il n'a pas fini sa course. D'un territoire à l'autre, il erre à la recherche d'une paix qu'il ne peut éprouver nulle part tant elle n'est pas en lui-même. En janvier, de Bahia à Belém en passant par Pernambouc, il effectue un épuisant et virevoltant voyage dans le nord du Brésil. Mais l'été altère la pauvre santé de Lotte, et lui-même, en proie à d'autres tourments, éprouve le besoin de changer une nouvelle fois de décor. Le 23 janvier 1941, après cinq mois d'Amérique du Sud, il retourne à New York revoir Friderike, qui habite un appartement à Greenwich Village, et quelques amis, dont Klaus Mann. Ce dernier, qui le croise par hasard sur la Cinquième Avenue, lui trouve l'allure changée, négligée – il n'est pas rasé ! – et presque affaissée, le regard « fixe et douloureux » ; Zweig ne l'a pas encore aperçu. Devant Mann, qui note le fait, il se redresse, sourit, redevient en un instant le *good old Stefz*, avenant et courtois. Le « somnambule » – ainsi le perçoit Mann – s'est ressaisi. Mais l'observateur ne s'y est pas trompé : le visage offert est un masque, qui cache un homme désemparé, atteint. « Je le prenais pour le

---
1. D'après Donald Prater, *op. cit.*

type de l'écrivain qui s'ouvre au monde avec gourmandise, et que rien n'atteint. Et c'était un désespéré ! », dira Klaus Mann[1]. Le quiproquo durera longtemps. Le vrai Stefan Zweig est au-delà. Au-delà des convenances et des apparences, au-delà de cette image policée, sage et bourgeoise qu'il a donnée de lui à ses contemporains.

La course continue. Du Wyndham Hotel, le voici ou plutôt les voici – car toujours Lotte docilement le suit – au Taft Hotel, non plus à New York mais à New Haven, dans le Connecticut. La proximité de la somptueuse bibliothèque de Yale est le prétexte de ce nouveau déménagement. A New Haven, Zweig retrouve un hôte de marque, et un vieil ami : Cholem Asch. Il s'enferme des heures durant à Yale, avec des livres pour compagnons. Il y arrache ses derniers bonheurs, rédigeant assez rapidement un court essai sur Amerigo Vespucci – intitulé *Amerigo* –, le navigateur florentin, dont le nom fut éponyme de l'Amérique.

De retour à New York en mars 1941, car Lotte – nouvel écueil – n'a pas supporté le climat du Connecticut – mais quel climat pourrait venir à bout de son asthme ? –, il y prononce, le 15 mai, sa dernière conférence. C'est un adieu au monde. D'une exemplaire concision, d'une brièveté, art zweiguien par excellence, qui, en quelques phrases dramatiques atteint l'auditeur au cœur et le laisse tremblant, exalté, à mille lieues de ses préoccupations banales ou égoïstes, elle a pour titre « En cette heure sombre ». Au nom de l'amitié dont l'étoile a toujours brillé au ciel de sa vie, il demande pardon à chacun de ses amis français, anglais, belges, norvégiens, polonais et hollandais « pour tout ce qui est fait aujourd'hui à leur peuple au nom de l'esprit allemand ». Cet esprit qui fut le sien si longtemps et qui l'est encore, puisqu'il ne

---

1. *Le Tournant*, Solin, 1984.

renie pas, ne reniera jamais sa culture ni sa langue, a été défiguré par l'idéologie, au point qu'il ne s'y reconnaît plus lui-même. « Nous ne pouvons nier que c'est notre patrie qui a apporté ces horreurs au monde. » Sa honte n'en est que plus terrible et secrète. D'autant plus terrible et secrète – ce sont ses mots – qu'il se défend de vouloir renier ou couper ses racines, expliquant ainsi, en quelques mots simples et magnifiques, l'attachement d'un homme à ce qui le fait être soi : « Si un écrivain peut abandonner son pays, il ne peut pas se détacher de la langue dans laquelle il crée et il pense. C'est dans cette langue que durant toute notre vie, nous nous sommes battus contre l'autoglorification du nationalisme et c'est la seule arme qui nous reste pour continuer à nous battre contre l'esprit criminel et malfaisant qui détruit notre monde et traîne la dignité de l'homme dans la boue. »

Devant l'Emergency Rescue Committee et les membres du Pen Club américain, il parle encore ce jour-là, mais c'est la dernière fois, de « la confiance inébranlable dans l'invincibilité de l'esprit », ultime cri de foi humaniste « au sein d'un monde bouleversé, déjà à moitié anéanti ». « Ce n'est qu'en restant fidèles à nous-mêmes en cette heure sombre et fidèles en même temps les uns aux autres que nous aurons fait notre devoir avec honneur. » C'est sur ces mots qu'il quitte la scène. Définitivement. Le 4 juin, dernier geste de fraternité qui clôt sa vie officielle, il donne un cocktail au bar du Wyndham, pour tous ses amis allemands et autrichiens. Il y affiche son sourire d'homme du monde, parfaitement bien élevé, chaleureux, et une sérénité factice, de bon aloi. Ses adieux s'effectuent avec les plus extrêmes égards. Il veut à tout prix éviter aux amis la contagion de son désespoir. Puis il s'exile à nouveau.

D'abord à Ossining, « une banlieue sinistre », selon Jules Romains, dans l'Etat de New York. En exil lui aussi, Romains rendra à plusieurs reprises visite aux Zweig dans la petite maison sans caractère qu'ils occupent au 7 Ramapo Road. Est-ce la proximité de la prison de Sing-Sing qui a attiré Zweig, dont le pessimisme s'aggrave ? Rien ne peut réjouir l'esprit dans ce décor sans âme, que le tête-à-tête du couple ne saurait en rien embellir. Romains, il le racontera, est le témoin de la mésentente ou du peu d'harmonie qui règne sous le toit du 7 Ramapo Road. Zweig lui-même lui aurait confié : « J'avais cru en épousant une jeune femme m'assurer une provision de gaieté pour mes vieux jours. Et voilà que maintenant c'est moi qui suis obligé de la remonter. » Le sentiment d'être engagé vis-à-vis d'un autre être, irrémédiablement lié, provoque chez lui qui ne l'a jamais supporté, fatigue et tensions. Il renoue de vieilles habitudes avec Friderike qui vient s'installer à Ossining, et auprès de laquelle, s'il faut l'en croire, il oublie ses chagrins et ses entraves. Sa présence provoque-t-elle de nouvelles crises d'asthme chez la fragile Lotte ? Quoi qu'il en soit, elle ne suffit plus à la tâche et c'est désormais Alix, la fille de Friderike, qui tape à la machine les feuillets que Zweig rédige et qui s'empilent à une vitesse incroyable sur son bureau. Dans le désert d'Ossining, il travaille sans relâche, de huit à dix heures par jour à des Mémoires où l'Autriche, Vienne et le Paris d'avant-guerre revivent sous sa plume dans la splendeur et la paix d'autrefois. L'écriture seule, n'en déplaise à Friderike, a le pouvoir de le délivrer de tous les poids terrestres. C'est lorsqu'il pose sa plume que les soucis commencent. Dans l'intervalle où il n'écrit pas, Friderike reprend auprès de lui un peu de l'influence d'antan. Elle tente de le réconforter, de lui rendre un regain d'espérance. Au fond, elle s'avoue inquiète. Et lorsqu'il lui annonce brutalement qu'il a pris sa décision d'aller vivre au Brésil, son cœur se serre. Elle le sait moralement très atteint. Elle a peur pour lui. Zweig, tout juste avant de partir, lui citera ces mots de Hölderlin : « Je ne suis plus rien, je n'ai plus envie de vivre. »

Lorsque l'*Uruguay* quitte le port de New York pour Rio, le 15 août 1941, il poste à son confrère Hermann Kesten sa dernière lettre avec un timbre américain. Elle contient cet adieu : « *Auf wiedersehen, unten oder oben* » – Au revoir, ici-bas ou bien au-delà.

Aucun de ses amis ne le reverra *unten* – ici-bas.

L'élixir du Brésil

Dès qu'il débarque à Rio, Zweig s'y sent selon sa propre expression « libéré d'un poids ». Est-ce la baie de Guanabara, qui l'éblouit à nouveau, la mer qui fouette les plages de Copacabana, les collines arrondies et verdoyantes qui rythment le relief étrange et chaloupé de la ville, ou bien le Christ du Corcovado, les bras en croix ? Est-ce la nature exubérante, ses couleurs à profusion qui l'éblouissent et l'arrachent un temps à la neurasthénie ? Pour Zweig, les retrouvailles avec le Brésil, « pays métis par excellence », ainsi qu'il le définira dans le livre qu'il lui consacre, sont d'abord le choc d'une civilisation qu'il porte aux nues, dans le désir désespéré d'admirer encore, d'admirer une dernière fois.

Au Brésil, explique Zweig, Noirs et Blancs, Jaunes et métis cohabitent pacifiquement, sans qu'une communauté songe à pousser les autres dans un ghetto. D'autant que leurs sangs souvent se mêlent. Le Brésilien descend des Portugais, des Africains, des Indiens, des Slaves, des Japonais, qui ont fait ce pays au cours des siècles, et dont les traits s'allient souvent, dans un même homme, dans une même femme, pour produire ce type particulier et indéfinissable. Ni Blanc ni Noir ni Jaune et cependant tout cela à la fois, le Brésil apporte un formidable démenti à la théorie de la race pure qui sévit en Europe pour le malheur de chacun. Au Brésil, toutes les races, écrit Zweig, vivent ensemble, dans le plus saisissant amalgame. La perversion aryenne y est ignorée. « Il est difficile de rencontrer où que ce soit dans le monde des femmes plus belles et de plus beaux enfants que chez les métis. » Le paradis perdu de Zweig, c'est cette vision d'une terre où les contrastes de couleur, de peau, de sang créent l'harmonie. Où l'on peut être soi, dans la différence. « Le mot métis n'est pas une injure, ici, mais une simple constatation qui n'a rien de péjoratif : la haine des races, cette plante vénéneuse de l'Europe, n'a pas cours ici. » A Rio, rêveur incorrigible, Zweig songe à un pays de Cocagne où la haine serait abolie, où seule gouvernerait la tolérance.

Le Brésil lui renvoie l'image, depuis longtemps perdue, du vieil empire habsbourgeois de son enfance où, sur un même territoire et sous un même drapeau, cohabitaient vaille que vaille, mais dans la paix, des communautés diverses, souvent rivales. Il y a quelque chose d'autrichien ici, sous ces tropiques, pour qui sait rêver, un peu du folklore chatoyant de la vieille Vienne flotte dans l'air de Rio... Il en éprouve – ce sont ses mots – « un sentiment libérateur et bienfaisant ». Bouleversé, observant avec étonnement cette jeune nation pacifique, qui selon lui, « semble ignorer la haine », il noue à son égard une dette de reconnaissance. Ici nul besoin d'étiquette. Est-il encore juif ? Est-il autrichien ? Ou anglais, s'il faut en croire son passeport ? Il oublie tout, y compris ses origines, au contact de cet étrange monde où – enfin ! – dans un brassage inouï, chacun est à la fois soi et un autre. Ici, on peut recommencer sa vie. Renaître de ses cendres.

Les pays soi-disant supérieurs ne pouvant plus se vanter de leurs exploits, de leurs conquêtes, le progrès bafouant l'idée même de civilisation, Zweig refuse de les ranger selon leur puissance industrielle, financière ou militaire. Il propose d'établir « un degré d'exemplarité » des pays selon « leurs sentiments pacifiques et leurs dispositions humaines ». Par son métissage, le Brésil serait le plus digne d'être aimé et donné en exemple. « Si la civilisation européenne devait vraiment être anéantie dans cette guerre qui est un suicide, nous savons qu'une civilisation nouvelle est ici à l'œuvre, prête à traduire en réalité tout ce que les nobles générations intellectuelles ont vainement souhaité et rêvé : une culture humaine et pacifique. » Si le mot avait encore pour lui quelque sens, il pourrait sans doute y être heureux. Au Brésil, l'air lui apparaît léger, affranchi du poids de la haine, cette haine qui le poursuit dans une traque infernale, le rattrapant partout quand il croit trouver la paix. Cet air, il le respirerait à pleins poumons, s'il n'était rongé intérieurement par la maladie de l'âme. Incurable et mortelle. Le soleil, la lumière, la joie exubérante du Brésil ne pourront rien pour lui. La nuit et le désespoir l'habitent.

Au pire moment de sa vie, quand ses dernières forces avec ses derniers espoirs déclinent, il trouve assez d'énergie pour écrire un livre à la gloire d'un jeune pays. *Brasil, pais do futuro* (Brésil, terre d'avenir) : envisageait-il encore un lendemain ? D'un ultime élan, désintéressé, il parle aux générations futures et leur offre ce modèle à méditer d'un pays sans le poids de l'Histoire, aux perspectives d'avenir immenses. « L'homme qui vit dans ce pays, écrit-il pour l'avoir expérimenté lui-même, sent au-dessus de lui le battement puissant de ses ailes. » A l'Europe, terre épuisée, malmenée et proche de mourir, il oppose les possibilités de cet espace inexploité ou vierge, riche surtout de ce qui y sera fait demain. Confiant dans son dynamisme et dans sa jeunesse, il ressent ses promesses jusqu'au vertige. « C'est un pays agréable pour tous ceux qui ont déjà beaucoup vécu, écrit-il, beaucoup vu de ce monde, et qui voudraient bien maintenant trouver la paix et le recueillement dans un beau paysage, pour réfléchir sur leurs expériences et les apprécier. Et c'est aussi un merveilleux pays pour les êtres jeunes qui veulent apporter leur énergie non encore utilisée à un monde non encore épuisé. »

 Le Brésil réveille ses sens engourdis. Il offre en partage un peu de sa puissance et de son impétuosité naturelles à l'homme vieillissant et triste, qui s'apprête à fêter ses soixante ans avec une jeune femme malade, dans le décor flamboyant de Rio. L'âge n'a pas épuisé sa curiosité, ni son goût de connaître et d'apprendre. De voir, de toucher, d'aimer. Laissant Lotte à l'hôtel, il arpente la ville, des après-midi entiers, explorant les beaux quartiers et les favelas, les pics et les vallées de cette cité grouillante et voluptueuse, où tous les contrastes viennent parler à son cœur. Zweig ne sera jamais un touriste blasé. Infatigablement, pendant des semaines, il visite São Paulo, Pernambouc, Manaus, ou d'autres lieux qu'il ne connaît pas encore. Il lui faudrait des années pour explorer ce pays vaste comme un continent, il sait qu'il n'a plus le temps que de l'effeuiller. Mais il le fait avec conscience, avec amour. Des plantations de café aux villes de la fièvre de l'or, en passant par ses plages, ses montagnes, ses fermes et ses hameaux, il ne se contente pas de voir et de noter. Il vit au diapason. Enthousiaste, fiévreux et plein de reconnaissance, Zweig doit au Brésil ses derniers plaisirs, ses derniers étonnements. En buvant son café noir, à l'arôme puissant, il a « la certitude de déguster le feu mystérieux du soleil des tropiques, contenant tous les éléments de la vie, en même temps que l'essence divine de tous ces paysages, dont chaque arbre, chaque colline, chaque baie ressuscitent comme dans un rêve et vous apportent l'appel de la nature libre et inépuisable ». Elixir de jeunesse, le Brésil arrache un temps Zweig aux démons du vieux monde. L'écrivain n'a pas changé, pas davantage l'homme. Zweig n'est pas revenu des belles choses de la vie. Il conserve intacte sa sensibilité. Tout ce qu'il écrit vibre encore, comme autrefois. Sa prose toujours inspirée exprime jusqu'à la fin, son amour, sa tendresse, sa générosité. Malgré les événements et malgré les années, elle garde sa jeunesse, un rythme et une vivacité qu'il n'a jamais perdus.

Il lui semble simplement, et avec d'autant plus d'évidence dans ce paysage solaire, extravagant, où la végétation se reproduit à une vitesse qu'il taxe de « véhémente », il lui semble qu'il n'a pas assez vécu. L'avenir, cet avenir en lequel le Brésil lui redonne confiance, se fera sans lui. Les générations se succèdent, la sienne, croit-il, a fait son temps. A quoi sert de prolonger la vie, quand elle a été incomplètement vécue ? « Le sage vit tant qu'il doit, non pas tant qu'il peut » : ce conseil de Montaigne, Zweig ne cesse de se le répéter, en se promenant doucement, le soir, sur les trottoirs joyeux de Copacabana, la fragile et silencieuse Lotte à son bras. Au Brésil, éperdu de nostalgie pour ce qui fut hier, il sait maintenant qu'il appartient au vieux monde, et que l'heure est venue de mourir.

Le monde d'hier

Contraste éblouissant : au moment même où il écrit *Brasil, pais do futuro* – la première édition du livre paraît sous ce titre, en portugais, en octobre 1941 –, il rédige ses souvenirs auxquels il donnera pour titre *Le Monde d'hier*. D'un jour à l'autre, ou d'une heure à l'autre, son cœur balance. D'un côté, l'avenir l'appelle et c'est pour un univers imprécis mais plein de promesses qu'il formule ses vœux. Il a encore assez d'espérance pour envisager un monde plus juste, plus érasmien, plus digne en tout cas de répondre au seul idéal qui fut le sien d'établir entre les êtres comme entre les peuples et les nations, des liens de tolérance et de compréhension. Mais d'un mouvement tout aussi instinctif et romantique, loin de regarder devant lui, il éprouve le besoin de contempler le reflet de ce qu'il aime encore, malgré ses fautes et ses errements, le reflet sombre de son passé.
Alternant les songes du Nouveau Monde et de l'Ancien, Zweig hésite entre le soleil et le crépuscule, entre les promesses et les souvenirs. Le Brésil et l'Autriche, l'Amérique et l'Europe, autrefois et demain, livrent en lui une bataille qui rejette à l'arrière-plan, par son éclat, par sa violence, l'actualité quotidienne. Zweig ne voit plus la vie qu'à travers les miroirs de son imagination, qui tantôt se projette loin au-delà du temps, dans le siècle futur, tantôt s'abandonne aux mirages de la mémoire. Le bel

aujourd'hui, l'amour docile de Lotte, les images luxuriantes et tropicales qui l'entourent, la samba, la *caipirinha*, les derniers plaisirs, les derniers bonheurs s'estompent. Zweig est ailleurs. Dans la poursuite éperdue d'un vieux rêve, dans le retour aux sensations du passé. Se cherche-t-il encore lui-même ? Tandis que la route bifurque – demain ? hier ? – son choix est déjà fait.

Son *Brasil* provoque dans le pays qui l'a inspiré des réactions contradictoires ou mélangées. Les Brésiliens sont flattés qu'un Européen de vieille souche ait choisi d'habiter chez eux et écrive un livre à leur louange. L'expression même *Pais do futuro* s'inscrit dans les esprits et authentifie un projet qui les enthousiasme. Le Brésil serait-il, bel et bien, la nation de demain, promesse d'équilibre, de justice, de bonheur ? La situation politique et économique est beaucoup moins riante cependant que la vision de Stefan Zweig, et le jardin d'Eden connaît trop de problèmes pour que les Brésiliens se reconnaissent dans ce tableau d'un paradis des premiers âges, candide et pacifié. La misère est le lot du pays, l'injustice et l'inégalité sociale font lourdement partie du paysage, et, à l'aube de ces années quarante, le gouvernement n'offre guère une image de tolérance et de compréhension. Sans s'avouer fasciste, le président Getulio Vargas applique un régime fort et admire les puissances de l'Axe. Sorte de Mussolini sud-atlantique, de Caudillo brésilien, la liberté n'est pas le maître mot de sa dictature. La censure frappe la presse et la littérature, condamnant toute opposition au silence, à l'exil ou à la prison. L'ambiguïté caractérise la politique extérieure, le Brésil balance entre les forces engagées dans le conflit mondial, et en 1940 Zweig pouvait s'interroger : se rangerait-il, ce pays du futur, du côté des Germano-Italiens ou du côté des Franco-Anglais ? C'était encore un nuage – et combien menaçant ! – à l'horizon de sa vie.

L'opposition, au Brésil, le lui reprochera, l'accusant d'être un homme lige du président et d'avoir reçu de l'argent du gouvernement pour écrire un panégyrique qui gomme tous les écueils de la jeune république. Elle s'étonnera qu'il n'ait pas dans son livre fait la part des choses et, profitant de son prestige, de ses relations privilégiées avec Vargas et ses ministres, qu'il n'ait pas su plaider pour un idéal de justice. Zweig en sera blessé, mais ne répondra qu'incidemment aux critiques. Se réfugiant dans *Le Monde d'hier*, il ne jettera qu'un coup d'œil distrait et douloureux à ces polémiques qui le rappellent à l'inquiétude et à la peine. Comme à son habitude, sa réponse sera dans le silence et dans la solitude qu'il se choisit alors, quittant Rio pour aller habiter une cité de province, plus sereine.

Zweig n'a-t-il rien vu du vrai décor ? C'est peu probable. Mais il a délibérément tiré un trait sur la politique. Un dégoût profond l'éloigne de toute prise de position. Se cherchant le plus loin possible des champs de bataille une enclave pour échapper à ses obsessions, il a cru la trouver dans ce Nouveau Monde, dont les chances sont encore à saisir, mais qui bouillonne au fond – comment ne l'aurait-il pas compris ? – de forces contradictoires, et qui n'ignore pas moins la haine que l'Ancien. Sa vision idyllique du Brésil, avec son folklore chatoyant, ses perroquets, son café, ses richesses et sa supposée harmonie répond à un dernier effort pour croire en l'avenir. Zweig a déjà pris le parti de ne plus rien voir. Un peu à la manière des sages hindous, il se replie sur lui-même, et médite sur d'autres horizons.

Au Brésil – comment ses lecteurs brésiliens le devineraient-ils ? –, il vit en Autriche, à Paris et en Italie, dans cette Europe qu'il ne se console pas d'avoir perdue et dont il ressuscite le fantôme, fermant les yeux et rêvant à ce qui donnait du sel à sa vie, aux amitiés et aux amours de sa jeunesse. Cet extraordinaire retour sur soi, à l'heure dernière et sombre, répond moins à un élan narcissique de son être – il n'en a jamais été friand –, qu'à une volonté de laisser un message. Non un message politique, mais sous une forme romanesque et douce, un message d'amitié, d'amour. C'est un homme profondément blessé sachant qu'il va mourir, qui écrit *Le Monde d'hier*, à l'usage des générations futures, pour qu'elles mesurent ce qu'il y avait de beau et de bon dans cette civilisation européenne, anéantie par deux guerres, et telle une Atlantide, en passe d'être un continent disparu. « Parlez et choisissez pour moi, ô mes souvenirs, et rendez au moins un reflet de ma vie, avant qu'elle ne sombre dans les ténèbres. » Ainsi en appelle-t-il à la magie d'un dernier effort : « Si, par notre témoignage, nous transmettons à la génération qui nous suit une seule parcelle de cette vérité sauvée de l'édifice qui s'écroule, écrit-il dans les premières pages, nous n'aurons pas travaillé tout à fait en vain. »

Après avoir hésité entre plusieurs titres, depuis *Les Jours enfuis* jusqu'aux *Années irrévocables*, il optera pour ce *Monde d'hier*, qui consacre un chef-d'œuvre de la nostalgie. L'art de Zweig est au sommet dans ces pages soutenues par l'émotion mais qui gardent une élégance, une finesse et une pudeur, marques indélébiles de l'auteur. Les origines et l'enfance, l'adolescence et ses tourments, puis la jeunesse, ses admirations, ses espérances, sa foi dans les valeurs, ressuscitent. Viennent la gloire douloureuse et la maturité, les premières blessures inconscientes s'approfondissent et l'homme apparaît à la fin, forgé par son histoire et malmené par le destin. L'ombre et la lumière y jouent leur partition, créant ce clair-obscur qui est le décor privilégié de Stefan Zweig, et trouve dans ce livre, morceau vivant de sa mémoire, son ultime splendeur. L'ombre finira par l'emporter. Le paysage final est celui d'une éclipse, ou, pour emprunter l'image de l'auteur, celui d'un voile de deuil qui vient obscurcir toutes ses pensées, sa vie.

Le Monde d'hier paraîtra en langue allemande à Stockholm, édité par Bermann-Fischer, sitôt après sa mort. « Toute ombre est fille de la lumière et seul celui qui a éprouvé la clarté et les ténèbres, la guerre et la paix, la grandeur et la décadence, a vraiment vécu. » La dernière phrase du livre prendra alors tout son sens, laissant l'écho d'un dilemme et d'un déchirement. Pour Stefan Zweig, cette promenade à rebours dans le temps, empreinte de regrets et de mélancolie, vers les territoires perdus d'un lointain paradis, est son testament.

Vivre à Petropolis

Petropolis, dans la montagne, à quelque quatre-vingts kilomètres de Rio de Janeiro, petite ville de province, pleine de charme et de douceur, accueille Stefan Zweig, en septembre 1941, pour sa dernière halte. Ancienne résidence d'été de l'empereur du Brésil, elle porte le nom de son fondateur, Pedro II (1825-1891), qui y a non seulement fait bâtir son palais mais y a introduit, pour cultiver ses terres, une population d'origine rhénane, dont les us et coutumes et la langue même se sont implantés avec elle. La « ville de Pierre » est à la fois brésilienne, avec son climat humide, sa végétation luxuriante, et européenne par le style de ses constructions, de ses avenues, et le mode de vie de ses habitants. Elle évoque irrésistiblement Baden-Baden ou Ischl, et avec son théâtre, son petit casino, les villégiatures du vieux monde, leur élégance désuète et leur parfum de cures. Pour Zweig, c'est Salzbourg sous les tropiques. Il n'y manque que les concerts et la baguette de Toscanini pour que l'illusion l'emporte.

Les maisons, que les habitants nomment ici des chalets, sont en bois, recouvertes de crépis de couleurs pastel. Sous leurs toitures en dentelles, les balcons sont fleuris et les volets découpés de motifs en cœur, exactement comme les demeures du Tyrol ou de la Bavière. Marié à une Habsbourg et soucieux de lui faire oublier son exil, Pedro II a fait peindre les murs extérieurs de sa demeure de cette teinte brun-rouge, qui est un des avatars du jaune de Schoenbrunn et sur laquelle tranche le blanc des colonnes, des pilastres et des frises. Planté au milieu d'un parc que protège une modeste grille, l'ancien palais n'a rien d'écrasant ni de pompeux, et ressemble plutôt à une maison de famille. Un prince, descendant en ligne directe de Pedro II, et héritier de ses titres, habite le domaine dans un bâtiment à l'écart, avec sa femme et ses nombreux enfants. Il n'en est pas moins un citoyen parmi d'autres, à peine un peu plus riche ou plus extravagant. Et lorsque don Pedro sort de chez lui à cheval, ou bien dans sa calèche – peut-être est-ce un tilbury ? –, les passants le saluent, aimables, respectueux. Zweig a-t-il été sensible à l'européanité de cette famille princière, d'origine portugaise et alliée à la France, qui porte les beaux noms des Bragance, des Orléans et des Bourbons, mais qui a également mêlé son sang à la famille impériale d'Autriche et aux rois d'Espagne ? Elle incarne si parfaitement l'Europe dans sa propre histoire que son prestige rejaillit sur Petropolis, où elle vit, mélancolique, elle aussi en exil. En exil de l'empire, et loin de ses racines.

Dans ce petit Salzbourg, où manquent à jamais le fœhn et la neige, la vie est comme l'air qu'on respire : douce, légère et naturelle. Une rivière paisible, serpentant entre une double haie d'arbres et de vieilles balustrades en pierre, coule au milieu de la rue principale où s'alignent de modestes boutiques. Sur la place, au bout de l'avenue, un café où l'on peut s'asseoir à des tables de marbre en sirotant le noir breuvage national, tient lieu de Sacher local. A droite, près du chalet blanc et vert d'Alberto Santos-Dumont – l'inventeur de l'aviation a ici, lui aussi, sa maison –, se trouve l'université catholique. A gauche, la résidence impériale, puis une rue ravissante, bordée de petits palais au milieu de jardins exquis, parachèvent le style autrichien de Petropolis. Un peu partout, dans les divers quartiers, les buissons, les arbres, les lianes, les bosquets de fleurs, que la municipalité a du mal à discipliner, s'immiscent entre les maisons, jaillissent dans les rues, s'enroulent aux clôtures et, comme Petropolis suit les déclivités du terrain, qu'on ne cesse d'y monter, d'y descendre, au hasard de chemins abrupts et de virages périlleux, on a le sentiment physique du combat qui s'y livre avec la nature. L'abondante végétation du Brésil pare la ville et en même temps la menace. Il y a quelque chose d'inquiétant, d'étouffant dans ce grouillement végétal. Abandonnée, Petropolis serait dévorée. Avalée par la forêt tropicale. Bref, le décor est bien moins serein que Salzbourg, et pour un Européen, malgré la présence de repères familiers, infiniment moins bavarois ou tyrolien que brésilien.

Zweig loue au 34 rua Gonçalves Dias, une modeste maison blanche à l'angle d'une rue qui, lorsqu'on entre dans Petropolis, grimpe sur la gauche et s'élance à pic. Par sa situation, elle est la réplique de sa résidence salzbourgeoise, on la croirait construite sur le flanc d'un petit Kapuzinerberg. Un cloître des Prémontrés remplace non loin celui des Capucins. Si le calvaire est absent, la route demande un effort et la maison elle-même, à la fois refuge et poste d'observation, se trouve au bout d'un sentier escarpé ! Mais la comparaison s'arrête là. Car c'est une maisonnette que Zweig a louée pour six mois à l'épouse d'un ingénieur britannique, Mrs Banfield ; un salon et deux chambres aux plafonds assez bas, une cuisine et une salle de bains, une cave sont toute sa richesse. *Cosy* et plutôt mignonne, son principal attrait tient à la véranda qui surplombe le site et où l'on peut s'installer pour lire ou pour rêver, à l'abri des insectes, dans le confort et la tranquillité d'un rocking-chair.

L'hiver, à Petropolis, la température peut descendre le soir jusqu'à moins dix degrés. Mais lorsque les Zweig s'y installent, l'été va bientôt éclater : en octobre et en novembre, puis à Noël, la chaleur, insupportable à Rio, revêt ici, en altitude, une relative douceur. L'air, filtré de chlorophylle, est moins brûlant aux poumons, même si le taux d'humidité ne baisse guère et rend l'atmosphère si torride en bas, à peine moins lourde et pénible à une asthmatique. Pour Lotte, respirer y sera plus que jamais un effort de chaque instant, un défi quotidien.

A Petropolis, les Zweig mènent une vie réglée et plutôt recluse. Toute la journée, ils demeurent chez eux. Zweig lit ou écrit, Lotte tape à la machine et le samedi matin, elle sort acheter la viande, les fruits et les légumes de la semaine. Une bonne fait la cuisine et le ménage et s'occupe du linge, un jardinier – Antonio – entretient le jardinet et fait un peu de bricolage. Le soir, le couple descend doucement au Café Elégante – l'enseigne de ce discret établissement est en français – pour un dîner léger. Un fox-terrier nommé Plucky accompagne leur promenade : ce sera le dernier et fidèle compagnon de Stefan Zweig. « Un animal est un bon substitut à une époque où l'humanité devient odieuse », a-t-il écrit à Friderike, en réponse à ses vœux. Abrão Koogan, son éditeur au Brésil, le lui a offert en novembre, pour son soixantième anniversaire. Car Zweig a maintenant soixante ans ! Né en 1881, selon la tradition qui ne laisse échapper en Allemagne et en Autriche aucune occasion de ce genre, il aurait dû recevoir du monde entier une pluie de félicitations. Mais les circonstances ne sont guère favorables aux fêtes et ce 28 novembre, au 34 rua Gonçalves Dias, est un jour comme un autre. A cause des caprices de la poste, le facteur, dont la visite crée toujours l'événement au chalet des Zweig, se fait espérer en vain. Les amis dispersés, la guerre s'étendant comme une traînée de poudre, les lettres qui assaillaient jadis l'écrivain ne lui parviennent plus que de loin en loin. A Petropolis, l'isolement qu'il a appelé de ses vœux est une réalité. Il mesure à quel point lui manquent le dialogue et l'échange, et combien il lui est pénible de voir s'amenuiser les liens avec la vaste communauté des amis d'avant guerre. Le monde, pense-t-il, finira par l'oublier. Son unique tentative pour rompre sa solitude intellectuelle sera, quelques semaines avant Noël, d'accomplir un bref voyage pour se rendre, à trois cents kilomètres au nord de Rio, à Barbacena, au lieu dit Cruz das Almas (la Croix des Ames), afin d'y rencontrer Georges Bernanos.

Comme lui en exil au Brésil, après une escale au Paraguay, l'auteur des *Grands Cimetières sous la lune* qui a quitté l'Europe en 1938, habite une grande ferme avec son épouse et leurs six enfants. Il élève du bétail, monte à cheval et semble s'être adapté à cette nouvelle vie comme à ces horizons. Mais il écrit inlassablement des articles de combat pour que soit sauvé l'honneur de la France : il a le regard fixé sur l'Europe, son cœur bat au rythme de l'Histoire, tout ce qu'il publie prouve son refus d'un repliement sur soi. Dans *Nous autres Français*, il en appelle à une vision éternelle de la patrie. Cet écrivain qui souffre a, lui aussi, la nostalgie de ce qu'il a perdu, mais il est beaucoup plus rebelle, beaucoup plus en colère que Zweig. La résignation de Bernanos n'est jamais que passagère. Les théories pacifistes exaspèrent ce battant. En ce moment, il croirait plutôt en la guerre, et montre l'exemple en luttant avec ses mots, avec ses articles et ses livres, la France doit relever la tête, aux armes citoyens ! Au Brésil, tout à son travail d'écrivain-fermier ou de fermier-écrivain, contrairement à Zweig, il ne se sent pas marginalisé ou exclu. Même sur ce sol étranger, il a beaucoup d'amis, et puis il a sa turbulente famille, il se bat aussi pour sa terre : si la Croix des Ames n'est pas précisément l'Eldorado, il s'y est attaché, il se donne beaucoup de peine pour la faire revivre. Les deux hommes n'ont que peu de choses en commun. Même la passion de la littérature ne les rapproche pas. Ils ne se reverront pas. Bernanos croit en Dieu, à travers les épreuves.

Tandis que Zweig qui n'a cru qu'en l'esprit et au génie de l'homme, dévasté par le pessimisme, n'a plus la force d'espérer.

En ce 28 novembre 1941, quelques joies lui sont encore données. Lotte, de tout son amour discret et délicat, lui offre une édition complète – en français – des œuvres de Balzac. Elle l'a achetée chez un marchand de vieux livres de Petropolis, tout droit sorti d'un recueil de nouvelles de Zweig. Qui d'autre qu'un bouquiniste Mendel aurait eu l'idée de conserver de longues années, dans son magasin obscur, tant de livres pour l'amateur improbable, le collectionneur balzacien, venu jusqu'ici les dénicher ? Ces volumes, pleins d'un parfum d'Europe, lui apportent un dernier oxygène. Zweig a toujours aimé Balzac comme le plus bel exemple de l'esprit français et du génie littéraire. A Bath, il lui a consacré un manuscrit et se lamente chaque jour d'avoir abandonné là-bas ses notes et d'autres souvenirs. Il aimerait le retravailler, ajouter au manuscrit déjà volumineux de la vie, un second tome pour l'œuvre. Mais ses jours sont comptés et, dans le découragement général qui est le sien, cette biographie à laquelle il a consacré tant d'énergie, d'amour et d'heures de sa vie, et qui est peut-être détruite par les bombes tombées sur l'Angleterre, n'est qu'un cauchemar parmi d'autres.

Un paquet, qui a fait un long voyage, lui parvient par la poste et c'est Jules Romains qui le lui envoie. Il renferme deux brochures, éditées à New York, l'une en anglais, l'autre en français, par les Editions de la Maison Française et Huebsch : c'est le texte d'une conférence que Romains a prononcée à Nice et à Paris, au printemps 1939, intitulée *Stefan Zweig, Grand Européen*[1]. Pour avoir senti le désarroi pro-

---

1. Jules Romains, *Saints de notre calendrier*, Flammarion, 1952.

fond dans lequel son vieil ami glissait, l'auteur des *Hommes de bonne volonté* qui s'apprête à quitter l'Amérique du Nord pour le Mexique, a eu l'idée de lui ménager pour son anniversaire cette surprise. Un beau geste d'amitié. Il sait combien la vie pèse à Stefan Zweig et combien il doit lui être pénible de franchir, loin de l'Europe, le cap des soixante ans. Zweig est d'autant plus ému de cet hommage inattendu, plein d'affectueuse admiration, qu'il se sent de nouveau aimé et compris. Dans son isolement, la voix de Romains agit comme un baume apaisant sur une blessure à vif.

« Stefan Zweig appartient à une espèce qui n'est peut-être pas en voie de disparaître – du moins je l'espère – mais qui est sérieusement menacée par les conditions actuelles, et qui ne se perpétue qu'à travers toutes sortes de difficultés : celle des Grands Européens. Plus tard, on fera leur histoire... » : Romains, dès la première phrase de son texte chaleureux, met en valeur le combat de toute la vie de Zweig, ce combat pour lequel il s'est donné sans compter, de toute son âme, et dont il pense qu'il l'a perdu. C'est un message d'optimisme que Romains lui adresse, pour lui dire qu'il est un des maillons de la chaîne qui finira par avoir raison de la violence, du fanatisme, de la folie même. Rendant hommage à son œuvre autant qu'à sa personnalité, il conclut en affirmant qu'il n'a pas manqué à sa mission et que son exemple, si la sienne ne l'entend pas, servira aux générations futures. « Stefan Zweig ne s'est jamais flatté d'être un héros, écrit Jules Romains. Mais il peut se piquer d'être un sage ; prouesse non moins difficile, et peut-être encore plus rare, par les temps que nous vivons. »

Pour souffler les bougies, en ce 28 novembre, peu de gens sont venus. Hormis Jules Romains, ô combien présent dans ces pages imprimées, Lotte et

Abrão Koogan, Claudio de Souza sont venus de Rio. A Petropolis, Zweig ne compte qu'un seul ami, qui partage le même exil que lui, avec son épouse : un Allemand, confrère écrivain et journaliste, ancien rédacteur en chef du *Berliner Tageblatt*, Ernst Feder. Il habite à quelques mètres de chez lui, et vient presque tous les soirs partager un moment d'amitié. La nuit tombe tôt et Zweig, qui ne dort plus qu'à l'aide de somnifères, redoute les soirs. Les heures paraissent moins longues, moins lourdes à supporter, quand les Feder viennent les rejoindre, sa femme et lui. On bavarde sous la véranda, on échange des livres, on joue aux échecs, tandis que les deux épouses, d'un naturel également effacé, écoutent en souriant ces conversations d'hommes qui ressuscitent, dans leur allemand impeccable et subtil, l'atmosphère de leurs vies à Berlin et à Vienne. Comme le temps passe et comme ils sont loin tous quatre de ce qu'ils ont aimé ! Un soir – est-ce ce 28 novembre ? – Feder prête à Zweig des volumes de Montaigne, en français, qu'il a emportés avec lui dans l'exil[1]. Il s'y plonge aussitôt, se donnant sous les tropiques l'illusion de baigner dans la lumière de France, se souvenant avec émotion de ses paysages, de sa culture, de son raffinement, de l'éclat inimitable de ses plus grands phares. Ni Montaigne ni Balzac ne suffiront à lui rendre l'espoir, mais ils adouciront ses angoisses. De l'auteur des *Essais*, Zweig admire le raisonnement et la clarté, l'élégance de l'expression, mais c'est son stoïcisme qui va, ici, décider Zweig. Chantre de l'amitié, « homme franc, ennemi des contraintes », ainsi que le dépeint un contemporain, il croyait lui aussi dans la liberté de l'individu. Or quelle liberté s'affirme mieux qu'au moment suprême ? Zweig médite son conseil de quit-

---

1. Ernesto Feder, *Encuentros*, Buenos Aires, Editorial Rosario, 1945.

ter l'existence en sage : « La mort qu'on choisit est toujours la plus belle. »

Esquissant l'ébauche d'une dernière biographie, il ne l'écrira pas. A Petropolis, Stefan Zweig qui se languit de l'Europe, a mal à l'âme. Ses racines brisées, il est vidé de sa sève. A quoi bon le soleil, les fruits divins du Brésil, la gentillesse de ses derniers amis ? Un voile noir couvre le monde autour de lui, tandis que ses forces l'abandonnent. « La terreur que m'inspire l'époque croît jusqu'à la démesure, écrit-il à Friderike le 27 octobre, nous ne sommes qu'au début du pire. » Et c'est en imitant Montaigne, qu'il la remercie de ses vœux d'anniversaire, rédigeant un poème qui se termine ainsi :

Jamais on n'aime plus la vie
Qu'à l'ombre du renoncement.

Rêver l'Autriche

En réponse à l'attaque du Japon contre Pearl Harbor, le 7 décembre 1941, les Etats-Unis entrent en guerre. Pour Zweig, le pire ouvre ses abîmes, quel pays au monde pourra encore préserver sa neutralité dans un conflit qui engage désormais les quatre continents ? « Je jouis de la beauté de l'été et, tandis que la chaleur transforme Rio en fournaise, j'ai des nuits fraîches et des journées splendides, écrit-il à son ex-femme pour tenter de la rassurer ; sur le plan physique, je ne pourrais aller mieux. » C'est moralement qu'il peine, demeurant prostré des heures, incapable de se concentrer sur un travail suivi, absorbé par des pensées sinistres. La lecture est son meilleur recours, et l'écriture encore un refuge.

Avec le *Balzac*, il a laissé en Angleterre un autre manuscrit inachevé. Il pense à lui comme à *La Demoiselle des postes*, un titre à ses yeux provisoire et que son éditeur allemand, publiant l'ouvrage après sa mort, changera, à partir d'une de ses phrases, en *Ivresse de la métamorphose (Rausch der Verwandlung)*. C'est l'histoire d'une fonctionnaire autrichienne, employée des postes, qui exerce son métier de manière routinière et disciplinée, dans « un village sans importance », à Klein-Reifling, non loin de Vienne. Elle s'appelle Christine Hoflehner, elle a dépassé les vingt-cinq ans. Son maigre salaire lui permet tout juste de ne pas mourir de faim, avec une vieille mère à charge. Son père et son frère aîné sont morts pendant la Première Guerre mondiale. Sa famille ruinée par l'inflation, elle survit dans la misère. Survient à l'improviste, par télégramme, l'invitation d'une sœur de sa mère – Clara – qui, ayant fui jadis le village pour une sordide affaire de mœurs, et ayant fait fortune en Amérique, veut à tout prix connaître sa nièce et lui propose des vacances. Elle lui offre un billet de train et les frais d'un séjour luxueux en Engadine, où elle réside dans un palace, en vacances elle-même avec son riche mari.

A l'existence misérable et ennuyeuse de la jeune fille des postes, succèdent les fastes et les plaisirs d'une société insouciante et gâtée. Christine Hoflehner se métamorphose. Tante Clara la pare comme une princesse. Elle a coupé ses cheveux, ses ongles sont manucurés avec soin, elle porte des vêtements à la mode. Elle se promène, danse, boit des vins légers qui la grisent, prend goût à cette vie dorée. Jusqu'au jour où le rideau tombe sur les vacances et où elle rentre à Klein-Reifling, comme Cendrillon à l'âtre. Dans son village, aux mœurs tranquilles, rien ne lui apparaît plus comme avant. Quand la mère meurt, les gens lui deviennent indifférents. Amère et révoltée, Christine se met à haïr son sort et l'injustice du monde.

Ecrite à Salzbourg, entre 1930 et 1931, puis abandonnée, cette première partie, où l'humour apporte sa note plaisante à la peinture misérabiliste des petites gens dans les lendemains sinistres et malfaisants de l'après-guerre en Autriche, gît dans un mince cahier que Zweig a rangé dans son bureau, à Bath.

Un second cahier, beaucoup plus sombre, car la drôlerie en a totalement disparu, contient la suite et fin de cette triste histoire qu'il a imaginée entre 1938 et 1939. Un désespoir profond ressort de ces quelques pages, encore à l'état brut, que sa main, si vigilante et précise, n'a pas pu parfaire. S'ils n'ont pas été détruits avec la maison de Bath, les deux cahiers dorment encore dans le tiroir.

Un jeune ouvrier, Ferdinand, rencontré par hasard lors d'une escapade à Vienne, et lui-même blessé, humilié par la vie, aide Christine Hoflehner à approfondir sa révolte. Hésitant entre socialisme et anarchisme, et finalement acculé au désespoir, cet amant qui ne sait parler que de haine et de revanche, pas d'amour, élabore un projet commun pour eux deux : le suicide ! Mais en la voyant compter et ranger l'argent de la poste, il a une autre idée : cambrioler ! Avec les recettes, Ferdinand décide qu'ils vivront ensemble à l'étranger, en brouillant les pistes. Et puis, s'ils sont pris, ils pourront toujours, pense-t-il, revenir à leur premier plan : pour lui, le revolver et pour elle, littéralement subjuguée et dominée par la personnalité de son amant, le poison qu'il aura lui-même concocté. « Le sentiment d'être toujours prêts à exécuter notre décision primitive nous donnera à chaque instant une assurance supérieure », déclare-t-il, très docte, à sa pauvre amoureuse, tandis qu'elle lui répond, hébétée : « Je ne vois rien de mieux. »

Comme elle ressemble à Lotte, cette Christine de la deuxième partie, avec ses yeux noirs, son irritation nerveuse et sa passivité ! Elle est, de même, la proie idéale du malheur qui vient l'arracher à une banalité trop longtemps consentie pour mieux la broyer dans un mécanisme qui la dépasse. L'image de ce couple solidaire dans la souffrance et maudit par le destin, qui choisit de vivre ensemble ou de mourir à deux, saisit à la gorge. Zweig a ébauché sa propre mort dans ce manuscrit inachevé, comme une esquisse du geste à venir.

Ivresse de la métamorphose n'a pas suivi Zweig à son départ pour le Nouveau Monde. Le plus social, le plus historique de ses romans se déroule tout entier dans cette Autriche qui est l'immuable décor de ses fictions. Il exhale une étrange odeur de fleurs fanées.

Le vrai sujet, n'en déplaise à l'éditeur allemand qui lui a imposé son titre, est moins la métamorphose de la jeune fille que la décadence d'un monde où la mort des valeurs entraîne celle de ses héros. Le passé, toujours lourd au cœur de Zweig, et qui habite ce roman comme un élixir dans un flacon ancien, est le secret de cette ivresse dangereuse et mortelle. On peut mourir de nostalgie.

A Petropolis, rêvant encore, il esquisse *Clarissa*. Ce roman est comme l'écho du précédent. Il se déroule en Autriche, avant, pendant et après la Première Guerre mondiale. Il met en scène une jeune fille, ni très belle, ni très originale, mais sage et soumise à son sort. Au collège, bonne élève, elle se lie d'amitié avec une créature infiniment séduisante et douée, mais que sa bâtardise, sitôt décelée, exclut des groupes. Elle la perd de vue, devient une femme placide, qui se conforme aux règles, et aux ordres de ses supérieurs. A l'occasion d'un colloque de psychologie – cette refoulée absolue est assistante d'un médecin psychiatre ! –, elle rencontre un Français dont elle tombe amoureuse. Et qui la délivre, en partie, de ses censures. La guerre éclate. Enceinte, Clarissa décide de garder son enfant. Pensant ne jamais revoir son ami français, elle épouse l'un de ses malades, un Hongrois ou peut-être un Tchèque qui accepte de donner son nom à l'enfant. Elle est presque heureuse quand, la paix revenue, elle s'aperçoit non seulement que son mari est un truand et un psychopathe, mais que son propre père est mort en lui ayant caché les lettres de l'homme aimé. Le père de son enfant n'a pas été emporté par la guerre, il proposait de l'épouser. Mais l'heure est passée.

Cette histoire sinistrissime, également inachevée, dont Zweig n'a écrit que le début – jusqu'au mariage de Clarissa et à la naissance de l'enfant –, consacre sa désespérance. Rédigée à Petropolis, se passant tout entière en Autriche, comme s'il n'y avait pas d'autre pays au monde, c'est la plus noire et la moins subtile des fictions de Zweig. Il lui manque ce je ne sais quoi qui fait vibrer toutes les autres, même les plus mélancoliques ; la plume jouissive et tendre qui était sa marque ne sait plus sourire ni consoler ; Zweig ne trempe plus son encre que dans des larmes amères. Incapable d'élargir à d'autres horizons son imaginaire, il n'en finit plus de réinventer, dans des couleurs de plus en plus sombres, le monde qui a été le sien, où ne se meuvent plus que des fantômes émaciés, des morts-vivants et des femmes exténuées à l'âme malade.

« Le Joueur d'échecs »

Voici son dernier trésor. Cadeau posthume à ses lecteurs, ce n'est pas un roman inachevé, mais une nouvelle, admirablement ciselée, chef-d'œuvre de concision dramatique auquel on serait bien en peine de changer un accent ou une virgule. Intitulée *Die Schachnovelle (Le Joueur d'échecs)*, Zweig l'a écrite à Petropolis dès septembre 1941, et il a pris le temps de la relire et de la corriger. A Rio, il avait acheté un manuel pour se perfectionner lui-même dans ce jeu diabolique où il est loin d'exceller, mais qui le fascine depuis l'adolescence et qui réussit à l'arracher à la morosité, en le forçant à se concentrer hors du temps, sur des manœuvres et des probabilités. Ce manuel lui a inspiré ces quelques pages, qui laissent un souvenir puissant et une émotion particulière.

Elles racontent l'histoire d'un duel entre deux champions. L'un est un professionnel des échecs, Mirko Czentovic. Fils d'un misérable bateleur du Danube, qui l'a abandonné à sa naissance, il a été élevé dans un milieu rural par un brave curé qui est le premier surpris de le voir sortir de son abrutissement et gagner sans aucun effort, quasi d'instinct, une partie. Face à un échiquier, Czentovic, si fruste et presque idiot, devient génial. Sur le grand paquebot à bord duquel il a quitté New York pour gagner Buenos Aires, afin d'y disputer un nouveau tournoi, son prestige a fait le tour des tables, la curiosité des passagers de première classe avec lesquels il partage cette croisière luxe est aiguisée. Parmi eux, Américains et Européens mêlés, on compte de nombreux exilés, qui ont dû quitter l'Europe en catastrophe, devant Hitler.

Un tournoi d'amateurs, parmi lesquels le narrateur, s'organise pour défier le champion. Celui-ci gagne la première partie. Mais dès la seconde, il est mis échec et mat, à cause de l'intervention d'un personnage demeuré dans l'ombre, un certain docteur B. Emprisonné et torturé par les nazis, cet Autrichien doit sa survie à un manuel d'échecs qui lui a tenu compagnie dans la solitude et lui a permis, en exerçant son esprit, de ne pas sombrer dans le désespoir. Capable d'imaginer d'avance un nombre incalculable de figures et de jouer à l'infini avec une dextérité prodigieuse – dans sa prison, il s'est exercé des mois –, cet amateur génial, infiniment plus fort que Czentovic, pourrait l'écraser.

L'occasion lui en est donnée. Mais traumatisé par son expérience et les supplices qu'il a dû endurer, l'enfermement, l'isolement et la peur, devenu paranoïaque, il doit abandonner le cercle des joueurs pour ne pas succomber à la folie. Sans un mot d'explication – il est un homme du secret –, il laisse Czentovic, interloqué et vaguement inquiet, gagner la revanche. Il laisse aussi tous les spectateurs frustrés de sa victoire. Ils avaient évidemment parié sur ce mystérieux personnage. « J'étais seul à savoir pourquoi cet homme ne toucherait plus jamais à un échiquier », écrit Zweig *in fine*. Le docteur B. n'a livré son secret, comme le médecin d'*Amok*, qu'à ce narrateur assez tolérant et mystérieux pour lui inspirer confiance.

Exceptionnellement ancrée dans l'histoire contemporaine, cette nouvelle est encore une fois prémonitoire. L'auteur y plaide, à travers ce face-à-face entre deux cerveaux, contre les procédés de déshumanisation nazis, les tortures et la volonté de détruire. Avant même que l'on ne connaisse, jusque dans leurs pires détails, les camps de concentration et leurs atrocités, Zweig écrit pour protester, au nom de l'humain.

Publiée à titre posthume, en allemand, à Stockholm en 1943, puis en français, chez Delachaux et Niestlé, traduite par Jacqueline Des Gouttes en 1944, elle est un des sommets d'une œuvre qui compte bien des points forts. La postérité, souvent ingrate, aura pour elle un penchant particulier : *Die Schachnovelle* (*Le Joueur d'échecs*), aujourd'hui encore, est de par le monde l'un des plus grands, des plus durables succès de Zweig.

Carnaval de la douleur

Le Brésil va-t-il, lui aussi, entrer dans le conflit mondial ? D'abord flirtant avec les puissances de l'Axe, Getulio Vargas émule de Mussolini, s'en éloigne bientôt. Depuis que les Américains du Nord se sont engagés et que leurs croiseurs patrouillent au large des côtes sud-américaines, le gouvernement brésilien a changé de cap. Dès fin janvier, les ports en état d'alerte, les troupes mobilisées, on parle de rupture imminente des relations diplomatiques avec l'Allemagne et avec l'Italie. Un décret stipule qu'il est interdit de parler dans les rues italien et allemand, ou de porter avec soi des documents ou des livres écrits dans ces langues. La déclaration officielle ne peut tarder.

Ironie du sort : à cette inquiétude et à ces périls nouveaux, répond le temps du carnaval. Février, à Rio de Janeiro, est le mois de la fête, du délire et de l'ivresse, de la joie au rythme des orchestres de samba. Les Cariocas – les habitants de Rio – s'y préparent tout au long de l'année et la semaine du mardi gras, avec son incontournable folklore, est supposée libérer les forces vives du pays, purifier les gens de leurs hantises, de leurs malédictions. Pendant une semaine, de Salvador de Bahia jusqu'au moindre village, on oublie tout, pour danser, pour rire et pour aimer. Le bonheur est le seul programme, sous un ciel bleu estival. A Rio, dans les rues qui se promènent entre mer et montagne, dans un décor de foire, les hommes et les femmes, demi-nus, bronzés et exultants, redevenus des enfants, jouent à être les rois du monde.

Pour assister à cet étonnant spectacle, Stefan Zweig et Lotte, malgré la fatigue et la chaleur, sont descendus de Petropolis. C'est leur premier carnaval. Ils le découvrent deux jours après son ouverture, le lundi 16 février, tandis qu'il bat son plein. Claudio de Souza les accueille chez lui, puis leur sert de guide, les Feder qui logent à l'hôtel Botafogo les accompagneront. Ensemble, bientôt rejoints par la famille de Koogan, ils se mêlent à la foule et à l'invraisemblable tourbillon populaire. Tous les témoins sont formels : Zweig et Lotte n'ont jamais paru si enjoués, si détendus, au milieu des cris, des chants et des fanfares. Il semble que la liesse du carnaval les délivre l'un et l'autre de leurs mornes pensées, qu'il les arrache à eux-mêmes et à leur lassitude. Ernst Feder note la gaieté, la joie « presque puérile » de Stefan Zweig. Son épouse l'étonne plus encore, sortant de sa réserve et manifestant une animation et des couleurs aux joues qu'il ne lui a jamais vues.

Le lendemain, mardi gras, promet une apothéose. La fête va crescendo, le délire doit amener chacun au débridement des passions, au déchaînement de la liesse. « *Riam, riam* » (riez, riez), « *Viva a folia !* » (vive la folie !) crient les masques. Zweig veut y assister, peut-être même y participer. Ce carnaval aux effets purificateurs le délivre de ses pulsions mauvaises et de la tristesse qui l'habite depuis trop d'années, lui procurant l'ivresse des sensations oubliées et des forces neuves.

Mais le répit ne dure pas et dès le mardi matin, chez Claudio de Souza, la réalité se rappelle à lui, sous la forme d'une nouvelle catastrophe : Singapour vient de tomber ! Les Anglais ont perdu une bataille décisive. « Plus de résistance possible. Grand deuil dans l'Empire britannique », titre le journal brésilien.

L'article développe les perspectives d'une vaste offensive allemande en Libye vers le canal de Suez. Non seulement la guerre s'étend, inexorable, enflammant l'un après l'autre pays et continents, mais la progression des nazis s'accentue, forçant ici au recul, là à la retraite les Alliés affaiblis, qui cèdent chaque jour du terrain. L'Angleterre vaincue, quelle résistance pourra contenir l'élan fanatique des troupes de Hitler ? Autour de Zweig, le décor perd son éclat. Le carnaval n'est plus que dérision. Ce qui le réjouissait hier le déprime et l'agace. Comment la joie des Cariocas ne lui serait-elle pas insupportable, quand il est dans la peine, quand son âme est en deuil ? Il reprend aussitôt ses valises, et quittant la maison de son hôte, tenant Lotte par le bras, il se fraye un chemin à travers le tumulte des rues et des places, et il parvient, bringuebalé, houspillé par la foule, à la Praça Maùa, d'où part un autocar pour Petropolis. Le bonheur, la fantaisie, les plumes, les chansons et les rires enveloppent un homme triste à mourir, la mine décolorée et les yeux hagards, traînant avec lui comme une ombre une grande femme élégante et sévère. *Porque vão assim tristes ? Viva a folia !* Le couple s'est refermé sur lui-même, insensible à tout autre chose que son chagrin.

Les 18 et 19 février, tandis que Lotte repose, fatiguée par la fièvre du carnaval, Stefan Zweig classe ses papiers et ses manuscrits et écrit ses adieux. Il commence par adresser une lettre à Abrão Koogan, pour le remercier et lui demander d'être son exécuteur testamentaire au Brésil. Il espère qu'il prendra soin de ses manuscrits. Avant qu'il ne les édite, car ils sont pour une grande part inachevés, il lui conseille de s'adresser à Victor Wittkowski, un jeune écrivain brésilien qu'il a connu à Rio et auquel il trouve une certaine finesse littéraire pour les relire et éventuellement les corriger. Son avocat au Brésil, le docteur Malamud, détient, lui dit-il, une copie du testament qu'il a déposé à New York. Ce qui importe à Zweig, c'est de partir en toute politesse, après avoir mis de l'ordre dans ses affaires, réglé ses problèmes et remercié ses amis. « Ne me plaignez pas, écrit-il à Koogan en français. Ma vie était anéantie depuis des années, et je suis heureux de pouvoir sortir d'un monde devenu cruel et fou. Gardez-moi un bon souvenir ; j'étais toujours fier et reconnaissant de votre amitié fidèle et dévouée. »

Il joint à sa lettre quelques dessins et autographes, en guise de cadeau d'adieu, et forme ce vœu – qui ne sera pas exaucé – d'« être enterré au cimetière de Rio de Janeiro dans la forme la plus modeste et la plus discrète. ».

Ce même jour, 18 février, il écrit à Friderike, a mots couverts : « Je n'ai plus rien à t'écrire que mes pensées les plus affectueuses. » Ainsi commence une lettre où il lui avoue qu'il est « plus déprimé que jamais », ne travaille plus qu'avec « le quart de mes forces » et est convaincu que l'avenir « ne nous rendra jamais ce que le passé nous avait offert ». Au cœur de cette confession pudique, il se laisse aller à se plaindre : « Il faut être convaincu pour convaincre, enthousiaste pour stimuler les autres, où trouver tout cela à présent ? » Très vite il se ressaisit. Il exprime son souhait que ses belles-filles connaissent des jours meilleurs, mais il évite d'être trop solennel ou trop définitif, il ne prononce pas d'au revoir, encore moins d'adieu. « Ici je n'avais que la nature et de bons livres... » Seul l'imparfait du verbe contient la vérité. Quand Friderike recevra la lettre, Zweig ne sera plus.

Le lendemain, il écrit à Jules Romains, au Mexique. « Sans foi, sans enthousiasme..., je t'envie ton énergie inépuisable... Un arbre sans racine est une chose bien chancelante, mon ami... » Il lui parle du carnaval, du plaisir qu'il n'a pu y prendre et du regret qu'il lui laisse : « Combien on aurait autrefois joui de voir toute une ville dansant, marchant, chantant, pendant

quatre jours sans police, sans journaux, sans commerce – une multitude unie seulement par la joie ! »
Autrefois... la nostalgie aura le dernier mot.

Le 20 février, l'écrivain allume un feu dans le jardin. Il y brûle un nombre important de papiers et de lettres, documents qu'il est seul à connaître. Il passe quelques coups de téléphone, notamment à Claudio de Souza qui se souviendra qu'il lui a dit seulement, après un long silence, « je suis heureux de vous parler... », et à Fortunat Strowski, le professeur français, grand spécialiste de Montaigne, tout juste installé à Petropolis. Zweig aurait aimé l'entendre mais le professeur est sorti. Puis il demande à Lotte d'appeler les Feder pour les inviter à venir passer chez eux la soirée du lendemain – samedi 21 février. Il a encore beaucoup de travail devant lui. Il rédige plusieurs lettres en français, à l'intention des autorités brésiliennes. Pour le remercier de l'aide qu'il lui a apportée, il invite José Kopke Froés, directeur de la bibliothèque municipale de Petropolis, à venir choisir parmi ses ouvrages ceux qu'il aimerait ajouter à « la belle bibliothèque qui m'a été si utile et qui témoigne de votre respect et de votre amour pour les livres et la littérature ». Puis à Cardoso Miranda, préfet de Petropolis, il adresse avec ses remerciements sincères pour son hospitalité, ses excuses de devoir quitter la ville – « De ma fenêtre, j'embrasse encore une fois d'un dernier regard l'insurpassable beauté du paysage », lui dit-il. Il ne veut laisser aucune ombre, aucun regret. Jusqu'au dernier moment, son souci est de ne pas blesser ses amis. Sa décision ne doit en aucun cas les gêner ou les tourmenter. Encore moins valoir d'exemple : elle n'engage que lui-même et c'est avec la plus extrême délicatesse qu'il s'excuse auprès d'eux de son désespoir, les encourageant au contraire à considérer l'avenir sous des couleurs moins sombres. Il est, jusqu'à la fin, extraordinaire de courtoisie et de gentillesse.

Il écrit en anglais à sa propriétaire, Margarida Banfield, pour lui régler son loyer jusqu'à la fin du bail qu'il a contracté, et lui présenter ses excuses : « Je suis absolument navré, mais nous avons pris une autre décision et nous ne relouerons pas votre charmante maison. Vous ne pouvez imaginer combien c'est fatigant à soixante ans de vivre sans maison à soi et d'être un éternel errant. » Il ne laissera derrière lui aucune dette, aucune facture impayée. Téléphone, gaz, électricité, gages d'Antonio et de la bonne, il s'est occupé de tout. « Les petites dettes de notre ménage ont à être payées par ce qui nous reste ici », a-t-il prié Koogan. Il a même précisé, en s'adressant à Mrs Banfield, qu'il laisse ses « effets personnels », vêtements et autres objets, à ces « gens honnêtes et serviables qui ont rendu notre séjour dans cette maison encore plus agréable ». Il a même prévu des « Dispositions concernant mon chien » : il confie à ses exécuteurs testamentaires le sort de Plucky, mais l'offre en priorité à cette Mrs Banfield qui l'aime bien...

Il écrit en français à Wittkowski et en Argentine à Alfredo Cahn, pour les remercier et, en anglais, au peu de famille qui lui reste – au frère de Friderike et au fils de ce frère (Ferdinand Burger), auquel il tient à léguer une petite somme. Lotte écrit pour sa part à son frère et à sa belle-sœur (Manfred et Hannah Altmann) et Zweig ajoute à la fin de la lettre un post-scriptum en anglais qui s'achève ainsi : « Nous avons décidé, unis par l'amour, de ne pas nous quitter... » Manfred et Hannah Altmann sont les seules personnes auxquelles il aura clairement exprimé l'intention volontaire de quitter la vie ensemble, d'un même accord. A tous ses autres interlocuteurs, il n'a rien dit de sa démarche, écrivant « je », parfois « nous », sans plus préciser. « Vous nous comprendriez mieux si vous aviez vu combien Lotte a souffert de son asthme au cours de ces derniers mois, et j'étais moi-même très oppressé par notre vie de nomades. »

Lorsque les Feder les rejoignent, le samedi soir après dîner, tout est déjà en ordre, tout est prêt pour le grand départ. Les deux hommes parlent à leur habitude des écrivains qu'ils aiment, de l'Europe qu'ils ont perdue, de l'Autriche et de l'Allemagne, de cette guerre, Zweig en est convaincu, qui en est encore à ses débuts. Ernst Feder s'étonne qu'il lui restitue déjà les quatre volumes de Montaigne qu'il lui a prêtés.

« Avez-vous trouvé une édition complète ?

— Oui, répond Zweig d'une voix mal assurée. »

Il avait déjà écrit deux chapitres, précise Feder dans ses souvenirs.

Pour briser la mélancolie qui rend ce soir-là, d'après Feder, l'atmosphère particulièrement étouffante, les deux hommes entament une partie d'échecs. « Je suis un piètre joueur, dira Feder, mais lui-même était si inexpérimenté dans cet art que j'avais du mal à le laisser gagner de temps en temps. » Il est presque minuit lorsque Lotte et Stefan Zweig raccompagnent leurs invités jusque chez eux. En chemin, ils déclinent le projet lancé par Feder d'un prochain voyage en Colombie, tous les quatre. « Pardonnez-moi mes humeurs noires », dit Zweig, parvenu au seuil de la maison. Puis il serre longuement la main d'Ernst Feder.

L'entrée dans la nuit

Le dimanche matin, Stefan Zweig adresse à Friderike, en anglais, un ultime message : « Je t'écris ces lignes aux dernières heures, tu ne peux imaginer comme je me sens heureux depuis que j'ai pris cette décision. Embrasse tes enfants et ne me plains pas. Souviens-toi du bon Joseph Roth et de Rieger, et comme je me suis réjoui qu'ils n'aient plus à supporter ces tourments. Avec mon affection et mon amitié, courage – tu sais bien que je suis apaisé et heureux. Stefan. »

Il met une dernière fois son bureau en ordre, il laisse les lettres cachetées et timbrées, les plumes taillées et les manuscrits et brouillons empaquetés, portant cette mention en français : « Pas toucher ! Tous ces manuscrits ont à être remis à Senhor Abrão Koogan, Editora Guanabara, que j'ai prié de les garder et les faire réviser par Mr Victor Wittkowski Hotel Russel Praia Russel. » Il a posé en évidence sur le bureau les deux petits volumes, cadeau de Jules Romains, où, à la suite de la dédicace manuscrite de l'auteur, il a ajouté de sa main « ... et donné par lui à son ami Abrão Koogan, 21-2-42 ».

Zweig s'habille avec soin, revêtant – puisque c'est dimanche – un complet de sport, chemise sombre, cravate noire et knickers. La moustache et le cheveu impeccablement peignés, il en a bientôt fini avec les préparatifs. S'il a pris congé de tous ceux qu'il aime et organisé avec la plus extrême minutie son départ, il tient à écrire officiellement ses adieux au monde. Et à les écrire en allemand. Ce sera son dernier acte d'écrivain. Ayant inscrit, en portugais, *Declaração*, en tête de la feuille blanche, sans doute pour que son testament d'auteur ne soit pas frappé de l'interdit qui condamne, au Brésil, la langue qui est la sienne, il livre à ses lecteurs, présents et à venir, le fond de son cœur :

« Avant de quitter la vie, de ma propre volonté et avec toute ma raison, il me faut remplir un dernier devoir : remercier sincèrement le Brésil, ce merveilleux pays, de m'avoir offert à moi et à mon travail une halte si agréable et si hospitalière. De jour en jour, j'ai appris à l'aimer davantage et nulle part ailleurs je n'aurais voulu reconstruire ma vie de fond en comble, puisque le monde de ma propre langue est perdu pour moi et que ma patrie spirituelle, l'Europe, s'est anéantie elle-même.

« Mais il fallait à soixante ans des forces exceptionnelles pour tout recommencer à nouveau et les miennes sont épuisées par des années d'errance sans patrie. Aussi je juge préférable de mettre fin, à temps et la tête haute, à une vie pour laquelle le travail intellectuel a toujours représenté la joie la plus pure et la liberté individuelle le bien suprême sur cette terre. Je salue tous mes amis ! Puissent-ils voir encore les lueurs de l'aube après la longue nuit ! Moi, je suis trop impatient. Je les précède. »

Il date, signe, et pose la feuille bien à plat sur le bureau. Il est prêt.

Dans l'après-midi, entre midi et quatre heures, il absorbe des doses massives de Véronal avec un verre d'eau minérale, de la marque brésilienne Salutaris, et s'allonge sur son lit. Lotte, précipitamment sortie du bain, et qui a laissé ses vêtements et sous-vêtements en vrac sur le sol de la salle de bains, enfile à la hâte un peignoir fleuri et le rejoint. Elle meurt sans doute après lui. Il est sur le dos, le corps détendu et le visage serein, un plaid sur les jambes. Elle semble s'agripper à lui, recroquevillée à son côté, le peignoir en désordre, enlaçant de son bras gauche la poitrine de son mari.

C'est dans cette position qu'Antonio, les croyant d'abord endormis puis inquiet de ne pas les voir apparaître ni répondre à ses appels, les découvrira le lundi après-midi, vers trois heures, en montant sur le toit et en déplaçant quelques tuiles pour essayer de les apercevoir – la porte de leur chambre étant fermée à clef. La police, aussitôt appelée, constatera la mort, effectuera une rapide enquête et demandera une autopsie, qui sera effectuée sur place, dans la chambre mortuaire. Sitôt averti, Claudio de Souza téléphone la nouvelle au bureau du président de la République et au chef de la maison militaire, le général Francesco Pinto. Avec leur accord, il veut organiser des funérailles nationales. Koogan n'a pas encore reçu la lettre où Zweig lui demande d'être enterré « de manière modeste et discrète ».

Il sera enterré en grande pompe. Tout Petropolis, avec les nombreux amis et admirateurs montés de Rio, défile devant les deux cercueils, exposés dès le lendemain sur catafalque, dans l'école principale de la ville, le Grupo Escolar Pedro Segundo. Celui de Zweig reste ouvert jusqu'au moment du départ pour le cimetière. Celui de Lotte est aussitôt fermé. Une rumeur se répand selon laquelle, craignant de survivre à son mari, qui l'a précédée dans la mort, elle aurait absorbé, en plus du Véronal, le contenu d'une fiole de poison, retrouvée à côté du lit conjugal. Lorsque le cortège se met en route, mené par Getulio Vargas en personne et de nombreux ministres, la foule se joint aux officiels, aux amis, aux lecteurs venus rendre un dernier hommage à l'écrivain européen qui a su si bien parler de leurs peines, de leurs tristesses, mais aussi de leurs désirs les plus dangereux, de leurs voluptés secrètes, de leur soif d'amitiés. Les enfants des écoles et leurs professeurs mais aussi les commerçants qui ferment leurs boutiques et d'innombrables badauds suivent le long défilé qui se dirige à pas lents vers le cimetière à l'extérieur de la ville, tandis que sonnent les cloches de Petropolis.

Stefan et Lotte Zweig reposeront côte à côte sous deux dalles de marbre noir, d'un luxe austère, où sont inscrits leurs noms et dates de naissance et de mort, près du descendant des Orléans-Bragance – petit-fils de l'empereur Pedro II – et de son épouse, une comtesse tchèque, enterrés sous une dalle de pierre brute, sans aucune inscription, à l'abri d'une sorte de jardin sauvage et clos. Il ne fait aucun doute que Zweig aurait préféré cette simplicité.

Ses dernières volontés sont restées ignorées. Les obsèques nationales, pompeuses et solennelles, se doublent d'une cérémonie religieuse qu'il n'a pas davantage sollicitée et qui apparaît étrange et même assez choquante, quand on sait la volonté de Zweig de demeurer à l'écart de toute communauté. Pour Lotte, petite-fille de rabbin, la question pouvait être posée. Pour Zweig, un enterrement laïque eût été plus digne, respectueux de sa libre pensée. Mais le rabbin Mordechai Tzikinowsky, grand admirateur du *Chandelier enterré*, ne l'a pas entendu ainsi : n'ayant pu obtenir que Zweig soit enterré au cimetière juif de Rio, il a tant insisté auprès du maire de Petropolis que ce dernier a fini par ordonner que l'enterrement se fasse selon le rite. C'est un autre rabbin, le docteur Henrique Lemle qui, avec le cantor Fleischmann, officiera sur la tombe et prononcera la prière aux morts, sous l'averse torrentielle qui s'achève avec la cérémonie.

Ceux qui restent

« Est-ce si simple ? Ah ! qu'en savons-nous ? », s'interroge Klaus Mann, en apprenant à New York le suicide de Stefan Zweig. Il relit les lettres des dernières années où Zweig le remercie pour un livre, lui donne des conseils, lui parle d'un voyage, d'une soirée au théâtre, promet d'écrire un article pour l'aider, chaque fois affectueux et semblant goûter avec gourmandise à tous les plaisirs. « Lui qui aimait tant la vie, s'étonne Klaus Mann, qui savait si bien en jouir, qui semblait si choyé par le bonheur, si équilibré, si raisonnable ! Il avait la gloire, l'argent, énormément d'amis, une jeune femme, et il a tout rejeté... Pourquoi ? » Dans les lettres qu'il relit et où il n'avait jusqu'alors, sans doute par distraction, jamais noté la moindre trace de tristesse, il est tout ému de relever ici ou là « un mot d'ironie amère ou de lassitude, un soupir étouffé, une plainte discrète ».

« Je n'avais rien remarqué, avoue-t-il. Je ne l'avais pas compris. » Presque tous les amis de Zweig auront la même réaction : ils s'étonneront de ce suicide dont ils n'ont pas soupçonné les mobiles et dont ils ne comprennent pas les raisons. Quand Egon Fridell s'est jeté par la fenêtre de son hôtel, à Vienne, au moment de l'Anschluss, quand Ernst Weiss et Joseph Roth, à Paris, puis Ernst Toller à New York, et Erwin Rieger, l'ami et le secrétaire de Zweig, à Tunis, ont commis l'irréparable, tous ceux qui les connaissaient pouvaient témoigner de leur désespoir et apporter quelque clarté à leur acte. Quand Klaus Mann lui-même se suicidera en mai 1949, dans le sud de la France, pour un ensemble de raisons qu'il a lui-même développées dans *Le Tournant,* et dont la plus évidente est un penchant général de sa propre famille au suicide, une sorte de fatalité génétique (la famille Mann détient sans doute là un triste record[1]), personne ne s'exclamera : « Lui !... Pourquoi ? »

Alors que d'autres assurément plus à plaindre, dans l'exil ou dans les camps, affichaient des prédispositions au suicide ou y furent acculés par des événements d'ordre personnel, désespérés et poussés à l'autodestruction, Zweig n'a jamais montré à ses amis qu'un visage serein. Le masque de cire que lui imposaient son éducation, sa pudeur, son souci extrême de politesse, cachait les blessures, les angoisses, et le fond passionné, tourmenté de son cœur. Sa propre vie, en apparence, était celle d'un privilégié : de quoi, objectivement, aurait-il pu se plaindre, quand tout lui réussissait ? Ainsi que le note Klaus Mann, la fortune et la gloire, l'amitié et l'amour s'étaient donné rendez-vous presque à son berceau. Comment soupçonner, sous le sourire et la gentillesse, l'instabilité profonde, l'inquiétude mortelle, la fragilité d'une âme capable de souffrir non pas seulement pour elle-même, mais au diapason des autres ? Capable de ressentir toutes les vibrations du malheur ? « Les gens parlent des bombardements avec légèreté, disait-il hier encore à Franz Werfel, moi, lorsque j'apprends que des maisons se sont effondrées, je m'écroule avec elles. » Il y a chez lui une compassion innée, et une incomparable intuition des souffrances. Stefan Zweig connaissait, pour l'avoir éprouvée, la forme de pitié la plus dangereuse pour un être. « Sa profonde compréhension pour la détresse intime,

---

1. *Les Magiciens. Une autre histoire de la famille Mann,* de Marianne Krüll, Seuil, 1995.

écrira Friderike Zweig défendant sa mémoire, repose sur une capacité inépuisable de vibrer à l'unisson, sur une totale implication de soi-même et, par voie de conséquence, sur une extrême vulnérabilité. »

Les plus proches de ses amis auront ignoré qui il était vraiment sous son allure de gentilhomme des lettres. « Il avait toujours l'air si fort », écrit Felix Braun à Friderike de sa retraite du Lake District, comprenant un peu tard qu'« il était plus fragile que moi, nous venons de nous en apercevoir ».

« Il paraissait si robuste, si assuré de l'existence et sachant la garer de tous les dangers », s'étonne à son tour Romain Rolland, qui n'a pas été plus perspicace ni plus attentif que Braun.

Les lecteurs anonymes, familiers de l'œuvre de Stefan Zweig, auront été moins surpris que ses contemporains éminents. Le suicide n'est-il pas un des leitmotive de ses nouvelles, et l'un des dénouements qu'il préfère. Le médecin d'*Amok*, le jeune joueur de *Vingt-quatre heures de la vie d'une femme*, l'héroïne de la *Lettre d'une inconnue*, la jeune paralysée de *La Pitié dangereuse*, combien sont-ils, combien sont-elles, depuis son tout premier récit *Dans la neige*, où une tribu juive entière se laisse mourir pour échapper aux hordes des flagellants, à pouvoir dire comme Ronsard :

> *Je te salue, heureuse et profitable mort,*
> *Des extrêmes douleurs médecin et confort.*

Quand ils ne se suicident pas, les personnages de presque toutes ses nouvelles y songent cependant, tels Benjamin Marnefesch dans *Le Chandelier enterré*, ou même la belle et très voluptueuse bourgeoise de *La Peur*. Et combien d'autres ! Le suicide apparaît comme une délivrance aux hommes et aux femmes qui trouvent intolérable le poids de leurs souffrances et préfèrent mourir plutôt que d'endurer la haine, l'humiliation, l'injustice ou le désamour. Etres passionnés mais faibles, ne sachant pas répondre à la haine par la haine, ils sont les vaincus que Zweig aime tant et dont il a choisi de rallier le camp.

Même les enfants, comme Edgar dans *Brûlant secret*, peinent à supporter ce poids indéfinissable et obscur d'angoisses qui est en eux. Qui les délivrera ? « Il lui semblait que toute l'obscurité inquiétante de cette nuit confuse était descendue en lui et lui écrasait la poitrine », a-t-il écrit à son sujet. La part de l'ombre, innée en Stefan Zweig, a été la plus forte. Les circonstances historiques ont rassemblé et décuplé ses idées noires, qui ont toujours été le fond de sa sensibilité et de son imagination. Il le reconnaissait lui-même, en écrivant à sa première femme : « Une plus forte dose d'égoïsme et de manque d'imagination m'aurait beaucoup aidé dans la vie, mais à mon âge, on ne change plus. » Son humour, son sens de l'amitié, son enthousiasme, ses admirations, ses voluptés même, n'ont pu enrayer la chute.

Quand il meurt, les références à un autre suicide littéraire se répètent dans les commentaires. Les journalistes et les écrivains évoquent le suicide romantique de Heinrich von Kleist – sur lequel Zweig a écrit un de ses plus beaux essais – et comparent Lotte à Henriette Vogel, la jeune compagne que le poète allemand entraîna dans la mort. Le sacrifice de cette épouse qui, à trente-quatre ans, horrifiée à l'idée de survivre, choisit délibérément de suivre son mari dans l'au-delà, frappe évidemment les imaginations. Mais personne ne songe à rappeler la cohorte des suicidés de son œuvre.

« Pourquoi n'avez-vous pas suivi l'exemple de notre maître [Goethe] qui, alors que l'ennemi occupait son pays, était à sa porte même, étudiait la géologie de la Chine ? », se lamente Emil Ludwig, *In memoriam*, dans le numéro de l'*Aufbau*, journal des émigrés de langue allemande à New York, consacré à cette mort soudaine. Dans l'ensemble, ce numéro auquel ont collaboré des écrivains d'envergure, est de peu d'envergure. Il n'apporte aucune lumière sur le personnage secret et sensible que fut Stefan Zweig. Ni Lion Feuchtwanger ni Paul Stefan, ni Heinrich Mann ni Berthold Viertel n'ont écrit une ligne qu'on aurait envie ici de reproduire. Tous les articles sont étrangement semblables, ils expriment surtout l'étonnement et l'affliction, mais sont le plus extraordinaire témoignage d'incompréhension que des contemporains aient pu donner d'un confrère et ami. Friderike Zweig s'en indignera : « J'ai été offensée que l'on dénigrât son désespoir », dira-t-elle. La personnalité de Stefan Zweig, trop subtile et trop délicate, avec sa générosité, sa foi sincère en l'homme et son refus du militantisme, aura dérouté les gens de lettres.

Thomas Mann, après un commentaire falot dans l'*Aufbau*, se chargera de lui régler ses comptes, dans une lettre à Friderike, où d'un trait de plume perfide, il lui reproche son « égoïsme » et son « manquement au devoir » ! Ce qui est un comble quand on songe à Mann, l'un des plus grands écrivains de langue allemande, mais qui n'eut pas une vie particulièrement exemplaire ni exaltante, encore moins dénuée de cet égoïsme qu'il stigmatise chez Zweig. « N'avait-il pas conscience d'un devoir à remplir envers ses compagnons d'infortune du monde entier, pour lesquels le pain de l'exil est bien plus dur que pour lui, adulé et libre de tout souci matériel ? », proteste-t-il auprès de Friderike. Il n'aura pas plus de cœur quand il commentera sept ans plus tard la mort de son propre fils, Klaus, qu'il aura aussi peu compris et autant mésestimé[1].

---

1. Il note dans son journal, en mai 1949 « Choc terrible... Intérieurement, compassion pour le cœur maternel et pour Erika. Il n'aurait pas dû leur faire ce coup... Tout cela est blessant, laid, cruel, et témoigne de son manque d'égards et de sens des responsabilités... Me suis couché vers 2 heures, complètement épuisé. »

Le stoïcisme de cette mort volontaire, son courage et le fond de pessimisme absolu sur lequel elle s'écrit, échappe à peu près à tous les contemporains les plus proches de Stefan Zweig. Seul un écrivain français semble vibrer au diapason du drame, Jules Romains. La nouvelle l'atteint à Mexico, où il vient à peine d'arriver avec Lise. Bouleversé, il écrira encore, des années plus tard, que « cette mort fut l'une des plus grandes peines de ma vie ». Très inquiet quant à la santé morale de l'ami autrichien, auquel il est lié fraternellement depuis leur jeunesse, sensible aux signes évidents d'une dépression dont il a sous-estimé les conséquences, mais contre laquelle il a essayé de lutter en lui témoignant une amitié constante, une attention de chaque instant, aussi choqué, aussi épouvanté soit-il, il saisit aussitôt les origines de son geste fatal.

« Il ne faisait pas profession de détachement », dira-t-il aux étudiants mexicains rassemblés dans l'université pour parler avec lui, quelques jours plus tard, de la personnalité tout en nuances et en élégance de Stefan Zweig. « Les misères du temps et ses menaces, Zweig les discernait avec une lucidité qui, dans la bouche d'un autre, eût semblé désespérée. Chez lui le ton de sagesse bienveillante qu'il gardait laissait croire que la sérénité philosophique et même l'ironie – une ironie très atténuée, un peu épiscopale – le consolaient de voir si clair. » Il leur lira la lettre que l'écrivain lui a adressée, le 19 février, et qu'il a reçue sept jours après l'annonce de sa mort, comme un adieu d'outre-tombe, « comme si le mort tendait la main à travers le mur de séparation, venait me toucher pour que je l'écoute ». Romains écrira un jour, dans *Violation de frontières*, de ces histoires fortes, inspirées par la dislocation du temps, et peut-être par la disparition et les adieux de cet ami irréprochable.

Aux jeunes Mexicains qui l'écoutent, Jules Romains parle du Grand Européen, de l'homme sensible et généreux, le moins envieux des hommes, capable de s'enthousiasmer jusqu'à l'oubli de soi pour faire connaître l'œuvre et le talent des auteurs qu'il admirait. Il parle de l'écrivain efficace et tourmenté qui nourrissait une vraie insatisfaction, presque un sentiment d'échec à l'égard de son œuvre, alors qu'il explorait avec une finesse, une sensibilité, une efficacité sans égales les abîmes de l'âme humaine. Quant à sa mort, « son suicide a la valeur d'une sentence longuement motivée », dira-t-il.

« Le temps d'Hiroshima et celui de la bombe H ne lui eussent pas paru plus riches d'espérances que celui de Pearl Harbor, écrira-t-il quelques années plus tard. Et ce qu'il aurait pu retrouver provisoirement de confort personnel n'aurait pas affaibli la sentence de portée générale qu'il n'avait pu s'empêcher de prononcer. La mort de Zweig pèse sur notre temps, précisément, parce qu'elle a été non celle d'un romantique exalté ou d'un aigri, mais d'un sage. De même un stoïcien s'ouvrait les veines dans sa baignoire, parce qu'il ne voyait pas plus éloquente façon de protester contre les crimes du mauvais empereur. »

Les lecteurs de Stefan Zweig savent, les premiers, combien il a su, à travers la peinture de leurs tourments, leur parler de toutes leurs passions, sans les juger, avec une tendresse, une indulgence dignes de leur reconnaissance. Plein d'une compassion fraternelle, avec ce sourire qui, quand il écrit, est chez lui la marque du tact et de l'amitié, il reste malgré ses souffrances, malgré son pessimisme, un formidable consolateur. Ce suicidé, peintre des sombres instincts, a été – toute sa vie le prouve – le compagnon de route le plus fidèle et le plus sûr de ses contemporains, capable de comprendre, capable de pardonner, ou comme le dit si bien Friderike Zweig, « un homme qui aima profondément ses semblables ».

L'un de ses plus vieux amis, le peintre Franz Masereel, écrira après sa mort : « Son œuvre nous reste, et on y trouve, en dépit de tout, des raisons d'aimer la vie. » Les amis de Stefan Zweig, ses lecteurs d'Autriche, du Brésil, de France et d'ailleurs, aimeraient voir graver sur sa tombe cette juste épitaphe.

ŒUVRES DE STEFAN ZWEIG[1]

1901 *Les Cordes d'argent*, poèmes.
1904 *L'Amour d'Erika Ewald*, nouvelles.
1906 *Couronnes précoces*, poèmes.
1907 *Thersite*, théâtre.
1910 *Emile Verhaeren*, essai biographique.
1911 *Première expérience*, nouvelles (dont *Brûlant secret*).
1912 *La Maison au bord de la mer*, théâtre.
1917 *Jérémie*, théâtre.
1920 *Trois Maîtres* (essais sur Balzac, Dickens, Dostoïevski).
1920 *La Peur*, nouvelle (publiée ensuite dans un recueil avec notamment *Le Bouquiniste Mendel* et *La Collection invisible*).
1922 *Amok*, nouvelles (avec *Lettre d'une inconnue*).
1925 *Le Combat avec le démon* (essais sur Kleist, Hölderlin et Nietzsche).
1927-28 *Trois poètes de leur vie* (essais sur Stendhal, Casanova et Tolstoï).
1927 *Volpone*, théâtre.
1927 *Les Heures étoilées de l'humanité*.
1927 *La Confusion des sentiments*, nouvelles (avec *Vingt-quatre heures de la vie d'une femme* et *Destruction d'un cœur*).
1928 *Joseph Fouché*, biographie.

---

1. La date indiquée est celle de la première édition en langue allemande. La liste ne comporte ni les traductions, ni les conférences, ni les articles, ni la correspondance de Stefan Zweig. Pour une bibliographie exhaustive, se reporter à l'édition anglaise du *Zweig* de Donald Prater, *European of yesterday*, Oxford, 1972, ou à l'étude de R. J. Klawiter, Ariadne Press, Riverside, California, 1991.

1931 *La Guérison par l'esprit* (essais sur Freud, Mesmer, Mary Bake-Eddy).
1931 *Légendes*, nouvelles (dont *Rachel contre Dieu*).
1932 *Marie-Antoinette*, biographie.
1934 *Erasme*, biographie.
1935 *Marie Stuart*, biographie.
1936 *Castellion contre Calvin*, biographie.
1937 *Le Chandelier enterré*, nouvelle.
1938 *La Pitié dangereuse*, roman.
1938 *Magellan*, biographie.
1940 *Amerigo*, biographie.
1941 *Brésil, terre d'avenir*, essai.
Parutions posthumes : *Le Joueur d'échecs*, nouvelle.
Le Monde d'hier, autobiographie.
Balzac, biographie inachevée.
Montaigne, esquisse d'une biographie.
Ivresse de la métamorphose, roman inachevé.
Clarissa, roman inachevé.
Correspondance 1897-1919
Correspondance 1920-1931
Correspondance 1932-1942
Le Voyage dans le passé
Un soupçon légitime
Les Grandes Vies

TABLE

Le mystère Zweig.. 9

I. L'ILLUSION DU BONHEUR 15
Un jeune homme viennois...................... 17
Le cercle de famille................................ 27
Les désarrois de l'élève Zweig................ 37
Un vieil empereur, un vieil empire........ 45
Des poètes pour idoles........................... 51
Les jeunes filles sucrées.......................... 59
Première nouvelle................................... 65
Herzl, le roi de Sion............................... 69

II. INQUIÉTUDES ET RÊVES
D'UN JEUNE HOMME........................ 75
Brève bohème berlinoise........................ 77
Citoyen du monde entier....................... 83
Caillou-qui-bique.................................... 89
La guerre de Troie aura-t-elle lieu ?...... 95
Le mage français..................................... 103
Les amis de la paix................................. 111
Dostoïevski... 119

III. RESTER LIBRE DANS LA GUERRE............ 123
Une femme pour la vie 125
L'Éros caché de Zweig............................ 133
L'Europe en guerre................................. 139
Le monde comme un cercueil................ 151
Jérémie, le prophète sacrifié................... 159
Un pacifiste à Zurich.............................. 167

IV. LA GLOIRE DOULOUREUSE...................... 177
La maison enchantée de Salzbourg........ 179
Au service des vies illustres................... 189

Zweig et Freud 199
Le désir dans la nuit 209
Zweig, l'ami européen 213
Un écrivain à succès 223
Les amis célèbres 233
Un ténébreux portrait 245
Les heures étoilées de l'humanité 251
Zweig collectionneur 259

V. UN ÉCRIVAIN POURCHASSÉ PAR L'HISTOIRE 267
Un homme à femmes ? 269
L'Autrichienne 277
L'Allemagne aimée et crainte 285
1933 295
« *Homo pro se* » 303
Gare de Salzbourg, février 1934 311

VI. LA MONTÉE DU SOIR 317
L'Écossaise 319
La secrétaire 325
Recommencer ou continuer ? 333
Brésil ! 339
Magellan 345
L'Anschluss 351
Les hommes de nulle part 361
Le Juif errant 369
Le refuge d'Albion 375
« Il faut s'avouer vaincu » 383
La pitié dangereuse 389

VII. LES ADIEUX DE PETROPOLIS 395
Le voyageur sans bagages 397
L'élixir du Brésil 407
Le monde d'hier 413
Vivre à Petropolis 419
Rêver l'Autriche 429
« Le Joueur d'échecs » 435

Carnaval de la douleur 439
L'entrée dans la nuit 447
Ceux qui restent... 451

Œuvres de Stefan Zweig 459

Cet ouvrage a été imprimé
en avril 2010 par

FIRMIN-DIDOT

27650 Mesnil-sur-l'Estrée
N° d'édition : 1623
N° d'impression : 99815
Dépôt légal : mai 2010

Imprimé en France

Composé par Nord Compo Multimédia
7, rue de Fives, 59650 Villeneuve-d'Ascq